4.0 국제무역실무

INCOTERMS 2020

4.0 International Trade Practice

이 형 석 저

에이드북

4.0 International Trade Practice

Copy Right ©2023 by Aidbook Publishing Co.
6, Sadang-ro 9 ga-gil, Dongjak-gu,
Seoul, KOREA

Preface

4차 산업혁명 시대를 맞이하여 글로벌 경제의 한 축인 국제통상물류도 4차 산업혁명의 파괴적 기술들과 함께 빛의 속도로 빠르게 변화되고 있다.

따라서 미·중 통상마찰(通商摩擦), 특히 미국의 신 보호무역주의는 끊임없이 이어지며 총성 없는 국제통상 물류전쟁을 예고하고 있다.

오늘날의 글로벌 경제는 통상과 물류라고 해도 과언이 아닐 정도로 기업이나 국가 간 재화(상품, 자본, 노동, 용역)의 이동이 빠른 흐름 속에 동질화로 전개되고 있다. 이는 세계경제사회에 미치는 영향이 날로 증대하면서 국제적 협력과 대처가 필요한 사회가 된 것이다.

이와 같이 급변하는 무역 전쟁의 환경변화에 발 빠르게 대응하고자 본 국제무역실무는 4차 산업혁명 시대의 학문적 이론과 무역실무를 바탕으로 다음과 같이 구성하였다.

Part Ⅰ : 국제무역 현장에서 무역업무의 흐름과 체계를 이해하기 쉽게 정리하였다. Part Ⅱ : 무역실무프로세스를 도표와 도해를 곁들여 설명하였다. Part Ⅲ : Incoterms® 2020의 주요 개정사항과 11가지 거래조건을 구체적으로 명확히 설명하였다. Part Ⅳ : 무역실무에서의 중요 무역서식들로 구성하였다. Part Ⅴ : 무역관련 보험에 대해서 정리하였다. Part Ⅵ : 물류산업에 대한 정리를 하였다. Part Ⅶ : 4.0 글로벌 로지스틱스에 대한 정리를 했다. Part Ⅷ : 국제무류와 운송시스템에서 겪게 될 물류의 변화를 예측하고, 국제물류의 기초이론 부분과 운송(해상·육상·항공·복합) 부분으로 정리하였다.

Part Ⅸ : 전자무역은 실무능력을 배양할 수 있도록 전자무역전략 및 자동화시스템을 통한 수출입 부분으로 재구성 정리를 하였다. Part Ⅹ : 무역클레임과 중재 부분을 정리하였다. Part Ⅺ : 4차 산업혁명 시대의 혁신에 대한 핵심내용의 기술적 개념 및 변화를 설명하여 국제무역 적응에 대한 이해를 할 수 있도록 하였다.

필자의 미흡한 안목으로 미진한 부분과 오류에 대해서는 계속 보완해 가고자 하므로, 학계 여러분들의 지도편달과 제현님들의 큰 질정이 있으시기를 부탁드리며, 이 책이 나오기까지 애써주신 에이드북 양준석 대표님과 편집위원님들께 깊은 감사를 표한다.

2023. 09.
저자 이형석 올림

Contents

Part I. 국제무역

Chap. 1 ◆ 국제무역의 이해 ·· 15
   1. 국제무역이란 ·· 15
   2. 왜 무역을 하는가 ·· 16
   3. 무역의 특성 ·· 17
   4. 무역의 분류 ·· 19

Chap. 2 ◆ 무역관리와 국내외 규범 ·· 26
   1. 무역관리의 의의 ·· 26
   2. 국내 무역관련 3대 법규 ··· 26
   3. 기타 국내 무역관련 법규 ··· 28
   4. 무역관련 국제규범 ··· 29
   5. 수출규범과 절차 ·· 30
   6. 수입규범과 절차 ·· 41
   7. 반송통관 절차 ·· 59
   8. 신속한 통관절차 ·· 64
   9. 관세환급제도 ·· 70
   10. 관세 일괄납부 및 사후 정산제도 ··· 88

Part II. 무역실무 프로세스

Chap. 1 ◆ 해외시장 조사 및 거래선 발굴 ·· 91
   1. 해외시장 조사 ·· 91
   2. 거래선 발굴 ·· 95

Chap. 2 ◆ **거래제의와 거래조회 및 청약과 승낙**	99
1. 거래제의	99
2. 거래조회	101
3. 거래를 위한 신용조회	101
4. 청약(Offer)	106
5. 승낙(Acceptance)	110

Chap. 3 ◆ **무역계약**	113
1. 무역계약의 성립요건	113
2. 무역계약의 성격	113
3. 무역계약서 작성	114
4. 무역계약의 기본조건	117

Part Ⅲ. INCOTERMS

Chap. 1 ◆ **무역거래 조건과 국제규칙**	127
1. 무역거래 조건의 의의	127
2. INCOTERMS® 2020 조건	128

Chap. 2 ◆ **INCOTERMS 2020 주요 개정내용**	129
1. 서설(An Introduction)	129
2. CIP 매도인의 최대 부보의무화	130
3. FCA상 본선적재표기 선하증권에 관한 규정의 신설	130
4. DAT에서 DPU로 명칭변경	131
5. 매도인/매수인 자신의 운송수단에 의한 운송허용	131

Chap. 3 ◆ INCOTERMS 2020, Trade Terms ·· 132
   1. 공장 인도조건(EXW) ·· 132
   2. 운송인 인도조건(FCA) ··· 133
   3. 선측 인도조건(FAS) ·· 133
   4. 본선 인도조건(FOB) ·· 134
   5. 운임포함 인도조건(CFR) ·· 135
   6. 운임·보험료 포함 인도조건(CIF) ·· 135
   7. 운송비 지급 인도조건(CPT) ·· 136
   8. 운송비·보험료 지급 인도조건(CIP) ·· 137
   9. 도착지 양하 인도조건(DPU) ··· 137
   10. 목적지 인도조건(DAP) ·· 138
   11. 관세지급반입 인도조건(DDP) ·· 139

Part Ⅳ. 무역서식 작성

Chap. 1 ◆ 주요 무역서식 ··· 141
   1. 신용장 ·· 141
   2. Negotiating 서류 ·· 150
   3. 기타서류 ··· 181

Part Ⅴ. 무역관련 보험

Chap. 1 ◆ 해상보험 ··· 211
   1. 해상보험의 의의 ··· 211
   2. 해상손해 ··· 217
   3. 협회화물약관(협회적화약관) ··· 222

4. 협회화물약관(협회적화약관)의 보상범위 ·············· 225

5. 해상화물보험의 부보 ·············· 230

Chap. 2 ◆ 항공보험 ·············· 235

1. 항공보험의 의의 ·············· 235

2. 항공운송업자를 위한 항공보험 ·············· 236

3. 화주를 위한 항공화물보험 ·············· 236

Chap. 2 ◆ 무역보험 ·············· 239

1. 무역보험의 의의 ·············· 239

2. 수출보험의 기능 ·············· 239

3. 담보위험의 종류 ·············· 240

4. 무역보험 운영종목 ·············· 240

Part Ⅵ. 물류산업

Chap. 1 ◆ 물류산업의 현황 ·············· 243

1. 물류의 개념 ·············· 243

2. 물류의 정의 ·············· 244

3. 물류의 어원 ·············· 245

4. 물류의 변천과 발전 ·············· 245

5. 물류의 구성과 영역 ·············· 254

6. 물류의 역할과 기능 ·············· 262

Chap. 2 ◆ 우리나라 물류산업의 현황과 발전방향 ·············· 266

1. 물류의 아웃소싱(Outsourcing) ·············· 266

2. 제3자 물류의 현황과 문제점 ·· 266

3. 제4자 물류의 활용방안 ·· 269

Part Ⅶ. 4.0 글로벌 로지스틱스

Chap. 1 ◆ 4.0 국제물류전략 ·· 281

1. 국제물류란 ·· 281

2. 국제물류의 활용 ·· 282

3. 물류의 중요성 ·· 284

4. 물류사업의 범위 ·· 285

Chap. 2 ◆ 물류관리의 구성과 활동 ···································· 286

1. 물류관리 ·· 286

2. 물류처리 의사결정 ·· 288

3. 4차 산업혁명 시대의 물류 신산업 ······························ 291

Chap. 3 ◆ 4.0 물류정보와 운영관리 ·································· 295

1. 물류정보의 분류 ·· 295

2. 물류정보 시스템 ·· 297

3. 물류표준화•물류공동화 ·· 299

4. 공유물류 서비스 ·· 300

Chap. 4 ◆ 4.0 물류 택배산업의 현재와 미래 ···················· 301

1. 물류 택배산업의 의의 ·· 301

2. 물류 택배산업의 현황 ·· 303

3. 물류 택배산업의 문제점과 미래 ·································· 306

| Chap. 5 ◆ **4.0 물류관리 트렌드** | 308 |

1. 물류관리와 블록체인(Block Chain) ·········· 308
2. 물류관리 로봇(Robot) ·········· 310
3. 콜드체인(Cold Chain) 시스템 ·········· 311

Part Ⅷ. 국제물품 운송시스템

| Chap. 1 ◆ **국제운송의 기초** | 313 |

1. 국제운송의 개념 ·········· 313
2. 운송관련 용어의 정의 ·········· 313
3. 국제운송의 의의 ·········· 314
4. 운송모델의 변화추세 ·········· 315
5. 운송형태 및 운송시스템의 운영 체계 ·········· 317
6. 운송수단의 유형과 선정절차 ·········· 319
7. 국제운송과 물류의 기능 ·········· 325

| Chap. 2 ◆ **국제물품 운송형태** | 327 |

1. 해상운송 ·········· 327
2. 육상운송 ·········· 334
3. 컨테이너 이용 운송 ·········· 335
4. 항공운송과 포워더(Forwarder) ·········· 341
5. 복합운송 ·········· 344

Part Ⅸ. 전자무역

| Chap. 1 ◆ **전자무역 전략** | 349 |

1. 전자무역의 개요 ·········· 349

2. 전자무역 수단과 비즈니스 모델 ·················· 354
　　3. 전자무역 수출절차 ·················· 357
　　4. 전자무역 수입절차 ·················· 364

Chap. 2 ◆ **무역자동화 시스템** ·················· **366**
　　1. 무역자동화 개요 ·················· 366
　　2. 무역자동화 서비스 유형 ·················· 371

Chap. 3 ◆ **개인 수출입 전략** ·················· **385**
　　1. 개인 수출입 개요 ·················· 385
　　2. 개인 수출 ·················· 386
　　3. 인터넷 비즈니스의 특징 ·················· 390
　　4. 인터넷 통신판매의 비즈니스 접근방법 ·················· 392
　　5. 개인 수입 ·················· 395

Part X. 무역클레임과 상사중재

Chap. 1 ◆ **무역클레임과 해결방법** ·················· **403**
　　1. 무역클레임 ·················· 403
　　2. 무역클레임 해결방법 ·················· 407

Chap. 2 ◆ **상사중재제도** ·················· **409**
　　1. 상사중재(Commercial Arbitration) ·················· 409
　　2. 중재합의 ·················· 410
　　3. 중재신청 및 답변과 반대신청 ·················· 416
　　4. 중재판정부 구성 ·················· 417
　　5. 심리와 중재판정 ·················· 420

Part XI. 4차 산업혁명시대

Chap. 1 ◆ 4차 산업혁명의 개요 ·· 425

    1. 4차 산업혁명의 의의 ·· 425

    2. 4차 산업혁명의 정의 ·· 426

Chap. 2 ◆ 4차 산업혁명의 영향과 변화 ······································ 429

    1. 경제에 미치는 영향 ··· 429

    2. 기업에 미치는 영향 ··· 430

    3. 국가와 세계에 미치는 영향 ······································· 431

    4. 사회에 미치는 영향 ··· 432

    5. 개인에 미치는 영향 ··· 432

Chap. 3 ◆ 4차 산업혁명 시대의 핵심기술 ································· 433

    1. 인공지능(AI) ··· 433

    2. 로봇(Robot) ··· 437

    3. 사물인터넷(IoT) ·· 439

    4. 융복합기술 자동차 ·· 444

    5. 3D 프린팅 ·· 448

    6. 빅 데이터(Big Data) ·· 450

    7. 가상현실(VR)과 증강현실(AR) ································· 451

    8. 드론(Drone) ··· 453

Chap. 4 ◆ 4차 산업혁명 시대의 경제/금융 ································ 454

    1. 공유경제(Sharing Economy) ··································· 454

2. 가상화폐와 블록체인(Virtual money and Blockchain) ……… 457
   3. 핀테크(Fin Tech) ………………………………………………… 458
  [참고문헌] ……………………………………………………………… 462

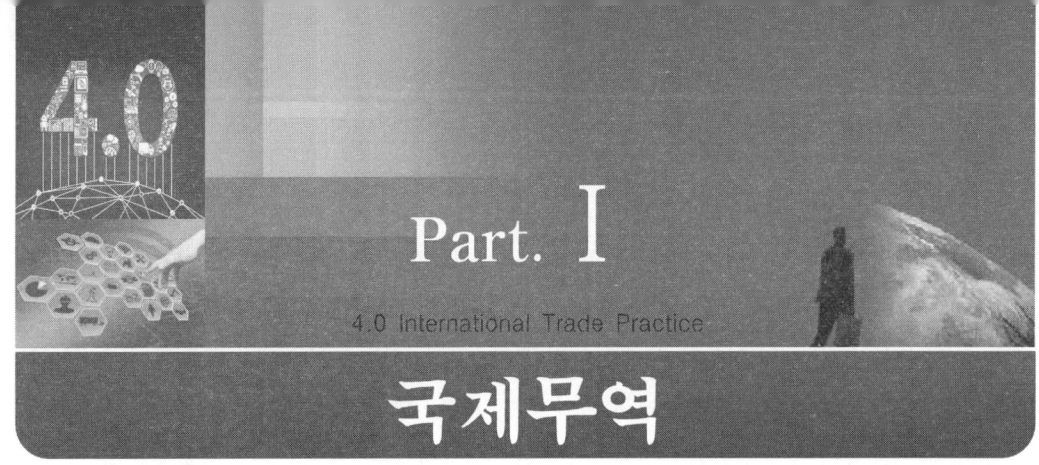

Part. I

4.0 International Trade Practice

국제무역

Chap. 1 국제무역의 이해

1. 국제무역이란

　국제무역(international trade)은 그 주체와 대상에 따라 여러 가지로 정의되고 있다. 무역에 대한 구체적인 정의는 다음과 같다.

➡국제무역(international trade) 또는 무역(trade)은 '교환' 또는 '매매'를 의미한다. Trade란 단어는, '밟다', '발소리'라는 의미의 "Tread"와 '추적하다'. '찾아내다'.라는 뜻으로 발자국 또는 '항로'의 의미인 "Trace"에서 유래되었다. 한편, 동양에서의 '무역(貿易)'의 의미는 '바꾸다', '교역하다'.라는 뜻의 '무(貿)'와 '교환하다'라는 뜻의 '역(易)'을 합성한 한자로 매매를 의미하는 것으로 사용되었다. 결국 무역은 '국가 간의 매매나 교환'을 의미한다고 할 수 있다.

➡무역의 대상은 재화(goods)와 용역(service)이다. 재화란 상품 등의 유형재화(visible goods)와 자본 등의 무형재화(invisible goods)를 의미한다. 그리고 용역이란 기술, 노동, 운임, 보험 등의 무체물(invisible service)을 말한다. 고대의 무역은 각 지역의 천연자원을 서로 교환하는 것에 국한되었지만, 그 후 산업화 단계에서는 공장에서 생산·가공된 공산품을 매매하거나 교환하는 형태로 확대되었다. 오늘날의 무역은 기술, 서비스, 자본, 토지 심지어 노동력 등에 걸쳐 그 대상의 폭을 넓혀 가고 있으며, 서비스와 기술 등, 눈에 보이지 않는 무역(invisible trade)이 경제의 소프트화 추세에 따라 확대되고 있는 상황이다.

➡무역은 그 대상인 재화와 용역이 이동되는 현상을 말한다. 이러한 이동현상은 동일 국가 내에서 이루어질 수도 있고, 국경을 넘어 다른 국가로 이동할 수도 있다. 재화와 용역이 국가 내에서 이동되는 현상을 '국내무역(domestic trade)'이라고 하고, 국경을 넘어 이동되는 것을 '국제무역(international trade)'이라고 한다. 무한경쟁 체제 하에서 시장의 구분은 예전과는 달리

큰 차이점이 없어져 가고 있기 때문에 무역은 곧 '국제무역'을 의미한다고 할 수 있다. 이런 관점에서 본다면 무역은 가치생산을 목적으로 한 물품의 국제적인 매매나 교환을 의미하는 수출입을 말한다. 보다 넓은 의미로 해석한다면 물품, 자본, 기술, 노동(서비스)등과 같은 경제적 가치를 지닌 모든 재화를 국제사회에서 국가 간에 교환·매매하여 그 효용가치나 경제적 효과를 증대시키는 국제적 상행위를 무역이라고 할 수 있다.[1]

2. 왜 무역을 하는가

무역은 값싸고 좋은 품질 좋은 제품을 해외에서 수입·사용코자 하는 경우와 기업에서 차별화된 품질 좋은 제품을 해외 다른 나라에 수출하여 기업의 목적에 따른 각종 제품 및 재화를 얻고자 무역을 하는 것이다. 무역으로 얻을 수 있는 이점은 다음과 같다.

- 국내에서 생산되지 아니하는 제품으로 재화를 얻을 수 있다.
- 국내에서 생산되는 제품의 저품질 및 고비용의 생산원가로 인하여 무역을 통하여 저가격, 고품질의 제품 수입으로 재화를 얻을 수 있다.
- 무역을 통하여 대량 생산에 의한 규모의 경제 효과에 따른 단위당 생산 원가절감 및 고용증대 효과를 얻을 수 있다.
- 국제 분업에 의한 원재료와 상품의 대량 이동이 증대된다.

<표 I-1> 무역의 구분과 요약

구 분	요 약
무역의 정의	• 수출(export)과 수입(import) • 대상 : 상품거래뿐만 아니라 용역(노동)거래, 자본거래, 기술거래 및 해외건설 등 경제적인 가치가 있는 모든 대상(plant 및 기술수출, 해외건설, 해외투자, 디자인, 소프트웨어 등)의 국제간 거래
무역거래 위험	• 신용위험(credit risk) : 수출상이 수출대금을 확실하게 회수할 수 없는 위험 • 상업위험(mercantile risk) : 수입상의 계약물품 인수여부에 대한 위험 • 환위험(exchange risk) : 시차동안에 발생하는 환율변동으로 인한 환위험 • 가격변동위험(market risk) : 시간적인 차이로 상품의 국제시세 급변위험
무역거래 절차	• 수출 절차 : 무역업자유화(무역업 고유번호신청)→품목선정→시장조사→마케팅→거래선 발굴→청약 및 승낙→신용조사→거래조건협의→계약체결→수출신용장 수취→수출 승인(필요시)→수출상품 제조 및 확보→해상운송 및 보험→통관 및 선적→서류매입(대금회수)→관세 환급→사후관리 • 수입절차 : 수입계약 체결→수입 승인(필요시)→수입신용장 개설→운송서류 내도→수입대금결제 및 서류인수→수입통관→물품반출→무역클레임과 중재

---

[1] 김희철·이신규, 「국제무역의 이해」, 두남

3. 무역의 특성

무역이란 격자지간 거래라는 특징을 지니고 있으나 국민경제·세계경제와 밀접한 관계를 맺고 있는 상황에서 국내거래와는 여러 가지 다른 국가 간의 거래로서 다음과 같은 특성을 지니고 있다.

(1) 해상의존성

무역은 대체로 해상을 주된 통상경로(route)로 삼고 있기 때문에 해상운송 및 이를 기초로 한 모든 제도의 경제적 기능에 의하여 실현된다. 따라서 무역은 고도의 해상의존성을 지니고 있다고 할 수 있으며, 이러한 사실은 해양국가의 무역에만 국한되지 않고 프랑스나 독일과 같은 전형적인 대륙국가에도 해당된다.

세계의 무역은 해상중심으로 해운의 발달과 함께 발전하여 왔으며, 그 후 경제규모의 확대와 더불어 무역과 해운이 분화되고 또다시 해운과 해상보험이 분리되어 각각 독립기업으로 성장하게 되었다. 운송도 해상운송·육상운송·항공운송 및 내수로(內水路) 운송 등으로 세분화되었기 때문에 오늘날의 해상은 이들 일체의 운송을 통상 경로로 하고 해상항(海商港)을 중심으로 한 해운·해상보험, 그리고 상항(商港)에 있어서의 상품창고·보세창고·가공창고 등, 창고제도의 일체를 포함하는 통합체를 지칭하며, 이와 같이 무역이 해운이라는 통상 경로를 통하여 발전되어 왔기 때문에 무역의 해상 의존성은 절대적이라 할 수 있다.

(2) 산업관련성

무역은 세계의 자원과 세계시장의 활용을 그 성립조건으로 하고 있기 때문에 산업과 상호의존 관계에 있다. 무역은 국제 분업을 통한 국제적 공급 및 수요를 충족시킬 뿐만 아니라 당사국의 국내 산업을 육성·발전시켜 국민경제의 수준을 향상시켜 준다. 무역의 산업관련성은 무역과 국제 분업, 무역과 국내 산업이라는 두 가지 측면에서 살펴볼 수 있다.

첫째, 무역은 국제 분업의 발달을 촉진시켜 값싸고 좋은 물품의 국제적 공급을 가능하게 할 뿐만 아니라 생산요소의 효율적인 이용과 산업의 특수화를 통하여 우량·저렴한 상품의 국제적 유통을 원활하게 한다. 또한, 국가의 자본과 노동 등의 생산요소를 비교적 그 국가에 적합한 생산에 집중시켜 생산력 증가를 통한 값싸고 좋은 재화를 공급할 수 있다.

둘째, 무역은 국내 주요산업이 필요로 하는 원료를 자원이 풍부한 세계 각국으로부터 수입·공급하고, 국내에서 생산된 상품을 수출하여 대량생산과 고용수준 향상을 통한 국민경제 발전의 선도적 역할을 하게 된다.

(3) 기업의 위험성

기업 위험은 무역에 있어서 제도·조직·관습 등이 전혀 다른 외국의 상대방과 거래를 하는 것이므로, 무역객체에 대한 계약·인도 및 결제 과정에 국내 거래에서 볼 수 없는 기업적 위험성이 존재하고 있다. 이러한 위험성은 세 가지로 나누어 볼 수 있는데, ① 상품과 관련된 위험, ② 물품대금의 결제 및 금융에 관한 위험, ③ 상품가격 및 환율의 변동에 관한 위험으로서 구체적으로 설명하면 다음과 같다.

① 상품과 관련된 위험

장기간의 운송 및 보관 중인 상품 그 자체에 발생하는 물리적 위험이 대표적인 경우로서 이러한 위험은 해상보험과 그에 따르는 각종의 손해보험에 의하여 보험업자에게 전가되고 있다.

② 물품대금의 결제 및 금융에 관한 위험

물품 또는 상품 대금의 결제 및 금융상의 지불불능 및 지불거절과 관련된 위험으로서 무역에서 흔히 발생하는 경제적 위험의 한 종류로, 이러한 위험은 신용장 제도나 혹은, 수출보험제도를 통하여 어느 정도까지는 보호될 수 있다.

③ 상품가격 및 환율의 변동에 관한 위험

대량의 선물거래(先物去來)에서 파생될 수 있는 상품가격 변동에 따른 투기적 위험뿐만 아니라 외환시세의 변동에 따른 환위험 등으로서 국내의 상거래에서는 생각할 수 없는 일종의 기업 위험이다.

무역거래는 이행미필매매계약(履行未畢賣買契約)으로 이루어지기 때문에 계약시기와 상품의 인도 및 대금의 지불시와는 시간적 격차가 존재한다. 따라서 이 기간 중의 상품가격 및 환율의 변동은 어느 한 당사자에게 손해를 끼칠 수 있다. 상품가격의 변동은 특정품의 인도불이행 또는 인수거절 등의 투기적 위험이 따르는데 이런 경우, 헤징(hedging) 방식을 통하여 위험을 전가시킨다. 헤징(hedging)이란 일명 연계매매라고도 불리며, 실물거래에서의 손실 또는 이익이 청산거래에 있어서 그에 상당하는 이익 또는 손실로 상계되도록 하기 위한 반대의 성질을 가진 상대적 거래이다. 즉, 상품의 선물(先物)을 대량으로 실물시장에서 매수한 경우, 미래 상품 수령시의 가격변동에 대비하여 같은 조건으로 거래소에 매도해 둔다. 따라서 같은 사람이 동시에 두 개의 시장에서 반대의 매매를 실행함으로써 파생되는 한 편의 손실(이익)은 다른 편의 이익(손실)으로 보상받을 수 있다.

끝으로 환율변동에 따르는 위험, 즉 환위험은 수출업자의 경우 한국수출보험공사의 환변동보험에 가입함으로써 위험을 줄일 수 있다.

(4) 국제관습성

무역은 국제 간 사적 매매활동의 결과를 종합한 것에 불과하며 국내 상사매매(商社賣買)와 같이 매매쌍방에 법률상의 권리·의무를 발생시키는 법률 행위로서, 낙성(諾成)·쌍무(雙務)·유상(有償)의 상사계약이다. 그럼에도 불구하고 국가 간에 공통적으로 사용하는 국제매매에 대한 규칙 또는 협약은 통일된 것이 없었다.

즉, 국제매매에 관한 통일된 국제규칙 또는 협약이 없기 때문에 무역은 일반적으로 역사·문화·종교·습관 및 법률이 상이한 여러 국가 사이의 마찰과 시련을 통하여 정형화된 무역관습에 기초하여 계약을 체결·이행하였다.

그러나 무역관습은 국제상업회의소나 국제법협회와 같은 세계적으로 권위를 인정받고 있는 국제단체에 의하여 조사·연구·심의되어 국제규칙으로 발전하였고, 결국 국제관습법이 되었다. 따라서 국제매매에 관한 분쟁의 경우 무역관행규칙, 즉 국제관습법에 따라 거래되는 특수성을 갖는다.

4. 무역의 분류

무역은 보는 관점에 따라 종류와 형태를 구분할 수 있으나 일반적으로 다음과 같이 분류할 수 있다.

(1) 상품 거래에 따른 무역의 분류

① 직접무역(Direct Trade)

직접무역(direct trade)이란 수출자와 수입자 간에 거래가 직접 이루어지고 제3자를 개입시키지 아니한 직접수출(direct export) 및 직접수입(direct import)을 통한 국제매매 계약에 의해서 이루어지는 무역이다.

② 간접무역(Indirect Trade)

간접무역(indirect trade)이란 직접무역과는 달리 수출국과 수입국 간의 무역거래에 제3국

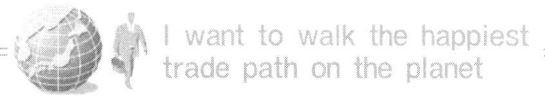

의 상인을 통하여 무역거래가 이루어지는 경우이다.

간접무역의 종류는 중개무역(仲介貿易), 중계무역(中繼貿易), 통과무역(transit trade), 스위치무역(switch trade) 등이 있다.

(2) 제3국 입장에서 보는 무역의 분류

① 중개무역(Merchandising Trade)

중개무역(仲介貿易)은 수출국과 수입국의 중간에서 제3국의 상인이 중개하는 거래를 말한다. 즉, 거래 당사국 간에 매매계약이 직접 체결되지 않고 제3국의 제3자(중개업자)가 개입하여 계약이 체결되는 거래형태로서 제3국의 입장에서 본 무역 형태이다. 중개업자에게 상품의 소유권이 이전되는 것이 아니라 중개업자는 다만 중개수수료(commission)를 목적으로 개입하기도 한다.

② 중계무역(Intermediary Trade)

중계무역(中繼貿易)은 일반적으로 수출할 것을 목적으로 물품을 외국에서 수입하여 원형 그대로 다시 제3국에 수출하는 것으로 상품의 소유권이 이전되는 것을 말한다. 중계무역은 중계무역항을 중심으로 이루어지며, 중계무역항은 첫째, 관세가 부과되지 않는 자유항, 둘째, 물품의 집산지(集散地), 셋째 자유로운 외환거래라는 세 가지 특징을 지니고 있어야 한다.

③ 통과무역(Transit Trade)

통과무역(通過貿易)은 수출 물품이 수입국으로 직접 운송되지 아니하고, 제3국을 통과하여 수입국에 송부되는 경우에 제3국에서 본 무역의 형태를 통과무역이라고 한다.

예를 들면, EU(유럽연합) 내에서 독일의 공산품이 프랑스의 고속도로를 통과하여 스페인으로 수출되는 경우, 프랑스 측에서 이것을 통과무역으로 간주하며, 프랑스에게는 보험료·고속도로 통행료·운임·주유소 및 식당 이용 등의 제반 부수입이 발생한다. 통과세(transit duties)의 경우 현재 대부분의 국가들이 GATT협정(현재는 WTO) 제5조 제3항(통과화물에 대한 관세 및 통과세 면제규정)에 의하여 통과세를 부과하지 않고 있다.

④ 스위치 무역(Switch Trade)

스위치 무역은 수출국과 수입국의 상인 사이에 매매계약이 체결되고, 물품도 양자 사이에 직송되지만, 대금결제는 제3국의 업자를 개입시켜 간접적으로 행하여지는 경우의 무역이다.

스위치 무역은 관계되는 3개국 사이에 각각 편무역(片貿易,one-sided or lopsided trade)이 존재할 때 행하여진다. 편무역이란 국가 간의 무역수지가 불균형 상태에 놓이게 된 것을 말한다.

⑤ 우회무역(Roundabout Trade)

상대국과의 무역은 외환 거래상의 구속을 회피하기 위하여 통상의 직접수출 방법에 의하지 않고 제3국의 업자를 경유시키는 우회적 수출방법을 말한다.

(3) 상품의 거래 방향에 따른 무역의 분류

① 수출무역(Export Trade)

수출무역(輸出貿易)이란 국내에서 국외로 수출업자가 상품을 판매하기 위하여 반출하는 것을 말한다. 이를 수출이라고 한다.

② 수입무역(Import Trade)

수입무역(輸入貿易)이란 수입업자가 재화나 용역을 국내로 반입하는 것으로 수출무역과는 반대로 단순히 수입이라고 한다.

(4) 거래대상에 따른 무역의 분류

① 상품의 형태에 의한 무역 분류

[유형무역(Visible Trade)]

유형무역(有形貿易)이란 우리의 눈으로 볼 수 있는 가시적 무역이라는 뜻으로서 협의의 무역인 상품 거래만을 의미한다. 이러한 상품 거래는 수출입의 통관 절차가 취하여지고 또한 그 수지가 무역통계에 나타나게 된다.

그러나 세관통관을 거치더라도 견본이나 기증품, 그리고 이삿짐 등은 무환수출입으로서 무역수지에는 계상되지 않는다. 이러한 유형무역은 눈에 보이는 유형 수출(visible export)과 유형 수입(visible import)으로 나누어진다.

[무형무역(Invisible Trade)]

무형무역(無形貿易)이란 유형의 상품 거래와는 달리 눈으로 볼 수 없는 용역거래나 광의의 무역에 포함되는 생산요소, 즉 자본이나 노동 등의 무역외거래를 말한다.

일반적으로 화물의 운임·보험·기타 운수(여객의 운임, 선박 및 항공기의 수선비나 용선료 등) 그리고 여행이나 투자수익 및 기타 용역(각종 수수료, 광고·선전비, 저작권 및 특허권 사용료 등) 등이 모두 이에 포함된다. 이러한 무형무역은 수출입 통관절차를 거치지 않으며, 따라서 무역통계 상에 기록되지 않으나 국제수지표 상에는 나타나게 되는데, 이를 무역 외 수지라고 한다. 무형무역은 무형수출(invisible export)과 무형수입(invisible import)으로 나누어진다.

② 상품의 생산 단계에 의한 무역 분류

[수평무역(Horizontal Trade)]

수평무역(水平貿易)은 국가 간의 생산 단계가 같거나 유사한 상품 간의 무역을 말한다.

예를 들어, 공산품 상호 간의 무역 또는 1차 상품 상호 간의 무역형태로 수평무역이라 하며, 주로 선진국 상호 간의 무역거래를 말하며, 경쟁적 무역 또는 수평적 국제 분업이라고도 한다.

[수직무역(Vertical Trade)]

수직무역(垂直貿易)은 원래 생산 단계가 서로 다른 상품, 즉 공산품과 1차 상품 간의 무역형태를 말하였으나 오늘날은 공산품과 1차 상품 간에만 국한하지 않고 경제 발전 단계상 산업구조 차이에서 발생한 국가 간의 무역거래 형태는 모두 포괄적으로 수직무역이라고 한다. 따라서 이를 보완적 무역, 수직적 국제분업 또는 선·후진국 무역이라고도 한다.

③ 특수형태에 의한 무역 분류

통상적인 상품의 무역과는 다른 특수한 거래형태로서 기술수출, 해외건설수출, 산업설비수출, OEM수출(주문자 생산방식), 녹다운 방식 수출, ODM수출(제조업자 개발생산) 등이 있다.

[기술수출(Export of Techniques)]

기술수출(技術輸出)이란 무역거래의 대상이 상품이 아니고 기술의 국제적 이전을 수출이라는 관점에서 본 개념이다.

외국기업과 기술제휴계약을 체결하고 특허권(patent license), 상표권(brand license), 의장권(design license) 또는 실용신안권(utility model license)과 같은 공업소유권이나 노하우(knowhow)를 공급하고 로열티(royalty) 등의 기술료를 받는다. 이러한 기술수출은 최근 기술이나 노하우 등이 하나의 독립된 상품으로서 독자적인 거래대상이 됨에 따라 점차 중요한 의미를 가지게 되었다.

[건설수출(Construction Export)]

건설수출(建設輸出)은 고속도로·항만시설·댐·파이프라인·통신시스템·공업단지·대규모의 주거시설 등과 같은 사회 간접자본이나 경제 하부구조(infrastructure) 등의 사업에 대한 기업의 해외 진출 형태로서 대부분이 토목공사 중심의 건설 사업이다.

[산업설비수출(Plant Exporting)]

산업설비수출(産業設備輸出)은 각종 상품을 제조하기 위한 기계, 장치 등의 하드웨어와 그 설치에 필요한 엔지니어링, 노하우, 건설시공 등의 소프트웨어가 결합된 생산단위체의 종합수출을 말하며, 흔히 말하는 플랜트 수출이다.

산업설비의 범위는 직접적인 생산활동을 영위하기 위한 화학·석유경제·제련·자동차·채광·섬유공장 등의 협의의 산업설비와 댐·교량·도로·항만시설 등, 국토개발 플랜트 및 학교·병원·주택·도시건설 등 사회 플랜트까지 포함한 산업설비로 분류되고 있는데, 우리가 흔히 플랜트라고 할 경우에는 협의의 플랜트를 의미한다.

[OEM(Original Equipment Manufacturing) 방식 수출]

OEM 방식 수출이란 일명 상대방 상표에 의한 생산방식이라고도 하며, 수입상으로부터 제품생산을 의뢰받아 주문 상품에 상대방 상표를 부착하여 인도하는 방식을 말한다.

이 방식에 의한 수출은 수출국의 입장에서는 수출확대와 기술축적의 계기가 되는 이점이 있으나 수출국 상품에 대한 이미지 제고나 독자적인 수출시장의 개척이 어렵게 되는 불리한 점도 있다.

> ※ OEM(Original Equipment Manufacturing) 방식은 주문자가 만들어준 설계도에 따라 생산, 납품하는 단순 하도급 생산 방식이다.

[녹다운(Knock-Down) 방식 수출]

녹다운(knock-down)방식 수출이란 완제품을 수출하는 것이 아니라 조립할 수 있는 설비와 능력을 가지고 있는 거래처에 대하여 상품을 부품이나 반제품으로 수출하고, 실수요지에서 제품으로 완성시키도록 하는 현지조립방식의 수출을 말한다.

이 방식은 선진국의 자동차 등 주로 기계류 수출에서 흔히 볼 수 있는데 이 방식에 의하면 완제품에 대한 수입제한이나 고율의 관세가 부과되는 것을 피해 상대시장에 침투할 수 있는 유리한 이점이 있다.

[ODM(Original Development Manufacturing 또는 Original Design Manufacturing) 방식 수출]

ODM 방식 수출은 제조업자 개발생산(original development manufacturing) 방식으로 주문자 요구에 따라 제조업자가 주도적으로 제품을 개발·생산한다. 즉, 개발력을 갖춘 제조업체가 판매망을 갖춘 유통업체에 상품과 재화를 제공하는 방식을 말한다.

[외국인도 방식 수출]

외국인도 수출은 외국인수 수입과 대응되는 거래형태로 수출대금은 국내에서 영수하지만, 국내에서 통관되지 아니한 수출 물품을 외국으로 인도하는 방식의 수출을 말한다.

예를 들면, 플랜트 수출국과 해외건설 등, 해외 산업현장에서 필요한 기자재를 외국으로부터 수입하여 사용한 후, 이를 국내에 반입하지 않고 제3국에 다시 수출할 경우 등이 이에 해당한다.

[외국인수 방식 수입]

외국인수 수입은 수입대금은 국내에서 지급되지만, 수입 물품은 국내에 반입하지 않고 외국으로 인도하는 수입을 말한다.

예를 들면, 위탁가공 무역에 의한 수출입 승인을 얻은 자가 가공할 원료의 일부를 제3국으로부터 구매하여 수출물품을 가공하는 국가에 송부할 경우의 원료라든가 해외건설공사에 필요한 기자재를 외국에서 수입하여 해외 건설현장으로 송부하는 경우가 이에 해당된다.

[보세창고입고도 조건의 무역]

보세창고입고도 조건(Bonded Warehouse Transation : BWT)의 무역이란 수출입업자가 자기의 위험과 비용부담으로 상대국 정부로부터 허가받은 보세창고에 물품을 무환으로 반출 또는 반입하여 수출입상과 매매계약을 체결하여 무역거래를 하는 방식이다.

이러한 무역거래는 수출상과 수입상이 사전에 무역계약을 체결하지 않고 현지에서 매매계약이 성립된다는 점이다. 현재 우리나라는 파나마의 콜론과 네덜란드 BWT를 운영하고 있다.

(5) 기타 물품 가공방식에 따른 무역의 분류

① 일반가공 및 수탁가공 무역

가공무역(processing trade, improvement trade)은 가득액을 얻기 위하여 원료의 일부 또는 전부를 수입하여 이를 가공한 후, 다시 외국에 수출하는 무역거래 형태를 말한다. 여기서 가공이란 수입 당시에 비하여 경제적 가치가 향상된 상태를 말한다.

가공무역은 거래 상대방과 위탁관계가 없이 이루어지는 '일반가공 무역'과 거래 상대방의 위탁을 받고 이를 수입·가공하여 수출하는 '수탁가공 무역'이 있다.

'일반가공 무역'이란 수출입으로 외화 획득을 위해 수출할 것을 목적으로 원료의 전부 또는 일부를 수입하여 가공한 후, 수출하는 거래를 말한다. 그리고 가공제품을 원료를 수입한 국가에 재수출되는 경우를 능동적 가공무역(active processing trade)이라 하고, 가공제품을 원료 수입국이 아닌 제3국에 수출하는 것을 통과적 가공무역(transit processing)이라 한다. 반대로 원료를 외국에 보내어 가공시킨 후, 이를 다시 수입하는 가공수입을 수동적 가공무역(passive processing trade)이라 한다.

'수탁가공 무역'이란 거래 상대방의 수탁을 받아 원료의 일부 또는 전부를 수입하여 이를 가공한 후 거래 당사자 또는 그가 지정하는 자에게 수출하고 계약조건에 따라 가공비·운임·보험료·창고료·이자 등의 가득액을 수취하는 거래이다. 이러한 수탁가공 무역은 다시 그 원료를 수입할 때 유상으로 들여와서 가공한 후, 대금을 수취하는 유환수탁가공무역과 수입시 대금의 지급 없이 원료를 들여와서 가공·수출하고 가득액에 해당되는 가공비만을 받는 무환수탁가공무역이 있다.

② 수위탁판매 무역

수위탁판매 무역이란 물품을 무환으로 수출 또는 수입하여 당해 물품이 판매된 범위 내에서 수출대금을 회수 또는 수입대금을 지급하는 조건의 계약에 의한 수출입을 말하며, '위탁판매 무역'과 '수탁판매 무역'으로 구분된다.

'위탁판매 무역(trade on consignment)'은 일종의 위탁판매수출로서 국내의 생산자 또는 수출자가 외국상사에 대하여 외국시장에서의 판매를 위탁하고, 그 중개용역에 대한 일정 수수료를 지급할 것을 조건으로 한 위탁무역의 전형적인 무역형태이다. 이는 신 시장 개척 또는 신규 상품의 수출 등 시장성이 확실하지 아니한 경우에 활용되는 거래방식이다. 위탁판매 무역의 특징은 수출시점에서는 물품대금의 회수나 수입시점에서의 지급도 발생하지 않고 현지에서 판매한 후 회수한다는 점이다.

'수탁판매 무역(trade on consignee)'은 해외의 거래상으로부터 위탁을 받아서, 위탁자의 위험과 계산으로 외국물품을 무환으로 수입하여 자국 내에서 판매하고, 그 대금을 송금함으로써 수수료를 받는 일종의 위탁판매수입의 형태이다.[2]

---

2) 박종수·채훈, 『무역실무론』, 삼영사, 2008

Chap.2 무역관리와 국내외 규범

1. 무역관리의 의의

무역관리란 국가의 제도, 기구, 법규에 따른 무역거래의 간섭, 통제규제를 총칭한 것이다. 무역관리는 국제수지의 균형과 국민경제의 발전을 기하기 어려운 경우에 직·간접적으로 대외거래 상품의 품목과 수량을 제한하는 일종의 무역통제 정책이다.

우리나라에서 수출입관리를 하는 목적은 국민경제의 발전에 기여하는데 있으며, 그 방법과 수단으로는 대외무역을 진흥시키고 공정한 거래질서를 확립하여 국제수지의 균형을 꾀하고 통상의 확대를 도모하는데 있다.

2. 국내 무역관련 3대 법규

국가에 의한 무역관리(trade control)는 거래 당사자가 국제규범에 따라 자유롭게 체결한 수출입계약을 이행할 때 국가에서 무역정책에 따라 사전·사후적으로 무역거래를 관리 또는 통제하는 것을 말한다. 국가마다 자국의 무역정책을 구체화하여 무역관련 법을 제정하여 시행하고 있다.

우리나라에서 제정되어 운영되고 있는 무역관련된 주요 법규는 대외무역법, 외국환거래법, 관세법이다. 수출입 기본질서에 대해서는 대외무역법으로 관리하고 있고, 무역대금의 결제방법에 대해서는 외국환거래법으로 관리하고 있으며, 물품의 이동과 관련해서는 관세법으로 관리하고 있다. 우리나라의 무역관리법규의 체계와 내용은 다음과 같다.

(1) 대외무역법

'대외무역법'은 우리나라의 무역관리를 위한 기본법으로서 물품의 수출입을 총괄적으로 관리한다. 그리고 대외무역법에서는 국가통제를 위한 관리제도 이외에도 수출을 진흥시키기 위한 무역진흥제도로서 외화획득용 원료수입제도 그리고 산업피해구제 제도와 수출입 질서유지를 위한 제반사항을 규정하고 있다.

(2) 외국환거래법

'외국환거래법'은 결제방법을 관리하기 위한 법규로서 주로 국민인 거주자와 외국인인 비거주자 간에 외국환을 영수하거나 지급하는 방법을 규정하고 있다.

우리나라의 제반 외국환관리 제도는 외환 보유고가 부족할 때 정착된 것이기 때문에 달러화 등, 외국환의 영수는 비교적 자유로우나 외국환의 지급에 대해서는 엄격하게 제한하여 오다가 1996년 OECD 가입 이후에 외국환관리법을 외국환거래법으로 변경하여 그 제한을 크게 완화하였다.

(3) 관세법

'관세법'은 수출입 물품의 통관절차와 수입 물품에 대한 과세절차를 규정하고 있다. 관세법에 의한 통관절차 및 과세절차는 세관에서 처리한다.

세관은 우리나라 수출입의 관문으로서 물품이 국내외로 이동되는 것을 통제하는 최종적인 현장이다. 수출입 통관시 세관은 당해 물품의 수출입이 국내의 제반법규에 따라 허용되는지 여부에 대하여 최종적으로 확인하며, 수입 물품에 대하여는 납세의무자가 적정한 과세가격에 대하여 타당한 세율만큼의 관세 등을 납부하도록 하고 있다.

우리나라는 모든 품목에 대하여 아무나 무역을 하지 못하도록 하다가 1996년 12월, OECD에 가입함에 따라 제반 무역관리제도를 대폭적으로 자유화하여 선진화를 추진하여 왔다.

우리나라의 각종 무역관리제도는 국가가 어려웠던 시절, 즉 외환이 부족한 시절에 정착된 제도로서 주로 외국환의 대외지급을 억제하기 위한 정책적 기초에 따라 도입·시행되어 왔다. 즉, 외환관리를 강조하여 원칙적으로 모든 수출입거래에 대하여 국가통제체제를 유지하면서 외국환의 수요를 유발하는 수입에 대하여는 편중적으로 제한을 하였다.

그러나 1997년 우리나라 무역의 기본법인 대외무역법을 개정·시행하면서 물품의 수출입 및 수출입대금의 결제(특히, 지급)는 원칙적으로 자유로우며, 대외신용도 확보 등 자유무역(free trade) 질서를 유지하는 범위 안에서 자기책임 하에 성실하게 무역거래를 이행하도록 하고 있다.

<표 I-2> 국내무역관리 3대 법규

대외무역법 (수출입총괄)	• 수출입 거래형태 : 특정거래형태의 수출입 인정 • 수출입 품목 : 수출입승인(행정기관 등에서 승인)
외국환거래법 (수출입대금결제)	• 외국환은행의 확인 또는 신고사항 • 한국은행총재 또는 기획재정부장관의 허가사항
관세법 (물품의 이동)	• 수출입 통관절차 • 관세의 부과 및 징수

<표 I-3> 관계별 무역거래 기본 당사자

관 계	수 입 상		수 출 상	
매매관계	Buyer	매수인	Seller	매도인
무역관계	Importer	수입상	Exporter	수출상
신용장관계	Applicant Opener Customer	개설의뢰인	Beneficiary User Addressee	수익자 신용장 사용인 신용장 수령인
환어음관계	Drawee Payer	지급인	Drawer Payee	발행인 대금 수취인
운송관계	Consignee	수화인	Consignor	선적인
계정관계	Accountee	대금결제인	Accounter	대금수령인

3. 기타 국내 무역관련 법규

무역진흥을 위한 무역관련 법규로 무역금융을 지원하기 위한 한국은행 총액한도 대출 관련 무역금융취급세칙 및 절차, 수출 물품에 대하여 부가가치세 영세율 적용을 규정하고 있는 부가가치세법, 관세환급을 위한 수출용 원재료에 대한 관세 등 환급에 관한 특례법(환급특례법)이 있다. 이와 함께 약사법, 식품위생법, 식물방역법, 환경보전법, 전기용품 안전관리법 등 52개 무역관련 개별법이 있다.

우리나라뿐만 아니라 미국, EU 및 일본 등 선진국도 대외적으로는 자유무역을 표방하면서도 자국의 무역정책을 효과적으로 추진하기 위하여 자국에 유리하도록 각종 무역관련 국내법 체계를 유지하고 있다.

따라서 우리나라에서 수출을 원활하게 수행하려면 미국이나 EU의 통상법, 일본의 개별법 등 수출국의 무역관련에 대한 제반법규에 대하여도 깊은 관심을 갖고 그 내용을 파악하여야 할 것이다.[3]

---
3) 이주섭,무역창업론, 에이드북, 상게서

4. 무역관련 국제규범

무역은 서로 다른 국가에 속하는 당사자 간의 거래로 국가마다 국내법과 상관습이 다르기 때문에 수출입 이행시 거래 당사자 간에 동일한 사안에 대하여 다르게 해석할 수 있다.

따라서 무역거래 당사자 간에 계약을 체결하고 이를 이행 하는데 있어서는 국제규범인 국제규칙과 국제거래법에 따른다.

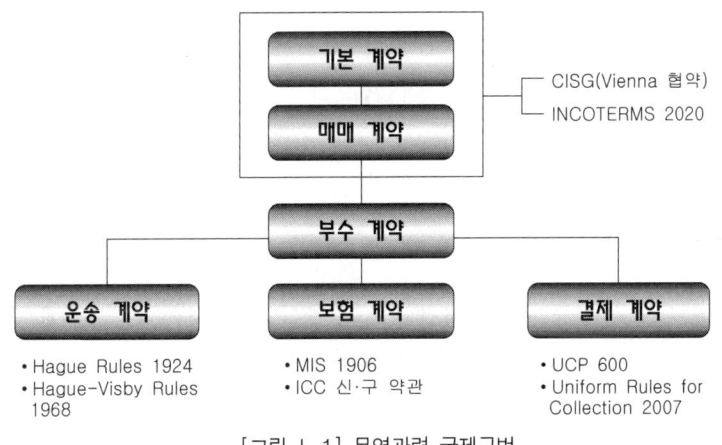

[그림 I-1] 무역관련 국제규범

무역 거래시에는 거래 당사자 간에 동일한 사안에 대하여 동일하게 인지하고 해석할 수 있도록 하기 위하여 국제적으로 통일된 규범이 필요하다.

이와 같은 무역관련 국제규범은 오랜 시간의 국제거래 관행과 관습을 반영한 것으로서 대표적으로 다음과 같은 것들이 있다.

첫째, 무역계약 체결 시에 활용하는 국제규칙과 국제상관습이 있다. 먼저 대표적인 국제규칙으로 "UN 국제물품매매에 관한 통일규칙(United Nations Convention on Contract for the International Sales of Goods : CISG, 일명 Vienna 협약)"이 있다. 이는 통일된 국제민법으로 주로 당사자 간에 수출입 기본계약을 체결할 때 준거법으로 활용된다. 그리고 국제상관습으로는 "INCOTERMS(International Rules for the Interpretation of Trade Terms, 2020)"가 있다. 이는 EXW, FCA, CTP, CIP, DPU, DAP, DDP(전 운송수단), FAS, FOB, CFR, CIF(해상운송수단) 등 당사자 간에 무역계약 체결시 계약 내용을 보안하기 위하여 채택하는 11개의 정형거래조건(trade terms)을 해석하기 위한 국제규칙이다.

둘째, 운송관련 국제규범으로 해상운송과 관련하여 "선하증권통일조약(hague rules,

1924)"과 "개선선하증권조약(hafue-visby rules, 1968)" 및 "Hamburg Rules(1978)"이 있다. 또, 항공운송과 관련하여 "국제항공운송에 관한 통일규칙(warsaw convention, 1929)"이 있으며, 복합운송과 관련하여 "복합운송증권을 위한 통일규칙(uniform rules for a combined transport document, 1973)"이 있다.

셋째, 보험관련 국제규범이 있다. 해상보험 관련한 영국의 "해상보험법(Marine Insurance Act, 1906)"이 국제규칙으로 준용되고 있으며, 런던보험자협회에서 만든 "Institute Cargo Clause(ICC) 신·구약관"이 있다.

넷째, 결제관련 국제규범이 있다. 여기에는 "신용장통일규칙(Uniform Customs and Practices for the Documetary Credits, UCP600)"과 "추심에 관한 통일규칙(Uniform Rules for Collection,1985)"이 있다.[4]

5. 수출규범과 절차

수출절차는 일반적으로 수출계약이 체결되고, 수출신용장이 내도된 이후에 수출추천, 수출승인, 수출품 검사, 수출통관 및 선적, 그리고 수출대금의 회수에 이르기까지의 수출에 따른 일련의 절차를 말한다.

수출 규제법규는 수출입 거래를 대상으로 한 '대외무역법', 수출품의 품질을 대상으로 한 '수출검사법', 수출물품의 통관을 규제하는 '관세법', 수출대금의 결제를 규제하는 '외국환관리법' 등이 있다. 이러한 모든 법규는 수출이 국제수지의 균형과 국민경제의 발전에 기여하도록 한 입법 목적에 따라 상호 보완적으로 운용되어 수출품의 대외거래를 관리하고 있다.

(1) 수출계약의 체결

수출자는 취급할 물품에 대하여 국내 무역관련 법규에 의해 수출이 허용되는 물품인지 여부를 확인한 다음, 거래시장을 탐색하여 결정하고 시장조사 단계를 거쳐 가장 적절한 거래선을 물색한 후 그와 거래를 제의하여 거래선 동의를 얻게 되면 거래관계 개설을 위한 수출계약을 체결하게 된다. 수출계약 거래 상대방이 확정되면 신용조회를 거쳐 거래제의를 하고, 이에 대한 상대방의 승낙이 있으면 계약이 성립된다.

일반적으로 무역거래는 수출자가 수입자에게 수출에 따른 무역거래 조건을 제시하는 청약(offer)에 대해 수입자가 이를 승낙(acceptance)하는 과정 또는 수입자의 주문(order)을 수출자가 승낙(acknowledge)하는 과정에 의하여 계약이 체결된다.

---

4) 한국무역협회, 「무역실무」, 2006. pp 7-9.

(2) 신용장 내도
① 신용장의 의의

신용장(Letter of Credit : L/C)이란 거래 대금 및 상품수입이 원활하도록 수입상을 신용장 개설 의뢰인으로, 수출상을 수익자로 하여 수입상의 거래은행인 신용장 개설은행이 수입상의 요구에 따라 수출상 또는 그의 지시인이 신용장에 명기된 조건과 일치하는 운송서류(transport document)를 제시하면 신용장 대금을 틀림없이 지급하겠다고 약속하는 증서이다.

◆ 신용장거래 방식의 국제무역은 수입자를 주체로 확인사항은 다음과 같다.

[신용장 거래과정]
- 국내의 수입자가 외국의 수출자와 매매계약을 체결하고 물품매도 확약서를 받는다.
- 수입자는 외국환은행에 수입 승인을 신청하여 수입 승인서(I/L)를 받는다.
- 수입자는 자기 거래은행에 수입신용장 개설을 의뢰한다.
- L/C 개설을 의뢰받은 외국환은행은 L/C를 발행하여 수출자가 소재하고 있는 외국환 거래은행에 L/C를 송부한다.
- 수출자의 통지은행은 수출자에게 L/C 도착을 통지한다.
- L/C를 받은 수출자는 상품을 선적한 후 선화증권을 취득하고 보험증권, 상업송장 등, 필요한 서류를 구비하여 매입은행에 화환어음 매입을 의뢰한다.
- 매입은행은 환어음과 운송서류를 교환하여 수출자에게 어음대금을 지급한다.
- 매입은행은 수출자에게 지급한 어음대금을 결제받기 위해 L/C 개설은행에 어음 및 운송서류를 송부한다.
- 매입은행은 어음대금을 개설은행에 상환청구를 한다.
- 개설은행은 매입은행으로부터 운송서류가 도착하면 수입자에게 운송서류 도착을 통지한다.
- 개설은행은 수입자로부터 수입대금을 받고 운송서류를 인도한다.
- 선박회사는 화물이 도착하면 수입업자에게 통지한다.

❖ **신용장 접수 후 확인사항** ❖

■ **계약 내용과의 대조**

수출신용장은 수출입 당사자 간의 계약서에서 합의한 조건에 따라 외국환은행을 통하여 개설되는 것이므로 계약조건, 특히 가격·단가·보험조건·포장방법·선적기일·분할선적·환적조건 등에 상이한 점은 없는가를 검토하여야 하며, 상이한 점이 있는 경우에는 곧 당해 신용장 조건을 변경하도록 상대방 신용장 개설의뢰인에게 요구하여야 한다.

- ■ 신용장 양식 확인

  신용장은 그 용도에 따라 종류가 다양하다. 우리나라에서는 취소가능신용장이 허용되지 않으므로 신용장에 '취소가능(revocable)'이란 표시가 없는지, 또한 수출입업자로 등록되지 못한 자는 원칙적으로 자기명의로 수출할 수 없으므로 이런 경우 '양도가능(transferable)'의 표시가 있는지, 혹은 신용장의 효력에 대한 특별한 유보조건(견본확인, 대리인의 검사 등)이 있는 조건부신용장(conditional L/C)은 아닌지 등을 확인하여야 한다.

- ■ 개설은행의 신용 확인

  수출업자가 대금결제를 신용장으로 정하는 이유는 신용장 개설은행의 신용을 믿고 하는 것인데, 만일 신용장 개설은행이 신용이 없는 은행이면 대금지급에 문제가 발생하므로, 개설은행의 신용을 믿을 수 없는 경우, 보다 공신력 있는 제3의 은행에서 확인(confirm)을 받도록 한다. 또 결제은행(reimbursing bank)이 제3국에 있을 경우, 그 은행과의 코레스(correspondent) 관계도 확인해야 하며, 신용장의 서명이 틀림없는가도 확인해야 한다.

- ■ 신용장통일규칙의 적용 확인

  외관상으로는 신용장처럼 보이나 신용장이 아닌 A/P(Authority to Pur-chase)같은 지급 수단도 있으며, 또 신용장통일규칙에 준한다는 문언이 없는 유사지급 수단도 있으므로 반드시 신용장거래는 신용장통일규칙에 따른다(Subject to the Uniform Customs and Practice for Documentary Credits, 1993 Revision I.C.C Publication No. 600)는 문언의 기재여부를 확인해야 한다.

(3) 수출 승인

① 수출가능 여부 확인

물품 수출이 가능하기 위해서는 대외무역법이나 개별법상 당해 물품에 대한 수출 승인이나 허가를 받아야 하고, 당해 수출거래 형태에 대하여 인정을 받아야 하며, 수출대금결제 방법에 대하여 허가를 받아야 했다. 그러나 1997년 1월 1일 이후 수출입의 자유화 원칙에 따라 계약이행의 사전허가 절차인 승인제도가 폐지됨에 따라 대금결제 사항은 외국환에 일임하고 대외무역법상의 수출입공고 등에 근거한 물품에 대한 관리만을 하는 것을 원칙으로 함에 따라 수출 승인의 개념이 과거의 추천과 같은 성격으로 변경되었다.

수출 승인이 폐지된 이후에는 적법하지 않은 수출이행에 따른 책임은 전적으로 수출자에게 귀속되므로 사전에 수출 가능 여부를 정확하게 확인하는 것이 매우 중요하다.

② 대외무역법상 수출 승인

대외무역법상 물품의 수출입 제한은 수출입공고, 별도공고, 전략물자 수출입공고 등에 의하여 이루어지고 있는데, 크게 수출입 금지품목과 제한 품목으로 나누어지며, 후자의 경우 관련 부처나 단체에서 수출 승인을 받거나 신고를 함으로써 수출이 가능하다.

③ 개별법상 수출허가

물품의 수출입에 대해 대외무역법상 수출입 공고 등 이외에 다른 법령에 특별한 규정이 있는 경우, 당해 개별법에 따른 별도의 제한을 받는다. 이러한 개별법은 약 52개가 있으며, 개별법에 의한 각종 수출입 제한 내용을 산업통상자원부장관은 통합하여 공고하는데, 이를 "통합공고"라고 한다.

따라서 통합공고 상의 수출제한 품목을 수출하고자 하는 경우에는 주무부 장관이나 주무부 장관이 지정하는 기관의 사전 수출허가를 받아야 한다.

④ 수출거래 형태의 인정

대외무역법상의 거래형태는 L/C방식, 추심결제방식(D/A, D/P) 등, 물품의 이동과 대금의 결제가 반대 방향으로 이루어지는 정형화된 수출거래 형태와 수출제한을 회피하거나 국내 산업 보호에 지장을 초래할 우려가 있는 경우, 그리고 외국에서 외국으로 물품의 이동이 있고, 그 대금지급 이나 영수가 국내에서 이루어지는 거래로서 대금결제 상황의 확인이 곤란한 경우 및 대금결제가 수반되지 아니하고 물품의 이동만 이루어지는 특정거래 형태로 나누어진다.

정형화된 수출거래 형태와 특정 거래형태 중 산업통상자원부 장관의 인정 범위에 속하지 않는 것은 현행 대외무역법상 특별한 규제를 하지 않고 있다. 즉, 특정 거래형태 중 산업통상자원부 장관의 인정 대상을 제외하고는 자유로운 거래가 가능하다. 그러나 인정 대상이 아니라고 하여 외국환관리법까지 배제되지는 않으므로 대금결제에 대해서는 별도로 외국환관리법의 적용을 받게 된다.

(4) 수출품 확보

① 수출 물품의 확보방법

수출물품을 확보하기 위해서는 수출업체가 직접 제조·생산하거나 완제품을 구매하는 방법이 있으며, 또한 동일한 물품의 제조·생산을 위해 소요되는 원재료의 확보는 국내에서 구매하거나 외국으로부터의 수입에 의한다.

② 완제품 및 원재료의 국내 구매

[내국신용장에 의한 구매]

내국신용장이란 수출업자가 수취한 수출신용장 등을 근거로 수출이행에 필요한 원자재 또는 완제품을 국내에서 원활히 조달하기 위하여 국내 공급업자(제조·생산자)를 수혜자로 하여 개설된 국내 신용장을 말한다.

또한, 내국신용장의 수익자는 공급물품을 제조·가공하는데 필요한 원자재를 구매하기 위하여 원 내국신용장(1차 내국신용장)을 근거로 하여 2차 내국신용장을 개설할 수 있으며, 1차 내국신용장이 완제품 구매를 위한 내국신용장인 경우에는 원자재를 구매하기 위한 2차 내국신용장을 근거로 3차 내국신용장을 개설할 수 있다.

[구매승인서에 의한 구매]

구매승인서는 무역금융 한도 부족, 비금융 대상 수출신용장 등으로 인하여 내국신용장 개설이 어려운 상황에서 국내에서 외화획득용 원료 등의 구매를 원활하게 하고자 외국환 은행장이 내국신용장 취급규정에 준하여 발급하는 증서이다. 구매승인서의 발급은 내국신용장 발급 근거와는 상이하고, 매 건 별 발급 근거를 전제로 발급되며, 실적 기준으로는 발급되지 않는다. 이와 함께 구매승인서가 내국신용장과 구별되는 가장 큰 차이점은 은행이 계약당사자 간의 거래 사실을 확인하는데 그치고, 대금지급에 대한 지급보증을 하지 않는다는 점이다.

(5) 수출을 위한 외화획득용 원료의 수입

외화획득용 원료에 대한 지원에 대해 우리나라는 수출물품 생산에 공여되는 원료 등에 대해서는 최대한 부담을 줄여줌으로써 우리 수출상품의 국제 경쟁력을 제고시키기 위한 정책 수단으로서 외화획득용 원료 등의 조달에 대하여는 내수용과 비교하여 상역, 금융, 세제상의 지원정책을 견지해 오고 있다.

① 수출입공고 등 적용배제

물품의 수출입은 수출입공고, 통합공고 등의 내용에 따라 수출입이 제한되고 있으나 외화획득용 원료 등에 대해서는 동 원료를 사용하여 제조·가공되는 물품이 수출된다는 점에서 특별한 경우를 제외하고는 수출입공고 등에서 수입금지 또는 제한규정에도 불구하고 수입이 가능하다.

② **무역금융의 지원**

수출물품의 제조·가공에 소요되는 자금 부담을 완화시켜주기 위하여 수출용 원자재의 수입 및 국내 구매시 필요한 자금에 대하여는 무역금융의 수혜를 받을 수 있다.

(6) 관세환급

우리나라 관세법은 수입 물품에 대하여 관세(관세, 특별소비세, 부가가치세) 등을 징수한 후, 수입을 면허하는 것을 원칙으로 하고 있으므로 외화획득용 원료의 경우도 일단 관세 등을 납부하고 통관하게 되나 동 원료를 사용하여 제조·가공된 물품의 수출이 완료된 후에는 관세 등을 환급하여 주고 있다. 물론, 이와 같은 외화획득용 원료 등에 대한 각종 지원제도는 대응수출 등 외화획득 행위를 전제로 하여 부여하고 있는 것이므로 대응수출 등 외화획득 행위가 이루어졌는지 여부에 대하여 사후 관리한다.

(7) 운송 및 보험계약의 체결

① **해상운송**

해외에 거래선이 확보되고 관련 매매계약, 신용장 등이 개설되면 수출업자는 계약에 의거 상품을 확보, 기일 내에 선적을 하여야 한다. 선적을 하기 위해 선박회사와 접촉하기에 앞서 기본적으로 이해하고 알아야 할 사항은 다음과 같다.

• **매매조건과 선적의무**

통상 화물을 운송할 선박을 수배하는 자는 해당 선박회사에 운임을 지급하는 화주이다. 상품의 매매조건이 CIF(또는 CFR) 조건일 때는 Seller가 FOB 조건일 때는 Buyer가 운송선박을 수배해야 한다. 예외적으로 Seller와 Buyer의 거래관계 및 상황에 따라 상대의 요청을 위해 선박 수배를 주선해 주는 경우도 있다.

• **선적선박**

선박을 수배하는 경우는 상품의 수량·종류에 따라 운송선박이 다르다. 즉, 일반 완제품, 기계류 등과 같이 포장된 개별 품목은 일반 잡화선(general cargo carrier) 또는 컨테이너 전용선(full container ship)에 선적된다. 그리고 쌀, 옥수수, 밀 등의 곡물이나 광석, 석탄 등의 이른바 살화물(bulk cargo)은 곡물, 광석류 운반전용선에 선적한다.

• 서비스 항로

우리나라를 중심으로 현재 형성되어 있는 항로(또는 노선)는 한일항로, 동남아항로, 북미항로, 호주항로, 중동항로, 구주항로 등이 있으며, 이들 항로에는 일정한 주기를 유지하며 계속적으로 취항하는 정기선(liner)과 화물에 따라 그때그때 원하는 곳까지 화물을 운송하는 부정기선(tramper)이 있다.

• 운임부과 기준

운임은 통상 해당물의 중량과 용적을 비교하여 많이 산출되는 톤수를 운임의 기준으로 삼는다(이를 revenue이라고 함). 주요 정기항로에 취항하고 있는 선박회사, 특히 운임동맹 가맹 선박회사들은 운임(tariff)을 갖고 있어 운임의 적용 기준과 화물별 운임율은 관련 선박회사에 문의하면 정확히 알 수 있다. 운임은 통상 기본요금과 제 할증료(CAF, BAF) 및 취급수수료(THC), 제 공과금으로 구성되므로 하주가 지불하는 총운임은 제 부과요금을 합산하여 산출해야 한다.

• 선박회사와의 접촉

정기선이 취항하지 않는 지역으로 화물을 보내고자 할 때에는 일반 잡화의 경우, 충분한 사전 기간을 두고 선박회사와 접촉을 시작해야 한다. 정기선의 경우는 지역에 따라 다르나 선적일자(L/C 상의 shipment date) 기준 약 2주 전에만 접촉하여도 무방하지만, 부정기선 편으로 선적·운송하여야 할 경우에는 가급적 1~2개월 전부터 선박을 물색하기 시작하여야 한다. 물론, 어느 경우나 하주입장에서는 충분한 시간을 갖고 임하면 그만큼 유리한 입장에서 선박을 물색할 수 있으므로 상황이 허락하는 한 선박회사의 접촉은 조기에 시작하는 것이 좋다.

• 운송계약의 형태

일반 잡화를 운송하는 정기선의 경우는 별도로 운송계약서를 작성하는 것이 아니고 선박회사에서 정형화된 양식인 선화증권(Bill of Lading : B/L)을 발급함으로써 운송계약에 갈음하고 있다. 동 증권에는 화물의 행선지, 선적지, 명세(용적, 중량, 마크 등), 운임지불 관계(선불 또는 도착지 후불), 선적일자, 발급일자 등이 기재되며, 뒷면에는 운송과 관련한 당사자 간의 권리의무 관계를 기술한 약관이 기재되어 있다. 약관의 내용은 이해당사자 간에 책임과 의무를 명기하여 분쟁이 발생할 경우에 기준이 되므로 하주는 동 내용을 정확히 숙지할 필요가 있다.

부정기선화물 즉, 곡물·광석·석탄 등의 화물을 운송할 때에는 용선계약서(charter party)가 작성되며, 이에 의거 선화증권이 별도로 발급된다. 용선계약서는 정기선의 경우와는 달리 일방적으로 인쇄된 양식을 사용하는 것이 아니고 당사자 간에 충분한 합의를 거쳐 계약서가 작성된다. 특히, 유의할 것은 화물수량의 표시, 선적일시, 하역일시, 체선관계 등 상당히 전문적인 지식이나 경험을 필요로 한다. 따라서 초심자는 직접 계약에 임하는 것보다는 관련 해운회사의 조언을 받거나 용선중개인(chartering broker) 또는 변호사의 협조를 받는 것이 좋다.

② 선적절차

[선적 협의]

관련 정보를 통해 자신이 원하는 시기 및 장소에서 화물을 운송해 줄 선박회사를 물색했으면, 이제는 직접 해당 선박회사 또는 포워더(forwarder)와 접촉하여 구체적인 선적 협의를 한다. 협의는 서면으로도 가능하지만 유선으로 하는 것이 보통이며 신속하고 정확하다. 협의 시는 자신의 요망사항 즉, 다음과 같은 사항을 알린다.

- 언제
- 어디서
- 무슨 화물을
- 얼마나(중량 또는 용적 아니면 개략적인 수량을 설명한다.)
- 어느 곳까지
- 누구에게

위와 같이 운송하고자 한다는 것을 알리면 선박회사 측에서는 구체적으로 선적 가능 시기, 운임 등 화주의 요구사항에 대한 질의에 응하고 상호 요건이 충족되면 구두로 선적예약(space booking)을 한다.

[선적요청서 제출]

구두계약이 이루어진 다음 정식으로 선적요청서(Shipping Request : S/R)를 제출해야 한다. 첨부되어야 할 서류는 상업송장 사본, 포장명세서 사본, L/C 사본, 수출 승인서 사본 등이지만, 실제 업무에서는 S/R 양식에 선적에 필요한 모든 정보를 상세히 기입하므로 이런 서류를 생략하기도 한다. S/R은 공식적인 양식이 있는 것이 아니고 운송인마다 서로 다른 양식을 사용하는데 S/R은 대부분 Fax를 통해 운송인에게 제출한다.

[화물 포장 및 출고 준비]

포장되어 있는 화물의 상태가 운송에 적합할 정도로 견고한지를 확인해야 한다. 선박은 일반 철도나 트럭에 의한 운송과는 달리 선박 자체가 해상에서 심하게 요동할 우려가 있으므로 백화점에서 전시할 정도의 포장, 견물생심을 유발키 위한 미관 위주의 포장만으로는 해상에서의 파도 등의 위력을 감당할 수 없고, 화물의 손상 원인이 포장불량에 있을 시는 선박회사로부터 보상도 받지 못한다. 포장 및 출고 준비는 선적 협의시 요청된 시간 내에 선박회사가 지정한 창고까지 운송·보관시킬 수 있도록 여유를 두고 착수한다.

(8) 컨테이너 화물

화물을 컨테이너에 적입(stuffing)하여 컨테이너 전용선에 선적·운송될 경우는 하주 자신이 선박회사에 빈 컨테이너를 요청하여 컨테이너에 화물을 직접 넣어야 한다. 컨테이너는 길이에 따라 20ft(6.096m), 35ft(10.668m), 40ft(12.192m), 45ft(13.716m) 등의 규격이 있다.

선박회사에서는 일단 컨테이너를 기준으로 운임을 산정하기 때문에 소량의 화물을 수출코자 하는 하주로서는 비싼 운임을 부담하면서까지 굳이 컨테이너 한 개를 독자적으로 사용할 필요는 없다. 선적 협의시 자신의 화물량을 알려 주면 선박회사로부터 컨테이너 한 개를 독자적으로 사용해도 좋은지, 또는 타 화주의 동일 목적지로 가는 소량 화물과 혼적(consolidation)하는 것이 경제적인지를 안내받을 수 있다.

전자의 경우, 하주는 필요한 수량의 빈 컨테이너를 생산 공장 또는 창고로 보내 줄 것을 선박회사에 요청하고, 이 경우 생산 스케줄 및 창고 사정을 충분히 감안하여 화물의 정확한 적입 시간을 제시, 선박회사로부터 확실한 다짐을 받아두고 재차 확인을 해야 한다. 후자의 경우, 선박회사 또는 포워더가 지정한 혼적 창고까지 화물을 운송해 주면 선박회사의 책임 하에 그 곳에서 타 화물과 함께 컨테이너에 적입된다.

(9) 출고 및 육상운송

화물의 출고 준비가 끝나면(컨테이너에 하주 자신이 직접 적입하였을 때는 세관검사를 필하고 봉인된 상태) 선박회사가 지정한 창고까지 운송을 한다. 컨테이너 화물의 경우, 하주의 요청에 의해 선박회사가 육상구간 운송도 담당한다.

육상운송은 화물이 항구에 있는 보세구역까지 연결되므로 어느 운송업자나 취급할 수 있는 것이 아니고 보세화물 운송면허를 취득한자 만이 할 수 있다.

(10) 화물입고 및 인도

컨테이너 화물인 경우, 선박회사 측의 화물인도 장소는 컨테이너 선박이 접안하는 부두 인근에 있는 컨테이너 전용 야드(yard)의 정문(gate)이다. 물론, 선박회사가 하주 창고에서 직접 화물을 인수해 가는 경우도 있다. 정문을 통과할 시점(gate in)에서 선박회사 측과 하주 사이에 상호 인수도 이루어지게 되므로 컨테이너의 외관과 봉인(seal)에 이상이 없으면 화주에게 인수증, 부두수취증(Dock Recipt : D/R)을 발급한다.

(11) 선화증권 발행

화물을 선박회사 측에 인도하고 나면 선박회사는 화물을 인수하였다는 증빙으로서, 그리고 하주가 요청한대로 운송하여 지정된 자에게 인도할 것을 약속한다는 내용의 선화증권(Bill of Lading : B/L)을 하주에게 발행한다.

선화증권은 통상 3통(original, duplicate, triplicate)을 하주에게 발행하며, 그 효력은 동일하다. 선화증권은 법적으로 화물 그 자체를 대표하는 대표증권으로서의 유가증권이며, 물품 대금을 수취하는데 필요한 선적서류 중 가장 중요한 서류이다.

(12) 선화증권 수취

선박회사가 화물을 인수한 즉시 발급하는 수취증(컨테이너 화물일 때는 D/R), 재래선 화물일 경우는 본선수취증(Mate Receipt : M/R)과 상환하여 B/L을 발급하는 것이 원칙이나 실무에서는 D/R이나 M/R은 선박회사 내부에서 왕래되고 있으며, 특별한 요청이 없는 한, 하주에게 직접 교부하는 일은 거의 없다.

즉, 선박회사에서는 화물을 인수·선적 사실을 내부 업무 시스템을 통해 직접 확인할 수 있으므로 하주에게 D/R이나 M/R 제시를 요구하지 않고 하주의 요청에 따라 즉시 B/L을 발급한다.

(13) 선적서류 완비

B/L을 교부받으면 매매조건, 신용장 조건 등에 부합하는지 여부를 확인하고, 이상이 있으면 즉시 정정을 요청해야 한다. B/L에 이상이 없으면 상업송장(commercial invoice), 보험증권(insurance policy) 등 필요한 선적서류 일체를 첨부하여 환어음(bill of exchange)을 발행하여 외국환은행에 매입을 요청한다.

■ Export Procedures

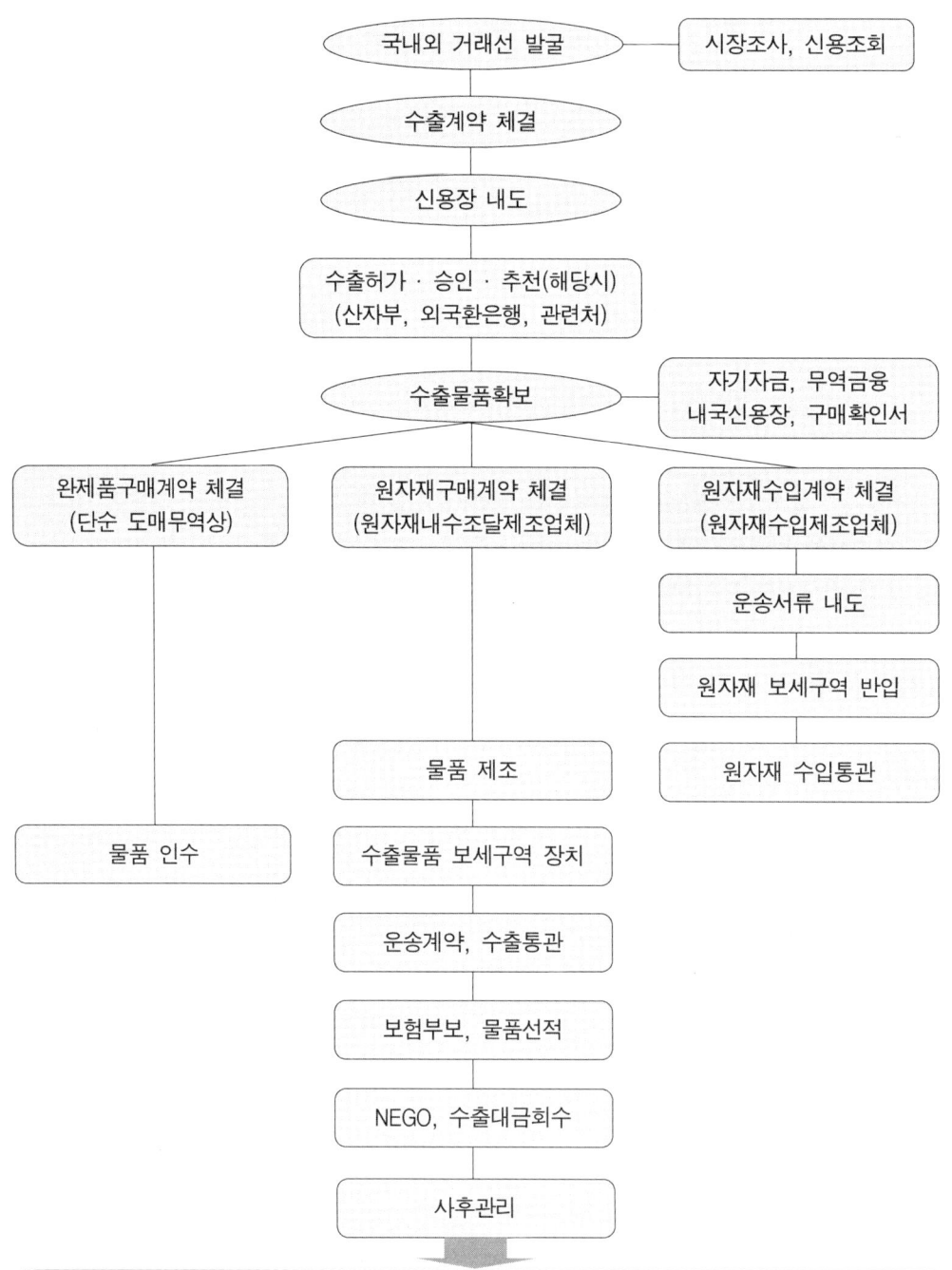

6. 수입규범과 절차

수입(import)이란 외국의 물품이 우리나라 세관을 통하여 들어오는 것을 말하며, 일반 수입과 원자재 수입으로 구분할 수 있다. 원자재 수입은 우선적으로 허가되며 금융·행정 등의 면에서 여러 가지 특혜가 주어진다.

수입 절차라 함은 수입상이 수출상과 수입계약을 체결하고 수입계약서인 물품매도 확약서에 의하여 수입 승인을 받고 외국환은행에 수입신용장을 발행한 후, 수입화물과 선적서류가 신용장 발행은행에 내도되며 수입화물을 통관하는 일련의 절차를 말한다.

이러한 수입절차는 수출 절차의 경우와 마찬가지로 대외무역법, 외국환거래법, 관세법 등 각종 법규에 의하여 규제를 받는다.

물품의 수출입을 업으로 하고자 하는 자는 산업통상자원부 장관으로부터 수출입 업의 허가를 받아야 하며, 그 허가를 받지 않은 자가 수입하고자 하는 경우에는 수출입 업자에게 수입대행을 의뢰하여야 한다.

한편, 수입 승인 여부는 수출입 공고에 규정되어 있으며, 수입 제한 승인품목은 주무관서의 수입 추천을 받거나 제한 조치에 합당한 것에 한하여 수입을 승인해 준다.

부정거래의 우려가 있거나 수입가격의 유지를 필요로 하는 주요 품목에 대해서는 산업통상자원부 장관이 수입 기준가격, 최고가격 및 최저가격을 사정하여 별도로 공고한다.

외국환관리규정에서는 수입대금의 결제방법과 외국환거래 담보금의 적립율에 대하여 규정하고 있으며, 관세법에서는 수입통관 절차가 규정되어 있다.

(1) 수입계약 체결

수입상은 해외시장 조사 및 Inquiry 등을 통하여 거래선을 선정하고 해외조사기관에 신용조사를 의뢰해 가장 적합하다고 판단되는 Seller와 수입계약을 체결한다. 수입계약은 통상 물품매도확약서의 발급으로 대체되고 있는데, 물품매도확약서는 국내의 오퍼상(무역대리업자)으로부터 받든지, 외국의 수출상으로부터 직접 받을 수 있다.

Offer Sheet의 가격과 선적, 결제 조건 등의 제 조건이 상담했던 내용과 맞으면 오퍼의 하단에 수입상이 "Accept"라고 표시하고 서명하여 1부를 수출상에게 보냄으로써 계약은 성립된다.

물품매도확약서는 물품에 대한 거래조건이 명시되어 있기 때문에 수입 승인 및 신용장 개설 신청시에 요구되는 서류이다.

(2) 수입 승인

수출의 경우와 마찬가지로 수입도 수출입 공고에서 고시하는 특정 물품에 대해서는 개개의 수입 거래별로 산업통상자원부 장관이 위탁하는 관련 단체의 장의 승인을 받아야 한다. 과거에는 모든 수입 행위에 대해 매 계약 건별로 물품의 이동과 대금결제를 결부시켜 수입 승인을 받도록 하여 물품에 대한 규제는 물론 외환의 지급까지도 관리하였으나, 1997년부터는 대금결제는 외국환거래법에 위임하고 오직 물품에 대한 관리만을 원칙으로 함에 따라 수입 승인의 개념이 물품의 이동만을 관리하는 추천과 같은 성격으로 바뀌었다. 즉, 수입 승인은 국내로 이동이 제한되는 물품을 이동될 수 있도록 허가해 주는 절차인 것이다. 그러므로 수입하려는 물품이 수출입 공고, 수출입별도 공고 등에서 수입이 허용되는 품목인지를 검토하여 관련기관, 협회의 수입 승인을 받아야 한다.

한편, 수입하고자 하는 물품이 통합공고상 수입이 제한되는 품목인 경우에는 보건복지부, 환경부 등 주무부처의 수입요건 확인 또는 허가를 받아야 한다.

수입 승인을 받으려면 수입계약서 또는 물품매도확약서(offer sheet), 수출입 공고 등에서 규정한 요건을 충족하는 서류를 수입신청서와 함께 관련기관(협회)에 제출하여 수입 물품의 명세, 선적항, 당사자, 유효기관 등에 대한 승인을 받아야 한다.

수입 승인의 유효기간은 1년이다. 이에 수입자는 이 기간 내에 수입 물품을 통관하여야 하나 필요한 경우 연장할 수 있다. 한편, 수입 승인을 받은 후 상대방과의 계약 내용이 변경되거나 기타 사유로 인하여 원래 수입 승인을 받은 조건대로 수입을 이행할 수 없는 사정이 생긴 때에는 수입 승인 사항의 변경을 신청하여야 한다.

(3) 수입신용장 개설

수입 승인을 받으면 수입계약서에서 대금결제를 신용장에 의한다고 약정되어 있는 경우에는 유효기한 내에 수입업자는 거래은행에 신용장의 발행을 의뢰하여야 한다. 수입자는 수입 물품에 대한 수입 승인을 받은 다음, 그 유효기간 내에 신용장개설을 신청하게 된다. 신용장을 개설해 주는 외국환은행으로 보면 신용장개설은 일종의 여신(與信) 행위이므로 수입상 및 수출상의 신용 상태와 해당 수입상품의 시장성 등을 고려하여 발행하며 일반적으로 충분한 담보를 확보하고서 신용장을 개설한다.

신용장 개설은행은 신용장 개설에 관한 심사 및 기타 절차를 완료하고 개설 의뢰인이 제출한 의뢰서 내용을 점검하고 타당성이 인정되면 신용장을 개설하여 준다. 신용장 개설방법은 선적기일, 시황, 자금사정 등을 고려하여 다음과 같은 두 가지 방법이 있다.

① 우편에 의안 개설(Mail Credit)

신용장개설신청서 내용에 따라 소정의 신용장 양식 1세트를 작성하여, 원본 및 사본 1매는 통지은행에 발송하고, 결제은행에는 사본 1매를 수입대전결제요청서(reimbursement request)와 함께 발송한다.

② 전신에 의안 개설(Cable Credit)

금융비용 절약, 납기 단축 등을 위하여 신용장 개설 사실을 신속히 통지할 필요가 있을 경우 전신으로 신용장을 개설하게 된다.

(4) 선적서류 내도와 대금결제

① 선적서류 내도

신용장의 수익자인 수출업자는 상품을 선적한 후 신용장에서 요구하고 있는 선적서류와 함께 환어음을 발행하여 매입은행에 매각하여 수출대금을 회수하면 매입은행은 매입한 환어음 및 선적서류를 개설은행 앞으로 송달하게 된다.

매입은행으로부터 선적서류를 접수한 개설은행은 자기가 개설한 신용장 조건대로 선적서류가 내도되었는지를 심사하여 수입대금 결제 여부를 확인한 후, 개설 의뢰인에게 선적서류를 인도하고 수입대금 결제를 받는다.

[선적서류 접수 및 검토]

발행은행은 선적서류가 환어음과 함께 내도하게 되면 추심의뢰장(covering letter)[5], 선적서류(Shipment document), 환어음(bills of exchange) 등의 기재사항과 부속서류에 대하여 확인하여야 한다.

매입은행에서 매입한 환어음 및 선적서류는 통상 원본(original set)과 부본(duplicate set) 2세트로 나누어져 발행은행에 송달된다. 이 경우 원본과 부본은 효력 면에서 동일하므로 발행은행은 먼저 도착된 서류를 가지고 심사하여도 무방하다. 이는 선적서류 중 먼저 도착한 것이 인도되면 다른 하나는 효력을 상실하기 때문이다.

매입은행으로부터 서류를 접수한 발행은행은 먼저 매입은행의 매입대금 추심의뢰장

---

5) covering letter란 환어음 및 선적서류를 발송할 때 그 위에 첨부된다는 의미에서 그렇게 불리고 있으며, 이에는 첨부서류의 종류, 통권, 지급·인수 및 매입은행명, 대금결제방법, L/C금액, 은행수수료, 신용장 조건의 불일치 내용 및 해당 서류 처리에 관한 지시 등이 기재되어 있다.

(covering letter)을 면밀히 검토하게 된다.

특히, 매입은행이 하자가 있는 선적서류를 매입한 경우는 신용장 조건과의 불일치 내용과 처리 전말이 기재되어 있으므로 이를 검토한 후 수입상의 동의로서 인수가 가능한지 여부를 결정하여 전신 등으로 지급지시 또는 지급거절의 통지를 하여야 한다.

Covering Letter를 점검한 발행은행은 접수한 환어음과 선적서류를 점검하여야 한다. 즉, 신용장의 조건과 선적서류가 일치하는지, 또한 환어음의 필수적·임의적 기재사항이 명확하게 기재되었는지 확인하여야 한다. 이는 발행은행이 신용장의 발행이라는 형식으로 지시한 사항들이 완전히 이행되었는지를 확인하는 행위이기 때문이다.

[환어음 결제와 선적서류의 인도]

발행은행은 매입은행에서 송달된 환어음 및 선적서류의 점검 후, 신용장 조건과의 일치가 확인되면 개설의뢰인에게 선적서류의 내도를 통지한다. 발행은행은 개설의뢰인에게 선적서류를 인도하기 위해 환어음의 제시 및 지급 인수의 청구를 하게 되며, 개설의뢰인은 이에 따라 수입대금을 결제해야 한다.

[선적서류의 수리 거절]

선적서류의 심사결과 어떤 선적서류에 하자가 있음이 발견될 경우, 이는 신용장 상에서 요구하고 있는 조건과의 불일치를 의미하므로 발행은행은 임의로 해당 선적서류를 인도할 수 없게 된다. 발행은행은 일단 개설의뢰인에게 이러한 하자에도 불구하고 선적서류를 인도 받을지의 여부를 문의하고, 부정적인 대답이 있을 경우에는 신속히 선적서류 송부은행으로 이 사실을 통보하게 된다. 이와 같은 조치를 통해서 당해 선적서류는 신용장 조건에 일치되도록 보정되거나 어음의 상환조치가 취해진다.

제5차 개정 신용장 통일규칙 제14조 c항 에서는 선적서류를 접수한 발행은행이 이를 점검한 결과 지면상 신용장 조건과 일치하지 않는다고 판단되는 경우 개설의뢰인과 선적서류의 수리 여부를 교섭할 수 있다고 규정하고 있다. 또한, 신용장 통일규칙 제14조 d항에 의거 발행은행이 서류를 거절하기로 결정한다면 그 사실을 지체 없이(늦어도 서류접수 일로부터 7일 이내) 전신으로 만일 그것이 불가능하다면 기타 신속한 방법으로 그 서류를 송부해 온 은행 또는 그 서류를 수익자로부터 직접 접수했을 경우는 수익자에게 통보해야 한다. 그리고 그러한 통보에는 그 서류를, 제시인의 처분권 하에 보관하고 있는지 또는 제시인에게 반송되고 있는지를 명시해야 한다. 따라서 신용장 통일규칙에 의거 발행은행의 수리 거절시에는 다음과 같은 조치가 취해져야 한다.

- 선적서류상에 지면상 신용장조건과 불일치한 점이 명백히 존재해야 한다.
- 선적서류 접수 후 7일 이내에 점검하여 거절 여부를 결정해야 한다.
- 거절통지는 전신 또는 기타 신속한 방법에 의해 취해져야 한다.

[수입화물선취보증서]

수입화물선취보증서(Letter of Guarantee : L/G)란 수입화물은 이미 도착하였으나 선적서류가 도착하지 않았을 경우, 선적서류 도착 이전에 수입상과 발행은행이 연대보증한 보증서를 선박회사에 선화증권의 원본 대신 제출하고 수입화물을 인도받는 보증서이다.

수입화물선취보증서를 발급받아 수입화물을 인도받은 수입업체는 동 L/G발급일로부터 20일 내에 수입대금을 외국환은행에 예치하여야 한다. 다만, 연지급수입인 경우에는 연지급 수입기간에 20일을 가산한 기간 이내에 수입대금을 외화로 적립하여야 한다.

이러한 수입화물선취보증서는 형식적으로 수입업자가 선박회사 앞으로 발행하는 것으로서 인도받을 화물의 명세를 기재하고 화물선취에 관한 약정을 하며, 발행은행은 보증인으로 서명하는데 불과하나, L/G의 특징은 다른 약정증서와 같이 보증인의 의무가 그 증서의 성격을 좌우하는 정도가 아니라 오히려 보증인의 존재가 본질적인 효력발생 요건이 됨에 따라 실질적으로는 발행은행이 발행하는 증서로 간주되고 있다.

수입화물선취보증서를 발급·신청하고자 할 때는 일반적으로 다음과 같은 선적서류의 대도를 발행은행에 제출해야 하며, 발행은행은 각 서류의 기재내용과 신용장과의 일치여부를 확인한 후 보증서를 발급하게 된다.

[선적서류의 대도(貸渡)]

기한부신용장(usance L/C)에 의한 수입일 경우는 수입상이 환어음을 인수함으로써 선적서류를 인도받아 수입화물을 처분하여 그 판매대금으로 만기일에 어음을 결제할 수 있으나, 일람불신용장(at sight L/C) 방식인 경우는 수입상이 어음대금을 결제하지 않으면 선적서류를 인도받을 수 없다.

선적서류의 대도(Trust Receipt : T/R)란 수입상은 어음대금을 결제하기 전이라도 수입화물을 처분할 수 있도록 하는 동시에 발행은행은 그 화물에 대한 담보권을 상실하지 않도록 하는 제도이다. 즉, 일람출급어음 조건인 경우 개설의뢰인이 발행은행에 대해 수입화물을 대도하여 줄 것을 신청하고, 발행은행은 자기 소유 하에 있는 수입화물을 수입상에게 대도하여 그 화물을 적기에 처분하도록 함으로써 그 판매대금으로 수입대금을 결제할 수 있도록 하는 제도이다. 또한, 발행은행 측으로 보면 수입대금결제가 지연될 경우 화물 자체를 소유하고 있다

하더라도 큰 실익이 없기 때문에 수입상이 화물을 빨리 인도하고자 할 때 은행은 그 화물에 대한 담보권을 상실하지 않고 수입상에게 화물을 인도할 수 있도록 편의를 제공하는 것이다.

T/R에 의해 발행은행이 수입상에게 대도할 경우, 수입화물의 점유는 발행은행으로부터 수입상으로 이전되지만, 이러한 사실을 알지 못하는 선의의 제3자는 보호된다. 즉, 발행은행이 T/R을 내세워 선의의 제3자에게 대항할 수 없기 때문에 은행은 T/R을 취급함에 있어 신중을 기해야 한다. 따라서 이러한 대도 행위가 이루어지려면 위탁자인 은행은 수탁인 수입업자를 전적으로 신뢰하는 경우에 가능하게 된다. 화물을 인수받은 수입업자는 그 화물을 신속하게 처분하여 대금을 은행에 변제해야 하므로 그 화물을 타인에게 판매할 수 있는 자이어야 하며, 그것을 다시 다른 사람에게 담보로 제공해서는 안된다.

② 대금결제

물품의 수입행위에는 그 대금의 지급이 수반되는데, 수입 승인시에는 외국환거래 법령에 따라 수입대금 지급방법에 대해 별도의 검토를 받아야 한다.

수입대금 결제방법도 수출대금 결제방법과 마찬가지로 1992년 9월 1일 Positive System에서 Negative System으로 바뀌었다. 따라서 결제방법이 한국은행총재 또는 산업통상자원부 장관의 허가사항 등 Negative List에 해당되지 않은 경우에는 별도의 신고나 허가 없이 자유롭게 거래할 수 있다.

(5) 수입통관

외국에서 우리나라에 도착된 물품은 원칙적으로 보세구역에 반입하여 장치한 후, 세관에 수입신고 한다. 수입신고란 외국으로부터 반입되는 물품을 수입하겠다는 의사표시를 세관장에게 하는 것이며, 세관에서는 수입신고한 물품과 현품이 일치하는지의 여부와 수입과 관련하여 제반 법 규정을 충족하였는지 여부를 확인한 후, 수입신고를 수리하고, 납세자는 수입물품을 인수한 후 15일 이내에 관세 등을 납부하면 된다.

① 타소장치 신청

거대 중량이나 기타의 사유로 보세구역에 장치하기 곤란하거나 부적당한 물품, 재해 기타 부득이한 사유로 임시 저장할 물품, 검역물품, 압수물품, 우편물품 등은 선박명(항공기명)과 입항 연월일, 선화증권 번호, 품명, 수량, 가격, 포장의 종류, 기호, 번호, 개수 등을 기재한 타소장치 허가신청서를 세관장에게 제출하여 허가를 받아야 한다.

② 보세운송

보세운송은 통관지 세관의 변경 등을 위해 보세구역 간, 개항 간, 세관관서 간에 외국 물품인 상태에서 허용되며, 운송 수단의 종류 및 명칭, 선화증권의 번호, 운송기간, 품명, 규격, 수량, 가격 등을 기재한 보세운송 신고서를 제출하여 세관장의 승인(신고수리)을 받아야 한다.

수출입금지물품, 검역미필물품, 위험물품, 비금속성, 귀석, 반귀석 또는 귀금속, 시계, 한약재, 의약품, 향료 등과 같이 부피가 작고, 고가인 물품으로서 감시 단속이 곤란하거나 화주 미확정물품, 무환물품 등은 보세운송이 제한된다.

(6) 수입신고

수입신고는 수입 물품의 내역과 기타 관련사항을 세관장에게 신고하는 것을 말한다. 수입신고는 세관장에게 물품을 수입하고자 하는 최초의 의사 표시로서의 의미와 함께 그 시점에서 과세물건이 확정되고 신고일에 시행되는 법령이 당해 수입 물품에 적용된다는 점에서 중요한 의미를 갖는다. 좀 더 구체적으로 살펴보면 다음과 같다.

① 수입신고 사항

물품을 수입하고자 할 때에는 다음 사항을 세관장에게 신고하여야 한다.
- 물품의 품명·규격·수량 및 가격
- 포장의 종류·번호 및 개수
- 목적지·원산지·선적지
- 사업자 등록번호·통관고유번호
- 원산지표시대상 물품인 경우에는 표시유무·방법 및 형태
- 상표
- 기타 참고사항

[과세물건의 확정시기]
과세는 원칙적으로 수입신고를 할 때의 성질과 수량에 의하여 부과한다.

[적용법령의 확정]
관세는 원칙적으로 수입신고 당시의 법령에 의한다. 따라서 수입 물품의 통관과정에서 관세율의 변경, 과세환율의 변경 또는 관세감면 및 분할납부 규정의 개정이 있다 할지라도 수입신고 당시의 법령에 의하여 관세를 부과한다.

[납세의무자의 확정]
수입신고시 납세의무자를 신고함으로써 신고시점에서 납세의무자가 확정된다.

[관세부과 제척기간 기산일의 기준일]
관세의 부과권은 원칙적으로 수입신고한 날의 다음 날로부터 2년간 행사하지 아니하면 이를 행사하지 못한다. 따라서 수입신고일은 관세부과 제척기간 기산일의 기준일이 된다.

[과세환율 결정의 기준시점]
외국통화로 표시된 과세가격을 내국통화로 환산하고자 할 때에는 수입신고일이 속하는 주의 전주의 외국환매도율을 평균하여 관세청장이 그 율을 정하는 바 수입신고일은 과세환율 결정의 기준시점이 된다.

[가격신고]
관세 납세의무자는 수입신고 때에는 세관장에게 그 물품의 가격에 대한 신고를 하여야 한다(법 제27조). 가격신고를 하고자 하는 자는 다음의 서류를 세관장에게 제출하여야 한다.

- 수입관련 거래에 관한 사항을 기재하는 거래관계 사실신고서
- 과세가격 산출내용에 관한 금액 등을 기재하는 세무조정 계산서
- 과세자료
  - 송품장
  - 계약서
  - 각종 비용의 금액 및 산출근거를 나타내는 증빙자료
  - 기타 가격신고의 내용을 입증하는데 필요한 자료

관세법령상에는 거래관계 사실신고서와 세무조정계산서 등, 가격신고서를 수입신고서와 별도로 제출하도록 하고 있으나 실무상 **수입신고서**의 '**과세가격**'란(신고서㊳항)에 과세가격을 기재함으로써 가격신고가 이루어지고 있다. 다만, '가산금액(㊽항)과 공제금액(㊾항)'이 있는 경우에는 그 비용의 산출근거를 나타내는 증빙자료를 제출하여야 한다.

[납세신고]
물품을 수입하고자 하는 자는 수입신고를 할 때에 세관장에게 관세의 납부에 관한 신고를 하여야 한다(법 제32조). 납세신고를 하고자 하는 자는 수입신고서에 다음의 사항을 기재하여 세관장에게 제출하여야 한다.

- 관세율표상의 품목분류·세율과 품목분류마다 납부하여야 할 세액
- 관세법·기타 관세에 관한 법률 또는 조약에 의하여 관세의 감면을 받는 경우에는 그 감면액과 법적 근거
- 특수 관계의 범위에 해당하는지의 여부
- 기타 과세가격 결정에 참고가 될 사항

② 수입신고의 시기

수입신고는 출항 전 수입신고, 입항 전 수입신고, 보세구역 도착 전 수입신고, 보세구역장치 후 수입신고로 구분되는데, 수입자가 필요한 신고방법을 선택하여 수입신고 할 수 있다.

[출항 전 수입신고]

수입하고자 하는 물품의 신속한 통관이 필요한 경우, 당해 물품을 선(기)적한 선박 또는 항공기가 입항하기 전에 수입신고를 할 수 있으나 출항부터 입항까지의 기간이 단기간인 경우 등, 당해 선박 등이 출항한 후에 신고하는 것이 곤란하다고 인정되어 출항하기 전에 신고하게 할 필요가 있는 경우에는 출항 전 수입신고를 할 수 있다.

즉, 출항 전 수입신고는 수입 물품을 적재한 선박 또는 항공기가 당해 물품을 적재한 항구 또는 공항에서 출항하기 전에 수입신고하는 것을 말한다.

※신고 시기 : 출항 전 또는 입항 전 신고는 당해 물품을 적재한 선박 등이 우리나라에 입항하기 5일 전(항공기에 의한 경우에는 1일 전)부터 할 수 있다.

[입항 전 수입신고]

수입신고는 당해 물품을 적재한 선박 또는 항공기가 입항된 후에 하는 것이 원칙이다. 그러나 수입하고자 하는 물품의 신속한 통관이 필요한 경우에는 수입 물품을 적재한 선박 또는 항공기가 당해 물품을 적재한 공항 또는 항구에서 출항한 후, 입항하기 전에 수입신고를 할 수 있다.

다만, 다음에 해당하는 물품은 당해 물품을 적재한 선박 등이 우리나라에 도착된 후에 수입신고하여야 한다.

- 법령의 개정에 따라 새로운 수입 요건의 구비가 요구되거나 당해 물품이 우리나라에 도착하는 날부터 높은 세율이 적용되도록 입법 예고된 물품.

- 수입신고를 하는 때와 우리나라에 도착하는 때의 물품의 성질과 수량이 달라지는 물품으로서 관세청장이 정하는 물품.
  - 농・수・축산물 또는 그 가공품으로서 수입신고를 하는 때와 입항하는 때의 물품의 관세율표 번호 10단위가 변경되는 물품.
  - 농・수・축산물 또는 그 가공품으로서 수입신고를 하는 때와 입항하는 때의 과세단위(수량 또는 중량)가 변경되는 물품.

[보세구역 도착 전 신고]

수입 물품을 적재한 선박 또는 항공기가 입항하여 당해 물품을 통관하기 위하여 반입하고자 하는 보세구역에 도착하기 전에 수입신고하는 것을 말한다.

[보세구역 장치 후 신고]

수입 물품을 보세구역에 장치한 후 수입신고하는 것을 말한다.

③ 수입신고 세관

수입신고 형태별로 수입신고 세관은 다음과 같다(수입통관 사무처리에 관한 고시 제2-1-3조).

<표Ⅰ-4> 수입신고 세관구분

구 분	수입신고세관
출항 전 신고	입항 예정지 관할 세관장
입항 전 신고	
보세구역 도착 전 신고	당해 물품이 도착할 보세구역을 관할하는 세관장
보세구역 장치 후 신고	당해 물품이 장치된 보세구역을 관할하는 세관장

④ 수입신고인

수입신고는 관세사, 관세사법인, 통관취급법인 또는 수입화주의 명의로 하여야 한다.

⑤ 수입신고 기간

[반입일로부터 30일 내의 신고의무]

수입하고자 하는 물품을 지정 장치장 또는 보세창고에 반입하거나 보세구역 외 장치 허가 장소에 장치한 자는 반입일 또는 보세구역 외 장치 허가일로부터 30일 이내에 수입신고를 하여야 한다.

⑥ 가산세 부과

물품을 수입하는 자가 반입일 또는 보세구역 외 장치 허가일로부터 30일 내에 수입신고를 하지 않는 경우에는 당해 물품의 과세가격의 2/100에 상당하는 금액을 가산세로 징수한다.

[가산세 대상물품]

물품의 신속한 유통이 긴요하다고 인정하여 보세구역의 종류와 물품의 특성을 감안하여 관세청장이 정하는 물품

[가산세율]

가산세액은 다음의 율에 의하여 산출한다(법 제247조).

<표 I-5> 가산세율

구 분	가산세율
신고시 기한이 경과한 날로부터 20일 이내에 신고	과세가격의 5/1,000
신고시 기한이 경과한 날로부터 50일 이내에 신고	과세가격의 10/1,000
신고시 기한이 경과한 날로부터 80일 이내에 신고	과세가격의 15/1,000
신고시 기한 경과일로부터 80일을 초과하여 신고	과세가격의 20/1,000

다만, 가산액은 500만원을 초과할 수 없으며 신고기한 경과한 후 보세 운송된 물품의 경과일수 계산은 신고기한(30) 일이 경과한 날로부터 보세운송 신고를 한 날까지로 하며 세액은 수입신고를 한 때에 징수한다.

⑦ 신고의 취하 또는 각하

[수입신고의 취하]

• **취하의 의의**

수입신고는 정당한 사유가 있는 경우에 한하여 세관장의 승인을 얻어 취하할 수 있다(법 제250조 ①항). 수입신고의 취하는 수입신고인이 취하 신청을 하고 세관장이 이를 승인함으로써 수입신고의 효력을 상실시키는 것이다.

• **신고취하 시기**

수입신고의 취하는 수입신고로부터 수입신고 수리가 되기까지는 물론이고, 수입신고가 수리된 경우라 할지라도 관세법에서 규정하는 수입 물품의 장치장소에 있는 경우에는 수입신고를 취하할 수 있다. 그러나 운송수단·관세통로·하역통로 또는 관세법에서 규정된 장치장소에서 물품을 반출한 후에는 수입신고를 취하할 수 없다.

수입신고가 수리된 물품에 대하여 수입신고가 취하된 경우에는 수입신고 수리로 인하여 내국물품화된 물품이 수입신고 수리의 효력이 상실됨으로써 다시 외국물품화 된다.

[수입신고의 각하]

세관장은 다음에 해당하는 경우 수입신고를 각하할 수 있다(수입통관 사무처리에 관한고시 제2-1-14조). 다음의 경우를 살펴보자.

- 부정한 방법으로 신고한 경우
- 폐기, 공매·경매낙찰, 몰수확정, 국고귀속이 결정된 경우
- 출항 전 신고 또는 입항 전 신고의 요건을 갖추지 아니한 경우
- 기타 수입신고의 형식적 요건을 갖추지 못한 경우

⑧ 수입신고서의 처리

수입신고된 물품에 따라 신고서의 처리방법을 수입통관 사무처리에 관한고시 제2-2-1조에서는 다음과 같이 규정하고 있다.

- **심사** : 수입신고한 물품에 대하여 수입신고 수리를 결정하기 위하여 필요한 사항을 심사한다.
- **물품검사와 심사병행** : 수입신고한 물품에 대하여 수입신고 수리를 결정하기 위하여 필요한 사항을 심사하고 검사 대상으로 선별된 물품에 대하여 현품을 검사한다.

[심사와 신고서 처리]

• **심사**

수입신고한 물품에 대하여 품목 분류 및 세율 적용의 적정 여부, 과세가격 결정과 같은 납세와 관련된 사항 등을 심사한다.

• **심사생략**

수입신고한 물품에 대하여 납세와 관련된 사항의 심사를 생략한다.

• **수입과 심사**

수입과의 심사자는 다음 각 호의 사항을 심사한다(수입통관 사무처에 관한 고시 제2-2-4조).

- 제출 서류의 구비 및 신고서의 기재사항과 일치하는지 여부
- 신고서가 수입신고서 작성요령에 따라 정확하게 작성하였는지 여부
- 분석의뢰 필요성 유무
- 사전세액심사 대상물품의 품목분류, 세율, 과세가격, 세액, 감면·분납신청의 적정 여부
- 허가·승인 등의 증명 및 확인 규정에 의한 수입요건 구비 여부
- 원산지 표시 및 지적재산권 침해 여부
- 법령의 규정에 의한 감면신청서 및 세율적용 추천서의 구비 여부
- 전산에서 제공하는 화물정보 및 C/S정보와 수입신고 내역의 비교·확인
- 검사대상 물품의 품목분류 및 세율의 적정 여부
- 기타 수입신고 수리를 결정하기 위하여 필요한 사항

• **심사과 심사**

심사과의 심사자는 다음 각 호의 사항을 심사한다(수입통관 사무처리에 관한고시 제2-2-4조).

- 품목분류 및 세율적용의 적정 여부
- 신고서의 세번, 원산지와 관련된 최근 수입신고 실적의 과세가격
- 과세가격 결정방법 및 과세가격 계산사항 등의 가격정보
- 심사신고서의 품목별 해외시장 가격정보
- 수입신고 대상의 가산요소 및 공제요소의 누락 여부
- 감면·분납·용도 세율 대상 품목의 사후관리 대상 여부

- 수입화주의 체납 사실 여부
- 기타 심사와 관련하여 필요한 사항

(7) 사전세액심사

사전세액심사란 수입신고인 또는 화주가 신고한 세액에 대하여 수입신고를 수리하기 전에 심사하는 것을 말한다. 원칙적으로 신고납부 대상 물품은 수입신고서 상의 기재사항과 관세법의 규정에 의한 확인사항 등을 심사하여 수리하고 신고한 세액에 대해서는 수입신고를 수리한 후 심사 하도록 되어 있다.

다만, 신고한 세액에 대하여 관세채권의 확보가 곤란하다고 인정되거나 수입신고를 수리한 후 세액심사를 하는 것이 부적당하다고 인정되는 경우에는 수입신고 수리 전에 세액심사를 하도록 하고 있다. 다음의 세액심사 대상 물품을 살펴보자.

- 법률 또는 조약에 의하여 관세 및 내국세의 감면을 받고자 하는 물품
- 관세의 분할납부를 하고자 하는 물품
- 관세체납 중에 있는 자가 신고하는 물품
- 불성실 신고인이 신고하는 물품
- 물품의 가격변동이 크거나 기타 수입신고 수리 후에 심사하는 것이 부적당하다고 인정하여 관세청장이 정하는 물품
- 부과고지 대상 물품

(8) 통관보류

통관보류는 세관에서 수입 물품에 대한 심사결과 어떤 사유가 있을 때에 통관을 일시적으로 보류하는 것을 말하며 통관보류 사유가 해소되면 바로 통관이 허용된다.

세관장은 통관심사 결과, 수입 물품이 아래에 해당하는 경우에는 당해 물품의 통관을 보류할 수 있다.

① 신고서 기재사항 또는 신고시 제출 서류 등 중요한 사항이 미비되어 보완이 필요한 경우
② 관세법의 규정에 의한 의무사항을 위반하거나 국민보건 등을 위해할 우려가 있는 경우

③ 기타 관세법 규정에 의하여 필요한 사항을 확인할 필요가 있다고 인정하여 관세청장이 정하는 사유에 해당 하는 경우
- 관세범칙 혐의로 조사 의뢰한 경우
- 기타 통관심사 결과, 신고수리의 요건을 구비하는데 장시간이 소요되는 경우

(9) 물품검사 및 수입신고 수리

① 물품검사

세관 공무원은 수출입하고자 하는 물품에 대하여 검사를 할 수 있으며 관세청장은 검사의 효율을 거두기 위하여 검사대상·범위·방법 등 필요한 사항을 정할 수 있다(법 제246조). 수입신고 물품에 대한 검사의 목적은 수입신고 사항과 현품이 일치하는지의 여부와 마약 등 기타 밀수품이 은닉되어 있는지의 여부를 검사하는데 있다.

수입신고 물품에 대하여는 신고사항과 현품의 일치 여부 등의 확인을 위하여 검사를 실시하게 된다. 그러나 한정된 세관 인원으로 수입 물품을 전량 검사하는 것은 검사에 따른 통관지연으로 물류비용이 증가하고 형식적 검사로 검사의 실효성을 확보할 수 없는 문제점이 있다.

따라서 수입화주, 물품, 적출국, 원산지, 해외 공급자 등에 대한 우범성을 추적·분석하여 우범성이 높은 물품만 선별하고, 선별된 물품에 대하여는 집중적으로 검사함으로써 통관업무의 효율성을 높이고자 하는 검사기법(Cargo Selectivity C/S)을 도입하였다.

<참고> C/S(Cargo Selectivity) : 우범화물 자동선별시스템

즉, C/S는 수출입통관물량에 대한 우범성이 있는 필요·최소한의 물품만을 중점 검사하여 전체 수입물량에 대한 검사비율은 낮추고 적발비율을 높여서 화물의 신속한 유통으로 물류비용을 경감시키며, 위법부당한 물품의 통관 기도를 효과적으로 적발하고 예방하기 위한 제도이다.

② 수입신고 수리

세관장은 수입신고가 관세법의 규정에 따라 적법하고 적당하게 이루어진 경우에는 이를 지체 없이 수리하고 신고인에게 신고필증을 교부 하여야 한다. 이러한 수입신고 수리에 의하여 외국물품이 내국물품화되고 따라서 관세법의 기속으로부터 해방되어 보세구역으로부터 물품 반출이 허용된다.

[수입신고 수리의 시기]

세관장은 다음의 시기 이후에 수입신고 수리를 하며, 수입신고된 물품이 검사 대상 물품으로 지정된 경우에는 검사 후에 수입신고를 수리한다(수입통관 사무처리에 관한 고시 제2-4-1조).

- 출항 전 수입신고 물품 : 적하목록이 제출된 때
- 입항 전 수입신고 물품 : 적하목록이 제출된 때
- 보세구역 도착 전 수입신고 물품 : 보세구역에 도착한 때
- 보세구역 장치 후 수입신고 물품 : 수입신고일 이후

[신고필증교부]

세관장은 수입신고를 수리한 때에는 수입신고 수리인에 신고서처리 담당자의 인장을 날인한 신고필증을 교부한다.

(10) 물품반출

① 수입신고 수리 후 반출

수입신고를 한 자는 수입신고 수리 전에는 운송수단·관세통로·하역통로 또는 관세법에 규정된 장치장소로부터 신고된 물품을 반출할 수 없다(법 제248조 ③항).

수입하고자 하는 물품이 적법하게 수입신고되고 관세를 납부할 물품인 경우 관세를 납부하거나 납부할 관세액에 상당하는 담보를 제공하는 경우에 수입신고를 수리하게 된다. 이러한 수입신고수리에 의하여 외국물품이 내국물품화되고, 따라서 관세법의 기속으로부터 해방되고 보세구역으로부터의 물품반출이 허용된다.

② 수입신고 수리 전 반출

수입신고 수리 전 반출이란 수입 물품에 대하여 신고가 수리되기 전에 일정한 사유가 있는 경우에 화주의 신청에 의하여 신고 수리 전에 물품을 보세구역에서 반출할 수 있도록 허용하는 제도다. 원칙적으로 수입 물품은 수입신고가 수리되지 아니하면 보세구역으로부터 반출할 수 없고 무단 반출할 경우에는 관세법에 의하여 처벌을 받게 된다.

[신고 수리 전 반출 사유]

수입통관에 곤란한 사유가 없는 물품으로서 다음 각 호의 1에 해당하는 경우에는 법 제252조의 규정에 의하여 세관장이 신고 수리 전 반출을 승인할 수 있다.

- 완성품 세번으로 수입신고 수리하고자 하는 물품이 미조립 상태로 분할선적 수입된 경우
- 조달사업에 관한 법률에 의한 비축물자로 신고된 물품으로서 실수요자가 결정되지 아니한 경우
- 사전세액심사 대상 물품(부과고지 물품을 포함)으로서 세액결정에 장시간이 소요되는 경우
- 품목분류 및 세율결정에 장시간이 소요되는 경우

[신고 수리 전 반출승인 요건]

수입신고를 한 물품을 세관장의 수입신고 수리 전에 그 장치장으로부터 반출하고자 하는 자는 납부하여야 할 관세에 상당하는 담보를 제공하고 세관장의 승인을 얻어야 한다. 다만, 다음에 해당하는 경우에는 담보제공을 생략한다.

- 정부기관 지방자치 단체가 수입하는 경우
- 학교·공공의료기관·공공직업훈련원 등은 기획재정부령이 정하는 기관에서 수입하는 물품
- 최근 2년간 관세법 위반 사실이 없는 수출입자 또는 신용평가기관으로부터 신용도가 높은 것으로 평가를 받은 자로서 관세청장이 정하는 자가 수입하는 물품
- 수출용 원재료 등 수입 물품의 성질·반입 사유 등을 고려하여 볼 때 관세 채권 확보에 지장이 없다고 관세청장이 정하는 물품

[신고 수리 전 반출승인 효과]

- **내국 물품**

세관장의 승인을 얻어 수입신고 수리 전에 반출된 물품은 내국 물품이다. 관세법 규정에 의하면 원칙적으로 외국으로부터 우리나라에 도착된 물품(외국물품)은 수입신고 수리에 의하여 내국 물품이 되나 세관장의 수입신고 수리 전 반출승인을 얻은 경우에는 수입신고 수리를 받지 않은 상태라 할지라도 내국물품으로 취급한다.

- **기간계산의 특례**

세관장의 승인을 얻어 수입신고 수리 전에 반출된 물품은 기간 계산에 있어서 수입신고수리 전 반출 승인일을 수입신고 수리일로 본다.

상기 규정에 의하여 세관장의 승인을 얻어 수입신고 수리 전에 반출된 물품이 관세 감면품인 경우, 당해 물품이 사후관리 기간 계산의 기산일은 수입신고 수리일이 아니라 수입신고 수리 전 반출 승인일이 된다.

③ 수입신고 전 물품반출

반복 수입되는 원자재 등에 대해서는 통관 전에도 물품을 사용할 수 있도록 하여 기업생산 활동의 원활화를 지원할 필요가 있음에 따라 간단한 반출 신고만으로 물품을 반출하여 사용하고 나중에 수입신고하는 특별 통관절차를 도입하는 것이다.

[수입신고 전 반출 물품의 성격]

수입신고 전에 세관장에게 즉시 반출신고를 하고 반출된 물품은 내국 물품이다. 관세법상 외국 물품은 원칙적으로 수입신고 수리를 받아야 내국 물품이 되고 보세구역으로부터 물품을 반출하여 사용·소비할 수 있으나 수입신고 전 반출 신고를 하고 반출된 물품은 수입신고 수리 전이라 할지라도 관세법상 내국 물품으로 취급한다.

(11) 관세의 납부

① 개요

외국 물품을 수입하고자 하는 자는 당해 물품에 대한 관세 및 내국세 등을 납부하지 않고서는 수입신고 수리를 받을 수 없으며, 또한 보세구역으로부터 물품을 반출할 수 없다. 그러나 수입신고 수리 전에 담보를 제공하거나 담보제공이 생략되는 경우에는 관세를 수입신고 수리 후에 납부할 수 있다.

② 사전 납부

사전 납부란 수입신고가 수리되기 전에 관세 등을 납부 하는 것을 말한다. 물품을 외국으로부터 수입하고자 하는 자는 수입신고 후에 당해 수입 물품에 대한 관세 및 제세 등을 납부 하여야만 수입신고 수리가 될 수 있으며 보세구역으로부터 물품을 반출할 수 있다.

③ 사후 납부

관세를 수입신고 수리 후에 납부하는 것을 사후 납부라 한다. 사후 납부 제도는 관세가 납부되기 전에 외국 물품이 세관의 규제를 벗어나기 때문에 관세채권의 확보에 문제가 발생할 수 있다. 따라서 수입신고 수리 전에 미리 관세에 상당하는 담보를 제공하거나 담보면제 및 포괄 담보 운영에 관한 고시에서 정하는 바에 의하여 담보제공 면제업체로 지정받은 경우에 한하여 수입신고 수리 후에 관세를 납부할 수 있도록 하고 있다.

사후 납부 제도는 관세징수 절차와 물품 통관절차를 분리하여 신용 담보나 포괄 담보 등을 제공하면 우선 물품을 사전에 반출하고 나중에 관세 등 제세를 사후 납부할 수 있도록 하여 신속통관과 아울러 납세자의 편의와 이자비용 부담을 덜게 해 주는데 그 의의가 있다.

7. 반송통관 절차

(1) 반송통관의 개요

반송이라 함은 우리나라에 도착되어 보세구역에 장치중인 물품을 계약상 등, 어떤 사정에 의하여 수입신고를 하지 않고 곧바로 외국으로 돌려보내는 것을 말한다. 즉, 외국 물품을 그대로 반출한다는 점에서 내국 물품을 외국으로 반출하는 수출과 구분된다.

반송 물품에는 단순반송 물품, 통관보류 물품, 위탁가공 물품, 중계무역 물품, 사후보수 물품 등이 있다. 반송통관이란 물품을 반송하고자 하는 자가 당해 물품을 세관에 신고하고 세관장은 반송 신고가 적법하게 이루어진 경우에 지체 없이 반송 신고를 수리하여 물품이 반출될 수 있도록 하는 일련의 절차를 거친다.

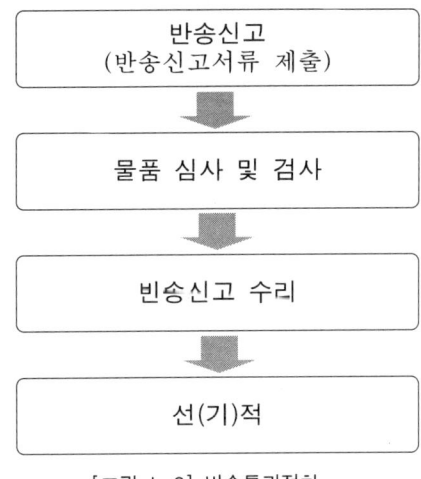

[그림 I-2] 반송통관절차

(2) 반송신고

① 반송신고의 의의

물품을 반송하고자 할 때에는 다음 각 호의 사항을 세관장에게 신고하여야 한다.

- 물품의 품명, 규격, 수량 및 가격
- 포장의 종류, 번호 및 개수
- 목적지, 원산지, 선적지
- 사업자 등록번호, 통관고유번호
- 기타 참고사항

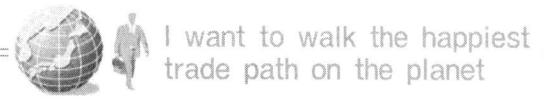

반송 물품의 내역과 기타 관련사항을 세관장에게 신고하는 것을 반송신고라고 하며, 반송신고는 세관장에게 물품을 반송하고자 하는 최초의 의사표시를 하는 것이다.

② 반송신고의 요건

반송신고는 당해 물품이 관세법에 규정한 장치장소에 있는 경우에 한하여 이를 할 수 있다. 반송하고자 하는 외국 물품은 보세구역이 아닌 장소에 장치할 수 없다. 다만, 보세구역 장치 사유에 해당하는 물품은 보세구역이 아닌 장소에 장치할 수 있다. 따라서 '관세법에 규정한 장치장소'란 보세구역 및 보세구역 외 장치허가 장소를 말한다.

③ 반송신고시 제출서류

반송신고를 할 때에는 선하증권 사본·기타 참고서류·반송신고한 물품을 반송함에 있어 법령이 정하는 바에 의하여 허가·승인·표시 기타 조건의 구비를 요하는 경우에는 그것을 이행하였다는 증명서류를 세관장에게 제출하여야 한다.

④ 신고의 취하 또는 각하

[반송신고 취하의 의의]

반송신고는 정당한 사유가 있는 경우에 한하여 세관장의 승인을 얻어 취하할 수 있다. 반송신고의 취하는 반송 신고인이 취하 신청을 하고 세관장이 이를 승인함으로써 반송신고의 효력을 상실시키는 것이다.

[신고 취하시기]

반송신고의 취하는 반송신고로부터 반송신고 수리가 되기까지는 물론이고 반송신고가 수리된 경우라 할지라도 관세법에서 규정하는 반송 물품의 장치장소에 있는 경우에는 반송신고를 취하할 수 있다. 그러나 운송수단·관세통로·하역통로 또는 관세법에서 규정된 장치장소에서 물품을 반출한 후에는 반송신고를 취하할 수 없다.

> 수출신고의 취하는 관세법령 상에서 신고취하 기간이 명시되어 있지 않으므로 정당한 사유가 있으면 언제든지 가능하다.

[신고의 각하]

세관장은 반송신고가 요건을 갖추지 못하였거나 부정한 방법으로 된 경우에는 반송신고를 각하할 수 있다.

(3) 통관심사 및 물품검사

① 통관심사

세관장은 반송 신고 된 물품에 대하여 다음 각 호에 해당하는 사항을 심사한다.

- 반송 요건에 적합한지 여부
- 수출입 금지 물품 또는 지적재산권 침해 물품인지의 여부
- 대외무역법령 및 기타 법령에 의한 조건의 구비 여부
- 기타 반송 물품의 통관을 위하여 필요한 사항

② 물품검사

세관 공무원은 반송하고자 하는 물품에 대한 검사를 할 수 있다(법 제246조). 반송신고 물품에 대한 검사의 목적은 반송신고 물품이 당초 반입된 물품의 품명·규격 등과 일치 하는지의 여부와 마약류 등 부정 물품의 혼재 또는 은닉 여부를 확인하는데 있다.

반송신고 물품의 검사는 반송신고를 한 물품의 종류·성질·화주의 성실성 등을 감안하여 물품검사를 하지 아니 하여도 신고 물품과 현품이 일치한다고 인정되는 경우에는 물품검사를 생략한다.

(4) 반송신고 수리 등

① 반송신고 수리

세관장은 반송신고가 관세법의 규정에 따라 적법하고 정당하게 이루어진 경우는 이를 지체 없이 수리하고 신고인에게 반송신고필증을 교부하여야 한다.

② 반송신고 수리 전 반출금지

반송의 신고를 한 자는 반송신고 수리 전에는 운송수단·관세통로·하역통로 또는 관세법에 규정된 장치장소로부터 신고된 물품을 반출하여서는 안된다.

Import procedure

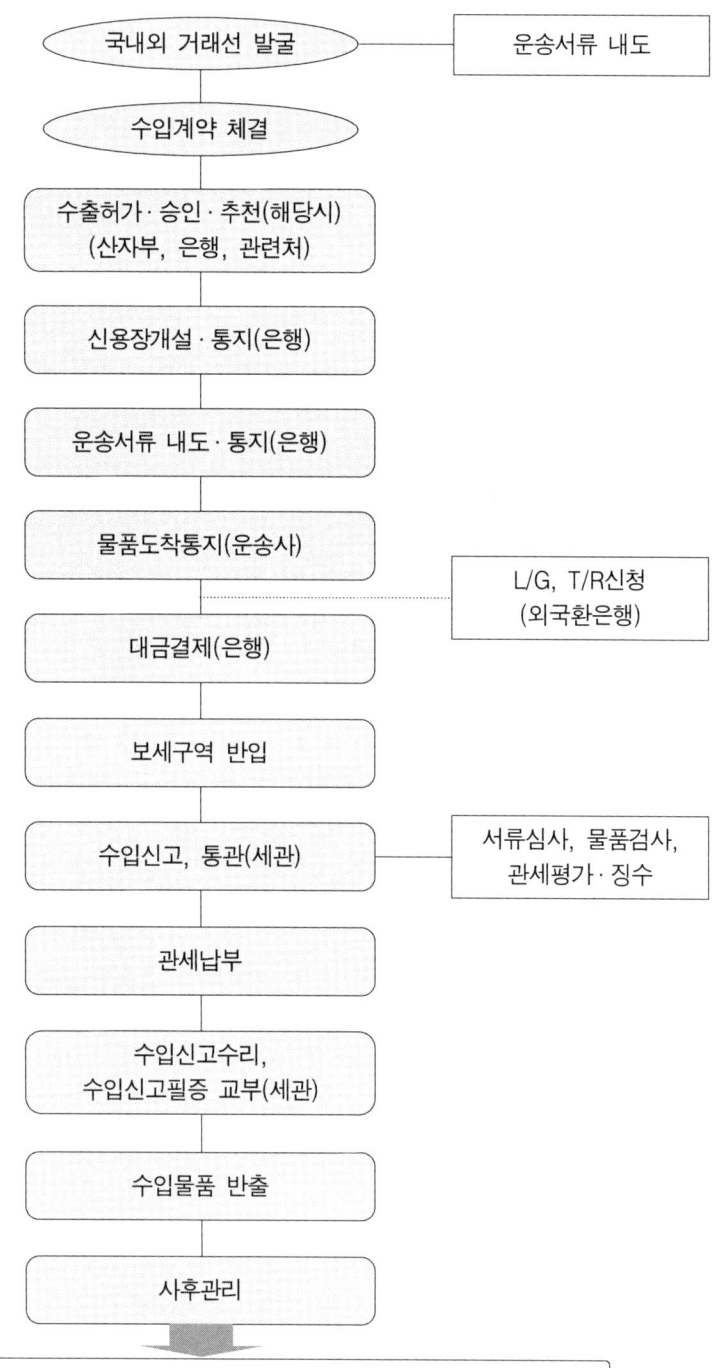

[수출·수입의 기본절차 해설]

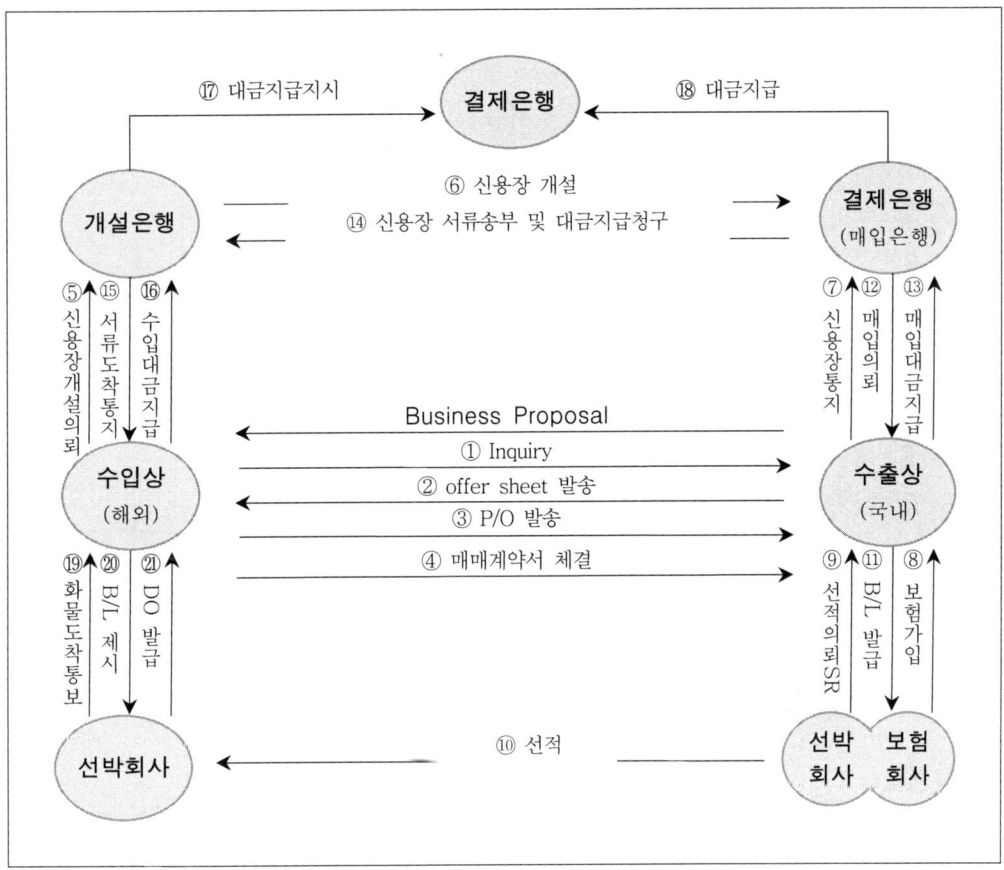

[그림 I-3] 수출입 절차의 흐름(신용장방식)

앞에서 설명한 내용을 총괄하여 신용장 결제방식에 의한 가장 기본적인 수출입절차를 설명하면 다음과 같다.

① 수출상이 해외시장조사 등을 통해서 바이어에게 회사소개서 발송 혹은 수입상이 먼저 수출상에게 제품 조회(inquiry)
② 수입상의 요청에 의하여 수출상이 청약(offer)
③ 수입상이 수출상에게 구매오더(P/O : purchase order)
④ 수입상과 수출상 간의 매매계약서 체결
⑤ 수입상이 개설은행에 신용장 개설요청
⑥ 개설은행이 신용장 개설
⑦ 통지은행이 수출상에게 신용장 통지 신용장 내도 후 수출상은 생산 시작

⑧ 수출상이 보험회사에 보험가입
⑨ 수출상이 생산완료 후 선박회사에 선적예약[S/R(Shipping Request) 발송]
⑩ 수출상의 물품통관(세관)후 선적
⑪ 선적완료 후 선박회사로부터 B/L 수취
⑫ 수출상이 자신의 거래은행(매입은행)에 신용장 네고(Nego)
⑬ 매입은행이 수출상에게 매입대금 지급
⑭ 매입은행이 개설은행으로 신용장 네고서류 발송
⑮ 개설은행이 수입상에게 서류도착 통지
⑯ 수입상이 개설은행에게 수입신용장 대금 입금
⑰ 개설은행이 결제은행에게 대금지급 지시
⑱ 결제은행이 매입은행으로 대금송금
⑲ 선박회사가 수입상에게 화물도착을 통보
⑳ 수입상이 선박회사에게 B/L을 제시
㉑ 선박회사는 수입상에게 D/O 발급

8. 신속한 통관절차

(1) 개요

물품의 통관은 정상 통관절차에 의하는 것이 원칙이다. 그러나 수출입 물품 또는 수출입 형태에 특수성이 있는 경우에는 그 물품의 특수성에 의하여 동관절차를 간소화하여야 하는 경우가 있다. 이는 국제사회에서의 상호주의 또는 조약에 의하여 통관절차를 간소화하여야 하는 경우가 있을 때, 신속한 통관절차에 따른다.

이러한 특수 통관절차를 간이통관절차와 상호주의에 의한 동관절차, 국제조약에 의한 통관절차로 구분하여 살펴보기로 하자.

(2) 간이 통관절차

① 간이 통관절차 개요

여행자나 운수기관 승무원 휴대품 같은 금액이 적고, 대금결제를 수반하지 아니하면, 관세가 면제되고, 신속한 수출입이 요구되는 등 특수성이 있는 물품과 우편물, 무세인 국제운송용 컨테이너 등은 그 수출입 형태에 특수성이 있으므로 간이한 절차에 의하여 통관한다.

② 간이 통관절차 대상

다음에 해당하는 물품에 대하여는 수출·수입·반송의 신고를 생략하거나 관세청장이 정하는 간이한 방법으로 신고를 하게 할 수 있다.

- 휴대품·탁송품·별송품
- 우편물
- 다음의 면세 규정에 의하여 관세가 면제되는 물품
    - 종교용품, 자선용품, 장애인용품 등의 면세(법 제91조)
    - 정부용품 등의 면세(법 제92조)
    - 특정 물품의 면세(법 제93조)
    - 소액물품 등의 면세(법 제94조)
    - 재수출면세(법 제97조)
- 기본세율이 무세인 국제운송을 위한 컨테이너

다만, 다음에 해당하는 경우에는 수출·수입 또는 반송의 신고를 생략한다. 그러나 법령에서 수출입할 때 허가 또는 승인을 받거나 표시 기타 조건을 구비하도록 정한 물품은 수출입 신고를 하여야 한다.

- 관세법에 의하여 관세가 면제되는 이행자 휴대품
- 관세법에 의하여 과세가 면제되는 승무원 휴대품
- 우편물(단, 대외무역법에 의해 수출입 승인을 받은 물품으로서 수출입 신고를 하여야 하는 것을 제외)
- 기본세율이 무세인 국제운송을 위한 컨테이너
- 기타 서류, 소액면세물품 등 신한 통관을 위하여 필요하다고 인정하여 관세청장이 정하는 탁송품 또는 별송품·관세청장이 정하는 물품은 다음에 해당하는 것으로서 관세가 면제되거나 무세인 물품이다(수입통관사무처리에 관한고시 제3-1-1조).
    - 외교행낭으로 반입되는 면세대상물품(법 제88조)
    - 우리나라에 내방하는 의국의 선가 그 가족 및 수행원에 속하는 면세대상물품(법 제23조 제10호)
    - 신문, 뉴스를 취재한 필름, 녹음테이프로서 문화관광부에 등록된 언론기관의 보도용품
    - 재외공관 등에서 의무부로 발송되는 자료
    - 기록문서와 서류

③ 간이 통관절차 대상 물품의 반출

수입신고가 생략되거나 간이한 방법으로 수입신고하는 물품 중 관세가 면제되거나 무세인 물품은 그 물품에 대한 세관 공무원의 검사가 끝나는 때에 그 물품에 대한 수입신고가 수리된 것으로 보고 그 즉시 운송수단, 관세통로·하역통로 또는 관세법에 규정된 장치장소에서 반출하여 수입할 수 있다.

(3) 상호주의에 의한 특수통관 절차

① 의의

국제무역 및 교류를 증진하고 국가 간의 협력을 촉진하기 위해 우리나라에 대하여 통관절차의 편익을 주는 나라에서 수입되는 물품에 대해서는 상호조건에 따라 간이한 통관절차를 적용할 수 있다.

② 통관절차의 특례적용 대상국가

통관절차의 특례를 받을 수 있는 국가는 다음과 같다.

- 우리나라와 통관절차의 편의에 관한 협정체결국
- 우리나라와 무역협정 등을 체결한 국가

(4) 국제조약에 의한 특수통관 절차

국제조약에 통관절차의 편의에 관한 내용을 규정하고 있는 경우에는 그 조약이 정하는 바에 의하여 통관절차를 이행하여야 한다. 우리나라가 가입한 국제조약 중 통관절차의 편의에 관하여 정한 조약과 내용을 간략하게 살펴보면 다음과 같다.

① 외교 관계에 관한 비엔나 협약

본 협약에 규정된 조세의 면제는, 파견국 또는 공관장과 계약을 체결하는 자가 접수국의 법률에 따라 납부하여야 하는 조세나 부과금에는 적용되지 아니한다.

② 물품의 일시수입을 위한 일시수입통관증서에 관한 관세협약

본 협약에서는 "작업용구의 일시수입에 관한 관세협약"과 "전시회·박람회·회의 기타 이와 유사한 행사에서의 전시 또는 사용될 물품의 수입상의 편의에 관한 관세협약"에 의하여 일시적으로 수입된 물품에 대한 일시수입통관증서(ATA Carnet)로서 통관

절차에 필요한 서류를 대신하고 재수출 조건부 면세에 따르는 담보 제공을 생략하도록 하고 있다.

③ 1972년 컨테이너에 관한 국제협약

본 협약에서는 일시적으로 수입된 컨테이너에 대하여는 수입통관절차에 필요한 서류 제출의 생략과 재수출 조건 면세에 따르는 담보제공의 생략을 규정하고 있다.

(5) 현품 검사제도

세관 공무원은 수출·수입 또는 반송하고자 하는 물품에 대하여 검사를 할 수 있다.

① 수입 물품의 검사

수입신고된 물품을 모두 검사하는 것은 통관의 지체를 유발하므로, 현행 물품검사는 무작위 추출방식에 의하여 검사대상을 선별한다.

C/S(Cargo Selectivity) System(우범화물 자동선별 시스템)에 사전 등록된 기준에 의하여 우범성이 있는 화물에 대한 검사대상 여부 및 사전세액심사대상 여부가 결정된다.

② 수출 물품의 검사

수출 물품의 검사는 원칙적으로 생략한다. 다만, 필요한 경우 C/S를 수행하여 당해 물품이 장치된 장소에서 검사를 할 수 있다.

수출 후 환급과 관련성이 있는 위약 수출, 원상태 수출 등의 경우 보세구역에 반입하여 검사를 할 수 있다.

(6) 임시 개청

■ 세관의 개청시간 및 물품취급시간

① 세관의 개청시간 및 운송수단의 물품취급시간

공무원 복무규정에 의한 공무원의 근무시간

② 보세구역의 물품취급시간

24시간. 다만, 감시·단속을 위하여 필요한 경우 세관장은 그 시간을 제한할 수 있다.

■ 임시개청 및 시간 외 물품취급
- 공휴일 또는 개청 시간 외에 통관절차, 보세운송절차 또는 입출항 절차를 밟고자 하는 자는 사무의 종류 및 시간과 사유를 기재한 통보서를 세관장에게 제출하여야 한다. 다만, 출입신고를 하여야 하는 우편물 외의 우편물에 대하여는 그러하지 아니한다.
- 물품취급시간 외에 물품의 취급을 하고자 하는 자는 다음에 해당하는 경우를 제외하고는 통보서를 세관장에게 제출하여야 한다.

임시개청 및 시간 외 물품취급에 대하여 다음을 살펴보자.

---
1. 우편물(수출입신고를 하여야 하는 것은 제외)을 취급하는 경우
2. 통보한 시간 내에 당해 물품의 취급을 하는 경우
3. 보세공장에서 보세작업을 하는 경우, 다만 감시·단속에 지장이 있다고 세관장이 인정할 때에는 예외로 한다.
4. 보세전시장 또는 보세건설장에서 전시·사용 또는 건설공사를 하는 경우
5. 수출신고 수리시 세관의 검사가 생략되는 수출물품을 취급하는 경우
6. 재해 기타 불가피한 사유로 인하여 당해 물품을 취급하는 경우, 이 경우에는 사후에 경위서를 세관장에게 제출하여 그 확인을 받아야 한다.
---

③ 수수료의 납세

세관의 개정시간 외에 통관절차·보세운송절차 또는 입출항절차를 밟고자 하는 자 또는 운송수단의 물품 취급시간 외에 물품의 취급을 하고자 하는 자는 미리 세관장에게 통보하고, 기획재정부령이 정하는 바에 의하여 수수료를 납부 하여야 한다.

(7) 특송물품 통관

상업용의 속달 서비스에 의하여 상업서류 기타 건품을 송달하는 것을 업으로 하는 자를 특급탁송업체 또는 특송업체라 하며, 특송업체가 운송하거나 특송업체의 운송주선에 의하여 우리나라에 반입되는 물품을 특급탁송 물품 또는 특송물품이라 한다.

① 특송물품의 구분

특송물품에 대한 통관절차는 다음과 같이 구분하여 운영한다.

[목록통관 특송물품]

국내 거주자가 수취하는 자가 사용 물품 또는 면세되는 상용견품 중, 물품 가격이 미화 100달러 이하로서 세관장 확인대상이 아닌 물품이어야 한다.

[간이신고 특송물품]

물품 가격이 미화 100달러를 초과하고, 2,000달러 이하인 물품으로서 다음의 제한 물품에 해당하지 않는 물품이어야 한다.
- 사전세액 심사대상 물품, 합의세율적용 신청물품, 원산지증명서류 제출대상 물품, 납세담보 확인서 제출대상 물품
- 할당·양허관세 신청 물품
- 용도세율 적용신청 물품 중 사후 관리대상 물품
- 세관장 확인대상 물품
- 신고취하 또는 신고 각하된 후 다시 수입신고하는 물품
- 해체·절단 또는 손상·변질 등에 의해 성상이 변한 물품
- 이사 물품 수입통관 사무처리에 관한 고시 적용대상 물품
- 수입신고서 기재사항 중 품명, 규격, 수량, 가격 등이 부정확하여 세관장이 간이신고가 부적당하다고 인정하는 물품

[일반신고 특송물품]

물품가격이 미화 2,000달러를 초과하는 물품과 [간이신고 특송물품]에서의 제한물품

② 특송물품의 수입신고
- 목록 통관 특송물품의 통관은 특송업체가 전자서류에 의해 작성·제출하는 통관목록에 의한다.
- 간이신고 특송물품은 첨부서류 없이 전자서류에 의해 수입신고(특소P/L신고)에 의한다. 다만, 간이신고 C/S시스템과 수작업에 의해 검사대상으로 선별된 물품인 경우에는 수입신고서에 송품장 등 가격자료를 첨부하여 세관장에게 제출하여야 한다.
- 일반신고 특송물품은 전자서류에 의한 수입신고(PL신고)에 의한다. 다만, 수입통관 시스템에서 서류제출 대상으로 지정된 물품인 경우에는 수입신고서에 송품장, B/L(AWB), 가격신고서 등 수입통관 사무처리에 관한 고시에서 정하는 서류를 첨부하여 세관장에게 제출하여야 한다.

(8) 즉시 반출제도

즉시 반출제도란 수입신고 전 물품 반출제도라고도 하며, 수입하고자 하는 물품을 수입신고 전에 운송수단, 관세통로·하역통로 또는 관세법의 규정에 의한 장치로부터 즉시 반출하는 제도를 말한다. 즉시 반출제도를 이용하기 위해서는 미리 세관장으로부터 지정을 받아야 하며, 수입신고 전에 세관장에게 즉시 반출신고서를 제출(전송)하여야 한다. 이 경우 세관장은 납부하여야 하는 관세에 상당하는 담보를 제공하게 할 수 있다. 수입신고 전 즉시 반출신고를 하고 반출된 물품은 내국 물품으로 본다.

9. 관세환급제도

관세환급이란 세관에 납부한 관세를 어떠한 사유에 의해 되돌려 받는 것을 말하며, 되돌려 받는 사유는 '과 오납환급', '위약환급' 및 '수출지원을 위한 관세환급'의 세 종류로 나누어진다.

(1) 과오납 환급

① 환급의 의의

외국으로부터 물품을 수입하는 때에 납부한 관세가 납부하여야 할 금액보다 많이 납부하였음이 발견된 때에 이를 바로 잡기 위하여 되돌려 받는 것이다.

② 환급의 요건

납부하여야 할 금액보다 많은 금액을 납부하였음이 확인되면 그 사유를 불문하고 환급신청이 가능하다.

예를 들면, 계산의 착오, 관세율의 적용 착오 또는 관세 평가시에 과세가격에 포함시켜지는 비용(연불이자 등)을 포함한 때 등이다.

③ 환급신청권자

수입신고필증상의 납세의무자가 환급신청권자가 되며, 납세의무자로부터 환급신청권을 양도받은 경우에는 누구든지 환급신청이 가능하다. 이 경우에는 양도증명서류와 양도자의 인감증명서를 첨부하여야 한다.

④ 환급신청 기안

과 오납한 날(신고 납부하는 때에는 납부 영수증상의 은행 영수일자이며 대부분의 경우 수입신고필증상의 수입신고 수리일 전후 15일 이내임)로부터 2년 이내에 환급 신청하여야 한다. 이 기간이 경과 되면 환급신청권이 소멸된다(제25조 제3항 참조).

⑤ 완급신청 서류

과 오납 환급신청서에 과 오납임을 증명할 수 있는 사유서 또는 서류 등을 첨부하여 통관지 세관장(징수 담당 부서)에게 제출하여야 한다.

세관장이 과 오납을 직접 확인한 때에는 납세의무자의 청구가 없는 경우에도 환급이 가능한 것이므로, 이 경우에는 환급신청서류가 없어도 환급이 가능하다.

⑥ 완급액 산출방법

과 오납한 금액, 즉 이미 납부한 세액에서 정당한 납부세액을 공제한 차액이 환급액이다. 관세를 과 오납 환급하는 수입 물품에 대한 부가가치세와 특별소비세·농어촌특별소비세 등 내국세가 함께 과 오납된 경우에는 내국세도 관세와 함께 환급된다(법 제25조의 2 참조). 다만, 부가가치세는 세무서에 신고된 분에 대하여는 이미 세무서에서 과 오납한 부가가치세를 환급받는 것이므로 세관에서 환급을 받지 않는 것이 절차상 간편하다.

⑦ 완급신청 기관

과 오납 발생한 수입 물품의 통관지 세관에 신청하여야 한다.

(2) 위약 환급

① 완급의 취지

위약 환급은 다른 조세에서는 볼 수 없고 관세법에만 있는 특수한 환급제도이다. 위약 물품은 무역계약에서 약정한 물품과 실제 국내에 반입된 물품이 상이하여 수입자가 클레임(claim)을 제기하고, 그 결과에 따라 당해 물품을 다시 외국으로 반출하거나 국내에서 폐기하기로 한 경우 그 물품을 말한다. 수입통관 후 현품을 확인한 결과 반입된 물품의 품질이 계약 내용과 상이 한 경우, 즉 하자 있는 물품이 수입된 경우 이를 재반출한 후 그 물품의 수입시 납부하였던 관세에 대하여 환급을 신청할 수 있다.

관세는 소비세이므로 수입 물품이 국내에서 소비되는 것을 전제로 부과되는 조세(정세의 편의상 소비되기 전에 세관에서 징수하고 있음)이고, 수입신용장과 다른 수입 물품은 수입자에 책임 없이 잘못 수입된 것이며, 수입 후 국내에서 사용되지 아니하고 수출자에게 되돌려 보내지거나 폐기되는 등으로 국내에서 소비되는 것이 아니기 때문이다.

② 위약 환급의 종류

관세법 제35조의 위약 환급규정에 의하면 위약 물품의 수입으로 인한 관세환급과 정상 수입 물품이 수입신고 수리 후 보세구역에 장치 중 재해로 인하여 멸실되거나, 변질 또는 손상 등으로 그 가치가 감소 된 경우의 관세환급을 함께 규정하고 있다.

후자의 경우는 실제 발생할 가능성이 극히 희박한 경우이며, 엄밀한 의미에서는 위약 환급으로 볼 수 없는 것이다. 전자의 경우는 수입된 위약 물품의 처분방법에 따라 수출하는 경우와 국내에서 멸각(滅却) 또는 폐기하는 경우로 구분하고 있는 바, 이는 위약환급의 요건이 다르고, 환급신청서에 첨부한 환급요건의 증빙서류가 달라지기 때문이다.

③ 환급의 요건

위약환급을 받기 위해서는 다음과 같은 세 가지 요건일 때 가능하다.

◆ 첫째, 수입면허를 받은 물품의 계약 내용(수입신용장)과 다른 물품일 것

> ※다음의 경우는 위약환급 대상으로 볼 수 없다.
> - 신용장 개설의 실수로 잘못 수입된 물품(수입신용장에 의한 물품과 수입 물품이 상이한 경우)
> - 수입통관 후 운송 도중 변질 또는 파괴된 경우
> - 수입신고 수리 전 위약 물품의 확인으로 관세를 납부하지 않은 물품

◆ 둘째, 수입신고 수리일로부터 1년 내에 보세구역에 반입하여 수출하거나 세관장의 승인을 얻어 멸각 또는 폐기한 것일 것

> - 기간(1년)의 계산은 수입신고수리일로부터 보세구역 반입일까지로 계산한다. 위약물품의 수출 또는 폐기 등은 수입신고 수리일로부터 1년이 경과 하여도 무방하다.
> - 보세구역이란 수출입통관을 위하여 외국 물품을 일시 장치하기 위한 장소로 세관장이 지정한 지역 또는 외국물품을 장치(보세장치장 또는 보세창고), 전시(보세전시장), 판매(보세판매장), 건설(보세건설장) 또는 제조(보세공장)할 수 있도록 세관장으로부터 특허를 받은 장소를 말한다.
> - 위약 물품의 수출 신고시에는 무상수출사유서, 위약 물품임을 증명할 수 있는 서류(수입신용장, 검정보고서, 송화주와 교환한 서신 등)와 수입신고필증 등을 수출신고서에 첨부하여 수출입신고 수리의 세관 기재란에 다음과 같이 위약 물품의 수출임을 증명하여야 한다.
> - 보세구역에 위약 물품을 반입하고자 하는 때에는 세관장에게 신고하여야 한다.

◆ 셋째, 수입면허 당시의 성질 또는 형상이 변경되지 아니한 물품일 것

> - 보세구역에 반입된 물품과 수입신고필증 상의 물품이 일치하는 것을 확인한다.
> - 제조에 사용 중 작업자의 부주의로 발생한 불량품은 위약 물품에서 제외된다.

(3) 지정보세구역장치 물품의 멸실·손상으로 인한 관세의 환급

수입신고가 수리된 물품이 그 수리 후 계속 지정 보세구역에 장치되어 있는 중에 재해로 인하여 멸실되거나, 변질 또는 손상으로 인하여 그 가치가 감소된 때에는 그 관세의 전부 또는 일부를 환급할 수 있다.

① 입항 전 수입신고 수리 물품의 경우

입항 전 수입신고가 수리되고, 보세구역 등으로부터 반출되지 아니한 물품에 대하여는 당해 물품이 지정보세구역에 장치되었는지 여부에 관계없이 관세의 전부 또는 일부를 환급할 수 있다.

② 부과의 취소

징수유예 중이거나 분할납부 기간이 종료하지 아니하여 당해 물품에 대한 관세가 징수되지 아니한 때에는 세관장은 당해 관세에 부과를 취소할 수 있다.

③ 완급금

[멸실된 물품]

이미 납부한 관세의 전액으로 한다.

[변질 또는 손상된 물품]

환급하는 금액은 다음의 두 금액 중 많은 것으로 한다.

> - 수입 물품의 변질·손상으로 인한 가치의 감소에 따른 가격의 저하분에 상응하는 관세액
> - 수입 물품의 관세액에서 그 변질·손상으로 인한 가치의 감소 후의 성질 및 수량에 의하여 산출한 관세액을 공제한 차액

(4) 종합 보세구역 내 판매 물품에 대한 관세 등의 환급

외국인 관광객 등이 종합 보세구역에서 구입한 물품을 국외로 반출하는 경우에는 당해 물품을 구입할 때 납부한 관세 및 내국세 등을 환급받을 수 있다.

① 대상

종합 보세구역의 판매 물품에 대한 관세 등의 환급규정이 적용되는 대상을 외국환 거래법 제3조의 규정에 의한 비거주자를 말한다. 다만, 다음의 자를 제외한다.

- 법인
- 국내에 주재하는 외교관(이에 준하는 외국공관원을 포함한다)
- 국내에 주재하는 국제연합군과 미국군의 장병 및 군무원

② 판매인의 의무

종합 보세구역에서 외국인 관광객 등에게 물품을 판매하는 자는 관세청장이 정하는 바에 따라 판매 물품에 대한 수입신고 및 신고 납부를 하여야 한다. 판매인은 수입신고가 수리된 경우에는 구매자에게 당해 물품을 인도하되, 국외 반출할 목적으로 구매한 외국인 관광객 등에게 판매한 경우에는 물품판매확인서를 교부하여야 한다.

③ 판매 물품의 제한

관세청장은 종합 보세구역의 위치 및 규모 등을 고려하여 판매하는 물품의 종류 및 수량 등을 제한할 수 있다.

④ 관세 등의 환급

[외국인 관광객 등에 대한 관세 등의 환급]

외국인 관광객 등이 종합 보세구역에서 물품을 구매할 때에 부담한 관세 등을 환급 또는 송금 받고자 하는 경우에는 출국하는 때에 출국항을 관할하는 세관장에게 판매확인서와 구매 물품을 함께 제시하여 확인을 받아야 한다.

출국항 관할 세관장은 외국인 관광객 등이 제시한 판매확인서의 기재사항과 물품의 일치 여부를 확인한 후 판매확인서에 확인 날인을 하고 외국인 관광객 등에게 이를 교부하거나 판매인에게 송부하여야 한다.

외국인 관광객 등이 판매확인서를 교부 받은 때에는 환급창구 운영사업자에게 이를 제시하고 환급 또는 송금 받을 수 있다. 다만, 판매인이 판매확인서를 송부 받은 경우에는 그 송부 받은 날부터 20일 이내에 외국인 관광객 등이 종합보세구역에서 물품을 구매한 때 부담한 관세 등을 당해 외국인 관광객 등에게 송금하여야 한다.

[판매인에 대한 관세 등의 환급]

판매인은 종합 보세구역에서 관세 및 내국세 등이 포함된 가격으로 물품을 판매한 후 다음에 해당하는 경우에는 관세 등을 환급 받을 수 있다. 환급금을 지급 받은 판매인은 외국인 관광객 등에 대하여 환급 또는 송금한 사실과 관련된 증거서류를 5년간 보관하여야 한다.

- 외국인 관광객 등이 구매한 날부터 3월 이내에 물품을 국외로 반출한 사실이 확인되는 경우
- 판매인이 환급창구 운영사업자를 통하여 당해 관세 등을 환급 또는 송금하거나 동항 단서의 규정에 따라 외국인 관광객 등에게 송금한 것이 확인되는 경우

(5) 수출지원 관세 환급

① 관세 환급의 의의

관세 환급이란 세관에서 징수한 관세 등을 특정한 요건에 해당되는 때에 그 전부 또는 일부를 되돌려주는 것을 말한다. 환급특례법상에서는 관세환급을 "수출용 원재료를 수입하는 때에 납부하였거나 납부할 관세 등을 관세법의 규정에 불구하고 수출자 또는 수출 물품의 생산자에게 되돌려 주는 것"이라고 정의하고 있다(법 제2조 5호.).

현행 관세환급에서는 관세법상 환급과 환급 특례법에 의한 환급이 있다. 관세법상 환급에는 전술한 관세법 제46조의 과 오납환급과 관세법 제106조의 위약 물품 환급이 있으며, 관세법상 환급은 납세의무의 형평성을 추구하는데 그 목적이 있고, 환규특례법에 의한 환급은 수출 물품에 대한 원재료의 관세 부담을 수출을 한 후에 제거하여 수출을 지원하는데 그 목적이 있다. 일반적으로 관세환급이라 하면 관세법상의 과 오납환급 및 위약 물품에 대한 환급을 말하는 것이 아니고 환급 특례법상 환급을 말한다.

※참고 : 관세법상 수출지원제도

우리나라에서 현재 시행되고 있는 수출지원제도로는 관세환급제도 외에 보세공장제도 와 수출자유지역제도가 있다. 각각의 장단점을 살펴봄으로써 관세환급제도의 실시 배경을 찾을 수 있을 것이다.

② 수출자유지역 및 보세공장

수출자유지역 및 보세공장은 우리나라 국경 안에 있는 일정한 지역 또는 구역을 의도적으로 관세선 밖에 두어 수출용 원재료의 수입시에 관세 장벽을 넘어오지 않고 관세선 밖에서 제조·가공 후 수출하게 함으로써 관세장벽을 회피하는 제도이며, 수출입 절차가 간편한 장점이 있는 반면에 관리비용이 많이 들고 국산 원재료의 사용보다 수출용 원새료의 수입을 촉진하는 결점이 있다. 수출 물품 제조에 장기간이 소요되고 원재료의 대부분을 수입하여 제조 후 직수출하는 제조업체에서 주로 이용하는 제도이다.

③ 관세환급제도

관세환급제도는 수출용 원재료의 수입시에 관세 등을 부과·징수하여 사후관리 절차를 간소화하고 원재료의 수입시에 징수한 관세 등을 되돌려 주어 수출의 경우에는 관세장벽을 제거함과 동시에 외국으로부터 수입되는 원재료에 대하여는 수입시부터 환급시까지 관세 등의 금액에 해당하는 자금 부담을 주게 되므로 국산 원재료의 사용 및 개발을 촉진하는 장점이 있는 것이다. 그러나 97. 7. 1부터 시행된 일괄납부 납부 및 사후정산제도로 인해 수입시에 관세를 납부하지 않게 되므로 수출용 원재료의 국산화 촉진 효과는 많이 감소하고 있다.

④ 관세환급의 요건

[환급대상 수출]

- 관세법의 규정에 의하여 수출신고가 수리된 수출, 다만, 무상으로 수출하는 것에 대하여는 기획재정부령이 정하는 수출에 한한다.
- 우리나라 안에서 대가를 외화로 받는 판매 또는 공사 중 기획재정부령이 정하는 것
- 관세법에 의한 보세구역 중 기획재정부령이 정하는 구역 또는 자유무역지역의 지정 및 운영에 관한 법률에 의한 자유무역지역 안의 입주 기업체에 대한 공급
- 기타 수출로 인정되어 기획재정부령이 정하는 것

■ 관세법의 규정에 의하여 수출신고가 수리된 수출. 다만, 무상으로 수출하는 것에 대하여는 기획재정부령이 정하는 다음의 것에 한한다.
- 외국에서 개최되는 박람회·전시회·견본시장·영화제 등에 출품하기 위하여 무상으로 반출하는 물품의 수출. 다만, 외국에서 외화를 받고 판매된 경우에 한한다.

- 해외에서 투자·건설·용역. 산업설비 수출 기타 이에 준하는 사업에 종사하고 있는 우리나라의 국민(법인을 포함한다)에게 무상으로 송부하기 위하여 반출하는 기계·시설 자재 및 근로자용 생활필수품 기타 그 사업과 관련하여 사용하는 물품으로서 주무부장관이 지정한 기관의 장이 확인한 물품의 수출.
- 수출된 물품이 계약조건과 서로 달라서 반품된 물품에 대체하기 위한 물품의 수출.
- 해외 구매자와의 수출계약을 위하여 무상으로 송부하는 견본용 물품의 수출.
- 외국으로부터 가공임을 받고 국내에서 가공할 목적으로 수입된 원재료로 가공한 물품의 수출 또는 당해 원재료 중 가공에 사용되지 아니한 물품의 반환을 위한 수출.
- 외국에서 위탁가공할 목적으로 반출하는 물품의 수출.
- 위탁판매를 위하여 무상으로 반출하는 물품의 수출(외국에서 외화를 받고 판매된 경우에 한한다.

■ 우리나라 안에서 대가를 외화로 받는 판매 또는 공사 중, 기획재정부령이 정하는 다음의 것.
- 우리나라 안에 주류(駐留)하는 미합중국군대(주한미군)에 대한 물품의 판매 중 대가를 외화로 받는 판매.
- 주한미군 또는 관세법 제88조 제1항 제1호. 및 제3호의 규정에 의한 기관(우리나라에 주재하는 외국의 대사관, 공사관, 영사관)이 시행하는 공사 중 대가를 외화로 받는 공사.
- 관세법 제88조와 대한민국과 아메리카합중국 간의 상호 방위조약 제4조에 의한 시설과 구역 및 대한민국에서의 합중국군대의 지위에 관한 협정(SOFA)에 의하여 수입하는 승용자동차에 대하여 관세 등의 면제를 받을 수 있는 자에 대한 국산승용자동차의 판매 중 대가를 외화로 받는 판매. 다만, 주무부장관의 면세추천서를 제출하는 경우에 한한다.
- 외국인투자촉진법 제5조 내지 제8조의 규정에 의하여 외국인 투자 또는 출자의 신고를 한 자에 대한 자본재(우리나라에서 생산된 것에 한한다)의 판매 중 대가를 회화로 받는 판매. 다만, 당해 자본재가 수입되는 경우 조세특례제한법 제121조의3의 규정에 의하여 관세가 면제되는 경우에 한한다.
- 국제금융기구로부터 제공되는 차관자금에 의한 국제경쟁입찰에서 낙찰(낙찰받은 자로부터 도급을 받는 경우를 포함한다)된 물품(우리나라에서 생산된 것에 한한다)의 판매 중 대가를 외화로 받은 판매. 다만, 당해 물품이 수입되는 경우 관세법에 의하여 관세가 감면되는 경우에 한한다.

- 관세법에 의한 보세구역 중 기획재정부령이 정하는 구역 또는 자유무역지역의 지정 및 운영에 관한 법률에 의한 자유무역지역 안의 입주 기업체에 대한 공급.
  - 관세법 제183조의 규정에 의한 보세창고. 다만, 수출한 물품에 대한 수리·보수 또는 해외조립생산을 위하여 부품 등을 반입하는 경우에 한한다.
  - 관세법 제185조의 규정에 의한 보세공장. 다만, 수출용 원재료로 사용될 목적으로 공급되는 경우에 한한다.
  - 관세법 제196조의 규정에 의한 보세판매장.
  - 관세법 제197조의 규정에 의한 종합 보세구역(수출용 원재료로 공급하거나 수출한 물품에 대한 수리·보수 또는 해외조립생산을 위하여 부품 등을 반입하는 경우 또는 보세구역에서 판매하기 위하여 반입하는 경우에 한한다.)

- 기타 수출로 인정되어 기획재정부령이 정하는 것.
  - 우리나라와 외국 간을 왕래하는 선박 또는 항공기에 선용품 또는 기용품으로 사용되는 물품의 공급.
  - 수산업법 제41조의 규정에 의하여 해양수산부장관 또는 해양수산부장관이 지정한 기관의 장의 허가 받은 자가 그 원양어선에 무상으로 송부하기 위하여 반출하는 물품으로서 해양수산부장관 또는 해양수산부장관이 지정한 기관의 장이 확인한 물품의 수출.

[수출용 원재료]

수출용 원재료에는 수출물품을 형성하는데 소요되는 원재료와 수입한 상태 그대로 수출하는 원상태 수출 물품이 모두 포함된다. 수출용품의 생산이란 수출물품을 가공, 조립, 수리, 재생 또는 개조하는 것을 의미하므로 수입된 생물을 번식시켜 수출하는 것과 같은 동식물의 증식은 생산에 포함되지 않는다.

또한, 수출물품의 생산에 사용되는 시설재 또는 소모성 기자재도 수출용 원료에 포함될 수 없다.

원재료·시설재·소모성 기자재의 구분은 대개 반복적인 사용 가능성, 즉 내구성 여부에 따라 원재료와 시설재를 구분하고 있으며, 소모성 기자재는 시설재보다 내구성이 약하지만 시설재의 범위에 포함시키고 있다. 원재료는 생산과정에서 소비되어 사라지는 경우도 있고 수출물품으로 체화되어 남아 있을 수도 있는데, 이 두 가지를 모두 합한 양이 환급대상이 되는 수출용 원재료가 된다.

⑤ 간이 정액완급

간이 정액환급 제도는 환급 신청일이 속하는 인도의 경우 2년간 기초 원재료 납세증명서 발급 실적을 포함한 매 년도 환급실적이 4억원 이하인 중소기업자가 생산하는 수출물품에 대한 환급액 산출시에 정액 환급율표에 의해 정해진 금액을 납부세액으로 간주하여 환급하는 제도이다.

[간이 정액환급의 장·단점]

간이 정역환급제도는 중소기업의 수출을 지원하고 환급차를 간소화하는 개별환급에 의해 확정되는 환급액보다 간이정액환급액으로 책정·고시되는 금액이 대체로 낮아 경우에 따라서는 과소 환급을 감수해야 하며, 고시되지 않는 품목에 대하여는 같은 중소기업일지라도 개별환급에 의해 환급액을 결정하여야 한다.

[비적용 승인]

정액환급에 의하면, 수입원재료 및 고가공원재료를 사용한 업체는 과소환급되는데 이러한 업체는 비적용 승인을 받아 개별환급이 가능하도록 하였다.

일단 비적용 승인을 얻은 자의 모든 수출품에 대하여는 정액환급율표를 적용하지 않으며, 승인일부터 2년 이내에는 재적용 신청을 할 수 없다.

[수출 신고시 간략 기재]

세관장은 간이정액환급율표가 적용되는 수출 물품에 대하여는 관세청장이 정하는 바에 따라 수출 신고시 수출신고서에 환급신청 사항을 간략히 기재함으로써 환급신청에 갈음할 수 있도록 할 수 있다.

[제출서류]

■ 일반적인 경우

간이정액환급제도는 원재료의 수입이나 관세의 납부 등에 관계없이 "무엇을", "얼마나" 수출했는가를 기준으로 환급하는 제도이다.

따라서 이들 정보가 모두 기재되어 있는 '수출신고증'만 있으면 환급이 되는 제도이므로, 수출신고필증과 환급신청서를 제출하면 된다.

■ 자동환급업체의 경우

자동환급업체란 수출신고 수리 물품에 대하여 관세환급 시스템이 자동적으로 환급신청서를 작성하여 환급금을 결정, 지급하는 업체를 말한다. 즉, 별도의 환급신청서나 수출 신고 필증을 제출하는 것이 아닌 관세환급 시스템이 자동적으로 환급을 신청하고 지급을 결정하는 형태이다.

자동환급업체의 환급에 있어서는 매월 2일(공휴일인 경우에는 그 익일) 전월에 선적된 수출물품에 대하여 관제환급 시스템이 업체별 수출물품 HS10단별로 환급신청서를 작성한다.

작성된 환급신청서는 관세환급 시스템에 접수하여 이를 자동심사한 후 환급금을 결정하고 환급 심사과장은 결정된 환급금에 지급요구를 하게 된다. 자동환급업체의 요건은 다음과 같다.

- 환급 특례법 시행규칙 제12조의 규정에 해당하는 업체(간이 정액 환급율표 의 적용대상 업체).
- 최근 2년간 환급특례법시행령 제7조에서 규정한 처벌받은 사실이 없는 업체.
- 간이 정액 환급대상 품목을 수출하는 업체.
- 전년도 수출실적이 10만 달러 이상인 업체. 단, 환급업체 평가시스템에 의한 직전년도 성실도, 위험도 평가결과 하위 10% 이하 업체 제외

⑥ 개별환급

개별환급은 제품의 생산에 소요된 각종 원자재의 종류와 수량을 소요량계산서에 의거 확인하고, 그 원자재를 수입할 때 납부한 세액의 합계를 환급하는 제도이다.

개별환급 방식은 정액환급에 비하여 납부세액을 정확하게 환급할 수 있는 장점은 있으나 구비서류가 복잡하고 환급금 산출이 복잡하여 이를 보완하기 위해 별도로 평균세액증명제도를 두고 있다.

[적용대상]

개별환급은 정액환급율표가 적용되지 않는 수출물품의 환급 및 국내 거래물품의 기초원재료 납세증명서 발급신청 시에 적용된다. 또한, 정액환급 비적용 승인을 얻은 경우 개별환급에 의해야 한다.

[소요량계산서 작성]

개별환급 방식에 의해 환급금을 산출하기 위해서는 소요량계산서를 작성하여 수출물품 제조에 소요된 원재료의 증명, 규격, 수량을 확인하여야 한다.

[개별환급금 지급제한]

수출물품의 생산에 국산 원재료 사용을 촉진하기 위하여 필요하다고 인정되는 경우, 일정한 비율로 환급금의 지급을 제한하는 제도로서 국내 산업보호를 목적으로 한다.

덤핑방지관세·상계관세·보복관세 적용 물품이 그 대상이나, 보세공장과 자유무역지역 안의 입주기업체에서 생산하여 수입된 수출용 원재료는 이에서 제외된다.

지급제한 시 시행규칙이 정하는 일정한 비율로 제한하며, 제한비율을 정하고자 할 때에는 관세심의위원회의 심의를 거쳐야 한다.

[제출서류]

개별환급을 받기 위해서는 관세를 납부한 사실과 납부금액이 확인되어야 한다. 이에 대한 증명은 수입신고필증, 평균세액증명서, 기초원재료납세증명서, 분할증명서에 의한다.

수출용 원재료를 완제품(또는 반제품)으로 가공하였다는 증명은 소요량계산서에 의한다. 또한, 물품이 수출에 제공되었는지의 여부도 확인되어야 하는데, 이는 수출신고필증, 물품반입확인서, 물품적재확인서, 외화입금증명서 등에 의한다.

(6) 납부세액 증명서류

① 수입신고필증

수입신고필증이란 수입신고 수리의 증명으로 화주에게 교부되는 서류이다. 수입신고필증에는 거래내역 뿐만이 아니라 납세의무자의 정보와 수입시 납부한 세액에 대한 정보가 포함되어 있으므로, 원재료를 직접 수입한 기업에 있어서는 이에 대한 납부세액의 증명을 수입신고필증으로 할 수 있다.

[환급대상 수입신고필증]

수입신고필증 중에는 수입 물품에 대한 납부세액 증명서류로서 유효하지 못한 즉, 환급에 사용될 수 없는 수입신고필증이 있다. 환급에 갈음하여 인하한 세율(환특세율), 간이세율, 감면 또는 분할납부 적용이 된 수입신고필증이 그것이다.

감면과 분할납부가 적용된 경우에는 원재료를 수입할 때 관세를 납부한 사실이 없으므로 환급에 있어 유효한 수입신고필증으로 사용될 수 없다. 그러나 완전 면세가 아닌 일부 감면을 받은 경우나, 분할납부를 이미 완료한 경우에는 관세를 납부한 사실이 있으므로 이때의 수입신고필증은 환급에 사용할 수 있을 것이다.

② 분할증명서

분할증명서(분증)는 외국으로부터 수입(내국신용장 등에 의한 거래 시에는 매입을 말한다)한 원재료를 제조·가공하지 않고 수입한 원상태로 수출용 원재료로 국내 공급하는 등의 납부세액 증명서류로서 원칙적으로 세관장이 발급한다. 분증 발급시 양도세액 계산 시에는 정액 환급율표가 적용될 수 없으며, 소요량계산서도 사용되지 않는다.

[분할증명서의 발급대상]

분할증명서를 발급할 수 있는 경우는 다음과 같다.

- 원재료를 수입 또는 구매한 상태 그대로 수출자 및 수출물품의 생산자 또는 수출물품을 생산하는데 사용할 중간원재료를 생산하는 자에게 양도한 경우.
- 평균세액 증명서가 발급된 물품의 전부 또는 일부를 제조·가공하지 아니하고 양도한 경우
- 기납증이 발급된 원재료를 양수한 자가 구매한 상태로서 양도한 경우

[분할증명서의 구분]

- 수입신고필증분할증명서(수업분증) : 수입신고필증분할증명서란 수입한 원재료를 제조·가공하지 않고 수입한 원상태로 수출용 원재료로 국내 공급하는 경우 공급자의 신청에 의거 세관장이 납부세액을 증명하는 서류이다.

- 기초원재료납세증명분할증명서(기납분증) : 기초원재료납세증명분할증명서란 재료납세 증명서가 발급된 물품을 매입한 상태 그대로 수출용 원재료로 국내 공급하는 경우 공급자의 신청에 의거 세관장이 납부세액을 증명하는 서류이다.

- 평균세액증명분할증명서(평세분증) : 평균세액증명분할증명서란 평균세액증명서가 발급된 물품을 매입한 상태 그대로 수출용 원재료로 국내 공급하는 경우 공급자의 신청에 의거 세관장이 납부세액을 증명하는 서류이다.

[기초원재료납세증명서]

‣ **의의** : 기초원재료납세증명서는 수입된 원재료로 생산된 물품을 다음 단계의 중간 원재료 생산업체 또는 수출물품 생산업체에 공급하는 경우, 당해 수출용 원재료를 수입할 때의 납부 세액을 증명하는 서류이다.

기납증 발급시 양도세액 계산방법은 일반적인(수출물품에 대한) 환급액 산출 방법과 다르지 않다. 즉, 양도세액의 계산은 정액환급 방법에 의할 수도 있고, 개별환급 방법을 적용하여 산출할 수도 있다. 기초원재료납세증명제도는 기초재료를 수입하여 국내에서 제조·가공 후 수출할 것을 전제로 공급하므로 국내 고용증대, 외화가득률 제고의 효과가 있다.

[기납증의 발급대상]

기납증을 발급할 수 있는 경우는 다음과 같다.

- 수출물품의 생산에 사용한 원재료의 국내거래과정이 여러 단계일 경우 세관장은 거래단계별로 기납증을 발급할 수 있다.
- 수입원재료를 사용하여 생산한 물품을 당해 수입원재료의 수입신고수리일부터 1년 이내에 수출물품을 생산하는 자에게 양도하거나 수출물품의 중간 원재료를 생산하는 자에게 양도하는 경우
- 수입원재료와 중간원재료를 사용하여 생산한 물품을 수입신고수리일(중간 원재료의 경우에는 구매일)부터 1년 이내에 수출물품을 생산하는 자에게 양도하거나 수출물품의 중간원재료를 생산하는 자에게 양도하는 경우
- 수출물품의 중간원재료를 사용하여 생산한 물품을 그 중간원재료의 구매일로부터 1년 이내에 수출물품을 생산하는 자에게 양도하거나 수출물품의 중간원재료를 생산하는 자에게 양도하는 경우
- 수입원재료 또는 중간원재료(수입원재료와 중간원재료 포함)를 사용하여 생산한 물품을 수입신고수리일(중간원재료의 경우에는 구매일)로부터 1년 이내에 수출하는 자에게 양도하는 것으로서 수출자가 환급받고자 하는 경우(완제품공급 수출)

[평균세액증명서]

‣ **의의** : 환급업무를 간소화하기 위해 수출업체에서 그 달에 외국으로부터 수입하거나 국내에서 매입한 수출용원재료를 관세율표상 10단위별로 통합함으로써 규격 확인을

생략하고 전체물량의 평균세액을 산출하여 환급하는 제도이다.

평균세액증명제도는 관세납부 사실을 증명하는 수입신고필증 등을 통합하여 간소화함으로써 개별환급에 있어 환급액 산출의 편의를 위하여 운용하고 있는 제도이다.

<표 I-6> 일반적인 경우(수입신고필증 4건 예)

수입신고수리일	규격	수량	세액
4월 03일	2m	40	800원
4월 12일	5m	20	100원
4월 20일	3m	10	300원
4월 28일	2m	30	600원
합 계	-	100	2,700원

<표 I-7> 평균세액증명제도를 이용한 경우(평균세액증명서 1건 예)

수입신고수리일	규격	수량	세액	평균세액
4월 01일	-	100	2,700원	단위당 27원

[평균세액증명서 발급절차]

① 발급대상물품 지정 : 업체별 또는 사업장별로 대상 물품을 지정받아야 한다.
② 발급신청 : 품목번호를 기준으로 매월 수입하거나 매입한 수출용 원재료 전량에 대하여 일괄 신청해야 한다.
③ 평균세액 증명 제도에 의한 환급
- 수출용 원재료는 수입한 날이 속하는 달의 초일에 수입된 것으로 보아 법을 적용한다.
- 평세증을 발급받아야 하는 수출용 원재료에 대한 수입신고필증, 기초 원재료 납세증명서 등을 관세 등의 환급신청 및 기초 원재료 납세증명서 발급 신청자료로 사용하지 못한다.

- 평세증을 발급받은 자가 평세증에 기재된 수출용 원재료와 관세율표상 10단위가 동일한 물품으로 수출 등에 제공할 목적 외의 목적으로 수입한 물품에 대하여는 평세증에 의한 환급이 끝난 경우에 한하여 환급할 수가 있다. 이 경우 물품별 환급액을 당해 물품이 수입된 달의 평세증에 기재된 수출용 원재료의 평균세액을 초과할 수 없다.

[수출용 원재료의 국내거래와 양도세액증명 및 양도세액의 의의]

① 양도세액 증명서

양도세액 증명서는 국내거래 형태에 따라 기초원재료납세증명서(기납증), 수입신고필증분할증명서(수입분증), 기초원재료납세증명분할증명서(기납분증), 평균세액증명분할증명서(분증) 등이 있다.

거래의 형태는 다양하게 이루어질 수 있으나 기본적인 거래 관계의 판단은 원재료의 추가가공 여부에 달려 있다.

② 양도세액

수출용 원재료의 수입자와 원재료를 생산한 물품을 수출한 자 또는 수입한 물품의 상태 그대로 수출한 자가 반드시 일치하는 것은 아니다.

수출용 원재료가 국내 거래되는 경우, 원재료의 수입자와 완제품 등의 수출자는 다를 수 있다. 수출용 원재료를 공급받는 자가 물품을 수출하였을 때 궁극적으로 환급받을 수 있는 세액을 양도세액 또는 전가세액이라고 한다.

(7) 환급금의 지급절차(신청과 지급)

① 환급신청

수출 물품에 대하여 관세 등 환급을 받고자 하는 자는 대통령령이 정하는 바에 따라 물품을 수출 등에 제공한 날로부터 2년 이내에 관세청장이 지정한 세관에 환급신청을 하여야 한다.

■ 환급신청권자

관세 등의 환급신청은 다음 각 호의 1에 해당하는 자가 하여야 한다(영 제18조).

> ① 제4조 제1호의 수출(유상수출과 기재부령으로 정한 무상수출)인 경우 → 수출 신고필증에 환급신청인으로 기재된 자
> ② 법 제4조 제2호 내지 제4호(국내 판매, 보세구역 등 공급, 기타 수출인정)인 경우 → 수출 등에 제공한 사실을 확인하기 위하여 관세청장이 정하는 서류에 당해 물품을 수출, 판매 또는 공급 등을 하거나 공사를 한 자로 기재된 자

■ 환급신청기관

일반적으로 환급신청은 환급 신청인의 제조장을 관할하는 세관장에게 한다. 관세청장은 관세 등의 환급업무를 효율적으로 수행하기 위하여 필요하다고 인정하는 경우에는 환급 신청인의 신청 또는 직권에 의하여 관세 등의 환급을 신청할 세관을 지정하거나 그 지정을 변경할 수 있다.(영 제19조).

■ 환급의 신청 기간과 요건
- 신청 기간 : 관세 등의 환급을 받고자 하는 자는 대통령령이 정하는 바에 따라 물품이 수출 등에 제공된 날로부터 2년 이내에 관세청장이 지정한 세관에 환급신청을 하여야 한다.(법 제14조).
- 요건 : 관세 등의 환급신청은 다음 각 호의 1에 해당하는 경우에 할 수 있다.(영 제18조).

> ① 법 제4조 제1호의 규정(유상수출과 기재부령으로 정한 무상 수출)에 의한 수출의 경우 - 수출물품이 선적 또는 기적된 경우
> ② 법 제4조 제2호 내지 제4호의 규정(국내 판매, 보세구역 등 공급 기타 수출 인정)에 의한 수출의 경우 - 수출물품의 수출·판매·공사 또는 공급을 완료한 경우

■ 환급신청방법
- 일괄신청 원칙 : 수출물품에 대한 환급신청은 수출물품의 생산에 소요된 원재료 전부에 대하여 일괄신청을 하여야 한다(영 제18조).
- 추가환급신청 : 일괄신청이 불합리하다고 인정하여 관세청장이 따로 정한 경우.

■ 환급신청 기간

관세 등의 환급을 받고자 할 때에는 다음 정하는 날부터 2년 이내에 하여야 한다.

> ① 법 제4조 제1호의 경우(유상수출과 기재부령으로 정한 무상 수출)는 수출신고 수리일
> ② 법 제4조 제2호 내지 제4호의 규정(국내 판매, 보세구역 등 공급 기타 수출인정)에 의한 수출·판매·공사 또는 공급 등을 한 경우는 당해 수출·판매·공사 또는 공급 등을 완료한 날

■ 환급 관련 서류의 제출

관세 등의 환급을 받고자 하는 자는 관세청장이 정하는 관세 등의 환급신청서에 다음 각 호의 서류를 첨부하여 관할지 세관장에게 제출하여야 한다.

다만, 정액환급율표가 적용되는 수출물품에 대하여는 ②항 및 ③항의 서류를 첨부하지 아니한다.

> ① 수출 등에 제공한 사실을 확인할 수 있는 서류
> ② 소요량 계산서
> ③ 소요 원재료의 납부세액을 확인할 수 있는 서류
> ④ 기타 환급금의 확인과 관련하여 관세청장이 정하는 서류

② 환급금 심사

환급금 심사는 사후 심사를 원칙적으로 하되 부정환급 등을 방지하기 위하여 총리령으로 정하는 경우만 환급금 결정 전에 사전심사를 하도록 하였다. 또한, 심사는 환급 신청일로부터 2년 이내 종료하도록 하여 일정 기간이 경과하면 더 이상 심사 대상으로 삼을 수 없도록 함으로써 환급업체에 대한 법적인 안정성을 기할 수 있도록 하였다.

[심사방법]

- 환급금지급 후 심사원칙 : 세관장은 환급신청을 받을 때에는 환급신청서 간의 기재사항과 이 법의 규정에 의한 확인사항 등을 심사하여 환급금을 결정하되 환급금의 정확 여부에 대하여는 대통령령이 정하는 바에 따라 환급 후에 심사할 수 있다(법 제14조 ②항).
- 환급금 지급 전 심사 : 세관장은 상기 규정에도 불구하고 과다 환급의 우려가 있는 경우로서 환급 후에 심사를 하는 것이 부적당하다고 인정되어 총리령이 정하는 경우에는 환급 전에 이를 심사하여야 한다(법 제14조).

③ 환급금의 지급

관세 등의 환급금은 예산회계법 제18조의 규정에 불구하고 한국은행이 환급금의 지급을 규정한 세관장의 소관 세입금계정에서 이를 지급한다(법 제16조 ①).

세관장의 소관 세입금계정에 부족이 있는 경우에는 관세청장은 대통령령이 정하는 바에 따라 세관상 소관 세입금계정 간의 조정을 한국은행에 요청할 수 있다(동조 제②항).

[지급보류]

세관장은 관세 등의 일괄납부 업체가 환급 신청하여 결정된 환급금은 당해 환급금 결정일이 속하는 일괄납부 기별로 정산신고까지 그 지급을 보류한다(동조 제3항).

[환급금의 관세 등에의 충당]

세관장은 환급신청인이 세관에 납부하여야 할 체납된 관세 등과 가산금 가산세 및 체납처분비가 있는 때에는 결정한 환급금을 체납된 관세 등과 가산금·가산세 및 체납처분비에 우선 충당할 수 있으며, 충당 후의 잔여금은 당해 신청인에게 지급하여야 한다(법 제16조 제④항)

[미지급자금의 정리]

환급금 지급은행은 지급을 요구받은 환급금 중 신청인의 계좌에 입금시키지 못한 환급금이 있을 경우에는 그 사실을 즉시 당해 세관장에게 통지하여야 한다(영 제23조 ①).

통지를 받은 세관장은 즉시 환급신청인의 계좌 등을 조사하여 환급금이 지급될 수 있도록 조치를 취하여야 하며 환급금 결정일부터 1년이 경과될 때까지 지급되지 아니한 환급금은 그 기간이 종료된 날이 속하는 회계연도의 세입에 편입되도록 조치하여야 한다(동조 ②).

10. 관세일괄 납부 및 사후정산 제도

(1) 일괄납부 제도

종전의 관세환급제도는 원재료 수입시 다액의 관세를 징수하고 수출 후에 환급함으로써 수출업체에 자금 부담을 주고 금융비용을 발생시키는 등의 단점을 가지고 있었다.

이에 수출기업의 편의를 증진하고 비용절감을 통한 국제 경쟁력을 강화하기 위하여 관세 등의 일괄납부 및 사후정산 제도를 도입하게 되었다. 관세 등의 일괄납부 및 사후정산 제도는 수출용 원재료를 수입할 때 관세 등을 징수하지 아니하고 일괄납부 기간별로 징수할 세액과 환급할 금액을 상계처리하고 이를 정산하여 납부 또는 환급하는 제도이다.

① 일괄납부 적용 대상물품

- **수출용 원재료** : 관세 등의 일괄납부는 수출용 원재료에 한하여 적용이 가능하며 내수용 원재료에 대하여는 적용할 수 없다(법 제5조 ②항).
- **원상태 수출 물품** : 수입한 상태 그대로 수출하기 위하여 수입하는 물품에도 일괄납부가 가능하다. 이는 환급 특례법상 수입한 상태 그대로 수출한 경우에도 수출 물품을 수출용 원재료로 인정하고 있기 때문이다.
- **적용 제외 물품** : 수출용 원재료도 다음 각 호의 1에 해당하는 때에는 일괄납부 적용 대상에서 제외된다.
  - 잠정가격 신고 물품
  - 할당관세를 제외한 탄력관세 적용물품
  - 부과고지 대상 물품
  - 신고 수리 전 반출 물품 등

(2) 사후정산 제도

사후정산이란 수출용 원재료의 수입시 납부한 관세 등을 수입할 때 징수하지 않고 일괄납부 기간 중에 환급을 신청하여 납부가 유보된 관세 등과 지급받을 관세 등을 상계 처리하여 징수 또는 환급하는 것을 말한다.

① 정산신고

관세 등의 일괄납부업체는 일괄납부 기간 동안 일괄납부하여야 할 관세 등과 지급이 보류된 환급금을 정산하고 일괄납부기간 익월 15일까지 세관장에게 정산결과를 신고하여야 한다.

② 직권정산

세관장은 다음과 같은 사유가 발생하는 경우에는 관세 등의 채권 확보를 위하여 납부기한이 도래하지 아니한 관세 등과 지급이 보류된 환급금을 즉시 정산하여야 한다.

세관장은 직권 정산한 경우, 직권정산 대상 업체가 직권정산일 이후에 수입하는 수출용 원재료에 대하여는 3년의 범위 내에서 일정기간 동안 관세 등의 일괄납부를 적용하지 아니한다. 다음을 살펴보자.

- 정산 신고 기간 내에 정산 신고를 하지 아니한 경우, 다만, 정산 신고 기간이 종료된 날부터 7일 이내에 정산 신고하는 경우로서 세관장이 정산처리에 지장이 없다고 인정하는 경우를 제외한다.
- 환급특례법 제23조 또는 관세법 제269조 내지 제276조의 위반으로 처벌을 받은 경우
- 관세 등의 체납이 발생된 경우. 다만, 독촉 기간 내에 자진 납부하는 경우를 제외한다.
- 파산선고·어음부도 등으로 인하여 관세 등의 채권확보가 필요한 경우
- 기타 관세 등의 채권확보 등을 위하여 필요하다고 인정하여 기획재정부령이 따로 정하는 경우
  - 영 제7조 제1항 제1호 단서(정산신고기간이 종료된 날부터 7일 이내에 정산신고하는 경우로서 세관장이 정산처리에 지장이 없다고 인정하는 경우)의 규정을 적용받은 날부터 1년 이내에 다시 동규정의 적용을 받는 경우
  - 일괄납부업체가 세관장에게 일괄납부의 적용제외를 요청하는 경우

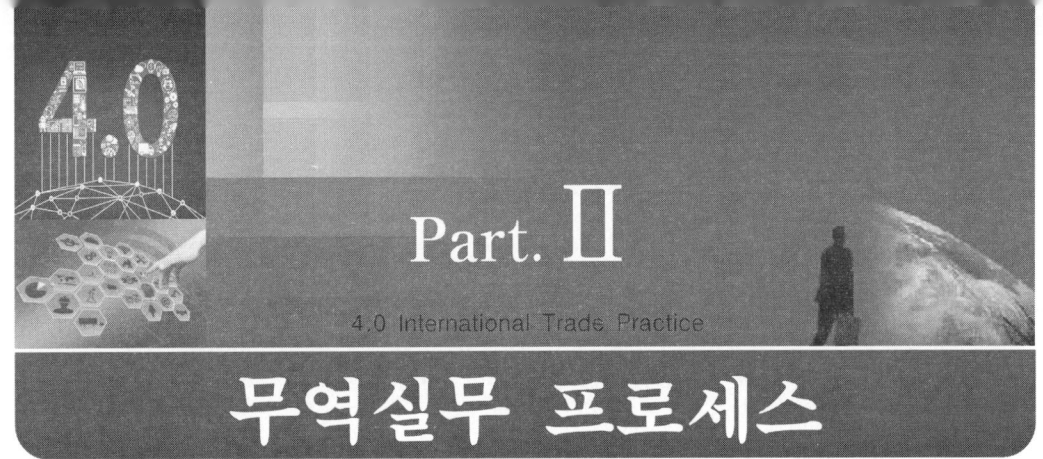

Part. II 무역실무 프로세스

4.0 International Trade Practice

Chap. 1 해외시장 조사 및 거래선 발굴

1. 해외시장 조사

(1) 해외시장 조사의 개념

해외시장 조사(overseas market research)란 무역거래자가 해외 무역상대방과 무역거래를 체결하기 위하여 의사결정에 필요한 해외시장의 정보를 체계적으로 수집·정리·분석하는 과정을 말한다.

즉, 해외시장 조사는 해외의 구매 잠재력을 가진 고객을 찾아내고 기호에 맞는 상품을 개발하여 효과적인 마케팅 및 유통수단을 연구하고 분석하는 활동이라고 할 수 있다.

무역은 해외시장 조사를 통하여 어느 지역의 시장에서 어떠한 거래처를 대상으로 어느 시기에 자신이 취급하고 있는 물품을 가장 합리적인 가격으로 판매 또는 구매할 수 있는가를 과학적으로 조사·연구·분석하여야 한다. 국가와 지역이 다르고 상관습 및 언어 등의 차이로 인하여 조사에 어려움이 따르지만, 해외시장 조사의 내용은 우선 목적시장의 일반적인 환경조사를 한 다음 고객조사, 상품조사, 판매경로조사 등을 통하여 믿을 만한 거래처를 발굴하는 단계를 거친다.

해외시장 조사를 통하여 어느 국가의 어느 고객에게 어떠한 물품을 판매할 것인가, 또는 필요한 물품을 어느 국가의 어느 공급선으로부터 구매할 것인가를 분석해야 한다.

이는 각 국가에 따라 상관습 및 언어 등의 차이로 인하여 조사에 어려움이 있지만, 사전에 치밀하게 조사를 하여야 리스크를 줄일 수 있도록 하기 위함이다.

(2) 해외시장 조사의 내용

해외시장 조사는 거래대상 국가의 일반 환경조사, 고객조사, 상품조사, 판매경로조사 및 판매조사 등을 구체적으로 실시한 후 전망 있는 거래처를 발굴하는 단계를 거치게 된다.

① 거래대상국의 일반 환경조사
- **정치적 환경** : 정치체계, 정치적 안정도 및 정치적인 위험여부
- **경제적 환경** : 전반적인 경제사정, 경제안정도, 국민소득, 국제수지, 경제성장률, 주요 자원, 노동 및 고용사정, 임금, 물가, 조세체계, 금융기관 및 산업구조
- **사회적 환경** : 인구, 인구증가율, 면적, 기후, 인종, 종교, 문화, 통신, 교통, 언어, 교육수준 및 법률제도
- **무역환경** : 품목별·지역별 수출입규모, 수출입장벽, 외환관리, 대금결제조건, 관세율, 환율, 특허, 항만 및 공항사정, 운송수단, 상관습

② 고객조사

고객은 해당 물품을 직접적으로 수출할 수 있는 거래처와 실제 최종 수요자 모두를 포함하는 개념이다. 고객조사와 관련하여 다음과 같은 사항들을 조사한다.
- **고객층** : 소비자 또는 사용자의 지역적 분포, 소득 분포, 계급별 분포 및 구매능력
- **고객의 기호 및 이미지** : 기호, 취향 및 품질·상표·생산자 등의 이미지

③ 상품조사

상품조사는 취급품목에 대한 전반적인 조사가 이루어져야 하며 다음과 같은 사항들을 조사한다.
- **상품수요** : 수요품목, 품질, 규격, 현재의 수요량, 장래의 수요량, 계절적 수요 및 현지에서의 국산품 수요량
- **상품공급** : 주요 공급처, 공급처 상호, 계절적 상품의 특별공급 가능성 및 현지에서의 국산품 현황
- **상품환경** : 경쟁상품, 대체상품 및 유사상품의 현황
- **가격** : 수입품과 현지 국산품의 가격
- **지식재산권 등** : 해당 상품에 대한 특허권, 상표권, 공업소유권 등의 저촉 여부

④ 판매경로조사

판매경로조사는 고객이 수입한 물품이 어떠한 경로를 통하여 판매되고 소비자 및 사용자에게 전달되는지를 조사하는 것으로 다음과 같은 사항들을 조사한다.

- **유통과정** : 수입상, 판매점, 특약점, 백화점, 체인스토어, 도매상, 소매상 등의 가구와 유통경로
- **서비스** : 판매 전에 행해지는 사전 서비스 및 사후 서비스

⑤ 판매조사

판매조사는 상품 계획과 효과적인 판매정책을 어떻게 수립할 것인지를 조사하는 것으로 다음과 같은 사항들을 조사한다.

- **상품계획** : 수출물품의 품목, 품질, 디자인, 상표, 특허, 포장 및 운송 등에 대한 선택
- **판매정책** : 판매계획과 예측, 견본, 카탈로그, 안내서 제공 등 판매촉진, 광고 전시 전략

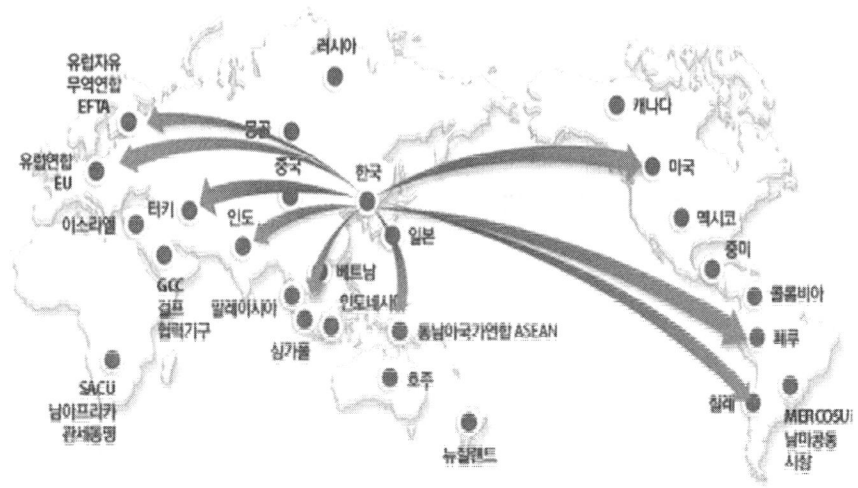

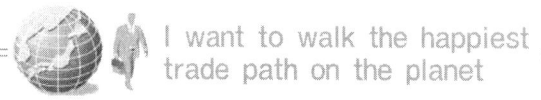

<표 Ⅱ-1> 해외시장 조사 내용

조사항목	조사내용
거래대상 국가	• 정치적 환경 : 정치 체계, 정치적 안정, 정치적 위험 등 • 경제적 환경 : 대상국가 국민소득·임금, 물가, 노동력, 국민소득, 국제수지, 경제성장률, 산업구조 등 • 사회적 환경 : 인구, 기후, 종교, 문화, 교육수준 • 무역 환경 : 품목별·지역별 수출입 규모, 외환관리, 대금결제 조건, 관세율, 환율, 상관습 등
고 객	• 고객층 : 소비자의 지역적 분포, 소득분포, 구매능력 등 • 고객 기호 및 이미지 : 기호, 취향 및 품질·상표·생산자 등의 이미지
상 품	• 상품수요 : 수요 품목, 품질, 규격, 수요량, 미래 수요, 경쟁품, 대체품 및 유사품의 현황 • 상품공급 : 주요 공급처, 공급처 상호, 계절적 특별공급 가능성, 현지의 국산품 공급량 • 상품환경 : 경쟁품, 대체품 및 유사품의 현황 • 가격 : 수입품과 현지 국산품의 가격 등 • 지식재산권 등 : 특허권, 상표권, 공업소유권 등의 저촉 여부
판매경로 및 판매	• 유통 및 서비스 : 수입상, 판매점, 특약점, 백화점, 체인스토어, 도매상, 소매상 등의 유통경로, 사전 및 사후 서비스 등 • 상품계획 : 품목, 품질, 디자인, 상표, 특허, 포장, 운송방법 • 판매정책 : 판매촉진(견본, 카탈로그, 안내서 제공 등), 광고, 전시 등

(3) 해외시장 조사 방법

① 무역통계자료를 이용한 조사

해외시장 조사를 하는데 가장 편리하고 경제적인 방법은 문헌 또는 인터넷을 통하여 각종 경제 및 무역통계자료를 이용한 조사방법이다. 목적시장에 대한 세부적인 무역통계자료는 해당 국가의 통계청 등의 자료를 이용할 수 있다.

대표적인 무역통계자료 수집 사이트는 ▸유엔의 국제통계연보(http://comtrade.un.org), ▸국제통화기금(IMF)의 무역재무통계온라인(http://www.imfstatistics.org/imf), ▸세계무역기구(WTO)의 국제무역통계(http://wto.org), ▸한국무역협회의 무역통계(http://kita.net), 한국관세청의 무역통계(http://www.customs.go.kr) 등이다.

② 무역유관기관을 통한 조사

대한무역투자진흥공사(Korea Trade and Investment Promotion Agency : KOTRA), 한국무역협회(Korea International Trade Association : KITA) 및 대한상공회의소(Korea Chamber of Commerce and Industry : KCCI) 등을 통하여 조사할 수 있다.

대한무역투자진흥공사는 한국의 무역진흥을 위하여 전액 정부출자로 설립된 특수법인으로 무역 동향에 대한 해외시장 조사, 무역관련 각종 자료의 간행, 한국무역의 홍보, 무역상품 전시업무 등을 담당하고 있다. 현재 해외 각국에 무역관이 설치되어 있어 신속한 무역정보 수집기능을 수행하고 있으며, 국내 무역기업으로부터 조사를 의뢰받아 해외 대한무역투자진흥공사의 네트워크를 통하여 정보서비스를 제공하고 있다.

③ 자체 현지조사

수출업체 단독으로 현지 출장조사를 할 수 있고 수출입조합이나 경제단체의 해외시장 조사단에 참가하여 조사를 할 수도 있다. 현지 우리나라의 공판, 대한무역투자진흥공사의 현지 무역관 또는 현지의 상업회의소를 방문하여 일반적인 시장현황을 청취하고 최대한의 협조를 구할 수 있다. 구체적인 자료 수집을 위하여는 현지에 진출한 동업자와 면담하여 정보를 획득하고 백화점 및 유통체인 등을 방문하여 해당 품목에 관련된 사항, 유통구조, 소비자 패턴, 가격 등의 정보를 얻을 수 있다.

2. 거래선 발굴

해외시장 조사를 통하여 목적시장이 결정되면 믿을 만한 거래선을 발굴하여야 한다. 거래선 발굴이란 목적시장에서의 잠재적인 판매 또는 구매 가능성을 보유하고 있는 고객이나 유망한 거래선을 선정하는 것을 말한다. 거래처를 발굴하는 방법에는 다음과 같은 것들이 있다.

(1) 해외거래 알선 사이트 이용

전자거래 알선사이트(Electronic Tradeing Opportunities : ETOs)에서는 Inquiry 상품 카탈로그 및 기업 디렉터리 정보 등을 등록할 수 있으며 오퍼 형태별, 품목별 및 업체명 등 다양한 형태로 검색할 수 있다.

한국무역협회(www.ec21.net), 대한상공회의소(www.korcham.net), 대한무역투자진흥공사(www.kobo.net), 중소기업청(www.smba.go.ke) 등이 운영하고 있는 사이트들을 활용할 수 있다.

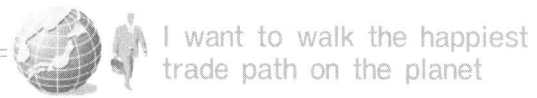

<표 Ⅱ-2> 주요 전자거래알선 사이트 및 서비스 내용

전자거래 알선사이트	서비스 내용
World Trade Point Federation (http://www.wtpfed.org)	155개국의 1만개 무역관련 기관과 연결되는 세계 최대의 거래알선사이트
World's Top 100 Free Trade Lead Site (http://www.5five.tv/tradeleads.htm)	전 세계 거래알선사이트가 1위에서 100위까지 순서별로 링크되고 무료이용가능
Kompass Directory (http://www.kompass.com)	세계 최대의 기업정보 디렉토리로 품목별로 수출, 수입, 유통, 제조업체 검색가능하며 약 160만개 업체들이 수록됨.
World Trade Center Association Online (http://iserve.wtca.org)	전 세계 100여개국 300개의 무역센터가 모인 세계무역센터 온라인 시스템으로 전자카탈로그, 오퍼정보 등을 제공
Yellow Pages Directory on the Web (http://www.infobel.com)	전 세계 170여개국의 비즈니스 디렉토리, e-mail주소, fax 리스트 등의 링크서비스
한국무역협회 (http://www.kita.net, www.kita.org)	무역협회 회원사에 대한 정보제공, 품목별, 회사명, HS번호 등으로 검색가능
EC21(http://ec21.com)	전자거래알선 전문사이트로 오퍼정보 검색 및 등록, 전자카탈로그 정보 제공
Asian Sources Online (http://www.globalsources.com)	전자카탈로그가 포함된 상품별, 공급자별, 국가별 생산업체 검색서비스 제공
Alibaba(중국) (http://alibaba.com)	중국에서 운영하는 ETO사이트로 수출입 오퍼정보, 카탈로그 정보 등을 제공
tradeKorea.com (http://www.tradeKorea.com)	한국무역협회에서 운영하는 것으로 이마켓플레이스(e-market place)를 제공
BUYKOREA (http://www.buykorea.org)	KOTRA에서 운영하는 것으로 한국 수출자와 1:1 온라인 상담이 가능하도록 지원
GobizKorea (http://www.gobizkorea.com)	중소기업진흥공단이 국내 중소기업제품의 해외 판로확보 및 홍보지원
Alibaba(http://www.alibaba.com)	중국 알리바바사가 온라인 기업간 마켓플레이스를 제공
Tradeky (http://www.tradeky.com)	온라인 글로벌 무역을 용이하게 하기 위해 설립된 세계굴지의 마켓플레이스
EUROPAGES (http://www.europages.com)	유럽바이어와 공급자 특약점 및 수출자를 위한 온라인상공인명부

(2) 상공인명부 활용

거래처 발굴을 위해 가장 쉬운 방법은 상공인명부(business directory)를 이용하는 방법이다.

상공인명부에는 품목별, 업종별 업체명, 주소, 전화번호, 전자우편(e-mail)주소 및 팩스(fax)번호 등이 명시되고 수출입 지역과 함께 영업실적 등이 포함되기도 한다. 이 가운데 잠정적인 거래처를 선정하여 카탈로그와 함께 권유장(circular letter)을 발송한다.

상공인명부는 대한무역투자진흥공사나 한국무역협회 또는 대한상공회의소 등을 통하여 확보할 수 있으며, 다음과 같은 웹사이트를 통하여 유수한 상공인명부를 찾아낼 수 있다.

① Kellysearch, co, uk, http://www.kellysearch.co.uk
② Dun & Bradstreet, http://www.dnb.com/us
③ Thomas Register, http://www.thomasnet.com
④ Standard Trade Index of Japan, http://www.cin.or.jp/trade
⑤ World Business Bridege Serving America, Asia, Africa, Oceania and Europe, http://www.aaaoe.com
⑥ Directory for International Trade, http://www.importers-exporters.com
⑦ World Trade Point Federation, http://www.tradepoint.org
⑧ Trade Lead Zone, http://www.tradezon.com
⑨ Wyzen Trade Network, http://wyzen.com/tradeportals
⑩ Kapitol, http://www.infobel.com/en/world/index.aspx

(3) 국내외 무역유관기관 활용

국내에서 활용할 수 있는 무역유관기관은 대한무역투자진흥공사, 한국무역협회, 대한상공회의소 등이고, 해외의 무역유관기관은 현지국에 있는 대한무역투자진흥공사의 공관, 현지 국가의 상업회의소 등이다.

대한무역투자진흥공사는 무역동향에 대한 해외시장 조사, 무역관련 각종 자료의 간행, 한국무역의 홍보, 상품전시회 업무 등을 담당하고 있다. 또한, 세계적인 조직망을 가지고 있어 시장조사의 신뢰도가 높은 편이기 때문에 거래처별, 품목별 시장정보를 유료 위탁에 의한 방법으로 조사를 의뢰할 수 있다.

(4) 주한 외국공관의 활용

한국에 주재하고 있는 외국 공관의 상무관실이나 자료실에 비치된 자료를 통하거나 또는 외국 공간의 상무관 혹은 대사와의 상담을 통하여 해당국의 시장정보와 거래처 관련 정보를 얻을 수 있다.

(5) 해외 홍보매체 활용

해외 거래처를 발굴하기 위한 기초단계로 해외 홍보용 카탈로그를 제작하여 예상 거래처에 배포할 수 있다. 또한 국내의 해외 홍보매체 등에 자사물품을 홍보하거나 인터넷을 통하여 거래처를 물색할 수도 있다. 아울러 인터넷의 온라인상에서 전자 카탈로그를 제작하여 홍보할 수도 있다. 카탈로그나 홈페이지는 전문가를 활용하여 영문 또는 대상국가의 언어로 제작하도록 한다. 홍보물의 내용은 회사 또는 대표자의 홍보보다는 관련 상품의 품질, 가격, 경쟁력 등 상품의 차별성이 부각되도록 하여야 한다.

홍보물 배포 시에는 지역별 상공인명부에 의거 하여 물색된 예정거래처, 주한 외국공관의 바이어 안내, 기타 대한무역투자진흥공사, 한국무역협회 등 수출기관의 거래알선 및 안내 등을 활용하는 것이 효과적이다.

(6) 국제전시회 참가

무역관련 기관에서 주관하여 파견하는 각종 투자 및 무역사절단, 박람회 및 전시회에 참여하여 거래처를 직접 물색할 수 있다. 특히, 한국무역협회에서 총괄하여 파견하는 해외투자 및 무역사절단과 대한무역투자진흥공사에서 총괄하여 참가하는 해외박람회 및 전시회, 그리고 지방자치단체에서 지원하는 전시회를 활용할 수 있다.

(7) 해외광고

해외홍보용 카탈로그를 제작하여 예상 거래선에 배포하거나, 국내의 해외 홍보매체 등에 자사상품을 홍보하여 거래선을 물색할 수 있다. 홍보물을 배포할 경우에는 경제적인 비용으로 홍보효과를 극대화시키기 위하여 작성 배포처를 선정하는 것이 중요하다.

작성 배포처는 지역별 상공인명부를 통해 물색된 예정 거래선, 주한 외국공관의 바이어 안내, 기타 대한무역투자진흥공사, 한국무역협회 등 무역유관기관의 거래알선 및 안내 등을 활용하여 선정하여 배포하는 것이 효과적이다.

Chap. 2 거래제의와 거래조회 및 청약과 승낙

1. 거래제의

신용조사를 거쳐 거래처가 선정되면 거래제의서(circular letter : letter of business proposal)를 발송하게 된다. 거래제의서는 자신의 회사를 소개하는 첫 서신이므로 정중하게 작성하여 상대방으로 하여금 거래를 결심하도록 해야 할 것이다. 거래제의를 할 때에는 상대방을 알게 된 경위와 거래제의 상사의 영업규모, 상태, 취급 상품 및 업계에서의 위치, 대금결제 조건, 거래제의 상사의 신용조회처 등을 포함하여야 한다.

(1) 거래제의서 작성방법

① 상대방을 알게 된 경위
② 거래제의 상사의 업종, 취급상품, 거래국가 등
③ 거래제의 상사의 자국 내에서의 지위, 경험, 생산규모 등
④ 거래조건(특히, 결제 및 가격조건 등)
⑤ 신용조회처(주로 거래은행명 및 주소)
⑥ 정중한 결문

[거래제의서 작성시 유의점]

- 간단명료한 문장으로 작성
- 해당 시장을 상대회사를 통하여 개척하고자 함을 강조
- 과장된 회사 소개는 피함
- 상대의 신뢰를 확보하기 위해 구체적 Data 사용(생산량, 연간 매출액 등)
- 거래시 상대방에 이익이 될 수 있는 점 강조(품질의 우수성, 경쟁적인 가격 등)
- 오퍼나 견본은 상대방이 관심을 표명할 때 즉시 송부

(2) 거래제의서 송부

일반적으로 서신으로 하지만, E-mail, Fax 등을 이용할 수도 있다. 거래제의시 한 지역에 시차를 두고 2~3개 회사로 국한하여 보내는 것이 좋다.

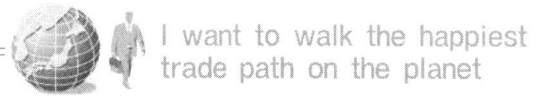

■ 거래제의서(예문)

Onmillion Industrial Ltd.

Rm 3503-4 Singga Comm. Centre, 144-151 Connaught Rd. W., Hong Kong Tel: 547-3100
Telex:80291 ONMI HX   Cable Address: 0373   Fax: 8582585

TELEFAX

TO   : Nam hae Chemical Corp   DATE   : Auguest 7, 20××
ATTN : Sales Manager   REF   :
FM   : Angela Wong   UR FAX : (02)272-6679
PG   : 1 of 1 PG(S)   OUR FAX : 8582585

Dear Sirs,

We are an international trading company in Hong Kong and engaging the business of chemicals, minerals and construction materials. Moreover, We have many clients throughout the world.

Now, We would like to purchase the following product:
  Product   : Amminium Sulphate
  Specification : N-21 % min. Moisture-0.5 % max.
  Quantity   : 3,000MT
  Price   : CNF Bintulu, Malatsia
  Delivery   : September, 20××

Please give us a best offer, full specifications, packing and loading port.

On the other hand, We would like to take this opportunity introducing our products for you, We have a plant to produce phosphate product in Guizhou, China where is very near the Phosphate mine.

Moreover, the quality of our products are very stabe so that we have of our products. Should you have any interest, please inform us your requirements immediately.

We are looking forward to hearing from you soon.

Yours faithfully,

Angela Wong (Ms.)

2. 거래조회

거래조회(business inquiry 또는 trade inquiry)는 거래제의를 받은 당사자가 거래제의에 대한 관심이나 물품을 구매할 의사가 있을 때, 거래를 제안한 당사자에게 물품의 가격, 품질, 수량, 선적 등의 거래조건에 대해 문의하는 것을 말한다.

거래조회는 상대방의 권유장에 대하여 거래 상담에 관심을 표명하는 것으로 가격조건, 결제조건, 선적조건, 포장조건 등을 요구하는 내용이 된다. 아울러 카탈로그 및 견본 등을 요청하거나 청약(offer)을 요청하는 내용도 포함되는 경우가 많다.

(1) 거래조회에 대한 회신

거래조회를 받은 당사자는 거래조회를 하는 당사자가 향후 거래관계를 체결할 가능성이 있는 당사자이기 때문에 청약서를 작성하기 전에 조회사항에 대하여 신속하게 회신하는 것이 바람직하다.

상대방으로부터 거래조회를 받으면, 그 내용을 검토하여 회신하거나 시간이 요구되는 사항에 대해서는 언제까지 조치해 주겠다는 내용을 성실하게 통보한다.

3. 거래를 위한 신용조회

(1) 신용조회 개념

신용조회(credit inquiry)는 신용에 대해 공급받는 자의 지급능력과 선의, 지급 불능시 지급을 강제할 수 있는 자산의 보유 등을 사전에 조사하여 대금지급의 확실성을 파악하는 것을 말한다.

현금이나 신용장 방식의 거래가 감소되고 점점 연불거래 또는 무신용장 방식의 거래가 증가하고 있는 상황을 고려할 때 거래 상대방의 신용조사에 대한 중요성은 더욱 커지고 있다.

(2) 신용조회의 내용

① 성격(Character)

계약 내용대로 수출업자가 적시에 물품을 송부하고 수입업자가 대금결제를 성실히 이행해 주는지에 대한 기업의 성격적인 요인은 기업의 규모나 재정 상태와 더불어 중요한 역할을 한다. 즉, 성격과 관련하여 업체의 개성(personality), 성실성(integrity), 정직성

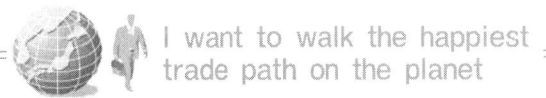

(honesty), 영업태도(attitude toward business), 평판(reputation), 의무이행의지(willingness to meet obligation) 등에 대한 내용을 조사한다.

② 자본(Capital)

아무리 성실하고 신용이 보장된다고 하더라도 회사의 재무상태가 건실하지 않으면 거래에 문제가 발생할 수 있으므로 재무제표 등을 근거로 재무상태(financial status), 자기자본과 타인자본의 비율, 자본금의 규모, 재무구조의 건전성 등을 조사하여야 한다.

③ 거래능력(Capacity)

회사의 거래능력으로 연간매출액(annual sales turnover), 영업형태, 영업능력 등에 대하여 평가한다. 이 외에도 조건(condition)에 대한 조회도 필요하다.

즉, 정치적·경제적 조건으로 상대국에 대한 수입·외환에 대한 규제는 어떠한지, 통관절차, 항만운송시설 등에 대한 주의점 등을 조사할 필요가 있다.

<신용조회 내용요약>

성 격 (Character)	자 본 (Capital)	거래능력 (Capacity)
개 성 (personality)	재무상태 (financial status)	연간매출액 (turn-over)
성실성 (integrity)	자기자본과 타인자본의 비율	업체의 형태
평 판 (reputation)	재무구조의 건전성	연혁 및 경력
영업태도 (attitude toward business)		
의무이행의 열의 (willingness to meet obligation)	기타 자산상태	영업능력

(3) 신용조회처

① 은행조회(Bank Reference)

은행조회는 해당 업체의 거래은행에 신용조회를 의뢰하여 신용조사를 하는 방법으로 일반적으로 많이 이용된다. 해외 거래처의 신용조사를 하는 경우에는 수출입은행이나 신용보증기금을 이용할 수도 있다.

② 동업자에 의한 조회(Trade Reference)

동업자에 의한 조회는 거래를 하려는 상대방과 동종의 사업에 종사하는 업체에 의뢰하여 신용조사를 하는 방법이다.

③ 해외지사, 출장소, 판매대리점을 통한 조회

무역업자의 해외지사나, 출장소 및 판매대리점 등을 통하여 원하는 상대 기업의 신용을 조사할 수 있다.

④ 신용조사기관(Credit Agency)을 통한 조회

은행조회 및 동업자에 의한 조회의 경우, 신용조사의 전문성이 부족하여 구체적인 충분한 정보를 얻기 어려운 경우가 많다. 이러한 경우에는 세계적인 상업흥신소에 신용조사를 의뢰하면 상세하게 신용상태를 알 수 있다.

상업흥신소는 신용조사를 본업으로 하고 있는 업체로 세계 주요 도시에 지점망이나 통신원을 두고, 무역업자가 의뢰하는 기업의 신용조사를 하여 정보를 무역업자에게 알려준다. 국제적인 상업신흥소와 우리나라의 신용조사 전문기관은 다음과 같다.

국제적인 상업흥신소

- 미국의 Dun and Bradstreet Inc.
- 영국의 Bradstreet British Ltd
- 독일의 Auskunft W. Schimmelpfung
- 일본의 Tokyo Mercantile Agency

※ 우리나라의 신용조사 전문기관으로는 대한무역투자진흥공사, 한국무역보험공사, 신용보증기금 등이 있다.

<신용 조사경로와 조회방법>

조사경로	조회 방법
은행조회	해당 업체의 거래은행을 통한 조회(bank reference)
동업자조회	상대국의 거래선을 통한 조회(trade reference)
해외지사	기업의 해외지사 등을 통한 조회
상업흥신소	D&B Korea(2122-2512) ABC Korea(725-0611/2)
국내 신용조사 전문기관	KOTRA(3460-7383), 한국신용정보(3475-5703/4) 한국무역보험공사(399-6254), 신용보증기금(710-4322) 한미신용정보(www.hanmici.com)

[Inquiry의 배부]

■ Inquiry(Inquiry for Cotton Goods)-(예문)

DANIAL CO., LTD
50 Liberty street. New York,
N. Y. 10005, U.S.A

LeeJu Trading Company　　　　　　　　　　　　　　New York, March. 10, 20××
C.P.O. Box 3123
INCHEON, Korea

Gentlemen:

　Having heard from the Korea Trade Promotion Corporation in New York that your company is a leading firm specializing in cotton goods, we wish to make a purchase of men's cotton shirts from you.

　We would appreciate receiving your lowest CIF New York with earliest delivery schedule.

　We would also like to have two samples with color swatches by air mail.

　If your goods are satisfactory in quality and delivery, we will place an order of 500 dozen on a trial basis and can make repeat orders with you in the near future.

　We look forward to your early reply.

yours very truly,
DANIAL CO., INC.
Robert Adams
Vice president

주) ① Korea Trade Promotion Corporation(KOTRA) : 대한무역진흥공사 ② color swatches : 색상별 조각
　　③ place an order : 주문하다 ④ look forward to await : 고대하다
자료 : 이주섭, 무역창업론, 에이드북, 2017, p 177에서 응용

■ Inquiry 답신(Response to Inquiry)-(예문)

LEE JU TRADING COMPANY
C.P.O. Box 3123, INCHEON, Korea

March. 25, 20××

Danial Co., Inc.
New York, U.S.A.

Dear Mr. Adams,

Thank you very much for letter of Nov. 10 along with your purchasing proposal.

According to your request, we have already dispatched the samples and color swatches by speed post.

From the enclosed price list you will find that our prices are exceptionally low and this sacrifice is entirely due to our recognition of the necessity for price cutting in order to develop our sales in your market.

Since the market is now slow and prices are generally low, you are very fortunate buying at this time. European buyers, however, seem to be pocking up in activity. Therefore, we advise you to buy the goods before the recovery Consequently, we can not keep the prices effective more than two weeks from the date of this letter and we wish to receive your order by return mail.

We hope that this will meet with your immediate approval.

Sincerely yours,
LEE JU TRADING COMPANY
Director, Trading Department

Enclosure : Price List

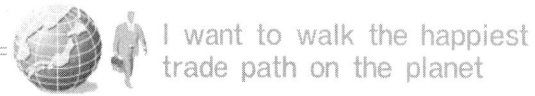

4. 청약(Offer)

(1) 청약의 의의

청약이란 승낙(acceptance)과 결합하여 계약을 성립시키려는 일방적인 의사표시로서 매매 당사자인 어느 한편이 상대방에게 어떤 물품을 일정한 조건으로 사거나 팔겠다는 의사표시를 말한다. 청약은 원칙적으로 일정한 형식을 필요로 하지 않으나 보통 서신이나 전보 또는 텔렉스, 일정한 서식을 갖춘 청약서(offer sheet)가 사용된다.

- 청약자의 피청약자와 일정한 조건으로 계약체결 의사표시
- 효력발생과 소멸 : 발신주의와 도달주의
- 청약의 종류 : 발행주체 - selling offer, buying offer
                  확정성 - 확정 오퍼(firm offer), 불확정 오퍼(free offer), Counter Offer

■ Firm Offer(예)

LEE JU TRADING COMPANY
C.P.O. Box 3123, INCHEON, Korea

Messrs. Danial Co., Inc　　　　　　　　　　　　INCHEON, Dec. 7, 20××
50 Liberty St.,
New York, 1005, U.S.A.

Gentlemen:

We appreciate your inquiry of Nov 10. We just cabled the following offer to you :
  Item : ladies Cotten Stockings
  Quality : Our Sample No. 119, black color, assorted sizes
  Quantity : 3,000 doz.
  Price : USD3.50 per doz. FOB New York
  Shipment : March/April
  Payment : Draft at 90 days after sight under Confirmed Credit

We recognize the urgency of your order, but since all the mills are working to capacity, we would like to inform you that our prices are the mist favorable and the delivery will be the earliest possible.

We trust you will accept this offer without delay.

Yours very truly,
Lee Ju TRADING COMPANY

M. D. KIM
Director, Trading Department

(2) 오퍼서식 및 작성

- Offer 양식 : 거래대상물품, 거래방식 등에 따라 다양한 형태가 있다.
- 기재사항 : 거래 특성에 따라 다양한 사항을 기재

※ 가장 일반적 사용하는 오퍼 서식을 중심으로 중요 내용을 정리하면 다음과 같다.

■ 오퍼 서식(예)

OFFER SHEET

We are pleased to offer the under-mentioned article(s) as per conditions and details described as follows:

Item No.	Commodity & Description	Unit	Quantity	Unit Price	Amount

Origin : Republic of Korea
Packing : Exoprt standard carton packing
Shipment : Within 1 month after receipt of L/C
Shipping port : Seoul, Korea
Inspection : Our government inspection to be final

> Destination : European main seaports
> Payment : By irrevocalbe L/C in our favor
> Validity : Until end of September, 20××
> Remarks : Subject to our final confirmation
>
> Looking forward to your valued order for the above offer, we are.
>
>   Yours faithfully,
>
>   Manner Kim
>   President
>   KoreanSource co., Ltd.

① 품명(Commodity)

비슷한 종류가 여러 가지 있는 상품이나 상품명이 유사한 것은 혼동을 일으키지 않도록 분명하게 기재.

 예 만년필은 단순한 Pen이라 기재하는 것보다 Fountain Pen으로 표시하여 Ball Pen과 구별한다.

② 규격(Grade or Specification)

동일 품목이라도 그 품질과 구격에 따라 가격의 차이가 발생

 예 금(GOLD)은 24K와 14K로 구분. 전자제품의 TV, 냉장고처럼 상호 규격 차이 많음을 유의. (분쟁 발생 방지를 위해 정확한 규격표시 필요)

③ 원산지(Origin)

상품에 생산 원산지 표시

 예 Wine : Spain산과 France산 등, 농수산물(중국산), 소고기(호주 및 미국산). 특히, 1차 산품의 Offer에서는 원산지의 표시가 매우 중요

④ 유효기간(Validity)

모든 Offer에는 유효기간(reasonable period of time) 명시

- 국제상품의 시세는 수시로 변화함
- 특히, 국제시세의 변동이 심한 원면, 원맥 등 1차산품의 Offer는 대개 1주일 이내의 유효기간을 주는 것이 상례

⑤ 선적일(Shipping Date, Delivery Date)

적기판매와 보관료를 줄이기 위해 선적기일(not earlier than, not later than) 요구
예 특히 계절상품은 적기에 선적하지 못하면 치명적인 손해 발생

⑥ 포장방법(Packing Method)

포장재의 종류, 방법, 포장단위 등을 표시

- 항공운송 상품 : Carton Box에 포장
- 선박운송 상품 : Wooden Case에 포장
- "Standard Seaworthy Export Packing": 방수 재료로 포장한 상품을 나무상자에 넣고 철대로 묶는다.

⑦ 수량(Quantity)

수량의 기준은 개수(piece), 무게(weight), 길이(length), 용적(measurement) 등이 다양하며 이들의 단위도 각각 상이하므로 그 수량의 단위 사용에 주의

⑧ 대금결제방법(Payment Condition)

- 신용장에 의한 결제방법 : at sight방식과 usance방식
- 추심결제에 의한 방식 : D/A, D/P 방식

<표 Ⅱ-3> 무역회사 직위 영문표현

직위(직책)	영어식 표현	직위(직책)	영어식 표현
회 장	Chairman	경리(회계)	Finance(Accounting)
사 장	President	총무부장	Manager, General Affairs Dpet
대표이사	Representative Director	인사부장	Personnel Manager
부 사 장	Vice President	영업부장	Sales Manager
전무이사	(Senior)Managing Director	공 장 장	Plant Manager
상무이사	Managing Director	지 점 장	Branch Manager
이 사	Director	차 장	Sub - Manager
감 사	Auditor	과 장	Section Chief
부 장	Manager	대 리	Deputy Manager
수출부장	Export(Department)Manager	부	Department(Dpet.)
수입부장	Import Manager	과	Section

(3) 청약의 유인

상대방에게 청약을 하게끔 하려는 의사의 표시이다. 그러나 상대방이 청약의 유인에 따라 청약의 의사표시를 하여도 그것만으로 청약이 바로 성립하는 것은 아니고, 청약을 유인한 자가 다시 승낙을 함으로써 비로소 계약이 성립된다. 따라서 청약을 유인한 자는 상대방의 의사표시에 대하여 낙부(諾否)를 결정할 자유를 가진다. 청약과 청약의 유인과는 이론상 다르지만, 실제상 양자를 구별한다는 것은 곤란한 경우가 있다.

대가라고 하는 표시, 상품목록의 배부, 정찰부상품(正札附商品)의 진례, 「셋집구함」의 신문광고 등의 경우가 그 예이다. 그 구별의 표준은 대체로 그 행위가 계약의 내용을 지시하고 있느냐, 계약의 당사자가 누구라도 상관이 없는 성질의 것이냐, 거래의 관습은 어떤가? 등이다.

5. 승낙(Acceptance)

(1) 승낙이란

승낙이란 상대방의 확정청약에 대한 동의의 확정적인 의사표시로서 승낙에 의하여 계약이 성립된다. 승낙은 원칙적으로 청약의 모든 내용과 일치하여야 하며 새로운 내용의 추가나 제한 또는 기타의 변경에 의한 승낙은 청약에 대한 거절이며, 새로운 청약(new offer, counter offer)으로 간주된다.

① 승낙 요건
- 승낙은 약정된 기간 또는 합리적 기간 내에 이루어져야 한다.
- 청약이 특정인 앞으로 되었다면 승낙도 그 사람에 의해서만 할 수 있다.
- 승낙은 절대적으로 무조건적이어야 한다.
- 피청약자가 청약자에게 승낙을 전달하여야 한다.

② 승낙 방법

승낙에 대해 어떤 방법과 어떤 수단으로 할 것인가를 청약서 상에 미리 지정(FAX, 우편, 전화, 전보, 텔렉스 등)하였을 경우, 그 지정된 방법에 의하여야 한다. 하지만, 청약의 승낙 방법에 대해 어떠한 지정이 되어 있지 않았을 경우, 합리적인 방법과 수단에 의해 승낙을 하면 된다.

③ 승낙통지의 효력발생 시기

승낙은 청약과 함께 계약 성립이라는 하나의 법률 행위를 발생시키는 구성요소이며, 승낙에 의하여 계약이 성립한다. 청약에 대한 동의를 표시하는 피청약자의 진술이나 기타 행위는 승낙이 될 수 없다.

효력발생은 발신주의, 도달주의 그리고 요지주의가 있으나 일반적 원칙은 도달주의이다. 그러나 우편이나 전보와 같은 격지자 간의 의사 표시에서는 우리나라 민법과 영미법의 경우, 예외적으로 발신주의를 적용하고 있다. 비엔나협약과 독일법에서는 대화자간(대화, 전화, 텔렉스), 격지자간(우편, 전보) 모두 도달주의를 적용하고 있다.

<표 Ⅱ-4> 승낙통지의 효력발생 시기

통신수단		준거법	한국법	영미법	일본법	독일법	비엔나협약
의사표시에 관한 일반법칙			도달주의	도달주의	도달주의	도달주의	도달주의
승낙에 대한 의사표시	대화자간	대 화	도달주의	도달주의	도달주의	도달주의	도달주의
		전 화	〃	〃	〃	〃	〃
		텔렉스	〃	〃	〃	〃	〃
	격지자간	우 편	발신주의	발신주의	발신주의	도달주의	도달주의
		전 보	〃	〃	〃	〃	〃

■ Offer Accepted (1)

Dear Sirs.

We are pleased to accept your letter of July 15 offering 300 dozen silk Blouses S/# 1302 at US $30. 50 per doz. CIF New York for immediate shipment.

In reply we have just cabled you as follows.
　　　YOURS 15TH ACCEPT IMMEDIATE
　　　SHIPMENT REQUESTED CORNWELL

To confirm this order, we are enclosing our purchase order No.1002 including shipping instructions. To ensure prompt execution, we have instructed our bankers to open an irrevocable L/C in your favor by cable, which you will receive within a few days.

Though small in quantity, the order is very important for us. We ask, therefore, that you give your best attention in completing it as soon possible.

Faithfully yours,

■ Offer Accepted (2)

Dear Sirs.

We are pleased to accept your letter of July 15 offering 300 dozen silk Blouses S/# 1302 at US $30. 50 per doz. CIF New York for immediate shipment.

In reply we have just cabled you as follows.
    YOURS 15TH ACCEPT IMMEDIATE
    SHIPMENT REQUESTED CORNWELL

To confirm this order, we are enclosing our purchase order No.1002 including shipping instructions. To ensure prompt execution, we have instructed our bankers to open an irrevocable L/C in your favor by cable, which you will receive within a few days.

Though small in quantity, the order is very important for us. We ask, therefore, that you give your best attention in completing it as soon possible.

Faithfully yours,

무역계약

　무역계약(trade contract)이란 국적을 달리하는 사이의 매도인(seller)과 매수인(buyer)이 물품의 소유권(property in goods)을 양도·인도할 것을 약속하고, 매수인이 이를 수령하고 물품 대금을 지급할 것을 약속함으로써 성립하는 국제간의 매매계약을 말한다.

　계약(contract)이란 일정한 채권, 채무 관계의 형성을 목적으로 복수 당사자 간에 의사의 합치(agreement)에 의하여 성립되는 법률행위로서 권리, 의무 관계를 규정한 것이다.

1. 무역계약의 성립요건

　무역계약의 성립은 매도인과 매수인이 일정한 조건 하에서 계약체결 의사표시(offer)에 대해 상대방의 승낙(acceptance)으로 계약이 성립되며, 일반적으로 유효한 무역계약이 이루어지기 위해서 필요한 요건은 다음과 같다.

① 양 당사자 의사표시의 합치가 필요하다.
② 약인(consideration)이 필요하다.-한쪽의 약속에 대한 또 다른 한쪽의 반대급부. 영미법에서는 이를 계약의 유효 조건으로 하므로 약인이 없는 약속은 법적으로 보호받지 못한다.
③ 거래의 목적물이나 거래방법이 합법적(legality)인 것이 필요하다.
④ 당사자의 행위능력(capacity of the parties)이 필요하다.

2. 무역계약의 성격

무역계약에는 다음과 같은 4가지 성격이 있다.

(1) 낙성계약(Consensual Contract)

　당사자의 합의에 의해 성립되기 때문에 합의계약이라고도 하며, 계약 당사자의 어느 한 편의 청약(offer)에 대해 상대방의 승낙(acceptance)으로서 계약이 성립된다.

(2) 쌍무계약(Bilateral Contract)

　당사자 간에 계약이 성립됨에 따라 계약 당사자 모두가 채무를 부담하는 계약으로 매도인은 물품인도 의무, 매수인은 대금지급 의무를 각각 부담하게 된다.

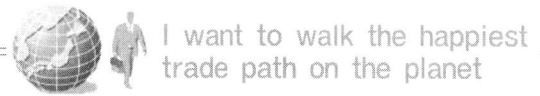

(3) 유상계약(Remunerative Contract)

매도인의 물품 인도에 대해 매수인이 대금을 지급하는 상호보상, 즉 물품의 급부와 대금의 반대급부가 이루어지는 것을 말한다.

(4) 불요식계약(Informal Contract)

무역계약은 특정한 요식을 필수 조건으로 하는 것은 아니며, 구두 또는 서류 등 어느 것으로든 의사표시를 전달함으로써 계약이 성립된다. 따라서 매매 당사자의 합의가 있으면 그 자체로 계약이 성립되는 것으로 물품의 점유이전, 소유이전이나 문서작성 및 교부가 계약 성립의 요건이 되는 것은 아니다.

3. 무역계약서 작성

(1) 계약서의 필요성

특정 품목의 거래 시 마다 양당사자가 거래조건에 합의하면 계약이 성립된다.

① 청약(offer)에 대한 상대방의 승낙(acceptance)으로 계약 성립
② 후일 분쟁이나 소송 등에 대비하여 문서 작성 필요
③ 서류의 양식은 불요식(informal) : Contract, Agreement, Memorandum, Letter of Indent(의향서) 등 어느 것도 가능

[계약서 작성시 검토사항]
- 계약 당사자의 의도확인
- 앞으로 발생 가능한 제 문제점 검토
- 관련된 기존 문서의 검토와 최종적 효력 여부
- 분쟁발생시 해결방안
- 계약서 초안 작성시 확인사항
- 합의안의 제 내용
- 계약 내용의 적법성과 법적 구속력의 존재 여부
- 계약 당사자 여부 및 계약 유효기간
- 필요시 계약의 해지사유와 절차
- 준거법과 분쟁처리 절차에 관한 조항의 적절성 등

(2) 수출입 계약의 체결방법

① 개별계약(Case By Case Contract)
특정 품목에 대한 거래가 성립되면 거래시마다 양 당사자가 거래조건에 합의하면 계약이 성립된다.

- 계약서를 2통 작성하여 서명 후 상대방에게 송부하고 상대방은 이를 검토, 서명한 후 1통 반송
- 매도인측 작성 : sales note, sales contract comfirmaition of order
- 매수인측 작성 : purchase note, purchase contract

② 포괄계약(Master Contract)
- 무역거래 일반약정(general terms and conditions)
- 매도인 발행 Offer(청약)에 매수인이 Acceptance(승낙) 서명한 후, 각각 1통씩 보관
- 매도인의 확정 Offer에 대해 수락의 표시를 전신이나 서신으로 발송

③ 독점계약(Exclusive Contract)
- 어떤 품목의 수출입에 있어서 녹점 판매권 계약

④ 대리점계약(agency Contract)
무역거래는 수출업자와 수입업자가 자신의 명의와 계산으로 본인 대 본인으로서 이루어지는 것이 일반적이지만 수출업자가 자신의 판매대리점을 통하여 해외의 수입업자에게 판매하도록 하거나, 수입업자가 자신의 구매대리점을 통하여 해외의 수출업자로부터 구매한 물품을 수입하는 경우도 있다.

[판매대리점계약(selling agency agreement)]
판매대리점계약은 수입국내의 판매업자가 수출업자와 판매위탁계약을 체결한 후 수출업자를 대신하여 수입국내에서의 물품판매 및 각종 부대업무를 수행하도록 하는 계약을 말한다. 수입국의 판매대리점은 수출업자의 대리인으로서 수출업자와 수입업자가 본인(principal) 대 본인(principle)으로 계약을 체결할 수 있도록 해주고 이에 대한 수수료를 받는다.

[구매대리점계약(buying agency agreement)]

구매대리점계약은 수출국 내의 구매업자가 수입업자와 구매위탁계약을 체결한 후 수입업자를 대신하여 수출국 내에서 물품구매 및 각종 부대업무를 수행하도록 하는 계약을 말한다. 구매대리점은 물품을 구매/선적한 후 해외 수입업자로부터 매입액을 기초로 하여 산정된 구매 수수료를 받는다.

(3) 계약서 작성 확정·확인

① 계약 당사자의 확정, 계약 성립을 확인을 함.
② 무역계약은 구두, 전화, 전보 등의 의사표시로 가능함.
③ 분쟁과 상관습의 차이에서 발생하는 오해 방지 목적이 있음.
④ 무역계약의 효력 발생함.
  • 매도인과 매수인의 권리와 의무 발생
  • 계약 불이행에 대한 처리 여건 발생

[계약 체결시 유의사항]

• 우리나라 사람들은 흔히 상대방의 권리와 의무를 명확하게 해 두는 것에 익숙하지 못하고 상대방을 일방적으로 신뢰하여 사후에 분쟁이 발생하는 경우가 많다. 특히, 신용장 조건의 불비에 따른 지급거절 사례가 자주 발생하므로 유의해야 한다.
• 국제간 거래는 계약의 체결, 이행, 종결의 과정에서 계약의 불이행, 해석상의 의견 불일치 등으로 분쟁발생 가능성이 있으므로 유의해야 한다.
• 청약 조건을 충분히 검토하여 승낙 여부를 결정하고, 가격표 등에도 청약으로 착각하기 쉬운 문언이 없도록 유의해야 한다.
• 계약 성립시기에 대한 문제와 관련하여 영미법이나 대륙법계의 입법주의는 모두 도달주의를 채택하고 있으며, 우리나라도 이에 따르고 있다. 그러나 우리나라 민법 제531조에서 격지자 간 계약에 있어서 승낙에 대한 의사표시는 발신주의를 채택하고 있음에 유의해야 한다.
• 모든 계약을 체결할 때는 반드시 서면으로 작성하고, 계약체결 전에 법률 지식이 풍부한 전문가의 법률자문을 받아 계약 내용상의 불리한 내용이 없도록 유의해야 한다.
• 계약 당사자는 클레임 제기시 대한상사중재원 또는 기타 특정기관의 중재판정에 따른다는 조항을 넣어 두면 분쟁을 신속하고 편리하게 해결할 수 있음을 유의해 둔다.

4. 무역계약의 기본조건

무역계약은 국제간의 상품에 대한 매매계약이기 때문에 추후에 분쟁이 발생될 소지가 있다. 따라서 상거래 분쟁을 사전에 예방하기 위하여 계약 내용에 대한 제반사항을 명확히 해둘 필요가 있는데, 이를 무역계약 조건이라고 한다.

계약물품에 대하여 기본조건으로서 품질(quality)·수량(quantity)·가격(price)·선적(shipment)·대금결제(payment)·보험(insurance)·포장(packing)·분쟁해결(solution of conflict)에 대한 조건이 있다.

(1) 품질(Quality) 조건

매매를 위한 물품의 품질에 관한 조건으로 품질결정 방법, 품질결정 시기 등을 명확히 해야 한다.

① 품질결정 방법

[견본에 의한 매매(Sales by Sample)]

견본 매매는 견본을 통하여 상품의 품질을 결정하는 방법으로 무역에서 가장 많이 사용하는 방법이다. 일반적으로 수출업자가 견본을 제작하여 수입업자에게 송부하지만, 경우에 따라서는 수입업자가 자신의 견본을 수출업자에게 송부하여 희망하는 품질을 요구할 수도 있다.

또한, 수입업자가 송부한 견본을 보고 수출업자가 유사견본(similar sample)을 만들어 수입업자에게 보내어 승인을 받아내는 방법도 있다.

[표준품에 의한 매매(Sales by Standard)]

수확 예정인 농수산품 등의 1차 상품과 벌채 예정 원목 등의 품질은 계약시에 현품이 없어 견본 제공이 곤란하다. 이 경우 해당 연도의 표준품질에 의해 그 품질을 결정한다.

- 평균중등품질(Fair Average Quality : FAQ) : 면화, 곡물, 차 등과 같은 곡물류의 매매에 사용하는 품질조건으로서, 인도물품의 품질을 선적지에서 출하된 수확물 중에서 중간의 품질을 표준으로 하는 방법이다.

- 판매적격품질(Good Merchantable Quality : GMQ) : 목재나 냉동어류 등은 견본 이용이 곤란하고 내부의 품질을 외관상 알 수 없기 때문에 수입지에서 판매 가능성을 전재조 건으로 하여 품질을 결정하는 방법이다.

- 보통품질(Usual Standard Quality : USQ) : 주로 원사 거래에 이용되는 품질조건으로서, 공인검사기관 또는 공인표준기관에 의하여 보통 품질을 표준품의 품질로 결정하는 방 법이다.(영국의 로이드협회 소속 Lioyd's Surveyor)

[상표에 의한 매매(Sales by Brand)]

생산업자의 상표(trade mark) 또는 통명(brand)이 국제적으로 널리 알려진 물품에 대해서는 견본을 제시할 필요 없이 상표나 통명을 품질기준으로 삼는 거래를 말한다.

예를 들면, Sony TV, Nikon 카메라, Parker 만년필, Omega 손목시계, Dunhil 라이터 등과 같은 상표를 이용하는 방법이다.

[규격에 의한 매매(Sales by Type Or Grade)]

국제표준화기구(International Standarized Organiazation : ISO), 우리나라의 KS(Korea Standard)와 같이 상품의 규격이 국제적으로 정해져 있거나 수출국에서 공식적으로 인정하는 것일 경우, 규격이나 등급으로 품질을 결정하는 방법이다.

[명세서에 의한 매매(Sale by Specification)]

선박, 철도차량, 의료용구, 중장비류 등과 같이 거래대상 물품의 소재, 구조, 성능 등에 대하여 구체적인 명세서(specification)나 설명서(description), 설계도(plan) 등에 의하여 매매 기준으로 삼는 방법이다.

② 품질의 결정시기

무역거래에서는 해당 물품이 장거리 운송되는 경우가 많기 때문에 선적 시기의 품질과 양륙 시기의 품질이 다를 수 있다. 따라서 품질이 다른 경우로 인한 분쟁을 미연에 방지하기 위하여 품질의 결정시기를 사전에 약정해야 한다.

[선적품질조건(Shipped Quality Terms)]

계약/약정 물품에 대한 품질 일치 여부를 선적시 품질에 의하여 결정하는 방법으로 주로 일반 공산품에 널리 사용된다. 수출업자는 운송도중에 품질의 변질에 책임을 지지 않는다.

[양륙품질조건(Landed Quality Terms)]

계약시 약정한 품질에 대한 품질의 일치 여부를 양륙시의 품질에 의하여 결정하는 방법으로, 주로 호밀(rye) 거래에 사용되고 있다.

(2) 수량(Quantity) 조건

수출입 물품의 수량과 관련하여 당사자는 '수량 단위'와 '과부족 용인 조건' 등에 대해 약정하여야 한다.

① 수량 단위

물품의 수량을 결정할 때 사용되는 단위로는 중량, 길이, 용적, 개수 등이 있다. 이들을 표로 나타내면 다음과 같다.

<표 Ⅱ-5> 수량 단위

단위	종류 및 내용
중량	• 총중량(Gross weight) : 상품의 무게와 포장의 무게를 합한 총무게 • 순중량(net weight) : 포장무게를 제외한 순상품의 무게 • 법적중량(legal weight) : 상품의 무게와 법적으로 인정되는 포장의 무게를 합한 중량
길이	미터(meter), 야드(yard), 푸트(foot), 인치(inch)
용적	• 석유 등의 액체 : 배럴(barrel), 갤런(gallon), 리터(liter) • 곡물 : bushel • 목재 : cubic meter(CBM), cubic feet(CFT), super feet(SF)
개수	• 일반 물품 : piece, set 등 • 연필, 양말 등 : dozen(144pieces) • 잡화류 : gross(12pieces)
포장단위	면화, 밀가루, 시멘트, 비료, 통조림, 유제품 : bale, bag, case, can, drum

※중량에 의한 수량 약정시는 단위에 유의해야 한다.(특히, Ton)

※계약시 수량 단위의 명확한 표시(예, L/T, S/T, M/T)를 해두지 않으면 수량부족(shortage)에 따른 분쟁발생 소지가 있다.

예를 들어, 영국인과 계약을 하면서 막연히 ton이라고 표시해 놓고, 1 ton을 1,000kg으로 계산하여 선적하는 경우를 보자.(영국인과는 t당 16.5kg을 손해 보게 된다.)

- L/T(Long Ton, English Ton, Gross Ton)-영국의 관행
- S/T(Short Ton, American Ton, Net Ton)-미국의 관행
- M/T(Metric Ton, French Ton, Kilo Ton)-유럽대륙국가의 관행

(※ 1 L/T=2,240Lbs, 1 S/T=2,000Lbs, 1 M/T=1,000Kgs=2,204Lbs)

② 과부족 용인 조건

곡물, 광산물 등과 같이 운송도중에 감량이 예상되는 화물에 대해서는 계약시에 과부족용인 조건(more or less clause : M/L clause)을 활용하면 감량으로 인한 과부족을 인정받을 수 있다. 이와 같이 정해진 과부족 한도의 범위 내에서 물품이 인도되면 수량 부족에 대한 클레임을 제기하지 않는 조건을 과부족용인 조건이라고 한다.

물품의 성질에 따라 수량 과부족을 인정해야 할 경우, 허용범위와 과부족 선택권자에 대한 사항을 명시하는 것이 바람직하다. 즉, "Seller shall have the option of shipment with a variation of more or less 4% of the quantity contracted, unless otherwize agreed."로 약정하는 것이 좋다. 신용장방식의 거래에서 과부족이 생기기 쉬운 살물(bulk cargo)에 대해서는 "about"이나 "circa" 또는 "nearly", "approximately" 등의 유사용어를 사용하여 10%를 초과하지 아니하는 과부족을 용인하고 있다.6) 신용장상에 특정한 물품에 대해 과부족이 있어서는 안 된다고 규정하고 있지 않는 한, 어음발행 총액이 신용장 금액을 초과하지 않는 범위 내에서 5%까지의 과부족이 허용된다.7)

(3) 가격(Price) 조건

무역거래에서 물품의 가격을 결정할 때에는 첫째 매매가격을 어느 나라의 통화로 해야 할 것인가에 대한 거래 통화(vehicle currency) 문제와 둘째, 운송비·보험료·통관비 등의 부대비용과 위험을 누가, 어디까지 부담할 것인가에 대한 문제가 발생하게 된다.

국제매매 가격은 수출업자와 수입업자 간에 여러 가지 원가요소와 물품의 인도 장소 등을 감안 하여 정하여진다. 하지만, 매매 당사자 간에 이러한 점을 고려하여 매 거래 시마다 계약서상에 구체적으로 나열하여 정한다는 것은 불편한 일이기 때문에 실제 거래에서는 국제무역거래 관습상 형성된 정형무역거래조건(trade terms)으로 매매가격이 산출되고 있다.

---

6) 신용장통일규칙(UCP, 1993), 제 39조 a항.
7) 신용장통일규칙(UCP, 1993), 제 39조 b항. c항.

무역거래에서 FOB, CIF 등의 가격조건과 관련된 용어들이 오래전부터 사용되어 왔지만, 국제적인 통일된 규칙이 없어 각국에 따라 해석상의 차이가 많았다. 따라서 국제무역거래 상 분쟁요소를 방지하고 무역 확대를 도모하기 위해 1936년 국제상업회의소(ICC : International Chamber of Commerce)는 무역거래 조건의 해석에 관한 통일된 국제규칙(International Rules for the Interpretation of Trade Terms)을 제정하였다.

이 국제적인 통일규칙을 "INCOTERMS"[8]라고 하는데, 무역관습의 변화에 따라 1953년, 1967년, 1976년, 1980년, 1990년, 2000년 2010년 그리고 2020년에 개정 또는 보완되어 현재 11가지 거래 조건을 사용하고 있다. INCOTERMS는 국제적으로 법적인 구속력을 가진 국제조약이 아니라 단순히 민간단체인 국제상업회의소(ICC)가 제정한 국제규칙이므로 매매 당사자들의 합의에 의해서만 적용될 수 있다. 또한, 당사자들이 다른 상관습에 대해서도 합의만 하면 INCOTERMS 대신 사용할 수 있다.

현재 사용되고 있는 INCOTERMS 2020에는 11가지의 가격조건들이 규정되고 있는데, 이를 성격별로 살펴보면 E그룹(출발지 인도조건), F그룹(운송비미지급 인도조건), C그룹(운송비지급 인도조건) 및 D그룹(도착지 인도조건)으로 분류되어 있다.

(4) 선적(Shipment) 조건

선적(shipment)이라 함은 해상운송에 의한 선박으로의 선적은 물론, 항공기의 적재나 운송인(carrier)에게 인도하는 것까지 포함하는 개념이다. 선적 조건에 대해 선적시기, 분할선적과 환적, 선적 지연에 따른 면책 조항 등에 대해 합의를 해야 한다.

① 선적시기

[특정 일 지정]

가장 많이 사용되는 방식으로 신용장 상에 특정 선적일이 지정된 경우이다. 예를 들어, 선적일이 "September 30, 20××"일 경우, 20××년 9월 30일까지만 선적하면 된다. 무역업계에서 신용장상에 사용되는 선적일에 대한 예문은 다음과 같다.

- Shipment : May 10, 20××.
- Shipment : Not later than March 31, 20××.
- Shipment : should be made by June 10, 20××.

---

8) INCOTERMS는 International Commercial Terms 를 조합한 것이다.

[특정 월 지정]

특정 월을 지정하는 방법은 단월 조건과 연월 조건이 있다. 단월 조건은 특정 월에 선적할 수 있도록 표기되는 조건을 말한다.

예를 들어, 단월 조건은 "November Shipment" 혹은 "Shipment during November" 조건인 경우 분할선적이 허용되지 않고 한 번에 선적이 이루어져야 함을 의미하며, 연월 조건은 "Shipment During February, March, April"과 같이 물품을 분할로 선적할 수 있음을 나타내는 조건으로, 선적의 횟수와 수량에 대해서 명확한 합의가 필요하다.

[조건부 선적기일 지정]

특정 조건이 이행되는 시점을 기준으로 선적기일을 지정하는 방법이다. 무역업에서 오퍼를 할 경우 "Terms of Shipment : Withing 60 days after receipt of your L/C" 등으로 표현하는 경우가 많은데, 해석상의 오류가 발생될 가능성이 있을 수 있기 때문에[9] "Terms of Shipment : Withing 60 Days From The Date Of This Contract"와 같이 표현하는 것이 바람직하다.

② 분할선적과 완적의 허용 여부

[분할선적]

분할선적(partial shipment)이란 계약 물품을 정해진 선적기일 이내에 한 번에 선적하지 않고 2회 이상 나누어서 선적하는 것을 말한다.

거래 당사자들 간에 계약물품에 대한 분할선적 여부에 대해 사전에 약정해야 하는데, 분할선적이 허용될 경우에 수출업자는 약정조건에 따라 나누어 선적할 수 있다. 신용장상에 분할선적을 금지한다는 명시가 없으면 분할선적을 허용하는 것으로 간주된다.[10] 분할선적 예문은 다음과 같다.

- Partial shipments are prohibited
- Partial Shipments : allowed( ), prohibited( )
- Equal monthly shipments during March and April

---

[9] 신용장을 수령한 후 60일에 대한 기산기준이 통지은행의 실제 통지일자(date of credit advice)인지 아니면 수출업자가 통지된 신용장을 수령한 일자인지에 대한 해석상의 오류가 발생될 수 있다.
[10] 신용장통일규칙(UCP, 1993), 제40조 agkd.

[환적]

환적(transhipment)은 화물 운송도중 다른 선박이나 운송기관에 옮겨 싣는 것을 의미한다. 목적항까지의 직항선이 없거나 여러 운송수단을 동시에 사용하는 복합운송인 경우에 환적을 허용하는 경우가 많다. 신용장 상에 환적을 금지한다는 명시가 없는 경우, 환적이 허용되는 것으로 간주된다. 분쟁 예방을 위해 환적의 허용여부를 사전에 합의하는 것이 바람직하다.

> • Transhipment is prohibited
> • Transhipment : allowed(　), prohibited(　)
> • May shipment : to be transhipped at Lobe for Long Beach

③ 선적 지연에 따른 면책조항의 설정

수출업자의 고의, 과실 또는 태만에 의하여 약정된 기간 내에 선적이 이루어지지 않을 경우에는 수출업자가 책임을 져야 한다. 하지만 선적지연의 원인이 천재지변(act of god)이나 전쟁(war) 등의 불가항력(force majeure)에 의한 경우에는 다음과 같은 조항을 약정함으로써 면책 받을 수 있다.

> **Force Majeure** : Neither shall be liable for failure to perform its part of this contract when such failure is due to act of God, fire, flood, strikes, labor troubles or other industrial disturbances, inevitable accidents, war(declared or undeclared), embargoes, blockades, legal restrictions, riots, insurrections, or any cause beyond the control of the parties
>
> **불가항력 조항** : 어느 당사자도 본 계약을 이행할 수 없는 사유가 천재지변, 화재, 홍수, 파업, 노동쟁의, 기타 불가피한 사고, 전쟁(선포포고 여부를 불문하고), 수출금지, 봉쇄, 법적규제, 소요, 내란 등과 기타 당사자가 통제할 수 없는 일체의 원인에 의한 때에는 그 불이행에 대하여 면책된다.

(5) 대금결제(Payment) 조건

수출입 당사자는 계약을 체결할 때 대금결제(payment) 조건으로 대금결제 방식, 대금결제 시기 및 대금결제 통화에 대해 약정하여야 한다.

① 대금결제 방식

일반적으로 무역대금에 대한 결제방식으로는 신용장방식에 의한 결제, 추심방식에 의한 결

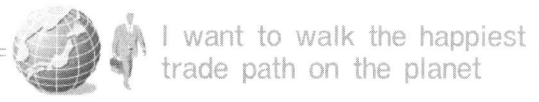

제 및 송금방식에 의한 결제로 구분된다.

[신용장방식에 의한 결제]

신용장(letter of credit)이란 수입업자를 대신하여 신용장 개설은행이 수출업자에게 일정한 조건을 갖출 경우, 수출대금을 지급할 것을 약정하는 보증서이다.

수출업자 입장에서는 신용장에서 요구하는 서류를 제시하기만 하면 수입업자의 능력과는 상관없이 개설은행으로부터 대금을 받을 수 있다.

신용장방식에서 수입업자가 대금을 즉시 지급하기로 약정할 경우에는 일람불신용장(sight credit)이 되고, 일정기한 후 지급을 약정할 경우에는 기한부 신용장(usance credit)이 된다.

- Payment Terms : Under an irrevocable L/C at sight in our favor
- Payment Terms : By an irrevocable L/C at 60 days after sight in our favor

[추심방식에 의한 결제]

추심방식에는 어음지급서류 인도조건(Document against Payment : D/P)과 어음인수서류 인도조건(Documents against Acceptance : D/A)이 있다. 추심방식에 의한 결제는 은행의 지급보증이 없이 전적으로 당사자 간의 신용을 기초로 하여 이루어지는 거래이기 때문에 본·지사 간의 거래나 신용이 확실한 거래처 간에 이루어진다.

- Payment Terms : Under D/P at sight in U.S Dollars
- Payment Terms : Under D/A at 60 days after sight in U.S. Dollars

[송금방식에 의한 결제]

송금(remittance)방식은 수입업자가 수출업자 앞으로 물품대금을 송금하는 방식으로, 수출업자의 입장에서는 물품을 선적하기 전에 대금을 받을 수 있어 유리하지만, 수입업자의 입장에서는 수출업자가 물품의 선적을 이행하지 않거나 계약 물품과 상이한 물품을 선적할 수 있다는 점에서 불리하다.

송금방식으로는 송금수표(demand draft : D/D), 우편송금환(mail transfer : M/T), 전신송금환(telegraphic transfer : T/T) 등이 이용된다.

- Payment Terms : Under T/T basis in U.S. Dollars

② 대금결제 시기

[선지급(Payment In Advance)]

물품이 선적 또는 인도되기 전에 대금을 송금하는 방식으로 소량의 견본 대금을 지급하거나 특별 주문시 이용된다.

이는 송금수표나 우편송금환 또는 전신송금환 등으로 송금되는 단순송금(remittance basis) 방식과 신용장 수령과 동시에 결제되는 선대신용장(red clause L/C) 주문시 지급(Cash With Order : CWO) 방식이 있다.

[동시지급(Concurrent Payment)]

동시지급으로는 서류인도 결제(cash against document : CAD)와 물품인도 결제(cash on delivery : COD)방식이 있다. 서류인도 결제방식은 수출업자가 물품의 선적을 증명하는 운송서류를 수출지에 있는 수입업자의 대리인이나 거래은행에 제시하여 대금을 지급받는 방식이고, 현물상환방식은 수입지에서 물품과 대금을 교환하는 현금결제 방식이다.

[연지급(Deferred Payment)]

물품의 선적이나 서류의 인도 후 일정 기간이 경과된 후에 대금 지급이 이루어지는 방식이며 기한부 신용장 인수인도(D/A) 조건 등이 이에 해당된다.

(6) 보험(Insurance) 조건

물품을 운송하는 과정에 선박의 좌초(stranding), 침몰(sinking), 충돌(collision) 등과 같은 해상 고유의 위험(perils of the seas)이나 전쟁(war) 등과 같은 인위적 위험을 담보 받기 위해 적화보험을 부보하여 만일의 손해에 대비해야 한다.

무역 거래시 CIF나 CIP 조건인 경우에는 수출업자가 적화보험계약을 체결해야 하고, FOB나 CFR과 같은 거래조건에서는 수입업자가 적화보험계약을 체결해야 한다.

보험계약시 보험 목적물인 물품에 대해 어떠한 담보조건으로 부보할 것인가에 대한 약정이 필요하다.

(7) 포장(Packing) 조건

포장(packing)이란 물품의 운송, 보관, 하역, 진열, 판매 등을 하는데 있어 그 물품의 외형과 내용을 보호하고 상품 가치를 유지하기 위해 재료나 용기로 둘러싸는 기술 작업 및 상태를 말

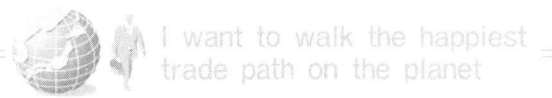

한다. 따라서 물품의 형태나 특성에 따라 포장되는 재료나 방법은 각각 다를 수 있다.

① 포장 방법

포장 방법으로는 물품의 최소 소매단위를 개별적으로 포장하는 개장(unitary packing), 물품의 이동을 편리하게 하기 위해 일정한 양을 묶어 재보장하는 내장(interior packing), 운송도중 파손이나 도난을 방지하고 하역에 편리하도록 몇 개의 내장을 목재나 상자(carton) 등으로 최종적으로 다시 포장하는 외장(outer packing)이 있다.

② 포장 종류

수출 물품의 일반적인 포장은 종이상자(carton)이지만, 물품의 특성과 종류에 따라 다르기 때문에 표준화된 포장은 불가능하다. 다만, 원격지 물품운송의 안전을 위하여 견고하면서도 경제성이 있고 취급하기가 용이한 포장을 해야 한다. 포장에 소요되는 가격도 종류에 따라 차이가 나기 때문에 이를 감안하여 수출가격을 산정해야 한다.

③ 화인(Shipping Marks)

화인(shipping marks)은 운송 관계자나 수입업자가 쉽게 식별할 수 있도록 외장에 특정의 기호, 포장번호, 목적항 등의 여러 가지 표시를 말한다. 보통 수입업자가 요구하는 경우에는 지시에 따라서 해야 하지만, 수입업자의 별도 요청이 없을 경우에는 수출업자가 임의적으로 하면 된다.

(8) 분쟁해결(Solution of Conflict) 조건

무역 클레임(claim)으로 분쟁이 발생하는 것은 당사자 간의 수출입 시 약정된 계약을 위반함으로써 상대방이 단순한 불평(complaint)의 차원을 넘어 손해 배상을 요구하는 것을 의미한다. 따라서 무역 분쟁 방지와 분쟁 발생시 해결을 위해 불가항력 조항, 클레임 조항, 중재 조항을 합의하여 약정해 둔다.

무역계약시 클레임 제기는 시한을 정하는 것이 바람직하며, 클레임의 정당성을 입증할 수 있는 공인된 감정인의 감정보고서(surveyor's report)를 첨부하도록 약정한다.

클레임은 가능한 한 당사자들 간에 우호적으로 해결되어야 하지만, 그렇지 못할 경우 에는 중재(arbitration)에 의해 해결하도록 한다. 따라서 중재지역, 중재기관 및 중재법 등에 대한 약정을 해 두어야 한다.

Part. III

INCOTERMS

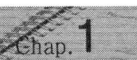

무역거래 조건과 국제규칙

1. 무역거래 조건의 의의

무역거래 조건(trade terms)이란 국제적으로 정형화되어 있는 물품매매 조건을 말하며, FOB라든지 CIF 등의 약어를 가리킨다. 무역거래 조건은 흔히 가격조건(price terms)으로 사용되지만, 실제로 매매 당사자의 책임 한계를 그 내용으로 다음과 같이 하고 있다.

① 물품의 인도장소
② 매매 당사자의 물품에 대한 위험부담의 분기점
③ 매매 당사자의 물품에 대한 비용부담의 분기점

무역거래 조건이 결정되면 이용할 운송수단의 선택이 제한을 받고, 또 운송계약을 체결할 당사자가 결정된다. 예를 들어, CIF 조건으로 매매 계약을 체결한 경우, 물품의 인도장소가 지정 선적항의 본선 상이므로 당연히 선박에 의한 해상운송을 하여야 하고, 또 그 해상운송 계약은 매도인이 체결하여야 한다. 그에 대한 INCOTERMS 2020의 구체적 범위는 다음과 같다.

첫째, 매각된 물품의 인도에 관한 매매 계약 당사자의 권리와 의무에 한정되어 있다.
둘째, INCOTERMS는 수출업자와 수입업자 간의 실무적 관계에서 운송, 보험, 금융, 매매 계약을 고려하는 것이 중요하지만 물품의 매매 계약에만 관련되어 있다.
셋째, INCOTERMS는 국제 물품매매 계약의 핵심요소로서 매도인은 매수인에게 물품을 운송하고 당사자 간의 비용과 위험의 분담에 대한 기준을 제시하고 있다.

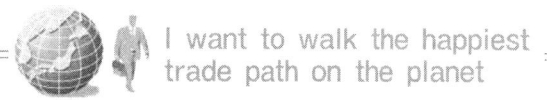

넷째, INCOTERMS는 소유권의 이전 및 재산권의 이전, 계약 위반 권리 구제책임의 면제와 같이 일어나는 문제는 취급하고 있지 않다.(CISG, 준거법, 기타 규정에 의해서 해결)

2. INCOTERMS® 2020 조건

국제적으로 무역거래 조건의 해석에 관한 통일규칙으로서 가장 많이 이용되는 것은 IINCOTERMS는 International Commercial Terms에서 따온 약칭으로 국제상업회의소(ICC)가 각국에서 관용적으로 사용하는 무역거래 조건을 조사·정리하여 그 중, 주요 무역거래 조건에 대한 매매 당사자의 최소한의 의무를 규정한 국제규칙이다. 이 규칙은 1936년에 제정된 이후 1980년부터 10년 주기로 개정되고 있다. INCOTERMS 2020에는 다음과 같은 11종의 무역거래 조건에 대하여 매매 당사자의 의무를 규정하고 있다.

① Ex Works(EXW : 공장인도조건)
② Free Carrier(FCA : 운송인 인도조건)
③ Free Alongside Ship(FAS : 선측 인도조건)
④ Free On Board(FOB : 본선 인도조건)
⑤ Cost and Freight(CFR : 운임 포함조건)
⑥ Cost, Insurance and Freight(CIF : 운임·보험료 포함조건)
⑦ Carriage Paid To(CPT : 운송비지급 인도조건)
⑧ Carriage and Insurance Paid to(CIP : 운송비·보험료지급 인도조건)
⑨ Delivered At Place Unloaded(DPU : 도착지 양하 인도조건)
⑩ Delivered At Place(DAP : 목적지 인도조건)
⑪ Delivered Duty Paid(DDP : 관세지급 반입 인도조건)

이들 무역거래 조건은 크게 4개의 그룹으로 구별된다. 첫 번째 그룹은 매도인이 자기의 구내에서 물품을 매수인의 처분가능 상태로 두는 E조건(EXW), 두 번째 그룹은 매수인이 지정한 운송인에게 매도인이 물품을 인도해야 하는 F조건들(FCA, FAS, FOB), 세 번째 그룹은 매도인이 운송계약을 체결하지만, 선적 및 운송인에게 인도한 후에 발생하는 물품의 멸실·훼손 위험과 추가비용을 부담하지 않는 C조건들(CFR, CIF, CPT, CIP), 네 번째 그 그룹은 매도인이 물품을 목적지로 운송하는데 따른 모든 위험과 비용을 부담하는 D조건들(DPU, DAP, DDP)이다.

Chap. 2 INCOTERMS® 2020 주요 개정내용

1. 서설(an Introduction)

국제상업회의소(ICC)에서 발간한 인코텀즈 2020(Incoterms® 2020)은 "인코텀즈 2020 소개문(Introduction to Incoterms 2020)", "모든 운송방식용 규칙(Rules for Any Mode or Modes of Transport)", 해상 및 내수로 운송방식용 규칙(Rules for Sea and Inland Waterway Transport)", "조항별 규칙 비교(Article-by-Article Text fo Rules)" 등의 4개 부문으로 구성되어 있다.

"인코텀즈 2020 소개문(Introduction to Incoterms® 2020)"에서는 10개 항목을 기술하고 있다. 그리고 "모든 운송방식용 규칙(Rules for any Mode or Modes of Transport)"에서는 EXW, FCA, CPT, CIP, DAP, DPU, DDP의 7개 규칙을 규정하고, "해상 및 내수로 운송방식용 규칙(Rules for Sea and Inland Waterway Transport)"에서는 FAS, FOB, CFR, CIF의 4개 규칙을 규정하고 있다. 각 11개 규칙의 시작 부분에 사용자를 위한 설명문(Explanatory Note for Users)을 두고, 그 후로 매도인의 의무 10개 항목(A1~A10)과 매수인의 의무 10개 항목(B1~B10)을 대칭적으로 규정하고 있다.

모든 운송방식용 규칙(EXW, FCA, CPT, CIP, DAP, DPU, DDP)은 운송수단에 관계없이 사용될 수 있고, 둘 이상의 운송방식이 이용되는 경우에도 사용될 수 있다(즉, 복합운송방식에도 사용 가능하다). 그러나 해상 및 내수로 운송방식용 규칙(FAS, FOB, CFR, CIF)은 해상운송이나 내수로 운송에만 사용될 수 있다.

◆인코텀즈 2020의 주요 개정내용은 다음과 같다.

① 개별규칙 내 조항순서가 변경된 것.
② CIP상 매도인의 부보의무가 종래 최소 부보의무에서 이제 최대 부보의무로 변경된 것.
③ FCA상 본선 적재표기 선하증권에 관한 규정이 신설된 것.
④ DAT가 DPU로 명칭이 변경된 것.
⑤ FCA에서 매수인이, 그리고 D조건(DAP/DPU/DDP)에서 매도인이 이제는 자신의 운송수단으로 운송할 수 있도록 명시적으로 허용된 것.
⑥ 운송/비용 조항에 보안 관련 의무가 명시적으로 삽입된 것.

2. CIP 매도인의 최대 부보의무화

인코텀즈 2020으로의 개정을 위한 의견수렴 과정에서 매도인의 부보의무를 규정하는 CIP와 CIF 조건에서 기존의 최소 부보의무(이에 의하면 매도인은 원칙적으로 협회적하약관의 C약관으로 부보하면 된다)에서 최대 부보의무(이에 의하면 매도인은 협회적하약관의 A약관으로 부보하여야 한다)로 개정하자는 의견이 제기되었다.[11]

이는 실무에서 특히 컨테이너화물의 경우에는 대부분 협회적하약관의 A약관으로 부보되는 것이 현실이기 때문이다. 다만, 그렇게 되면 보험료 면에서 비용증가가 수반하게 된다. 이러한 의견에 대해서 특히 일차산품 해상무역 종사자들은 반대 의견, 즉 기존의 최소 부보원칙이 유지되어야 한다는 의견을 제시하였다.[12]

인코텀즈 2020 초안그룹은 상당한 논의를 거친 후 CIF의 경우에는 기존의 최소 부보의 원칙을 유지하되, CIP에서는 원칙을 변경하여 최대 부보 원칙을 채택하기로 결정했다.[13]

CIP는 일차산품의 해상무역에서 사용될 가능성이 매우 높기 때문이다. 다만, 이러한 개정에도 불구하고 인코텀즈는 임의 규범으로서 당사자 사이에 다른 합의가 있는 경우, 그 합의가 우선하므로 당사자는 당해 계약에서 필요에 따라 달리 합의할 수 있음을 물론이다.

3. FCA상 본선적재표기 선하증권에 관한 규정의 신설

FCA에서 물품은 본선적재 전에 운송인에게 인도되고, 법적으로 운송인으로서는 운송계약상 물품이 실제로 선적된 후에 비로소 선적선하증권을 발행할 의무와 권리가 있을 뿐이다.[14] 그런데 FCA 매매에서도 예컨대 물품이 해상운송되고 대금지급을 위하여 신용장이 개설되는 경우와 같이 매도인과 매수인은 본선적재표기(on-board notation)가 있는 선하증권("선적선하증권" 혹은 "본선적재선하증권")이 필요한 경우가 있다.[15]

이러한 경우에 당사자는 FCA의 사용을 주저할 수 있는 바, 이에 인코텀즈 2020에서는 FCA A6/B6에 본선적재표기가 있는 선하증권에 관한 규정을 신설하였다.

---

11) Charles Debattista, Introduction to Incoterms 2020, para. 70: 대한상공회의소, 인코텀즈 2020 한국어 공식번역본(대한상공회의소, 2019), p. 27.
12) Ibid.
13) Ibid.
14) Charles Debattista, Introduction to Incoterms 2020, para. 64: 대한상공회의소, 인코텀즈 2020 한국어 공식번역본(대한상공회의소, 2019), p. 25.
15) Charles Debattista, Introduction to Incoterms 2020, para. 64: 대한상공회의소, 인코텀즈 2020 한국어 공식번역본(대한상공회의소, 2019), p. 25.

그에 따라 이제는 "당사자들이 합의한 경우에 매수인은 물품이 적재되었음을 기재한 (본선 적재표기가 있는 선하증권과 같은) 운송서류를 자신의 비용과 위험으로 매도인에게 발행하도록 운송인에게 지시하여야 하고"(매수인의 선적선하증권 발행지시의무)(FCA B6), "매수인이 매도인에게 운송서류를 발행하도록 운송인에게 지시한 경우에 매도인은 그러한 서류를 매수인에게 제공하여야 한다"(매도인의 선적선하증권 제공의무)(FCA A6). 이러한 매도인과 매수인의 의무는 각각 상대방에 대하여 부담하는 매매계약상의 의무이지 운송에 대한 운송계약상의 의무가 아니다.

4. DAT에서 DPU로 명칭변경

인코텀즈 2020에서는 인코텀즈 2010상의 DAT(Delivered at Terminal, 터미널인도)가 DPU(Delivered at Place Unloaded, 도착지양하인도)로 명칭이 변경되고, 그 위치가 DAP와 DDP 사이에 놓이게 되었다.[16] 이는 기존의 DAT의 적용범위를 확대한 것으로 이해된다.

인코텀즈 2010에서 DAT는 물품인도장소 즉, 도착지가 터미널인 경우에 사용할 수 있었는데, 이제 인코텀즈 2020에서는 그러한 제한이 없어졌기 때문이다.

DPU의 위치가 변경된 것은 DPU 매도인이 DAP 매도인보다 조금이나마 더 많은 의무를 부담하기 때문인데, 이는 DAP의 경우에 매도인은 도착지에서 물품을 도착운송수단에 실어둔 채 양하를 위하여 매수인의 처분 하에 둠으로써 인도하여야 하지만(DAP A2), DPU 매도인은 물품을 도착운송수단으로부터 양하한 후 인도하여야 하기 때문이다(DPU A2).

DPU가 DDP 앞에 위치하는 것은 인코텀즈 2020의 모든 정형거래 조건 중에서 DDP 매도인이 최대의무를 부담하기 때문이다.

5. 매도인/매수인 자신의 운송수단에 의한 운송허용

인코텀즈 2020에서 이제 FCA 매수인과 D조건의 매도인은 운송인을 이용하는 대신에 자신의 운송수단을 사용하여 운송을 할 수 있게 되었다.[17]

---

[16] Charles Debattista, Introduction to Incoterms 2020, para. 64: 대한상공회의소, 인코텀즈 2020 한국어 공식번역본(대한상공회의소, 2019), p. 29.
[17] Charles Debattista, Introduction to Incoterms 2020, para. 64: 대한상공회의소, 인코텀즈 2020 한국어 공식번역본(대한상공회의소, 2019), p. 29.

Chap.3 INCOTERMS 2020, Trade Terms

INCOTERMS 2020에서의 FAS · FOB · CFR · CIF 조건은 해상운송의 경우에만 이용할 수 있는 조건으로 규정하고 있다. 그리고 EXW · FCA · CPT · CIP · DPU · DAP · DDP 무역거래 조건은 운송수단 내지 운송형태에 관계없이 이용할 수 있는 것으로 규정하고 있다. 따라서 매매 당사자 사이의 합의에 의해 무역거래 조건이 결정되면 이용 가능한 운송수단이 제한을 받게 되는 것이다.

INCOTERMS 2020의 무역거래 조건별 운송 계약 관계를 간추려 살펴보면 다음과 같다.

1. 공장 인도조건(EXW)

공장 인도조건(Ex Works : EXW)은 매매 목적물이 현존하는 장소에서 현물을 인도할 것을 내용으로 하는 조건으로서 매도인은 자기의 공장·창고 등, 매매 목적물이 있는 지정 인도 장소에서 지정 기간 내에 수출통관을 하지 않은 계약 물품을 매수인이 임의로 처분할 수 있는 상태로 두면 된다. 한편, 매수인은 약정된 물품을 자기가 자유롭게 처분할 수 있는 상태가 되면 이를 인수하고, 그 후 당해 물품의 소유자로서 적당한 운송수단을 수배하여 목적지까지 운송하게 된다.

매도인 공장인도 : 적재에 대한 모든 책임과 비용을 매도인에게 부담시키고자 할 경우

<표 Ⅲ-1> 공장 인도조건(EXW)

EXW (Ex Works, 공장 인도)	
1. 인도/위험	매도인이 물품을 지정장소에서 매수인의 처분 하에 놓았을 때 매수인에게 이전
2. 운송방식	운송방식을 불문하고 사용가능, 매수인이 운송계약 체결
3. 보험계약	매도인/매수인 모두 보험계약 체결 의무는 없음.(No obligation)
4. 통관의무	매수인이 수출국, 통과국, 수입국의 통관의무를 부담 (매수인이 수출통관이 곤란한 경우는 FCA가 적합)
5. 서류/증거	매수인은 인도를 수령하였다는 증거를 매도인에게 제공
6. 비용부담	물품이 인도된 때로부터 물품에 관한 모든 비용을 매수인이 부담 매수인은 물품운송과 수출통관, 통과국/수입통관에서 관세 및 세금을 부담
7. 표기방법	EXW Seoul, Incoterms 2020 [EXW(insert named place of delivery)

2. 운송인 인도조건(FCA)

운송인 인도조건(Free Carrier : FCA)은 복합운송을 포함하여 모든 운송에 이용될 수 있는 조건으로, 매도인이 지정한 지점 또는 장소에서 약정 기간 내에 매수인이 지정한 운송인에게 수출통관을 마친 계약 물품을 인도해야 하는 조건이다.

이 조건에서는 선택된 인도 장소에 따라 물품의 적재 및 양하 의무가 달라진다. 즉, 매수인에 의해 지정된 인도 장소가 매도인의 구내(seller's premises)인 경우에 매도인은 매수인의 집하 차량에 물품을 적재하여야 하고, 그 밖의 장소인 경우에는 매도인은 도착된 차량으로부터 양하하지 않은 상태로 물품을 매수인의 처분에 맡기면 된다.

이 조건에서는 원칙적으로 매수인이 적절한 운송수단을 선택하여 운송계약을 체결해야 한다. 다만, 매수인의 요청이 있는 경우 또는 상관습이 있는 경우에 매수인이 적기에 반대의 지시를 하지 않는 한, 매도인은 매수인의 위험과 비용부담으로 통상적인 조건의 운송계약을 체결할 수 있다.

<표 Ⅲ-2> 운송인 인도조건(FCA)

FCA (Free Carrier, 운송인 인도)	
1. 인도/위험	매도인이 영업구내의 경우, 매수인이 제공한 운송수단에 적재된 때 영업구내가 아닌 경우, 매도인의 운송수단에 실릴 채 매수인의 운송인의 처분에 놓인 때
2. 운송방식	운송방식을 불문하고 사용가능, 매수인이 운송계약 체결
3. 보험계약	매도인/매수인 모두 보험계약 체결 의무는 없음.(No obligation)
4. 통관의무	매도인은 수출통관 의무와 비용을 부담 매수인이 통과국 및 수입국의 통관의무와 비용을 부담
5. 서류/증거	매도인은 자신의 비용으로 물품이 인도되었다는 통상적인 증거를 제공 선적 선하증권이 필요한 경우, 매수인의 비용으로 매도인에게 발행하도록 운송인에게 지시
6. 비용부담	매도인은 물품이 인도된 때까지 물품에 관한 모든 비용을 부담
7. 표기방법	FCA Seoul, Incoterms 2020 [FCA(insert named place of delivery)

3. 선측 인도조건(FAS)

선측인도조건(Free Alongside Ship : FAS)은 지정 선적항의 본선 선측에서 수출통관을 마친 물품을 인도하는 조건으로 해상 및 내수로 운송의 경우에 이용된다. 이 조건의 경우, 지정 선적항으로부터 물품을 운송하기 위한 해상운송 계약은 매수인이 체결하여야 한다.

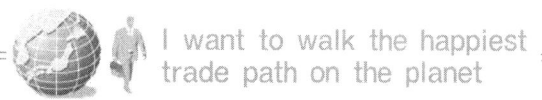

<표 Ⅲ-3> 선측 인도조건(FAS)

FAS (Free Alongside Ship, 선측 인도)	
1. 인도/위험	매도인이 지정 선적항에서 매수인이 지정한 선박의 선측((부두 or barge)에 물품이 놓인 때 또는 그렇게 인도된 물품을 조달한 때
2. 운송방식	선박운송만 사용가능, 매수인이 운송계약 체결
3. 보험계약	매도인/매수인 모두 보험계약 체결 의무는 없음.(No obligation)
4. 통관의무	매도인은 수출통관 의무와 비용을 부담 매수인이 통과국 및 수입국의 통관 의무와 비용을 부담
5. 서류/증거	매도인은 자신의 비용으로 운송에 관한 통상적인 서류를 매수인에게 제공
6. 비용부담	매도인은 물품이 인도된 때까지 물품에 관한 모든 비용을 부담
7. 표기방법	FAS Busan port, Incoterms 2020 [FAS(insert named port of shipment)

4. 본선 인도조건(FOB)

본선 인도조건(Free On Board : FOB)은 계약 상품을 지정 선적항의 본선 상에서 인도하는 조건으로 해상 및 내수로 운송의 경우에 이용된다. 이 조건의 경우 매도인은 수출통관을 마친 계약물품을 지정 선적항에서 매수인이 지정한, 본선 상에 계약물품을 인도하면 된다.

지정 선적항으로부터 물품을 운송하기 위한 운송 계약은 매수인이 체결하여야 한다. 이 조건으로 매매계약을 체결하게 되면 선택할 수 있는 운송수단이 선박으로 한정된다.

<표 Ⅲ-4> 본선 인도조건(FOB)

FOB (Free On Board, 본선 인도)	
1. 인도/위험	매도인이 지정 선적항에서 매수인이 지정한 선박에 물품을 적재한 때 또는 그렇게 인도된 물품을 조달한 때
2. 운송방식	선박운송만 사용가능, 매수인이 운송계약 체결
3. 보험계약	매도인/매수인 모두 보험계약 체결 의무는 없음.(No obligation)
4. 통관의무	매도인은 수출통관 의무와 비용을 부담 매수인이 통과국 및 수입국의 통관 의무와 비용을 부담
5. 서류/증거	매도인은 자신의 비용으로 운송에 관한 통상적인 서류를 매수인에게 제공
6. 비용부담	매도인은 물품이 인도된 때까지 물품에 관한 모든 비용을 부담
7. 표기방법	FOB Busan port, Incoterms 2020 [FOB(insert named port of shipment)

5. 운임포함 인도조건(CFR)

운임포함 인도조건(Cost and Freight : CFR)은 해상 및 내수로 운송의 경우에 이용되는 조건으로, 매도인이 지정 목적항까지의 운송 계약을 체결하고 운임을 부담함과 동시에 자기의 비용으로 지정 선적항에서 수출통관을 마친 물품을 선적해야 하는 조건이다.

이 조건에서 매도인은 자기의 비용부담으로 ① 통상 사용되는 형태의 항해선박으로, ② 통상의 경로에 의해, ③ 통사의 조건으로 계약상의 목적지까지 운송계약을 체결하여야 한다.

<표 Ⅲ-5> 운임포함 인도조건(CFR)

CFR (Cost and Freight, 운임포함 인도)	
1. 인도/위험	매도인은 자신이 계약한 선적항의 본선에 물품을 적재한 때 또는 그렇게 인도된 물품을 조달한 때(위험의 분기점 ≠ 비용의 분기점)
2. 운송방식	선박운송만 사용가능, **매도인이** 운송계약 체결
3. 보험계약	매도인/매수인 모두 보험계약 체결 의무는 없음.(No obligation)
4. 통관의무	매도인은 수출통관 의무와 비용을 부담 매수인이 통과국 및 수입국의 통관 의무와 비용을 부담
5. 서류/증거	매수인의 요청이 있는 경우, 매도인은 운송에 관한 통상적인 서류를 매수인에게 제공
6. 비용부담	매도인은 물품이 인도된 때까지 물품에 관한 모든 비용을 부담
7. 표기방법	CFR LA. port, Incoterms 2020 [CFR(insert named port of destination)]

6. 운임·보험료 포함 인도조건(CIF)

운임·보험료 포함 인도조건(Cost, Insurance and Freight : CIF)은 CFR 조건에 지정 목적항까지의 위험을 담보하는 보험계약을 체결하고 보험료를 지급하는 것을 매도인의 의무에 추가한 조건으로서 해상 및 내수로 운송의 경우에 이용된다.

이 조건은 운송계약에 관한 한, CFR 조건과 동일하다. 즉, 이 조건에서 매도인은 자기의 비용부담으로 ① 통상 사용되는 형태의 항해 선박으로, ② 통상의 경로에 의해, ③ 통상의 조건으로 계약상의 목적지까지 운송계약을 체결하여야 한다.

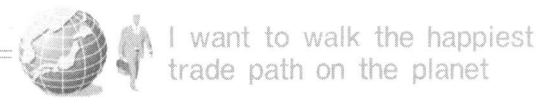

<표 Ⅲ-6> 운임·보험료 포함 인도조건(CIF)

CIF (Cost Insurance and Freight, 운임·보험료 포함 인도)	
1. 인도/위험	매도인은 자신이 계약한 선적항의 본선에 물품을 적재한 때 또는 그렇게 인도된 물품을 조달한 때(위험의 분기점 ≠ 비용의 분기점)
2. 운송방식	선박운송만 사용가능, **매도인**이 운송계약 체결
3. 보험계약	매도인이 보험계약 체결의무 있음(ICC(C)), 매매계약 통화로 대금의 110% 이상 부보)
4. 통관의무	매도인은 수출통관 의무와 비용을 부담 매수인이 통과국 및 수입국의 통관 의무와 비용을 부담
5. 서류/증거	매수인의 요청이 있는 경우, 매도인은 운송에 관한 통상적인 서류를 매수인에게 제공
6. 비용부담	매도인은 물품이 인도된 때까지 물품에 관한 모든 비용을 부담
7. 표기방법	CIF L.A. port, Incoterms 2020 [CIF(insert named port of destination)

7. 운송비 지급 인도조건(CPT)

운송비 지급 인도조건(Carriage Paid To : CPT)은 FCA 조건에 지정 목적지까지의 운송비를 추가한 조건으로 매도인이 자기의 비용으로 지정목적지의 합의된 지점까지 통상의 운송경로(usual route)와 관습적인 방법(customary manner)에 의한 운송계약을 체결하여야 한다.

이 조건은 운송 형태에 관계없이 이용될 수 있는 것으로, 매도인은 자기의 비용으로 통상의 운송서류, 예를 들어, 유통선하증권, 비유통 해상화물운송장, 내수로 운송서류, 항공화물운송장, 철도화물운송장, 도로화물운송장, 또는 복합운송서류를 제공하여야 한다.

<표 Ⅲ-7> 운송비 지급 인도조건(CPT)

CPT (Carriage Paid To, 운임비용 지급 인도)	
1. 인도/위험	매도인이 자신이 계약을 체결한 운송인에게 물품을 인도하거나 조달하여 점유를 이전((위험의 분기점 ≠ 비용의 분기점)
2. 운송방식	운송방식을 불문하고 사용가능, **매도인**이 운송계약 체결
3. 보험계약	매도인/매수인 모두 보험계약 체결 의무는 없음.**(No obligation)**
4. 통관의무	매도인은 수출통관 의무와 비용을 부담 매수인이 통과국 및 수입국의 통관 의무와 비용을 부담
5. 서류/증거	매수인의 요청이 있는 경우, 매도인은 운송에 관한 통상적인 서류를 매수인에게 제공
6. 비용부담	매도인은 물품이 인도된 때까지 물품에 관한 모든 비용을 부담
7. 표기방법	CPT Seoul, Incoterms 2020 [CPT(insert named place of destination)

8. 운송비·보험료 지급 인도조건(CIP)

운송비·보험료 지급 인도조건(Carriage and Insurance Paid to : CIP)은 CPT 조건에 운송 도중의 위험에 대비한 적하보험계약을 체결하고 보험료를 지급하는 것을 매도인의 의무에 추가한 조건이다.

※운송계약에 관한 한, 이 조건은 운송비 지급 인도조건(CPT)과 동일하다.

<표 Ⅲ-8> 운송비·보험료 지급 인도조건(CIP)

CIP (Carriage and Insurance Paid To, 운송비·보험료지급 인도)	
1. 인도/위험	매도인이 자신이 계약을 체결한 운송인에게 물품을 인도하거나, 조달하여 점유를 이전((위험의 분기점 ≠ 비용의 분기점)
2. 운송방식	운송방식을 불문하고 사용가능, **매도인**이 운송계약 체결
3. 보험계약	매도인이 보험계약 체결의무 있음(ICC(C)), 매매계약 통화로 대금의 110% 이상 부보
4. 통관의무	매도인은 수출통관 의무와 비용을 부담 매수인이 통과국 및 수입국의 통관 의무와 비용을 부담
5. 서류/증거	매수인의 요청이 있는 경우, 매도인은 운송에 관한 통상적인 서류를 매수인에게 제공
6. 비용부담	매도인은 물품이 인도된 때까지 물품에 관한 모든 비용을 부담
7. 표기방법	CIP Seoul, Incoterms 2020 [CIP(insert named place of destination)

9. 도착지 양하 인도조건(DPU)

도착지 양하 인도조건(Delivered at Place Unloaded : DPU)은 매도인이 물품을 지정 목적지(지정 목적지에 합의된 지점이 있는 경우에는 그 지점)에서, '도착운송수단에서 양하하여(unload the goods from the arriving means of transport)' 매수인의 처분 하에 두거나 그렇게 인도된 물품을 조달함으로써 인도하여야 한다. 물품이 인도된 때로부터 물품의 멸실 또는 훼손의 모든 위험은 매수인이 부담한다.

매도인은 물품을 지정 목적지까지 가져가고 그곳에서 물품을 양하하는데 수반되는 모든 위험을 부담한다. 매도인이 도착지에서 물품을 양하할 수 없는 경우 또는 매도인이 도착지에서 양하 관련 위험과 비용을 부담하는 것을 원하지 않는 경우에는 DPU는 적합하지 않고 그 대신 DAP를 사용하여야 한다.[18]

---

[18] Explanatory Notes for Users(DPU), 1. Delivery and risk.

참고로 도착지에서 매도인에게 물품의 양하를 요구하는 것은 DPU가 유일하다. 그러나 DPU에서는 매도인은 수입통관 의무가 없다. 수출통관은 매도인이 수행하고, 수입통관은 매수인이 수행한다. 매도인은 운송계약과 보험계약의 체결의무가 있다.

매도인은 물품을 지정 목적지(지정 목적지에 합의된 지점이 있는 경우에는 그 지점)까지 운송하는 운송계약을 체결하거나 그러한 운송을 마련하여야 한다.

매도인은 매수인에게 보험계약 체결의무를 부담하지는 않는다(다만, 물품을 지정 목적지까지 운송하는데 발생하는 위험을 매도인이 부담하므로 매도인은 보험계약을 체결할 필요가 있다).

매도인은 매수인이 물품을 수령하는데 필요한 서류를 제공하고, 매수인은 그러한 서류를 인수하여야 한다.[19]

<표 Ⅲ-9> 도착지 양하 인도조건(DPU) : 모든 운송수단 가능

DPU (Delivered at Place Unloaded, 도착지양하 인도)	
1. 인도/위험	물품이 지정목적지 또는 지정목적지 내에 합의된 지점에서 도착운송수단으로부터 **양하된 상태**로 매수인의 처분 하에 놓인 때
2. 운송방식	운송방식을 **불문**하고 사용가능, **매도인**이 운송계약을 체결해야 함
3. 보험계약	매도인/매수인 모두 보험계약 체결 의무는 없음.(No obligation)
4. 통관의무	매도인은 수출통관과 통과국 통관에 관한 의무와 비용을 부담 매수인이 수입통관 의무를 부담
5. 서류/증거	매도인은 자신의 비용으로 매수인이 물품을 수령할 수 있도록 하는데 필요한 서류를 제공
6. 비용부담	매도인은 **양하에서 인도할 때까지** 비용을 부담(양하비용은 **매도인** 부담)
7. 표기방법	DPU Chicago, Incoterms 2020 [DPU(insert named place of destination)

10. 목적지 인도조건(DAP)

목적지 인도조건(Delivered at Place)은 물품이 지정 목적지에서 도착 운송수단으로부터 양하 준비된 상태로 매수인의 임의처분 상태로 매도인이 인도하는 것을 말한다.

매도인은 지정 목적지까지 물품을 운송하는데 수반되는 모든 위험을 부담하므로 지정 목

---

[19] 김상만, "인코텀즈 2020 (Incoterms® 2020) 주요 개정 내용과 시사점", 법학논고 제67권, pp. 272~273.

적지 또는 합의된 목적지 내의 지점을 가급적 정확하게 명시하여 운송계약을 체결하는 것이 좋다.

매도인이 목적지에서 양하에 관한 비용을 자신의 운송계약에 따라 지출한 경우라도 당사자 간에 별도의 합의가 없었다면, 이를 매수인에게 청구할 수 없다.

DAP는 매도인이 수출품을 통관할 것을 요구한다. 그러나 매도인은 물품을 수입통관 절차를 이행하거나 수입 관세를 부담할 의무는 없으나, 당사자 간에 매도인이 물품을 수입통관하고 수입 관세를 부담하며, 수입통관 절차를 이행하도록 원하는 때에는 DDP가 사용되어야 한다.

<표 Ⅲ-10> 목적지 인도조건(DAP)

DAP (Delivered at Place, 도착지 인도)	
1. 인도/위험	매도인이 물품을 지정 목적지에서 도착운송수단에 적재된 채 **양하 준비된 상태**로 매수인의 처분 하에 놓였을 때
2. 운송방식	운송방식을 불문하고 사용가능, **매도인**이 운송계약 체결
3. 보험계약	매도인/매수인 모두 보험계약 체결 의무는 없음.(**No obligation**)
4. 통관의무	매도인은 수출통관과 통과국 통관에 관한 의무와 비용을 부담 매수인이 수입통관 의무를 부담
5. 서류/증거	매도인은 자신의 비용으로 매수인이 물품을 수령할 수 있도록 하는데 필요한 서류를 제공
6. 비용부담	매도인은 물품이 인도된 때까지 물품에 관한 모든 비용을 부담(양하비용은 **매수인** 부담)
7. 표기방법	DAP Chicago, Incoterms 2020 [DAP(insert named place of destination)

11. 관세지급반입 인도조건(DDP)

관세지급반입 인도조건(Delivered Duty Paid : DDP)은 수입국 내의 지정장소에서 수입통관을 마친 물품을 인도하는 조건이다.

이 조건이 앞에서 설명한 DPU 조건과 다른 점은 매도인이 수입통관 절차를 밟아야 한다는 것뿐이다. 따라서 매도인의 운송계약체결 및 운송서류 제공의무는 DPU 조건의 그것과 동일하다.

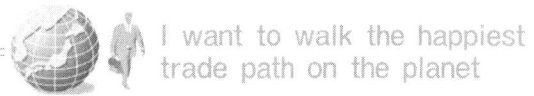

<표 Ⅲ-11> 관세지급반입 인도조건(DDP)

DDP (Delivered Duty Paid, 관세지급 인도)	
1. 인도/위험	물품이 지정목적지 또는 지정목적지 내에 합의된 지점에서 **수입통관 후** 도착운송수단에 실어 둔 채 **양하준비된 상태**로 매수인의 처분하에 놓인 때
2. 운송방식	운송방식을 **불문**하고 사용가능, **매도인**이 운송계약을 체결해야 함
3. 보험계약	매도인/매수인 모두 보험계약 체결 의무는 없음.(No obligation)
4. 통관의무	**매도인**이 수출국, 통과국, 수입국의 통관의무 부담 (매도인이 수입통관이 곤란한 경우는 **DAP** 또는 **DPU**가 적합)
5. 서류/증거	매도인은 자신의 비용으로 매수인이 물품을 수령할 수 있도록 하는데 필요한 서류를 제공
6. 비용부담	매도인은 물품이 인도된 때까지 물품에 관한 모든 비용을 부담(양하비용은 **매수인** 부담)
7. 표기방법	DDP Chicago, Incoterms 2020 [DDP(insert named place of destination)

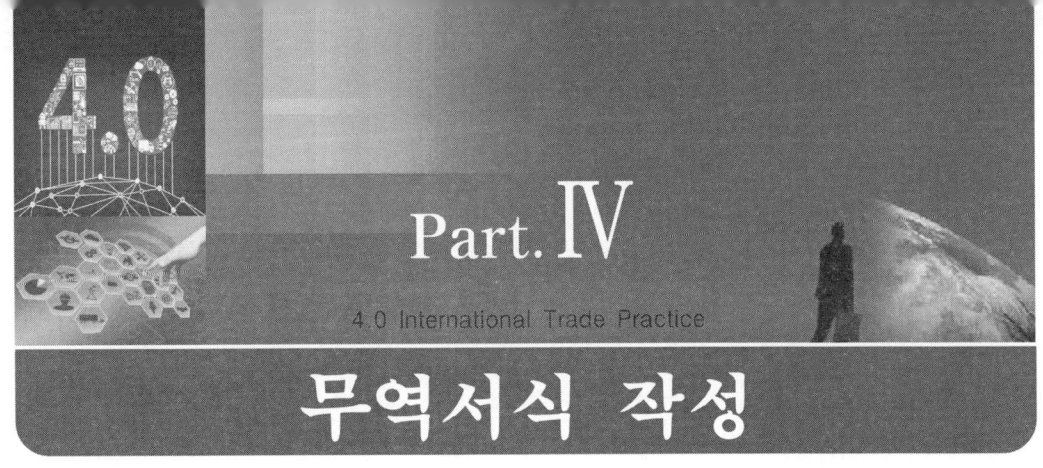

Part. IV
4.0 International Trade Practice
무역서식 작성

주요 무역서식

1. 신용장

신용장(Letter of Credit : L/C)이란[20] 무역거래 대금결제가 원활하도록 수입자(신용장 개설의뢰인)가 수입지의 거래은행(신용장 개설은행)에 의뢰를 하여 수출자(수익자)에게 신용장에 명기된 조건과 일치하는 운송서류를 제시하면 수출자가 발행한 환어음을 인수(acceptance), 지급(payment) 또는 매입(negotiation)한다는 약속증서(instrument)이다.

신용장의 국제금융 및 외환거래에 수반되는 메시지의 송·수신을 위하여 만들어진 세계적인 국제은행 간의 정보통신망 SWIFT 신용장을 중심으로 내용을 설명하면, 신용장 첫 페이지는 신용장 통지은행이 자신의 Covering Letter로 보내온 내용으로, 표지 제일 윗부분의 HSBC 서울지점이 통지은행(advising bank)이란 의미이다.

현재 HSBC 지사가 서울에 있는 경우, 대부분 서울지점으로 서류 매입하도록 제한하고 있다. 두 번째 페이지의 내용을 기본으로 각 조항별로 설명하면 다음과 같다.

(1) 조항별 설명

① **27 Sequence of Total(페이지 표시)**
전문의 총 페이지 중에서 몇 번째 페이지인지를 표시
예 1/1 : 총 1쪽으로 구성된 전신문의 1쪽

---

20) 추창엽·이주섭, 『무역전문인력양성을 위한 교재』, 재능대학, 2007, p5

② **40A Form of Documentary Credit(신용장의 종류)**

신용장상 그 종류에 대해 아무런 언급이 없으면 모든 신용장은 취소불능신용장 (irrevocable L/C)으로 취급

예) Irrevocable L/C : 취소불능신용장
　　 Revocable L/C　 : 취소불능신용장
　　 Irrevocable transferable L/C : 취소불능 및 양도가능신용장

③ **20 Documentary Credit Number(개설은행이 부여하는 신용장 번호)**[21]

- 개설은행 고유번호
- 외환취급영업점번호
- 연도표시 : 끝자리 숫자표시(20××년 : 17)
- 월 표시 번호(취급 월의 2자리 수)
- 일련번호(매월 개번)
- 검증번호(check digit) : 한국은행 지정

　　예) 본 신용장은 수입신용장으로 HSBS은행 홍콩지점이 20××년 06월에 수출 산업용 알람어 음조건으로 18번째 발행된 신용장

■ SWIPT MT700 신용장(예)

```
Application header block :
    : Input/Output Identifer          : I Outgoing Message
    : Transaction Typer               : 700 issue of a documentary credit
    : Transaction Prioity             : n Normal
    : From                            : KOOKMINI BANK, INCHEON
    : To                              : HANKOOK BANK


Text Block :                          : 1/1
 /27 : sequence of total              : IRREVOCABLE
 /40A : form of documentary           : M1234 606NS00018
        credit                        : 16/10/24
 /20 : documentary credit number      : 16/12/20 HONG KONG
 /31C : date of issue                 : JAINUNG TOYS CO., LTD.
 /31D : date and place of expiry        122 SONG RIM DONG DONG-GU, INCHEON,
                                        KOREA
```

---

[21] 추창엽·이주섭, 전게서, 재능대학, 2007, pp7-72

/50 : applicant	:	CHINA TOYS CO., LTD. RM 1000 CHAI WAN IND. CITY
/59 : beneficiary		PHASE 1, 60 WING TAIRO, CHAIWAN H.K.
/32B : currency code amount	:	USD 100.000.00
/39A : pct credit amount toterance	:	10/10
	:	ANY BANK BY NEGOTIATION
/41D : available with by name, address	:	AT SIGHT
	:	HONG KONG FIRST BANK LTE., HONG KONG(ADDR 2007, JARDINE HOUSE 1 CONNAUGHT PLACE, CENTRAL, HONG KONG)
/42C : drafts at		
/42A : drawee	:	ALLOWED
	:	NOT ALLOWED
/43P : partial shipment	:	SHIDAO, CHINA
/43T : transshipment	:	BUSAN, KOREA
/44B : for transportation to	:	16/12/10
/44C : latest date of shipment		

/45A : description goods and/of services
   500PAIRS OF CHINESE GIANT BEAR TOY
   SIZE : MIN 1.5 METERS AT USD 200.00
   FOB. SHIDAO. CHINA

/46A : documents required
   +SIGNED COMMERCIAL INVOICE IN QUINTUPLICATE
   +PACKING LIST IN TRIPLICATE
   +FULL SET OF CLEAN ON BOARD OCEAN BILL OF LANDING MADE OUT TO THE ORDER OF WOORI BANK MARKED FREIGHT COLLECT AND NOTIFY APPLICANT
   +CERTIFICATE OF ORIGIN

/47A : additional conditions
   ALL DOCUMENTS MUST BEAR OUR CREDIT NUMBER M1234 606NS00018
   T/T REIMBURSEMENT NOT ALLOWED
   OUANTITY 10PCT MORE OR LESS ALLOWED
   +THIRD PARTY DOCUMENTS ACCEPTABLE

/71B : charges	:	ALL BANKING COMMISSIONS AND CHARGES INCLUDING REIMBURESMENT CHARGES OUTSIDE KIREA ARE FOR ACCOUNT OF BENEFICIARY
/49 : confirmation instructions		
	:	WITHOUT
/53A : reimbursement bank	:	HONG KONG FIRST BANK LTD., HONG(ADDR 2016, JARDINE HOUSE 1 CONNAUGHT PLACE, CENTRAL, HONG KONG)
/78 : instructions to the pay/acc/neg bk		

DRAFTS MUST BE SENT TO DRAWEE BANK FOR YOUR REMBURSEMENT AND ALL DOCUMENTS TO US BY COURIER SERVICE IN ONE LOT

/72 : sender to receiver information	:	THIS CREDIT IS SUBHECT TO U.C.P (2016 REVISION) I.C.C. PUBLICATION NO. 600

HONG KONG BRANCH. HONG KONG

<표 IV-1> 수입신용장 표시기호

대 상	기호	대 상	기호
수출 승인번호	E	수출신적확인서번호	X
수출신용장통지번호	A	수입 승인번호	I
내국신용장번호	L	수입신용장번호	M
선수출계약서관리번호	P	수출입승인번호	C
외표공급계약서관리번호	F	수입원자재구매승인번호	R

<표 IV-2> 수입용도별 표시기호

수입용도 구분	기호	비 고
정부용	G	
일반용	N	수출산업용 시설기재 포함
수출용자재	E	
가공무역용	B	수탁가공무역
군납용원자재	A	
기타 외화획득용	S	중계무역포함
특수거래	X	임차방식수입, 연계무역, 제3국 도착수입 등

<표 IV-3> 대금결제방법 표시기호

구 분	기호	비 고
일람출급 L/C	S	
기한부 L/C	U	내국수입 Usance 포함
기타 L/C	D	Non-Documentary L/C, 분할지급수입포함
D/P 방식	P	
D/A 방식	A	
단순송금방식	R	
무상거래	N	임차방식우비포함

④ **31C Date of Issue(개설은행의 신용장 발행일)**
아무런 표시가 없는 경우 이 전문이 발송된 일자를 개설일자로 간주
예 20××년 10월 24일 발행

⑤ **31D Date and Place of Expiry(신용장의 유효기일과 장소)**
이 때 장소는 대부분 수출국지역이 되나 경우에 따라서 수입국이 되는 경우도 있으므로 수입국까지의 서류도착 기일을 잘 감안하여 사전에 매입의뢰
  예) 신용장유효기일 : 20××년 12월 20일, 유효장소 : 홍콩

⑥ **50 Applicant(개설의뢰인/수입업자)**
개설의뢰인의 상호 및 주소를 기입하며, P.O Box를 명시해도 가능
  예) 상호 : A&P장난감상사, 주소 : 서울 동작구 사당로 9가길 6

⑦ **59 Beneficiary(수익자/수출업자)**
- 신용장을 받을 수출자의 주소 및 성명을 기재
- 신용장을 신속하게 전달되게 하기 위해서는 전화번호를 포함하여 오자가 발생하지 않도록 정확하게 기재
  예) 상호 : CHINA Toys Co., Ltd., 주소 RM 1000 CHAI WAN IND. CITY PHASE 1, 60 WING TAIRO, CHAIWAN H.K.

⑧ **32B Currency Code Amount(신용장의 통화 및 금액)**
- 신용장 한도금액(available amount)으로 숫자와 문자로 병기
- 숫자와 문자의 금액과 수입허가서 상의 통화와 서로 일치시켜야 함.
  예) USD 100,000

⑨ **39A Pct Credit Amount Tolerance(more or less clause/과부족 용인규정)**
- 수량과 금액이 3% 범위 내에서 과부족 허용
- 환어음 발행에 있어서는 원칙적으로 신용장 금액을 초과할 수 없으나 신용장의 Special Instruction의 내용에 따라서 초과발행 가능
  예) Applicant가 Aaccept하는 조건으로 초과 10% 발행할 수 있도록 허용

⑩ **39B Maximum Credit Amount(신용장 금액)**
- 32B 내용과 유사하여 본 신용장에서는 생략
- 보통 'Up to', 'Maximum' 또는 'Not Exceeding' 중에서 한 문언을 사용하여 신용장 금액을 표시

⑪ **41D Available with/by Name Address(신용장 사용 가능한 은행과 사용방법)**
- 'With' 다음에는 신용장을 사용할 수 있는 은행명을 'by' 다음에는 신용장의 사용방법 표시금액을 표시

- 신용장의 이용방법에는 지급(payment), 매입(negotiation), 인수(acceptance)로 구분되며 SWIFT신용장의 경우, 본란에서 그 사용 방법 표시
- 지급 : 41D에 명시된 은행이 서류와 상환으로 대금을 지급하겠다는 의미
- 대부분 신용장은 Any Bank By Negotiation(자유매입신용장)으로 되어 있어 아무 은행에서나 매입 의뢰를 할 수 있음
  [예] 신용장 사용가능 은행 : 모든 은행, 사용방법 : 매입(negotiation)

⑫ **42C Drafts Aat(화환어음의 기간)**

Draft to be drawn at sight for full invoice value은 환어음(draft)을 At sight(일람불) 조건으로 발행하라는 의미

- At sight(일람불) 조건 : 매입은행이 환어음과 선적서류를 개설은행으로 송부하면 개설은행은 서류상의 하자가 없는 한, 즉시 대금을 지급(payment)하는 조건
- Usance(기한부) 조건 : 개설은행이 만기일에 반드시 대금을 지급하겠다는 약속으로 운송서류를 인수(acceptance)하며, 개설은행은 만기일에 매입은행으로 대금을 지급
  [예] At sight

⑬ **42A Drawee Name and Address(화환어음의 지급인)**

- 화환어음의 지급인은 개설은행이며, 개설은행이 수권을 준 다른 은행도 가능
- 신용장거래에서는 개설의뢰인은 Drawee가 될 수 없음
  [예] 홍콩제일은행

⑭ **43P Partial Shipments(분할선적)**

- Allowed(or Permitted)는 허용된다는 의미이며, Not Allowed(or Not Permitted) 분할선적을 금지한다는 의미
- 이러한 내용이 명시되어 있지 않는 경우에는 신용장통일규칙(UCP600)에서는 분할선적을 허용한다고 해석
  [예] Allowed

⑮ **43T Transshipment(환적)**

- 용장에 명시된 선적항으로부터 양륙항까지 해상운송의 도중에 한 선박에서 다른 선박으로 상품을 옮겨 싣는 것을 말함.
- 환적을 허용하는 경우에는 Allowed(or Permitted)로 명시하고 금지할 경우에는 Not Allowed(or Not Permitted)로 명시
  [예] Not Allowed

⑯ **44A On Board/Dispatch/Taking in Charge At/From(선적항/ 발송지/수탁지)**
   예 중국 SHIDAO

⑰ **44B For Transportation To(최종 목적지)**
   예 한국 부산

⑱ **44C Latest Date of Shipment(최종 선적일자)**

선적을 완료하여야 하는 최종일자로서, 별도의 명시가 없는 경우 유효기일 자체가 최종선적 가능일자로 간주

   예 20××년 12월 10일

⑲ **45A Description of Goods And/or Services(상품 또는 용역의 명세서)**
   예 중국산 자이언트 곰장난감 500쌍, 1.5m이상, FOB SHIDAO CHANA조건, 단가 USD 200
   (500 × USD 200 = USD 100,000)

⑳ **46A Documents Required(수출상이 제시해야 할 서류에 관한 사항)**

수출대금의 추심을 위해 수출업자가 신용장 발행은행에 제시해야 할 선적서류에 대하여 기재하는 항목

- ■ +SIGNED COMMERCIAL INVOICE IN TRIPLICATE : 서명한 상업송장 3통
  - 일반적으로 상업송장은 서명을 하지 않아도 무방하지만 예문과 같이 'Signed'라고 명시되어 있으면 반드시 서명
  - 수익자는 적어도 1통의 원본(original) 상업송장을 제시하여야 하며, 나머지 2통은 부본(copy)을 제시한다. 원본 3통 제시하여도 됨
  - "Signed Original Commercial Invoice In Triplicate"라고 명시되었다면 서명된 원본만 3통 제시

<표 Ⅳ-4> 서류의 제시통수 표기 방법

통수	표시방법			통수	표시방법		
1통	1 copy	original	1- fold	2통	2 copies	duplicate	2- fold
3통	3 copies	triplicate	3- fold	4통	4 copies	quadruplicate	4- fold
5통	5 copies	quintuplicate	5- fold	5통	6 copies	sextuplicate	6- fold
7통	7 copies	septuplicate	7- fold	8통	8 copies	octuplicate	8- fold

- +PACKING LIST IN TRIPLICATE : 포장명세서 3통
  - +FULL SET OF CLEAN "ON BOARD" OCEAN BILL OF LADING MADE OUT TO THE ORDER OF WOORI BLANK MARDED "FREIGHT COLLECT" AND NOTIFY APPLICANT.
  - FULL SET : 선박회사가 발급한 B/L 원본 3통 모두를 다 제출하라는 의미
  - CLEAN : 무고장(무하자) B/L, 고장부(foul or dirty) B/L은 은행 대금추심 제한
  - ON BOARD : 물품이 본선에 적재되었음을 증명하는 B/L
  - OCEAN BILLS OF LADING : 해상선하증권을 말하며, Ocean 대신에 Marine이라는 용어를 사용할 수도 있으며, 항공운송인 경우에는 AWB(Aif Way Bill)이라 함.
  - MADE OUT TO THE ORDER : 수입 물품의 수하인을 지시 식으로 작성하라는 의미이므로 B/L의 consignee란에 'TO ORDER'라고 작성하고, B/L 소유자가 배서를 통해서 소유권을 이전
  - MARKED FREIGHT COLLECT(or PREPAID) : INCOTERMS의 따라 FOB 계열은 운임이 후불(collect)로서 수입상이 지불하며, CFR 및 CIF 계열에는 운임선급(prepaid)으로 수출상이 지급
  - NOTIFY APPLICANT : 본선이 목적 항에 도착하면 선박회사에서 화물도착 사실을 통지하는 통지처를 APPLICANT로 하여 서류를 작성하라는 의미, notify란에 Applicant의 상호와 주소를 함께 명시
- +MARINE INSURANCE POLICY OR CERTIFICATE IN : 해상보험증권 또는 해상보험증명서
- +CERTIFICATE OF ORIGIN : 원산지증명서

㉑ **47A Additional Conditions(추가조건)**

기타 거래의 종류 및 수입자와 수출자의 관계에 따라 일반적인 요구사항 외에 추가사항을 부가하는 경우 기재

예 ALL DOCUMENTS MUST BEAR OUR CREDIT NUMBER M1234 606NS00018
- 모든 서류는 우리의 신용장 번호 M1234 606NS00018에 의해야 한다.
  - T/T REIMBURSEMENT NOT ALLOWED : 전신환 상환은 허용하지 않는다.
  - OUANTITY 10PCT MORE OR LESS ALLOWED : 수량 10% 과부족 용인
- +THIRD PARTY DOCUMENTS ACCEPTABLE : 제3자가 발행한 서류도 수리

㉒ **71B Charge(수수료)**
- 수수료가 수익자 측의 부담인 경우에 표시
- 아무 명시가 없는 경우 매입 수수료와 양도 수수료를 제외한 모든 수수료는 개설 의뢰인의 부담으로 간주

  예) 한국 이외 지역에서 발생한 대금상환 제비용을 포함한 모든 은행 수수료와 비용은 수익자 부담이다.

㉓ **48 Period for Presentation(운송서류의 제시 기간)**
- 선적 후 운송서류(transport document)가 지급, 인수 또는 매입을 위하여 제시되어야 하는 기간을 표시
- 명기가 없으면 21일 이내에 제시하는 것으로 해석하며, 발행일로부터 21일 이후에 제시된 서류는 수리가 거절됨
- 본 신용장에서는 제시 기간에 표시되어 있지 않음

㉔ **49 Confirmation Instructions(신용장확인에 대한 지시사항)**

수신은행(receiving bank)에게 확인에 대한 지시사항을 기록하며 다음과 같이 표시된다.
- CONFIRM : 수신은행에게 신용장의 확인을 요청한다.
- MAY ADD : 수신은행에게 신용장의 확인을 허용한다.
- WITHOUT : 수신은행에게 신용장의 확인을 요청하지 않는다.

  예) WITHOUT

㉕ **53A Reimbursing Bank(신용장 대금의 상환은행)**

개설은행에 의하여 신용장 대금의 상환을 이행하도록 수권받은 상환 은행명을 표시하며 제시된 예문에서는 신용장 대금의 상환방식이 아니므로 기재하지 않음.

  예) 홍콩제일은행과 그 주소

㉖ **78 Instructions to The Paying/Accepting/Negotiating Bank (지급은행, 인수은행 또는 매입은행에 대한 지시사항)**

  예) DRAFTS MUST BE SENT TO DRAWEE BANK FOR YOUR REMBURSEMENT AND ALL DOCUMENTS TO US BY COURIER SERVICE IN ONE LOT
  (환어음은 대금상환을 위해 지급은행으로 보내어야 하고, 모든 서류는 상업서류송달로 동시에 우리에게 보내 달라)

㉗ **72 Sender to Receiver Information
(발신은행이 수신은행에게 제공하는 정보사항)**

예) THIS CREDIT IS SUBJECT TO UCP(1993 REVISION) ICC. PUBLICATION NO. 600이 신용장은 국제상업회의소에서 2007년에 개정된 신용장통일규칙 600에 따른다.

2. Negotiating 서류

운송서류(transport document)는 물품의 운송을 위하여 화주와 운송회사 간에 체결한 운송계약에 의하여 물품의 선적, 발송, 수탁을 증명하기 위하여 발행되는 것으로 운송계약의 증거서류, 대금결제의 수단, 운송 통지 및 안내의 수단 등의 중요한 기능을 가지고 있다.

◆운송서류는 물품의 운송방식에 따라 다음의 그림과 같이 분류된다.

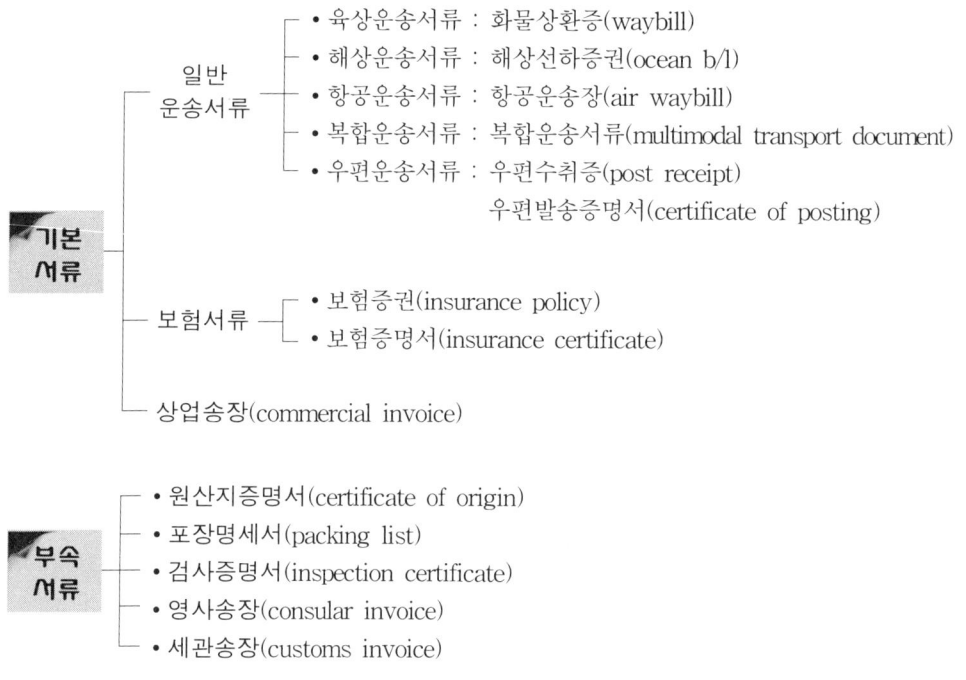

[그림 6-1] 운송서류의 종류

(1) 기본서류

일반운송서류

① 선하증권(Bill of Loading : B/L)

선하증권(B/L)은 화주와 선박회사 간의 운송계약에 의하여 선박회사가 발행하는 유가증권으로서 선박회사가 화주로부터 위탁받은 화물을 지정 목적항까지 운송하고, 당해 증권 소지자에게 그 증권과 상환으로 운송화물을 인도할 것을 확약하는 유가증권이다.

선하증권(B/L)은 선하증권 상에 기재된 화물의 권리를 구체화하는 것으로서 선하증권(B/L)의 양도는 바로 화물에 대한 권리의 이전을 의미한다. 화물을 처분하고자 할 때에는 반드시 관련 선하증권을 가지고 있어야만 한다.

선하증권은 상법상 규정되어 있는 법정 기재사항으로 대부분 선주에 책임면제(면책약관 : Negligence Clause)에 관한 사항인 임의적 기재사항으로 기재한 후 발행자가 기명날인하도록 규정하고 있다.

② 선하증권(B/L)의 특성

선하증권은 법률상 '요인증권'·'요식증권'·'문언증권'·'인도증권'·'제시증권'·'상환증권'·'처분증권'·'지시증권' 등의 성질을 갖고 있는 것으로 보고 있다.

전통적인 이론을 그대로 용인하면 거래의 안전이라고 하는 견지에서 다소 문제가 있으므로, 현재는 이들 성질 중 몇 가지의 내용을 상당히 완화하여 해석하고 있다.

요인증권 : 요인증권이란 증권 상의 권리가 그 증권 수수(授受) 원인의 존재를 전제로 하여 성립하는 증권을 말하며, 그러한 원인의 존부에 관계없이 증권 상의 권리가 인정되는 불요인(무인)증권(예 어음·수표)에 대칭되는 개념이다. 어음상의 권리는 매매, 기타 어음행위를 하게 된 원인이 되는 법률관계와는 독립하여 존재하며, 그 권리의 행사에 있어서는 원인관계의 입증을 요하지 않는다. 예를 들면, 매매대금 채무를 변제하기 위해 어음을 발행한 경우에 나중에 그 매매가 취소되었다고 해도 어음상의 권리는 유효하게 성립한다.

그러나 선하증권은 어음이나 수표와는 달리 이것을 작성하였다는 사실만으로 그에 상당한 가치가 발생되는 것이 아니라 운송계약이라는 전제 하에 화물이 운송물로서 수령 또는 선적되었다고 하는 원인을 필요로 한다. 따라서 그러한 수령 또는 선적되었다는 사실이 없으면 선하증권은 무효이다. 선하증권이 무효가 된다고 하는 것은 그 선하증권을 목적지의 선박회사에 제시해도 당해 화물의 인도를 받지 못한다는 것이다.

요식증권 : 요식증권이란 기재사항이 법정되어 있는 유가증권을 말하며, 선하증권은 기재사항이 상법(제814조)에 규정되어 있으므로 요식증권이다. 선하증권은 유통되는 것을 전제로 발행되는 증권이므로 적어도 이것을 양수하는 제3자가 증권 상의 기재만으로 그 운송물을 특정할 수 있고, 또 운송계약의 주된 내용을 파악할 수 있을 정도로 일정 사항이 증권 자체에 기재되어 있어야 한다. 그런데 요식증권에는 법정 기재사항 이외에는 법이 인정하는 것을 제외하고 무효로 하는 것과 임의의 특약사항 기재를 인정하는 것이 있다. 어음·수표는 전자에 속하지만, 선하증권은 어느 정도 제한규정을 두고는 있으나 원칙적으로 임의사항을 기재할 수 있다. 뿐만 아니라 어음의 경우, 그 요식성은 매우 엄격하나 선하증권의 경우는 법정 기재사항이라고 해도 선하증권의 본질에 반하지 않는 한, 그 일부가 누락되어도 무효가 되지는 않는다.

문언증권 : 문언증권이라 함은 증권 상의 권리관계가 증권에 기재된 문언에 따라 정해지는 증권을 말하며, 이는 증권에 기재되지 않은 실질권이 선의의 증권 취득자에 대하여도 효력을 갖는 비문언증권(예 주권)에 대칭되는 개념이다. 다만, 종래의 상법(제820조, 제131조)에서는 선하증권 기재의 효력에 관하여 절대적 증거력을 인정하고 있으나, 현행 상법 제 814조의 2(선하증권 기재의 효력)는 헤이그·비스비 규칙(제3조4항)과 함부르크 규칙(제16조3항)의 처지를 좇아 다음과 같이 추정적 효력을 인정하는 것으로 규정하고 있다.

제814조 제 1항의 규정에 따라 선하증권이 발행된 경우에는 운송인이 그 증권에 기재된 대로 운송물을 수령 또는 선적한 것으로 추정한다. 그러나 운송인은 선하증권을 선의로 취득한 제 3자에게 대항하지 못한다. 따라서 운송인은 원칙적으로 '증권상 하자'로 당연히 소지인에게 대항할 수 있고, 또 선하증권 '성립 상의 하자'로 제 3자에게 대항할 수 있다. 그리고 문언성은 소지인의 이익을 위하여 운송인으로 하여금 선의의 제3자에게 대항하지 못하게 하는 것이므로 소지인이 원래의 운송계약과 운송물을 증명하여 권리행사를 하는 것은 아무런 상관이 없다.

인도증권 : 인도증권이란 증권 상의 권리를 행사할 수 있는 자에게 증권을 인도한 경우에 그 인도가 물건을 인도한 것과 동일한 효력을 생기게 하는 증권을 말한다.

선하증권에도 준용되고 있는 상법 제133조는 "화물상환증에 의하여 운송물을 받을 수 있는 자에게 화물상환증을 교부한 때에는 운송물 위에 행사하는 권리의 취득에 관하여 운송물을 인도한 것과 동일한 효력이 있다"고 규정하고 있다. 선하증권의 이러한 물건 자체의 인도를 대신할 수 있는 효력을 물권적 효력이라고 하고, 물권적 효력이 인정되는 증권, 즉 인도증권을 '물권적 유가증권'이라고 한다.

제시증권 : 제시증권이란 증권에 표창된 권리를 행사할 때에 채무자(발행자)에게 증권의 제시를 요하는 증권을 말하며, 권리행사에 증권의 제시를 요하지 않는 비 제시증권에 대칭되는 개념이다. 따라서 선하증권 상의 수하인이 증권제시 이외에 방법으로 자기가 운송물의 정당한 인도 청구권자임을 증명해도 선하증권을 제시(surrender)하지 않으면 화물을 수령할 수 없다.

실무상으로는 화물이 먼저 도착하여 선하증권을 입수하지 못한 경우, 수하인은 은행이 보증하는 수입화물선취보증서(L/G)의 제출이나 현금공탁(cash deposit)에 의해 화물을 인도받는 것이 보통이다. 그러나 이러한 방법은 편의적인 것이고 합법적인 것은 아니므로, 이 때 만약, 다른 선하증권의 정당한 소지인이 나타나 당해 화물의 인도를 청구하면 선박회사는 그 화물대금을 배상하여야 한다. 물론, 이러한 경우 손실은 Bank L/G에 의해 은행 또는 수하인에게 구상하거나 현금공탁액에서 회수하게 된다.

상환증권 : 상환증권이란 증권과 상환하지 않고는 채무의 이행을 할 필요가 없는 증권을 말하며, 증권과 상환하지 않고도 권리행사를 할 수 있는 비 상환증권(예) 주권)과 대칭되는 개념이다. 상법 제129조는 증권과 "상환하지 않으면 운송물의 인도를 청구할 수 없다"고 규정하여, 수하인이 인도를 청구하는 경우에는 증권과 상환해야 하는 것으로 하고 있다.

비유를 해 보면, 서유기(西遊記)에 나오는 손오공은 뒤쪽 머리에 있는 자기의 털을 뽑아 분신을 만들어 크게 활약시켰다. 그러나 그 분신을 필요로 하지 않게 되면 그는 반드시 그 털을 회수하였다.

선하증권도 이와 비슷하여 운송물과 불가분의 관계에 있는 분신이다. 따라서 유통보호의 견지에서도 그것이 필요 없게 된 때에는 반드시 회수(redeem)하여야 한다. 물론, 운송인이 증권과 상환하지 않고 운송물을 인도한 후에 정당한 선하증권 소지인이 나타나 운송물의 인도청구를 해 오면 운송인은 손해배상 책임을 지지만, 그 선의의 소지인이 운송물 그 자체를 입수할 수는 없기 때문이다.

처분증권 : 처분증권은 증권 상 표시된 물품에 관한 처분(양도 등)을 하는 데에는 반드시 증권으로서 해야 하는 것을 처분증권이라고 한다. 상법 제132조는 "화물상환증을 작성한 경우에는 운송물에 관한 처분은 화물상환증으로서 하여야 한다."고 규정하고, 이것을 선하증권에도 준용하고 있다(동제820조). 이것은 선하증권이 인도증권이라는 점에서 당연히 파생되는 성질이다. 인도증권성은 증권의 인도를 물품 자체에 인도를 의제하는 것이지만, 그것만으로는 불충분하다. 가령 증권을 제쳐두고 물품 자체로서의 인도가 행해진 경우를 생각하면 선하증권에 의해 매매 등에 응한 상대방은 뜻하지 않는 손해를 입게 되고 손해배상청구 소송을 제기하지 않으면 안 된다. 따라서 선하증권이 발행된 이상, 거기에 표시된 물품의 법적 처분은 반드시 선하증권에 의해 행해져야 하고, 물품 자체에 의해 행해져서는 안 된다는 것이 처분증권성을 부여한 취지이다.

지시증권 : 지시증권이란 증권 상 지정된 자 또는 이렇게 지정된 자가 다시 증권 상에서 지정하는 자를 증권이 표창하는 권리의 정당한 행사주체로 인정하는 유가증권이다. 지정하는 방식은 배서(endorsement)이고, 지시증권은 지시 문구에 의해 피 지정자(피 배서인, endosee)를 지정하고, 지시인(배서인, endorser)이 서명하여 양도함으로써 유통될 수 있다. 지시증권으로서의 성질은 원래 지시 문구에 의해 생기는 것이지만, 그 기재 유무에 불구하고 법률의 규정에 의해 당연히 지시증권이 되는 것이 있다. 전자를 '선택적 지시증권'이라 하고, 후자를 '법률상 당연한 지시증권'이라고 한다.

상법 제130조는 "화물상환증은 기명식인 경우에도 배서에 의하여 양도할 수 있다. 그러나 화물상환증에 배서를 금지하는 뜻을 기재한 때에는 그러하지 아니한다."고 규정하고, 이를 선하증권에도 준용하고 있다(상법 제820조). 따라서 선하증권은 어음·수표·창고증권 등과같이 증권면에 배서를 금지하는 뜻의 문구가 없는 한, 당사자에 의한 지시 문구 기재의 유무를 불구하고 법률의 규정에 의하여 당연히 지시증권이 되는 이른바 '법률상 당연한 지시증권'이다.

■ 선하증권의 법정 기재사항
- 운송품의 명세(description of commodity)
- 중량, 용적 및 개수(weight, measurement, number of packages)
- 화물의 기호(marks & number)
- 선적항(port of shipment)
- 양륙항(port of destination)
- 송화인(name of the shipper)
- 수화인(name of the consignee)
- 선박명과 국적 및 톤수(name of the ship nationality and ton)
- 선장명(name lf the master lf vessel)
- 선하증권의 작성부수(number of B/L issued)
- 운임(freight)
- 작성지 및 작성 연월일(place date of B/L issued)

■ 선하증권의 임의적 기재사항
- 본선항해번호(voyage No.)
- 통지처(notify party)
- 운임지급지
- 선하증권의 번호(B/L No.)
- 면책조항(general clause or exception)
- 스탬프약관(stamp clause)
- 적요(remarks)

■ **선하증권의 발행절차**

- 송화인은 운송인에게 신용장의 사본, 상업송장, 포장명세서, 선적요청서(shipping request) 등을 각각 3부 작성하여 제출하고 1부는 운송인의 서명을 득하여 선적예약을 확인하고 선적증권을 발행할 때에 이와 대조
- 운송인은 등록검량회사에서 검량한 후 검량회사의 증명서를 수령
- 운송인은 적하예약목록을 작성하여 본선과 선적업자에게 통지
- 운송인은 선적업자나 송화인에게 선적지시서(Shipping Order : S/O) 교부
- 선적 완료시 송화인은 본선에서 본선수취증(Mate's Receipt : M/R)을 수취하여 운송인에게 제출
- 운송인은 본선수취증에 근거하여 송화인에게 선하증권 교부
- 송화인은 환어음을 발행하여 선하증권을 포함한 선적서류를 갖추어 거래은행을 통해 환어음의 매입 및 대금추심절차를 이행
- 송화인의 거래은행은 선적서류를 신용장 개설은행으로 송부, 대금추심 요청
- 신용장 개설은행은 수화인에게 선적서류의 도착을 통지하고 대금결제과정을 필한 후, 서류를 인도
- 수화인은 선적서류를 운송인에게 제출한 후 화물을 인수

◆ **선하증권의 기재사항**(복합운송서류를 중심으로 설명)

■ **서식(Bill of Lading)**

① Shipper/Exporter A&C Trading Co. Ltd. 233-43 Sadang-Dong, Dongjack-Ku, Seoul, KOREA		⑦ B/L No. ; BO-5021	
② Consignee TO ORDER OF KOGMIN BANK			
③ Notify Party LAPAK IMPORT CORP. P.O.BOX 1, NEW YORK, USA			
Pre-Carrage by	④ Place of Receipt BUSAN CY, KOREA		
⑤ Ocean Vessel SARANG-2	⑥ Voyage No. 1234E	⑧ Flag KOREA	
⑨ Port of Loading Busan, KOREA	⑩ Port of Discharge LA, USA	⑪ Place of Delivery LA, USA	⑫ Final Destination(For the Merchant Ref.) LA, USA

⑬ Container No. ⑭ Seal No. 　　　　　Marks & No	⑮ No. & Kinds of Containers or Packages	⑯ Description of Goods	⑰ Gross Weight	Measurement
ISCU1104	2 CONT	LIGHT BULBS (64,000 PCS)	5000 KGS	6,000 CBM
Total No. of Containers or Packages(in words)				

⑱ Freight and Charges	⑲ Revenue tons	⑳ Rate	㉑ Per	㉒ Prepaid Collect

㉓ Freight prepaid at	㉔ Freight payable at	㉗ Plce of Issue INCHEON KOREA	
Total prepaid in	㉕ No. of original B/L		
㉖ On board date and issue Nov. 15, 2007		㉘ Hanjin Shipping Co. Ltd. as agent for a carrier, aaa Liner Ltd. Signature	

주) 이 장에서 소개되는 대부분의 무역서식은 www.kita.net의 무역실무 도우미 4.0을 활용하여 서식을 다운 받아 이를 응용 설명하였다.

① Shipper/Exporter : 송화인/수출업자
- 송화인(수출업자)의 성명 또는 상호를 기재
- 혼동이 예상될 때는 주소를 명기

② Consignee : 수화인
- T/T 방식이나 D/P, D/A 방식 : 수입상의 상호 및 주소 기재
- 신용장방식 : 신용장 상에 표시된 문구에 따라 to order, to order of shipper, to order of 개설은행 명 등(상업송장 상의 Consignee와 일치시켜야 함)

③ Notify Party : 통지처
- 화물이 도착될 때 연락처는 신용장에서 Notify Accountee라고 표시
- 신용장 개설의뢰인 즉 수입업자 또는 수입업자가 지정하는 대리인을 기재

④ Place of Receipt : 화물의 인수장소
- 송화인으로부터 운송인이 화물을 수취하는 장소로 "Busan CY", "Busan CFS" 등으로 표기

⑤ Ocean Vessel : 선박명
- 화물을 운송하는 해상운송 선박명을 기재

⑥ Voyage No. : 항해번호
- 운송선박의 운송회사나 선박회사가 임의로 정한 일련번호
- 1항차 : 출발항에서 목적항을 거쳐 출발항까지 회항하는 것
- 수출·수입을 구별하기 위하여 East, West, South, North 등으로 표시

⑦ B/L No. : 선하증권 번호
- 선사가 임의로 규정한 표시번호
- 통상 선적항과 양륙항의 알파벳 두 문자에 일련번호로 표기
  (예) "BO-5021" : Busan-Osaka, "HMBU-8031" : Hamburg-Busan

⑧ Flag : 선박의 국적
- 해상 사고 시에는 국제적 관례인 기국주의 채택

⑨ Port of Loading : 선적항
- 화물을 선적하는 항구명 및 국가명 표시
  (예) "Busan, Korea", "Incheon, Korea"

⑩ Port of Discharge : 양륙항
- 화물의 양륙항 및 국명을 기재

⑪ Place of Delivery : 화물의 인도장소
- 운송인이 책임지고 운송하여 수화인에게 인도하여 주는 장소 표시

⑫ Final Destination : 최종 목적지
- 일반적으로 화물의 최종 목적지를 표시
- 선하증권에 운임이 계상되어 있지 않은 경우는 단지 참조사항에 불과
- 복합운송이 아닌 경우에는 공란으로 처리

⑬ Container No. : 컨테이너 번호
- 화물이 적재되는 Container No.를 표기

⑭ Seal No. : 봉인 번호
- Container에 적재된 화물에 봉인을 한 Seal No.를 표기

⑮ No. & Kinds of Containers or Packages : 컨테이너 및 포장의 개수
- 컨테이너 숫자나 기타 포장 개수를 기재
  (예) 2 CONT(컨테이너)

⑯ Description of Packages and Goods : 상품 및 포장명세서
- 포장명세서(packing list) 및 송장에 기재된 상품의 내용을 열거 기재하며 B/L No.도 표시

⑰ Gross Weight, Measurement : 총중량 및 용적
- 등록 검량회사에서 검측된 중량 및 용적을 명기
- 포장명세서나 송장과 일치되지 않는 경우 Remark를 부기
- 수출입의 경우 포장명세서와 B/L이 상이한 통관불가(주의하여 작성)

⑱ Freight and Charges : 운임
- 상품의 운송에 따른 제반비용의 명세서

⑲ Revenue Tons : 총중량(용적)
- 중량과 용적 중에서 운임이 높게 계산되는 편을 택하여 표시
- 총중량과 총용적에 각각의 운임단가를 곱하여 총중량의 운임이 총용적보다 클 경우는 "K/T"를 총용적이 클 경우는 "CBM"으로 표시

⑳ Rate : 비율
- Revenue Ton 당의 운임단가 및 CFS Charge, Wharfage, BAF, CAF의 percent 등을 표시
- Wharfage의 경우 국내에서는 1톤 이하는 무조건 올림으로 산정
  (예) 7,001 CBM = 8 CBM으로 계산

㉑ Per : 용적단위 표시
- 용적단위 또는 중량단위로 표시하고 Full Container의 경우는 Van 단위로 표시

㉒ Prepaid Collect : 운임선불(후불)
- CIF 조건의 수출일 경우는 Prepaid 란에, FOB 조건의 수출일 경우는 Collect 란에 운임을 계산하여 표시
- 운임의 지불조건은 Description of Goods 란에 "Freight Prepaid", "Freight Collect"라고 표시
- 생략되는 경우도 있으므로 구별하여 해당 위치에 기재함이 바람직 함
- 복합운송의 경우는 각 운송 구간마다의 운임을 계산하여 표시

㉓ Freight Prepaid At : 운임선급의 지급장소
- CIF 수출조건인 경우에는 운임이 지불되는 장소를 표시
  (예) 화물이 부산에서 선적되고 서울에서 운임이 지불되는 경우에 "Freight Prepaid At Seoul, Korea"라고 기재
- Freight Prepaid의 경우 운임이 지불되지 않으면 선사는 일반적으로 B/L을 발행 교부하지 않음

㉔ Freight Payable At : 운임후불의 지급장소
- FOB 조건으로 화물을 수출할 경우에 운임이 수화인 부담일 때에 수화인의 운임 지불 장소가 Freight Payable At 다음에 기록됨
- 운임이 지불되지 않으면 운송인 또는 대리점은 화물인도지시서(Delivery Order : D/O)를 발행 교부하지 않음

㉕ No. of Original B/L : 원신용장의 발행통수
- 원신용장은 통상 3통을 한 세트로 발행되나 그 이상 발행도 가능
- 원신용장이 3통으로 발행되었을 경우에는 "Original", "Duplicate", "Triplicate" 등으로 표시되며 은행에 매입의뢰를 위해 "Negotiable"이라고 표시
- 원신용장이 3통으로 발행되었다 해도 그 중 1통이 회수되면 나머지는 유가증권으로서의 효력을 상실
- 유가증권으로서의 효력이 없고 단지 참조적인 서류에 불과한 부본(B/L Copy)은 "Copy Non-Negotiable"이라고 표시

㉖ On Board Date and Issue : 선적 및 선하증권의 발행일자
- B/L의 선적일이 표시되며 일반적으로 선적일과 선하증권의 발행일은 동일함.
- B/L의 발행일이 선적일보다 늦을 수는 있으나 빠른 경우는 선적 선하증권(Shipped B/L)이 아니고 수취 선하증권(Received B/L)이므로 신용장 조건에 따라 은행에서 매입을 거절할 수 있어 주의 필요
- On Board의 하단에는 B/L 발행자의 서명을 표시

㉗ Place of Issue : 선하증권의 발행 장소

㉘ Carrier Name : 선하증권발행자의 서명
- 선하증권의 발행자는 먼저 은행의 그의 서명을 등록한 후 사용

③ 항공화물운송장(Airway Bill)

항공화물운송장(Airway Bill : AWB)은 항공사가 화물을 항공으로 운송하는 경우, 송화인과 항공 시간에 운송계약의 체결을 증명하는 서류로 육상의 운송장(waybill)과 화물상환증(carriage note), 또는 해상의 선하증권(B/L)에 해당하는 기본적인 운송서류이다.

운송계약은 화주 또는 그 대리인이 운송장에 서명하거나 해당 항공사가 인정한 항공화물 대리점이 서명하여 발행한 순간부터 유효하며 운송장에 명시된 수화인(consignee)에게 화물이 인도되는 순간 종료되게 된다.

항공화물운송장의 기본적인 성격은 선하증권과 같으나 선하증권이 화물의 수취를 증명하는 동시에 유가증권적 성격을 가지고 유통되는 반면, 항공화물운송장은 단순히 화물의 수취를 증명하는 영수증에 불과하며, 유통이 불가능하다는 점에서 근본적인 차이가 있다.

항공화물운송장은 화물의 운송계약 체결 및 송하인으로부터 화물의 영수와 유통을 보장하는 기본적인 증거서류이다. 이것으로 화물은 그 운송거리에 관계없이 또는 운송에 참여하는 항공사의 수에 관계없이 출발지에서부터 목적지까지의 운송을 보장받게 된다.

<표 Ⅳ-5> 선하증권과 항공운송장의 차이점

구 분	선하증권(B/L)	항공화물운송장(AWB)
성 격	유가증권	유가증권이 아닌 단순한 화물운송장
유통성	유통성(negotiable)	비유통성(non-negotiable)
발행방법	지시식(무기명식)	기명식
발행시기	본선 선적 후 발행(선적식)	창고에서 수취하고 발행(수취식)
작성자	선박회사가 작성	송화인이 작성

■ 운송장이 갖는 기능
- 송화인으로부터 화물수취를 증명하는 화물수취증(evidence of receipt of the goods)
- 송화인과 항공운송인 간의 항공운송 계약의 성립을 입증하는 운송계약서(contract of carriage)
- 운임, 요금의 청구를 나타내는 요금계산서(freight bill)
- 송화인이 화주보험에 가입한 경우 보험가입증서(certificate of insurance)
- 통관시 항공운임, 보험료의 증명 자료로서 세관신고서(customs declaration)
- 항공화물의 취급, 중계, 배달 등에 대한 화물운송지침서(instruction of routing)
- 수화인에 대한 화물인도증서(certificate of delivery of the goods)

항공화물운송장은 화주가 작성한 화물운송화주 지시서(shipper's letter of instruction), 신용장, 상업송장, 포장명세서 등에 따라 화물 전량을 인수 후, 항공사나 항공사의 위임을 받은 대리점에 의하여 발행된다. 작성된 운송장의 내용은 근거 서류의 내용과 일치하여야 한다.
 이러한 운송장은 원본(original) 3통을 1조로 하여 작성해 화물과 함께 운송인에게 교부하여야 하며(바르샤바협약 제6조 1항), 제1원본은 운송인용(for the carrier)으로 송하인이 서명하며, 제2원본은 수하인용(for the consignee)으로서 송하인 및 운송인이 서명하여 화물과 함께 이를 도착지에 송부하여야 하고, 제3원본은 송하인용으로서 화물을 인수한 후, 운송인이 서명하여 송하인에게 교부하여야 한다(제6조2항).
 운송인의 서명은 화물 인수시에 이루어져야 하며(제6조3항), 스탬프(stamp)로 대체될 수 있고, 송하인의 서명 역시 인쇄 또는 스탬프로 대체될 수 있다(동조4항). 항공화물운송장은 서명됨으로써 발행이 완료되고 완전한 운송장으로 성립된다.
 항공화물운송장에 기록되는 문자와 숫자는 라틴문자와 아라비아 숫자를 사용한다. 따라서 사용문자는 영어, 불어, 스페인어를 사용하는 것이 원칙이다. 라틴문자 외에 다른 문자를 사용하는 경우 영어를 병기하는 것이 바람직하다.

작성된 항공운송장의 내용을 수정하거나 추가할 때는 원본과 사본 전체에 대해서 수정 또는 추가해야 한다. 화물이 운송되는 도중이나 목적지에서 이와 같은 수정이나 추가사항이 발생하였을 경우에는 잔여분에 대한 수정이나 추가 내용이 반영되어야 한다.

◆ **항공화물운송장의 기재 요령**

① AWB Number : 항공화물운송장의 번호
- 항공화물운송장 번호는 상단 좌우와 하단 우측에 명기
- IATA Carrier 3 Digit Code와 7단위의 일련번호 그리고 7진법에 의한 Check Digit 등 11단위로 표시

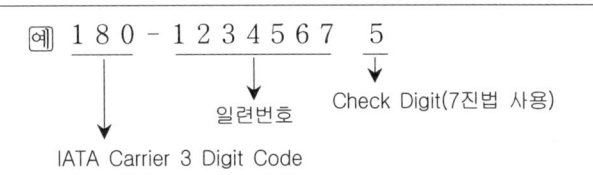

② Shipper's Name and Address : 송화인의 주소, 성명
- 송화인의 이름, 도시주소 및 국가, 전화, 텔렉스 및 팩스번호 등을 기재
③ Shipper's Account number : 송화인의 계정번호
- 항공화물운송장 발행 항공사가 임의로 기재
④ Issuing Carrier's Name and Address : 발행 항공사명 및 주소
- 발행항공사의 로고 이름 및 본사의 도시 주소 및 국명을 기재
⑤ Reference to Original : 원본에 대한 참고사항
⑥ Consignee's Name and Address : 수화인의 주소 성명
- 수화인의 성명, 주소, 도시, 국명 등을 기재
- 수화인을 대신하여 은행이나 대리점이 수화인이 되는 경우에는 Handling Information난에 기재
- 이때 화물 인도항공사는 은행이나 대리점을 정당한 수화인으로 간주하며, 이 수화인으로부터의 지시가 없이는 타인에게 화물을 인도하지 않음
⑦ Consignee's Account Number : 수화인 계정번호
- 고객의 분류를 위해 항공사 임의로 필요사항 기재
⑧ Reference to Conditions of Contract : 운송약관에 대한 참고사항
⑨ Issuing Carrier's Agent, Name and City : 항공화물운송장 발행 대리점명과 도시명
⑩ Agent's IATA code : 대리점의 IATA 코드
⑪ Issuing Carrier's Agent, Account Number : 발행 항공사 임의로 사용

⑫ Accounting Information : 회계처리에 관한 필요사항
- 특별히 회계처리에 관한 내용이 있을 경우 이를 기록
  (예) 운송료 지불방법(현금, 수표)이나 GBL번호, 기타 필요한 내용 기록
⑬ Airport of Departure(address of first carrier) and Requested Routing : 출발지 공항(제1 운송인의 주소)과 운송구간
⑭ Routing and Destination : 목적지와 항로
- 예약에 의한 첫 구간의 도착지와 운송 항공사명을 Full Name으로 기재
- 최종 목적지까지 2개 이상의 항공사가 개입되는 경우에는 경유지와 운송 항공사명을 코드별 기재
- 만약 한 도시에 2개 이상의 공항이 있을 경우는 도착지 공항의 3-Letter Code를 기입
⑮ Currency : 지불화폐
- AWB을 발행한 국가의 적용화폐의 ISO 3글자 코드를 기입
- AWB에 나타난 모든 금액은 본란에 표시되는 화폐단위와 반드시 일치
  (단, 'Collect Charges in Destination Currency'란에 표시되는 금액은 제외)
⑯ Charge Code : 요금 코드
- 항공사 임의로 필요사항 기재
⑰ Weight/Valuation Charge-Prepaid/Collect : 운임지불방법
- 운임지불방법에 따라 해당란에 ×자로 표시
- 화물운임의 지불방식에 따라 선불(PPD) 또는 착지불(COLL)란에 '×'자로 표시
- 화물운임과 종가요금은 둘 다 모두 선불 또는 착지불이어야 하며 화물운임은 선불, 종가요금은 착지불 등의 형태는 불가능
⑱ Other Charges at Origin-Prepaid/Collect : 기타 운임의 지불방법
- 화물운임과 종가요금을 제외한 출발지에서 발행한 기타 요금의 지불방법에 따라 선불 또는 착지불 란에 '×'자로 표시
- 출발지에서 발생한 모든 기타 요금은 전부 선불 또는 전부 착지불에서 선택
⑲ Declared Value for Carriage : 송화인의 운송신고가격
- 송화인의 운송 신고가격을 기재
- 화물분실이나 파손시 손해배상의 기준, 이 금액을 기준으로 종가요금 산정
- 가격신고 방법은 일정한 금액을 신고하는 것과 무가격 신고(No Value Declared : NVD)의 2가지 방법 중 화주가 임의로 선택 가능
⑳ Declared Value for Customs : 세관신고가격
- 세관통관을 위한 송화인의 신고가격을 기재
㉑ Airport of Destination : 최종 도착지 공항
- 최종 목적지의 공항이나 도시 명을 Full Name으로 기록
㉒ Flight/Date : 항공편과 날짜
- 화주가 부보하고자 하는 보험금액을 기재
- 본 란에 기록된 날자는 Flight가 확정된 것임을 의미하지는 않음

㉓ Amount of Insurance : 보험금액
- 화주가 부보하고자 하는 보험금액을 기재
- 보험금액은 대체로 운송 신고가격과 일치하며 보험에 가입하지 않을 경우, 공란 처리

㉔ Handling Information : 화물취급에 관한 정보
- AWB 상 다른 란에 표시할 수 없는 각종 사항을 기록
- 여백 부족시 별도용지 첨부 가능
- 일반적으로 본란에 기입되는 사항
  - 화물의 포장방법 및 포장표면에 나타난 식별부호, 번호
  - 필요시 수화인 외에 화물도착 통보할 사람의 주소, 성명
  - AWB이 첨부되어 있는 서류명
  - 불인도(Non-Delivery)로 인한 화물의 경우, 최초의 AWB 번호 기입
  - 기타 화물운송과 관련된 제반 지시 또는 참고사항 등

㉕ Consignment Details and Rating : 화물요금에 대한 세부사항
- 화물의 수량, 요율결합지점, 실제무게, 무게단위, 화물요율별 해당코드, 품목번호, 요금중량 표시, Kg당 또는 Lb당 적당요율, 화물품목 등과 요금과 관련되는 세부사항 기재
- Number of Pieces : 화물의 개수 기입, 총 개수는 하단 합계란 표시
- RCP(Rate Combination Point) : 요율결합지점을 표시해 줄 필요가 있을 경우 해당 도시 3-Letter Code를 기입
- Actual Gross Weight : 화물의 실제 무게 기입, 합계 중량은 하단에 표시
- Kg/Lb : 무게단위 기입(Kg : K, Lb : L로 표시)
- Rate Class : 화물요율에 따라 규정된 Code 사용
  (예) P : Small Package Service, Y : Unit Load Device Discount
- Commodity Item Number : 상품번호
  - 일반 화물요율(SCR)이 적용될 경우 품목번호 기재
  - 특정 품목할인요율(CCR)이 적용될 경우 해당 비율(%) 표시
  - BUC(Bulk Unitization Charges)를 적용했을 경우 ULD의 Rating Type 표시
- Chargeable Weight : 중량에 따른 운임
  - 화물의 실제중량과 부피중량 중 높은 쪽의 중량 기입(소수점은 절사)
  - 최저운임(minimum charges)이 적용될 경우는 기재할 필요가 없다.
  - BUC를 적용했을 경우에는 해당 ULD의 운임적용 최저 중량을 기입한다.
- Rate/Charge : Kg당 또는 Lb당 적용요율 기입
  - 최저 운임 적용시는 최저 운임 기입
  - BUC를 적용했을 경우에는 해당 ULD의 운임적용 최저 중량을 기입한다.
  - 화주 소유 ULD에 대한 ULD 할인금액 기입
  - Over Pivot Rate 기입
- Total : 운임적용중량
  - (-vii)×요율(-viii) 금액을 기입

- 서로 다른 요율이 적용되는 품목이 둘 이상의 경우 : 총합계 금액은 하단 빈칸에 기입
- Nature and Quantity of Goods(Include Dimensions or Volume)
  - 화물 품목 기입(필요시 상품의 원산국을 기입)
  - 부피중량 적용시 화물포장 치수 : 최대가로×최대세로×최대높이 순으로 표시
  - BUC 적용시 사용된 ULD의 IATA Code를 기입
  - 본 란의 여백이 부족할 경우 'Extension List' 사용가능

㉖ Weight Charge(Prepaid/Collect) : 종량요금 지불방법
- 운임 지불방법에 따라 선불 또는 착지불 란에 해당 화물운임을 기입

㉗ Other Charges : 기타 요금
- 화물운임 및 종가요금을 제외한 기타비용의 명세 및 금액을 기입
- 명세를 표시하기 위해서는 다음 Code를 금액 앞에 표시
  (예) AC(Animal Container),PU(Pick Up), AS(Assembly Service Fee) 등
- 상기 제 비용들의 귀속 여부를 확실히 하기 위해 항공사 몫일 경우 C, 대리점 몫일 경우 A로 표시
- 'A' 또는 'C'의 표시는 비용 Code와 금액 사이에 기재한다.
  (예) PU 'C' : 35.00)

㉘ Valuation Charge(Prepaid/Collect) : 종가요금 지불방법
- 화주의 가격신고에 따라 부과되는 종가요금을 지불방법에 따라 해당란에 기재

㉙ Total Other Charges Due Agent(Prepaid/Collect) : 대리점의 총기타비용
- AWB 발행수수료가 대리점 몫일 경우 여기에 그 내용이 기입
- 기타 출발지에서 징수되는(선불) '대리점 몫'의 제비용은 기입할 필요가 없으며 본란에 표시되는 '대리점 몫'의 비용 중 착지불 금액만 표시

㉚ Total Other Charge Due Carrier(Prepaid/Collect) : 항공사의 총기타비용
- 운임이나 종가요금을 제외하고 본란에 표시되는 비용 중 '항공사 몫'에 해당하는 비용을 선불 또는 착지불 란에 기재

㉛ Shipper's Certification Box : 송화인 또는 대리인의 서명

㉜ Total Prepaid : 총선불 금액
- 운임, 종가요금, 기타 제비용(항공사 몫, 대리점 몫 포함) 중 선불 란에 표시된 금액의 합계를 기입

㉝ Total Collect : 총 후불금액
- 운임, 종가요금, 기타 제비용 중 후불 란에 표시된 금액의 합계를 기재

㉞ Carrier's Execution Box : 항공운송인의 기재란
- 항공화물운송장 발행일자, 장소, 항공사 또는 대리인의 서명을 표시
- 월의 표시는 전체나 약자로 표시하며 숫자로는 미기입

④ 복합운송 서류(Combined Transport Document)

복합운송은 여러 형태의 운송수단을 이용하여 화물을 지정 목적지까지 운송하는 것으로 전 운송구간에 걸쳐 모든 책임을 부담하는 복합운송인에 의하여 화물의 운송이 이행된다.

이때 복합운송인이 물품의 인수와 계약 조건의 이행을 증명하기 위한 서류를 발행하는데, 이를 복합운송서류(Combined Transport Document : CTD, Combined Transport Bill of Lading : CT B/L, Mutimodal Transport Document : MTD)라 한다.

복합운송 서류는 발행자인 복합운송인이 운송물의 인수를 증명하고 서류상에 기재된 종류, 수량 및 상태의 화물을 인수지로부터 목적지까지 운송하기 위하여 자기의 지배 하에 수리하였음을 증명하고, 운송서류의 발행 전에 이미 성립된 계약의 내용과 조건을 구체적으로 명시하는 운송계약의 증거서류이다. 또한, 유통성 복합운송 서류는 수화인이 배서 또는 교부에 의해 화물을 처분할 수 있는 운송물에 관한 권리증권(document of title)으로서 유가증권의 성격을 가지는 운송서류를 말한다.

보험서류

① 보험증권(Insurance Police)과 보험증서(Insurance Certificate)

보험서류는 보험자가 보험기간 중에 화물 운송시 보험목적물의 손해가 발생하는 경우, 그 손해를 전보할 것을 약속하고 보험자는 그 대가로 보험료를 지불하여 발행되는 증서이다. 보험서류에는 보험증권과 보험증서가 있다.

- 보험증권(Insurance Policy : I/P)은 보험계약자의 신청에 의해 보험자인 보험회사가 승낙하여 보험계약이 성립된 후, 보험자가 보험계약의 성립 증거로서 발행하는 증서를 말한다.
- 보험증서(insurance certificate)는 보험자가 피보험자의 청구에 의하여 교부하는 것으로 유가증권이 아니며, 단지 증거 증권에 속하고 배서 또는 인도에 의하여 양도된다.

현재 우리나라에서 사용되는 보험증서는 1983년에 개정된 협회적하약관(Institute Cargo Clause : ICC)에 따라 국제적으로 사용되고 있는 새로운 형태의 보험증권의 양식을 사용하고 있다. 보험증권은 양도가 가능한 유가증권의 성질을 가지며, 통상 2통을 발행하여 1통이 수리되면 나머지 한통은 효력을 상실한다.

❖ **보험증권의 요건** ❖

- 선하증권 또는 송장에 기재된 상품위험 담보
- 보험청구권은 은행에 양도
- 부보금액은 신용장금액의 110% 부보 가능
- 보험의 부보일자가 선하증권 상의 선적일자 이전 표시

　보험증서(insurance certificate)는 일정 기간 동안 대량적이고 반복적인 수출입 거래의 경우, 수출자가 보험회사와 일정 조건의 예정보험계약을 체결하여 예정보험증권(open policy)을 교부받고 실제 물품이 선적되어 확정보험 사실이 발생할 때마다 동 증권을 근거로 보험회사로부터 발급받는 증명서로 시간과 비용이 절약되고 수수료가 저렴하여 일반화되고 있다.

◆ **보험증권의 기재 요령**

① Assured(s) : 피보험자(또는 보험계약자)명
- 수출입상사의 상호를 기재
- CIF계약의 수출 : 피보험자에 대하여 별도의 약정이나 지시가 없으면 수출업자 자신을 피보험자로 하여 수출환어음 매입시에 백지배서(blank endorsement)에 의해 양도
  (예) 에이엔피상사

② Certificate No. : 보험증권 번호
- 보험자가 피보험자에게 보험증권을 교부할 때 붙이는 일련번호 기재
  (예) 001234A5678

③ Claim, if Any, Payable At : 보험금의 지불장소
- 일반적으로 수출의 경우에는 화물의 최종 목적항이 기재되고 수입의 경우에는 당해 보험자명을 기재
  (예)　GELLATLY　HANKEY　MARINE　SERVICE,　NORTH　AMERICA,　195 BROADWAY, 20TH FLOOR NEW YORK 10009　Tel(212)881-9412

④ Ref. No. : 참조번호
- 보험자가 업무상 참조하기 위한 번호
- 통상 수출의 경우에는 신용장 또는 수출허가서의 번호를, 수입의 경우에는 상업송장 또는 수입허가서의 번호를 기재
  (예) 송장번호 : NC3100HC2700, 신용장번호 : M1234 606Vs00018

⑤ Amount insured : 보험금액
- 보험계약자가 부보한 금액으로, 보험사고가 발생하였을 때 보험자가 그 손해 보전을 위해 피보험자에게 지불하는 최고 한도액의 보험금(Loss or Claim Paid)

- 보험금액은 일반적으로 당사자의 합의에 의하여 결정되나 그 금액은 보험가액과 같거나 적은 범위 내에서 체결
  - 전부보험 : 보험금액과 보험가액이 동액, 대부분 해상보험은 이에 해당
  - 일부보험 : 보험금액이 보험가액의 일부
  - 초과보험 : 원칙적으로 무효, 해상보험에서는 10%(CIF가격)의 희망이익 인정
  - 표시통화 : 신용장상에 별다른 명시가 없는 한, 신용장과 동일한 통화로 표시
- 보험료(보험율=R)=1.1R(C+F)/1-1.1R

⑥ Survey should be approved by : 손해사고 통지처
- 피보험 화물에 손해 발생시 통지할 곳
- 수출 : 최종 목적항에 있는 보험자의 대리점의 상호 및 주소를 기재
- 수입 : 보험자명 기재
  (예) ③과 동일

⑦ Conditions : 보험조건
- 보험조건의 선택은 보통 수출입 계약 체결시 화물의 종류, 포장, 운송방법, 예상 항해 기간 등을 감안하여 매매 당사간의 합의에 의해 결정되며 그 내용은 매매계약서나 신용장에 기재
  (예) ICC B조건

⑧ Local Vessel or Conveyance : 국내운송수단

⑨ From(Interior Port or Place of Loading) : 출하항 또는 출하지
- 화물의 출하지와 선적지가 다른 경우에 출하지로부터 선적지까지의 운송화물에 대한 부보 시 ⑧번과 ⑨을 기재

⑩ Ship or Vessel : 선박명
  (예) SARANG-HO, V-10

⑪ Sailing On or About : 선박의 출항 또는 출항예정일
- 적재선박이 선적항을 출항하는 연월일 또는 예정 연월일을 기재
- 수출 : 선하증권 상의 내용과 일치
  (예) 20××년 11월 11일

⑫ At and From : 선적항
  (예) 부산항

⑬ Transshipped At : 환적항

⑭ Arrived At : 도착항(양륙항)
  (예) NEW YORK항

⑮ Thence To : 최종 목적지와 운송수단
- 최종 목적지가 내륙지방에 있어 양륙강과 목적지가 서로 상이한 경우에는 운송약관에 따라 양륙항에서 최종 목적지까지의 운송화물에 대하여 보험을 부보할 때 최종목적지와 운송수단을 기재

(예) 양륙항이 부산항이고 최종 목적지가 서울일 경우 화물자동차를 이용하여 운송한다면, thence to Seoul by truck이라고 기재하고, 운송수단이 불분명할 경우에는 land conveyance 또는 any conveyance라고 기입

⑯ Goods and Merchandise : 피해보험 화물의 명세
- 화물의 품명, 수량, 화인 등을 신용장이나 선하증권의 기재내용 대로 기입
  (예) 황산염 3,00MT(질소가 최소 21% 이내, 습기가 최대 0.5% 이내)

⑰ Place and Date Signed In : 보험증권의 발행지와 발행일
- 보험증권의 발행일 : 선하증권 발행일 이전 날짜
  (예) 20××년 11월9일 서울에서 발행

⑱ No. of Certificates Issued : 보험증권의 발행매수
보통 2통이 발행되는데 보험자가 1통에 대하여 변제하면 나머지 1통은 무효

⑲ Body Clauses : 본문 약관
- 본문약관은 약인약관(consideration clause), 타 보험약관(other insurance clause), 선서약관(attestation clause), 영국 재판관할약관(english jurisdiction clause) 등으로 구성
  - 약인약관 : 계약 당사자가 약속에 대해 주고받는 권리, 이익, 손실, 책임 또는 이들의 약속
  - 선서약관 : 보험계약의 인수의 증거로서 보험회사의 책임자가 서명한다는 것과 보험증권의 효력에 대해 언급한 약관

⑳ Assurer's Signature : 보험자의 서명
- 해상보험증권은 보험자 또는 보험자의 대리인에 의하여 서명, 보험자가 법인인 경우에는 법인의 인장으로도 가능
- 우리나라 : 일반적으로 보험회사의 해상보험 부문의 책임자가 서명

㉑ Marginal Clause : 난외약관
- 종전 양식에 있던 이탤릭 서체 약관과 대치된 것으로써 Important Clause(중요사항 약관)라 하는 클레임 발생시에 피보험자가 취해야 할 각종 조치 및 절차 등을 일괄적으로 규정

■ 해상화물보험증서(LG Insurance Co., Ltd. 사례)

CERTIFICATE OF MARINE CARGO INSURANCE

① Assured(s), etc THE HAINEUNG CORPORATION	
② Certificate No. 001234A5678	④ Ref. No. Invoice No. NC3100HC2700 L/C No. M1234 606VS00018
③ Claim, if any, payable at : MCLARENS TOPLIS, NORTH AMERICA, 195 BROADWAY, 20TH FLOOR NEW YORK 10009 Tel(212)881-9412 Claims are payable in	⑤ Amount insured USD 55,000- (USD 50,000 × 110%)
⑥ Survey should be approved by THE SAME AS ABOVE	⑦ Conditions * INSTITUTE CARGO CLAUSE(B) 1982 * CLAIMS ARE PAYABLE IN AMERICA IN THE CURRENCY OF THE DRAFT. subject to the following Clauses as per back hereof institute Clauses Institute War Clauses(Cargo) Institute War Cancellation Clauses(Cargo) Institute Strikes Riots and Civil Commotions Clauses Institute Sir Cargo Clauses(All Risks) Institute Classification Clauses Special Replacement Clause(applying to machinery) Institute Radioactive Contomination Exclusion Clauses Co-Insurance Clause Marks and Numbers as
⑧ Local Vessel or Conveyance	⑨ From(interior port or place of loading)
⑩ Ship or Vessel called the SARANG-HO V-10	⑪ Sailing on or about NOV. 11, 2016
⑫ at and from PUSAN, KOREA	⑬ transshipped at
⑭ arrived at NEW YORK	⑮ thence to
⑯ Goods and Merchandise 3,000MTS OF AMMONIUM SULPHATE (N-21% min, MOISTURE-0.5% max)	

⑰ Place and Date signed in SEOUL, KOREA NOV. 9, 2007 ⑱ No. of Certificates issued. TWO
⑲ This Certificate represents and takes the place of the Policy and conveys all rights of the original policy holder (for the purpose of collecting any loss or claim) as fully as if the property was covered by a Open Policy direct to the holder of this Certificate.

This Company agrees losses, if any, shall be payable to the order of Assured on surrender of this Certificate.

Settlement under one copy shall render all others null and void.

Contrary to the wording of this form, this insurance is governed by the standard from of English Marine Insurance Policy.

In the event of loss or damage arising under this insurance, no claims will be admitted unless a survey has been help with the approval of this Company`s office or Agents specified in this Certificate

SEE IMPORTANT INSTRUCTIONS ON REVERSE
⑳LG Insurance Co., Ltd.

AUTHORIZED SIGNATORY

This Certificate is not valid unless the Declaration be signed by an authorized representative of the
Assured.

상업송장(Commercial Invoice)

상업송장(commercial invoice)은 물품의 거래가 원격지 간에 행해지는 경우 매도인이 매수인 앞으로 해당 물품의 특성과 내용명세를 상세하고 정확하게 작성하여 송부하는 선적화물의 계산서 및 내용명세서를 말한다.

상업송장은 무역거래상의 필수서류로서 모든 신용장에서 요구하고 있으나 유가증권인 선하증권이나 보험증권과 같이 그 자체가 청구권이 있는 서류가 아니므로 때로는 구 거래계약의 존재 및 이행의 사실을 입증하는 자료로서 또는 수입 물품의 정확성 및 진실성을 입증하기 위한 세관 신고의 증명자료로 활용되고 있다.

① 상업송장의 주요기능

- 국제무역에서의 구매서 역할
  - 거래물품의 주요사항인 계약상품의 정확한 규격(specification of goods) 및 개수, 포장 상태 및 화인(cargo marks) 등을 상세하게 표시

- 특정 거래계약의 존재 및 이행의 사실을 입증하는 증거자료
  - CIF나 CFR의 경우 선하증권이나, 보험증권이 계약과 일치되었음을 증명

- 매매계약서 및 대금청구서
  - 계약 상품의 순단가, 부대비용, 할인료, 지불방식, 지불시기 등 구체적으로 명기
  - 송장상의 발행금액은 환어음(bill of exchange)의 발행금액과 일치

- 화환어음의 담보물권 서류에 송장 첨부
  - 수출지 은행에서 환어음을 매입할 때나 수입지 은행에서 대도(T/R)로 수입 물품을 수입업자에게 인도할 시

- 과세표준액 산정에 가장 중요한 자료
  - 수입지에서 화물수취 안내서와 세관신고시의 과세표준액 산정시
  - 수입통관의 경우 수입업자에게 불이익이 초래되지 않도록 정확하게 작성

■ 상업송장(COMMERCIAL INVOICE)

① Shipper/Seller　　　KRGIATRA122INC IEE JU TRADING CO., LTD. 122, SONG RIM-DONG, DONG-KU, INCHEON KOREA	⑦ Invoice No. and date 8905　BK 1007 NOV. 20. 2016
	⑧ L/C No. and date 54321 DEC. 7. 2007
② Consignee 　TO ORDER OF SINHAN BANK ③ Departure date 　NOV. 20, 2016	⑨ Buyer(if other than consignee) UCLA TRADING CO., LTD. 5200 ANTHONY WAVUE DR. DETROIT, MICHIGAN 48203 U. S. A
	⑩ Other references COUNTRY OF ORIGIN : REPUBLIC OF KOREA
④ Vessel/flight　　　⑤ From 　F R E E D O M　　　BUSAN, KOREA	⑪ Terms of delivery and payment FOB BUSAN L/C AT SIGHT
⑥ To 　DETROIT, USA	

⑫Shipping Marks　⑬No.&kind of packages　⑭Goods description　⑮Quantity　⑯Unit　⑰ Amount price

```
  MON/T
  DETROIT
  LOT NO
  C/NO.1-53
  MADE IN KOREA           NYLON OXFORD         60,000M
                 420 DP × 420D                  1208,06KGS
                          MATERIAL.      US$1.00/M   US$60,000
                     AS PER MONARCH PRODUCTS
                          INDENT NO. T. 858
```

　　　　　　　　　　　　　　　　　　　　　　　　　⑱ Signed by

[상업송장 기재요령]

① Shipper/Seller : 송화인(수출업자) : 수출업자 개인 또는 법인의 이름과 주소를 기재
  - 미국 : 외국상품에 대한 수입동향 감시를 위해 수입상품의 통관시 수출업체의 고유코드(Manufacturer's I.D. Code)를 상업송장 우측상단에 기재하도록 규정
  - MID Code는 송장상의 Seller란의 우측 상단에 기재하되 영문 대문자로 띄어쓰기 없이 알기 쉽게 기록
  - 국명(최대한 2자) : 국제표준화기구(ISO)에서 제정한 기준에 따라 기재, 우리나라의 경우는 "KR"로 표시
  - 제조업체명(최대한 6자) : 업체명의 처음 2단어(영문)에서 각각 최초의 3자를 인용하여 작성, 업체명이 1단어일 경우 3자로만 작성
    (예) KOREA TRADING Co. : KORTRA
         AIDPUBLICATION TRADING CO. : AIDTRA
  - 주소(최대한 4자) : 거리명 또는 사서함 번호가 있는 주소 중 가장 큰 숫자를 찾아 4번째까지의 아라비아 숫자를 인용하여 작성
    (예) Dongjagu 1234의 경우는 1234로, 주소에 숫자가 없을 경우는 생략
  - 도시명(최대한 3자) : 도시명의 처음 3자를 인용하여 작성
    (예) SEOUL은 SEO, BUSAN은 BUS, INCHEON은 INC로 작성

> **〈기타 유의사항〉**
> - 본사가 지방에 있고 서울사무소에서 모든 수출입 업무를 담당하는 경우에는 지방 본사의 MID Code를 기재
> - 대행 수출시 대행사인 수출상의 MID Code를 기재
> - MID Code 작성시 모든 구두점과 띄어쓰기, 한 글자로 된 영문 머리글자와 정관사, 부정관사, 전치사, 접속사 등은 생략
> - 코드번호는 총 15자를 이내로 작성
>   (예) AIDPUBLICATION TRADING CO. 220 SADANG DONG DONGJACK-GU, SEOUL, KOREA → KRAIDTRA220INC

② Consignee(수화인) : 선하증권 상의 수화인과 상업송장상의 수화인은 동일하다.
  - 신용장 조건에 표시되어 있는 내용에 따라 다음가 같이 표시
    - Bill of Lading made out to order : to order
    - Bill of Lading made out to order of shipper : to order of shipper
      to our order로 되어 있으면 to order of 다음에 개설은행명을 기재
③ Departure date(출발일) : 화물을 적재한 선박이나 비행기가 출발하는 년, 월, 일을 기재
  - 통상 선하증권이나 AWB 상의 선(기)적일자와 일치
④ Vessel/Flight(선박/비행) : 화물을 운송하는 선박/비행기 명칭을 기재
  - 여러 가지 운송수단을 사용하는 경우에는 주된 운송수단을 기재
⑤ From : 화물을 운송하기로 예정된 출발지 항구나 공항 등의 명칭 기재
  - 신용장에 또는 계약서상의 선적지(place of loading)와 일치
    (예) Busan Korea, Kimpo Korea

⑥ To : 화물이 도착되는 도착지의 항구나 공항 등의 명칭 기재
- 신용장 또는 계약서상의 도착지와 일치

⑦ Invoice No. and Date(송장번호 및 날짜) : 수출업자(seller)가 상업송장에 부여한 참조번호 및 송장의 발행일을 기재

⑧ L/C No. and Date : 신용장번호 및 발행일 : 신용장 번호, 발행일 기재

⑨ Buyer(if other than consignee) : 수입업자의 주소, 성명 : 상품을 수입한 개인 또는 법인의 이름과 주소를 기재
- 신용장방식일 경우 신용장 개설의뢰인이 Buyer가 되며 Buyer와 Consignee가 같은 경우에도 Buyer의 이름과 주소를 다시 기재

⑩ Other References(또는 Remarks) : 기타 참조사항
- 거래 상대방이 신용장이나 계약서에서 별도로 요구한 사항을 기재
- 원산지표시(country of origin), 관련계약서의 오퍼번호나 발행일자 등을 기재
- 미국 : 상업송장상에 원산지 기재를 의무화(미국 수출 송장 작성시 : 본란에 Country of Origin을 명기한 다음 Korea 표기)
- 송장 작성자가 서명 란에 서명하고 작성자를 서명자와 별도로 기재하고자 하는 경우에는 서명란 dhlsWHr에 작성자의 이름과 직책을 기재
- 지불조건은 INCOTERMS와 같은 정형화된 조건을 사용하여 정확하게 기술하고 사용통화도 US$ 등으로 명확히 표기
  (예) FOB Busan, At sight L/C in USD ~

⑫ Shipping Marks(화까지 신속하고 안전하게 운송할 수 있도록 간단하게 표시

⑬ No. & Kinds of Pkgs(포장의 개수 및 종류) : 포장 종류 당 포장화물의 개수와 각 물품의 포장 형태를 drum, bale, box, case, bundle 등으로 기재

⑭ Goods description(상품명세서) : 규격(specification), 품질(quality), 등급(grade)등 해당물품에 대한 정확한 명세를 신용장 상의 표현과 완전히 일치하게 기재
- 상업송장 이 외의 기타 서류에는 일반적인 용어(general term)로 표시 가능

⑮ Quantity : 수량
- 송장금액 계산의 기초가 되는 최소 단위 당 수량을 기재하며 수량의 계산 단위는 일반적으로 다음과 같이 개수 혹은 도량형에 의하여 계산

개수	상품수	개수(Piece), 조(Set), 다스(Dozen) 등
	포장수	상자(Case), 포(Bale), 부대(Bag) 등
도량형	중 량	톤(Ton), 파운드(Lb, Libra), 킬로그램(Kg) 등
	용 적	입방피트(Cubic feet : CFT), 용적톤(Measurement Ton : M/T) 등
	길 이	야드(Yard), 미터(Meter) 등
	면 적	평방피트(Square Feet : SF) 평방미터(Square Meter : SM) 등

- 수량결정시기(선적수량조건 및 양륙수량조건)와 과부족용인 조건(more or less clause)에 유의
- 클레임 방지를 위해 가능한 구체적이고 정확한 문언으로 표시

⑯ Unit Price : 단위당 가격

⑰ Amount : 총금액
- 단위당 단가 × 수량 = 총금액
- 제반 비용과 할인 등이 있을 경우 그 비용을 가감하여 실채무액 표시
- 신용장의 금액은 상업송장에 기재될 수 있는 최고 금액
  (초과한 금액 발행 상업송장의 수리 거절)

⑱ Signed By : 서명
- 송장 작성자가 서명란(signed by)에 서명
- 서명방법 : 실서명(jandwriting), 스탬프 날인 서명 등도 가능

(2) 부속서류

원산지증명서(Certificate of Origin)

원산지 증명서(certificate of origin)는 화환어음 부대서류로 수출품의 원산지를 증명하는 국적증서의 성격을 가지며, 생산국(적성국)에 관한 판별목적으로 이용되기도 한다.

원산지증명서는 양허세율적용의 기준으로 이용되며, 국제적으로 통용되고 있는 원산지 인정기준은 당해 국가 영역에서 생산 및 제조된 다음과 같은 물품으로 하고 있다.

① 광산물, 농산물 및 식물성 생산물
② 번식 및 사육한 산동물과 이들로부터 채취한 물품
③ 수렵, 어로로 체포한 물품
④ 선박에 의해 체포한 어획물, 기타 물품
⑤ 제조, 가공 중에 발생한 분말
⑥ 생산자재를 사용하여 제조, 가공한 물품
⑦ 가공에 의해 새로운 상품적 부가가치가 발생한 물품

원산지증명서(Certificate of Origin)

① Consigned from (Exporter`s business name, address, country) NAMHAE CHEMICAL CORP. C.P.O. BOX 3259, 60-1 3-GA CHUNG MU-RO CHUNG-GU SEOUL, KOREA	④ Reference No GLOBAL SYSTEM OF TRADE PREFERENCES CERTIFICATE OF ORIGIN (Combined Declaration and Certificate) issued in <u>REPUBLIC OF KOREA</u> (Country) See Notes overleaf
② Goods consigned to (consignee`s name, address, country) TO THE ORDER OF FIRST COMMERCIAL BANK	
③ Means of transport and route(as for as known) FROM : PUSAN, KOREA TO : KAOSIUNG, TALWAN BY : SEA ON BOARD DATE : NOV. 11, 2016	⑤ official use

⑥ number	⑦ marks and numbers of packages	⑧ 7.Number and kind of packages of goods	⑨ Origin criterion (see notes overleaf)	⑩ Gross Weight or other quantity	⑪ Number and date of invoice
	800SETS C/T NO.1-800	STAINLESS STEEL COOKWARE WORLD BEST 20 PCS/ 1SET	B40%	500TS	EWK00 5787 (JUN 24, 2016)

⑫ by the exporter The undersigned hereby declares that the above details and statements are correct; that all the goods were produced in <u>KOREA</u> ------------------------------------ and that they comply with the origin requirements specified for those goods in the Global System of Trade Preferences for goods exported to SEOUL, KOREA/JUN. 8, 2015 ------------------------------------ ⑭ Place and date, signature of authorized Signatory	⑬ It is hereby certified, on the basis of control carried out, that the declaration by the exporter is correct ------------------------------------ ⑮ Place and date, signature and stamp of cerifying authority

■ 원산지증명서 기재 요령

① Consigned From(exporter's business name, address, country) : 수출업자의 상호, 주소, 국가
② Goods Consigned To(consignee's name, address, country) : 수화인의 상호, 주소, 국가
③ Means of Transport and Route(as for as known) : 경로와 운송수단
- 선적지 및 양륙지의 도시명, 항해일자, 선박명 등을 기재

  (예) FROM : BUSAN, KOREA
       TO   : KAOSIUNG, TAIWAN
       BY   : SEA
       ON BOATD DATE : 20××, 11, 11

④ Reference No : 참조번호
- 원산지증명서 발행기관명과 발행일련번호 등을 기재

⑤ Official Use : 발행기관에서 사용
⑥ Number : 번호
⑦ Marks and Numbers of Packages : 포장의 수와 화인
⑧ Number and Kind of Packages of Goods : 상품의 포장종류와 개수
⑨ Origin Criterion(see notes overleaf) : 원기준(표준)
⑩ Number And Date of Invoice : 상업송장의 발행일과 수
⑪ By The Exporter : 수출업자의 원산지에 대한 확약
⑫ 사항에 대한 발행기관의 확인

It is hereby certified, on the basis of control carried out, that the declaration by the exporter is correct

⑬ Place and Date, Signature of Authorized Signatory : 서명권자의 서명과 서명장소 및 날자
⑭ Place and Date, Signature and Stamp of Certifying Authority : 확인자의 스태프 및 서명, 장소 및 날자

포장명세서(Packing List)

포장명세서는 포장 및 포장 단위별 명세와 단위별 순중량, 총중량, 화인 및 포장의 일련번호 등을 기재함으로써 포장과 운송, 통관상의 편의를 위해 수출자가 수입자 앞으로 작성하는 거래 계약에 대한 부속서류의 일종으로 송장을 보충하는 역할을 한다.

① **포장명세서의 실제 기능**
- 수출입 통관절차에서는 심사자료로, 양륙지에서는 물품의 분류 및 판매에 활용
- 개별화물의 사고 발생분에 대한 참조 자료
- 검사 또는 검량업자가 실제 화물과 대조하는 참조자료
- 선박회사와 운송 계약

포장명세서는 여러 가지 선적물품 각 단위의 수량, 중량, 내용이 상이할 때 상업송장을 보충하기 위하여 사용되므로 대부분의 기재 내용이 상업송장과 일치한다.

■ **포장명세서(PACKING LIST)**

① Seller Gil Dong Trading Co., Ltd.	⑦ Invoice No. and date 8905 HC 3108 NOV. 29, 2016.
② Consignee TO ORDER OF SINHAN BANK	⑧ Buyer(if other than consignee) Nisso Shoji Co., Ltd. Wakamatsu Bldg., 3-4-5 Nihonbashi-Honcho, Chuo-Ku Tokyo Japan
③ Departure date NOV. 20, 2016. ④ Vessel/Flight ⑤ From FREEDOM-2 BUSAN, KOREA ⑥ To OSAKA, JAPAN	⑨ Other references Country of Origin: Republic of Korea

⑩ Shipping Marks	⑪ No.&kind of packages	⑫ Goods description	⑬ Quantity or net weight	⑭ Gross Weight	⑮ Measurement
MON/T Bulawayo LOT NO C/NO.1-53 Made In Korea	4200D×420D Material, As per Monarch products Indent No T.858	Nylon Oxford	600,000M	1.317kgs	24.5CBS

⑯ Signed by

■ **포장명세서 기재요령**

① Seller : 송화인(수출업자)
- 상품을 수출하는 개인 또는 법인의 이름과 주소 기재

② Consignee : 수화인
- 수출상품을 인도받을 개인 또는 법인의 이름과 주소를 기재
- 선하증권상 Consignee란과 동일하게 기재

③ Departure Date : 출발일
- 화물을 적재한 선박이나 비행기나 출발하는 년, 월, 일을 기재
- 선하증권이나 AWB상의 선(기)적일자와 일치

④ Vessel/Flight : 화물운송선박 또는 비행기
- 운송수단인 선박이나 비행기 명칭을 기재

⑤ From : 출발예정 항구 및 공항
- 운송수단이 출발하기로 예정된 항구, 공항 등의 명칭을 기재
- 신용장 또는 계약서상의 선적지와 일치

⑥ To : 도착항 및 공항
- 화물이 도착하는 항구, 공항 등의 명칭을 기재하며 신용장 또는 계약서상의 도착지와 일치해야 한다.

⑦ Invocie No. and Date : 상업송장의 번호 및 발행일

⑧ Buyer(if other than consignee) : 수입업자의 주소, 성명
- 상품을 수입한 개인 또는 법인의 이름과 주소를 기재
- 신용장방식 : 신용장 개설의뢰인이 매수인
- 수입업자와 수화인이 동일인 : 수화인 이름과 주소 다시 기재
- 수입업자와 수화인이 다른 경우에는 수입업자의 이름을 별도로 기재

⑨ Other References(또는 Remarks) : 기타 참조사항
- 거래 상대방이 신용장이나 계약서에서 원산지, 계약서 번호 등과 같이 별도로 요구하는 사실을 기재

⑩ Shipping Marks : 화인
- 관련서류와 포장 상품의 대조 점검을 용이하게 하고 화물을 도착지까지 신속하고 안전하게 운송할 수 있도록 간단하게 표시
- L/C 상에 화인에 관한 언급이 있으면 이를 준수
- 언급이 없는 경우 : 포장명세서의 작성자가 임의로 결정 가능
  (Packing List를 비롯한 제반 화인 관련 서류들의 표시와 일치)

- 표준화인 사용을 통해 비용절약, 신속한 대조점검, 안전한 운송 달성
⑪ No. & Kind of Pakgs : 포장의 종류와 개수
- 포장 종류당 화물의 개수를 기재하며, Case, Bundle, box 등 각 물품의 포장 형태를 표기
⑫ Goods Description : 상품명세서
- 규격(specification), 품질(quality), L/C No. 별 Model No. 별로도 정확하게 기재하여 해당 물품에 대한 성격별로 명확하게 구분
- 신용장에서 언급하는 범위 내에서 가능한 한 일목요연하게 구분
  (예) 신용장이나 계약서상에서 'Full details Packing List'나 Size & Color Assortment'를 요구하는 경우 : 규격과 색상을 별도로 정확히 분류하여 작성
- L/C 상에서 포장 방법을 지정시 그 내용을 반드시 포장명세서 상에 명기
⑬ Quantity or Net Weight : 수량 또는 순중량
- 물품의 수량을 각 포장 단위마다 구분하여 상업송장에서와 같이 기재
⑭ Gross Weight : 총중량
- 순중량+외부 포장재료(또는 포장용기) = 총중량(B/L상의 중량과 일치)
- 톤(무게표시)도 양적으로 상이한 총중량과 순중량을 구분 명시
⑮ Measurement : 용적
- 선적물품의 부피를 나타내며 B/L 상의 용적과 일치
- 용적의 계산단위 : CBM(Cubic Meter)
  (1M/T(Measurement Ton) = 40 cubic feet)
- 용적은 총중량 합계 및 순중량 합계와 함께 하단에 기재
- 운송계약 체결이나 운임 결정에 기본적인 자료
⑯ Signed By : 서명

검사증명서(Inspection Certificate)

검사증명서(inspection certificate)는 수출입 계약이나 신용장 조건에 따라 수출상품의 품질, 분석, 위생 및 검역 등을 저명한 국제검사기구나 수입자가 지명한 검사인의 검사를 필하고 수출자가 이를 증명하기 위해 첨부하는 부속서류이다. 다음을 살펴보자.

① 품질증명서(certificate of quality) : 농수산물 등의 수출품에 대하여 품질을 증명하는 서류

② 분석증명서(certificate of analysis) : 광산물 등의 품위와 순도 및 의약품 등의 원료구성을 분석하여 증명하는 서류
③ 위생증명서(certificate of health) : 식료품, 화장품, 약품 등의 수출품에 대해 병균 오염여부를 검사기관이 확인하여 증명하는 서류
④ 검역증명서(certificate of quarantine) : 수출하는 동식물에 대해 검역기관에서 검역한 후, 발행해 주는 검역증명 서류

■ 검사증명서(CERTIFICATE OF INSPECTION)

DATE :

AS PER L/C NO.

SHIPPED BY
OF
TO

　　THIS IS TO CERTIFY THAT OUR QUALITY CONTROLLER ATTENDED FOR INSPECTION OF THE CAPTIONED SHIPMENT AT

　　AND SAMPLES TAKEN AT RANDOM FROM THIS SHIPMENT WERE INSPECTED AND APPEARED TO BE SUCH AS TO WARRANT THE ISSUE OF THIS AUTHORIZATION.

　　THE ISSUE OF THIS CERTIFICATE OF INSPECTION TO SHIP THESE GOODS DOES NOT IMPLY THAT THE GOODS ARE IN ACCORDANCE WITH THE CONTRACT AND DOES NOT IN ANYWAY RELIEVE THE SELLERS OF THEIR RESPONSIBILITY TO SUPPLY THE GOODS TO BE SHIPPED HEREWITH IN ENTIRE ACCORDANCE WITH THE CONTRACT.

　MERCHANDISE INSPECTED BY :

　QUALITY CONTROLLER :

　　　　　　　　　　　　　　　　　　　　　　　　　　　　_____
　　　　　　　　　　　　　　　　　　　　　　　　　　　　　Authorized signature

3. 기타서류

(1) 무역업고유번호 신청서

우리나라의 대외무역법에서는 무역업의 신고제도를 채택하여 왔으나 규제완화 차원에서 이를 폐지하고 2000년 1월 1일부터 무역통계 작성을 위하여 무역업 고유번호제를 실시하고 있다.

무역업을 하고자 하는 자는 산업통상자원부 장관에게 무역업 고유번호신청서에 사업자등록증 사본을 첨부하여 무역고유번호를 신청하고 이를 부여받아야 한다. 이 권한은 한국무역협회장에게 위임되어 있으며 무역업자는 관세법에 의해 수출입신고를 할 경우 의무적으로 무역업고유번호를 수출신고서에 기재하여야 한다.

<표 Ⅳ-6> 한국무역협회 무역업고유번호 부여 신청 장소

신청 장소	소 재 지	전 화
회원서비스센터	서울 강남구 삼성동 159-1 (트레이드 타워 1층)	02-6000-5334/8
부 산 지 부	부산 중구 중앙로4가 87-7 (부산무역회관 7층)	051-462-5166/9
대 구 경 북 지 부	대구 동구 신천4동 299-2 (국제오피스텔 7층)	053-753-7531/30
광 주 전 남 지 부	광주 광산구 우산동 1589-1 (광주무역회관 5층)	062-943-9400/1
대 전 충 남 지 부	대전 유성구 장동 23-14 (중소기업지원센터 4층)	042-864-4620/2
인 천 지 부	인천 남구 주안동 989-1 (르네상스타워 11층)	032-420-0011/3
강 원 지 부	강원 춘천시 중앙로1가 9 (공영빌딩 3층)	033-256-3067/8
충 북 지 부	충북 청주시 흥덕구 가경동 1508-1 (중소기업지원센터 5층)	043-236-1171/3
전 북 지 부	전북 전주시 덕진구 팔복동 1가 337-2 (중소기업지원센터 5층)	063-214-6991/2
경 남 지 부	경남 창원시 용호동 7-4 (경남무역회관 5층)	055-282-4115/6
경 기 지 부	경기 수원시 권선구 권선동 1246 (경기지방공사 4층)	031-221-7781/3
울 산 사 무 소	울산 남구 신정3동 589-1 (울산상의 4층)	052-257-6747

I want to walk the happiest trade path on the planet

■ 무역업고유번호신청서

(대외무역관리규정 별지 제1-1호)

무역업고유번호신청서
APPLICATION FOR TRADE BUSINESS CODE

				처리기간(Handling Time)
				즉 시(Immediately)

① 상호 (Name of Company)		② 무역업고유번호 (Trade Business Code)		
③ 주소 (Address)			④ 업종 (Business Type)	
⑤	전화번호 (Phone Number)		⑥ 이메일 주소 (E-mail Registry Number)	
	팩스번호 (Fax Number)		⑦ 사업자등록번호 (Business Registry Number)	
⑧ 대표자 성명 (Name of Rep.)		⑨ 주민등록번호 (Passport Number)		

대외무역법 시행령 제30조 제1항 및 대외무역관리규정 제3-5-1조의 규정에 의하여 무역업고유번호를 위와 같이 신청합니다.

I hereby apply for the above-mentioned trade business code in accurdance with Article 3-5-1 of the Foreign Trade Management Regulation.

신청일 :   년   월   일
Date of Application Year Month Day
신청인 :   (서명)
Applicant   Signature

사단법인 한국무역협회 회장
Chairman of Korea International Trade Association

유의사항 : 상호, 대표자, 주소, 전화번호 등 변동사항이 발생하는 경우 변동일로부터 20일 이내에 통보하거나 무역업 데이터베이스에 수정 입력하여야 함.

■ 무역업고유번호신청서 기재요령

① 상호(Name of Company)
- 사업자등록증 상의 회사명 기재.

② 무역업고유번호(Trade Business Code)
- 한국무역협회 심사 후, 무역업고유번호를 부여할 경우 기재.

③ 주소(Address)
- 사업자등록증 상의 본사 주소지를 기재.

④ 업종(Business Type)
- 업종을 기재(사업자등록증 상의 업태 및 종목을 기재).

⑤ 전화 번호(Phone Number) 및 FAX 번호
- 본사 소재지 전화번호를 기재, 무역부 사무실이 별도로 설치되어 있는 경우에는 무역부 사무실을 명시하고 그 전화번호를 같이 기재.

⑥ E-mail 주소 및 Homepage 주소
- 본사의 E-mail 주소와 회사 Homepage 주소를 기재.

⑦ 사업자등록번호(Business Registry Number)
- 사업자등록증 상에 기재되어 있는 사업자등록번호를 기재.

⑧ 대표자 성명(Name of Rep.)
- 사업자등록증 상의 대표자의 성명을 기재.

⑨ 대표자 주민등록번호(Passport Number of Rep.)
- 사업자등록증 상에 등재되어 있는 대표자의 주민등록번호를 기재.

(2) 수출입승인 신청서

① 수출승인(신청)서

수출승인이란 수출입 공고, 별도 공고, 수입선다변화 공고 등에 의해 수출이 제한되는 물품을 적법하게 수출할 수 있도록 하는 제도로서 산업통상자원부 장관이 그 승인권을 가지고 있으나 현재는 아래 <표 Ⅳ-7>에서와 같이 각 품목별로 공고에 의해 고시되어 있는 협회나 조합 등의 단체에게 그 권한의 대부분이 위임되어 있다.

신용장을 접수한 수출업자는 수출 승인 대상물품을 수출하고자 할 경우에는 매개약건별로 관련서류를 첨부하여 승인기관에 수출 승인을 받아야 하며 승인대상 품목이 아닐 경우는 별도의 수출 승인을 받을 필요가 없다.

따라서 수출업자는 물품을 수출하려고 할 때에는 먼저 수출물품이 수출 승인 대상품목에 적용되는지 그 여부를 먼저 수출입기별공고상의 H·S 번호를 근거하여 확인해야 한다. 그러나 대외무역법 이외의 50여개의 개별법에 의해 제한되는 물품은 수출입 통합공고를 확인하여 해당 개별법에 정하고 있는 요건에 따라 확인을 받아 곧 바로 수출입신고를 이행하고 수출입을 할 수 있으므로 수출입 승인대상에는 포함되지 않는다.

<표 Ⅳ-7> 수출승인기관

기관명	대상 품목
• 대한어망공업협회	• 어망, 끈 류
• 농림부	• 채소종자
• 한국농림수산식품수출조합	• 배, 사과(대만)
• 한국골재협회	• 모래, 자갈 등
• 한국생사수출조합	• 견사(일본)
• 한국자동차공업협회	• 승용차(대만)
• 한국섬유직물 수출조합	• 직물류(미국, EU 등)
• 한국의류산업협회	• 의류(미국, EU 등)
• 한국기계산업진흥회	• 산업설비수출
• 한국수출입은행	• 산업설비수출(연불금융대상)
• 한국의약품수출입협회	• 의약품

4.0 International Trade Practice

■ 수출승인서

별지 제 3-1호

수출승인(신청)서
Export License(Application)

처리기간 : 1일
Handling Time : 1Day

① 수출자 (Exporter)	무역업고유번호 (Notification No.)	671110	④ 구매자 또는 계약당사자 (Buyer or Principal of Contract) Onmillion Industry Ltd.n Rm 503-4 Singga comm. centre, 144-151 Connaught Rd. W., Honkong
상호, 주소, 성명 (Name of firm, Address, Name of Rep.) (주) 이주무역 인천 연수구 송도동 9 - 5번지 대표이사 ○ ○ ○		(서명 또는 인) (Signature)	⑤ 신용장 또는 계약서 번호(L/C or Contract No.)
② 위탁자 (Requester)	사업자등록번호 (Business No.)		⑥ 금액(Total Amount) US$ 19,500
상호, 주소, 성명 (Name of firm, Address, Name of Rep.)		(서명 또는 인) (Signature)	⑦ 결제기간(Period of Payment) AT SIGHT
			⑧ 가격조건(Terms of Price) FOB BUSAN
③ 원산지(Origin) ROK			⑨ 도착항(Port of Arrival) CHICAGO
⑩ HS부호 (HS Code)	⑪ 품명 및 규격 (Description/Size)		⑫ 단위 및 수량 (Unit/Quantity) / ⑬ 단가 (Unit Price) / ⑭ 금액 (Amount)
	SYNTHETIC HAIRGOODS 1) Style : 3001 ; WT : 15GR 2) Style : 3001 ; WT : 21GR Total		3,000PCS $2.50 7,500 4,000PCS $3.00 12,000 7,000PCS 19,500

⑮ 승인기관기재란(Remarks to be filled out by an Approval Agency)

⑯ 유효기간(Period of Approval)

⑰ 승인번호(Approval No.)

⑱ 승인기관 관리번호(No. of Approval Agency)

위의 신청사항을 대외무역법 제14조 제2항 및 동법 시행령 제26조 제1항의 규정에 의하여 승인합니다.
(The undersigned hereby approves the above-mentioned goods in accordance with Article 14(2)of the Foreign Trade Act and Article 26(1) of the Enforcement Decree of the said Act.)

년 월 일
승인권자   (인)

※승인기관이 2이상인 경우 (15)~(18)의 기재사항은 이면에 기재하도록 합니다.
※이 서식에 의한 승인과는 별도로 대금결제에 관한 사항에 대하여는 외국환거래법령이 정하는 바에 따라야 합니다.

2812-281-01611민
'98.1.12. 승인

210mm×297mm
일반용지 60g/㎡

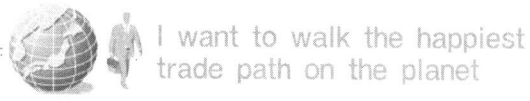

■ 수출승인서 기재요령

① 수출업자(Exporter), 상호, 주소, 성명 : Name of firm, Address, Name of Rep.), 무역업고유번호(Notification No.)
   - 수출업자의 상호, 주소, 성명 및 무역업고유번호를 기재
② 위탁자(Requester), 사업자 등록번호(Business No.)
   - 일반적인 수출의 경우에는 수출업자와 동일
   - 수출대행의 경우에 위탁자(화주)의 상호, 주소, 대표자, 성명 및 사업자등록번호를 별도로 기재
③ 원산지(Origin)
   - 수출물품의 원산지 기재
   - 수출물품의 원산지가 우리나라인 경우 : R. O. K로 기재
④ 구매자 또는 계약당사자(Buyer or Principal of Contract)
   - 수출 승인신청의 근거서류인 수출신용장상의 개설의뢰인(name of the applicant for the credit) 또는 기타 거래인 경우 계약당사자(수입자)를 기재
   - 수출승인서 발급 근거서류인 수출신용장 또는 계약서와 일치
⑤ 신용장 또는 계약서번호(L/C or Contract No.)
   - 신용장 방식 : 신용장 번호(number of the credit) 기재
   - 무신용장 방식 : 계약서 번호를 기재
   - 동 번호는 수출승인 신청시 첨부되는 신용장 또는 계약서 번호와 일치
   - 신용장 상 환어음 표시 문언인 Crawn Under Documentary Credit No.~의 부분에도 기재, 모든 선적서류에 명시
⑥ 금액(Total Amount)
   - 수출승인 신청의 근거서류에 있는 금액을 통화와 함께 표시
⑦ 결제기간(Period of Payment)
   - 신용장 조건 또는 무신용장 조건에 따라 다음과 같이 기재
     - 화환신용장(documentary credit)에 의한 거래 : At Sight L/C, Usance L/C(at~days arter sight, date of B/L)
     - 무신용장(추심결제방식)에 의한 거래 : D/P, D/A
     - 송금방식에 의한 수출
     - 기타 위탁한 수출, 현지인도 수출 등은 계약서 또는 신용장 상의 대금결제 방식에 의거 결제기간 및 금액을 각각 기재
⑧ 가격조건(Terms of Price)
   - INCOTERMS 2020에 따른 가격조건을 기재

⑨ 도착항(Port of Arrival)
- 통상 신용장(또는 계약서) 상에 Shipment from~to~로 기재되는 문구 중에서, to 다음의 도착지(Port of Destination)를 기재

⑩ HS 부호(HS Code)
- 우리나라는 수출입 공고의 품목분류는 HS 품목 분류를 채택
- 수출 품목의 HS 분류는 HS상품 분류상의 분류(10단위)와 반드시 일치

⑪ 품명 및 규격(Description/Size)
- 수출신용장(또는 계약서) 상의 품목명세와 일치하도록 기재

⑫ 단위 및 수량(Unit/Quantity)
- 수량의 계산단위는 상품의 종류에 따라 분류
- 상품의 수량은 개수 혹은 도량형에 의하여 표시

⑬ 단가(Unit Price)
- 해당 수출물품의 단가를 기재

⑭ 금액(Amount)
- ⑫항×⑬항으로 계산하여 수출상품 금액을 기재

⑮ 승인기관기재란(Remarks to be filled out by an Approval Agency)
- 승인기관에서 기재하는 란으로 수출입 공고상 수출 제한품목을 승인할 때 필요한 경우 승인조건을 기재

⑯ 유효기간(Period of Approval)
- 수출승인 유효기간은 원칙적으로 1년이나 다음과 같은 특정한 경우에는 1년 이내 또는 20년의 범위 내에서 이를 조정 가능
  - 산업통상자원부 장관이 물가안정 또는 수급조정을 위하여 1년 이내로 유효기간의 단축이 필요하다고 인정하는 경우
  - 물품의 제조·가공기간이 1년을 초과하는 경우 등, 물품의 선적 또는 도착기일을 감안하여 1년 이내에 물품의 선적이나 도착이 어려울 것으로 수출입승인기관의 장이 인정하는 경우
  - 수출·수입이 혼합된 거래로서 수출입승인기관장이 부득이하다고 인정하는 경우

⑰ 승인번호(Approval No.)
- 승인기관에서 승인번호를 기재

⑱ 승인기관 관리번호(No. of Approval Agency)
- 승인기관이 자체적으로 부여한 관리번호를 기재

② **수입승인(신청)서**

대외무역법상 수출입 공고, 통합 공고 등에 의해 수입이 제한되는 물품을 수입할 경우에는 당해 물품을 관장하는 기관에서 수입승인을 받아 수입하여야 한다. 수입승인에 관한 권한은 원칙적으로 산업통상자원부 장관에게 있으나 실제로는 대부분 당해 물품을 관장하는 기관에게 위탁되어 있으며, 승인사항의 변경에 관한 권한 역시 위탁되어 있다. 또한, 결제방법 등이 외국환거래 법령에 의하여 인정된 거래이어야 하고, 성상거래 형태가 아닌 경우에는 대외무역법 상 특정거래 인정을 받아야 한다.

<표 Ⅳ-8> 위탁기관

기관명	대상품목	기관명	대상품목
농림축산식품부	• 완제 동물약품, 양곡류, 비료, 주요 농산물 종자, 종축, 과수묘목	시·도지사 식품의약품안전청 한국동물약품협회	• 외화획득용 쇠고기 • 고추장 • 동물용 의약품 등
농수산물유통공사	• 외화획득용 쌀, 기타 곡분, 초코렛 코코아 제품	한국의약품수출입협회 통일부	• 북한산 한약재, 의약품 • 복한산 한약재
한국유가공협회	• 외화획득용 유장, 맥아엑스, 변성유장	문화체육관광부	• 영화, 외국간행물, 음반, 비디오물
축산물유통사업단	• 쇠고기		
출산업협동조합중앙회	• 소		

수입승인을 받은 후, 수입자는 수입승인 유효기간 내에 수입대금을 지급하고 당해 물품을 수입하여야 하지만, 상대방과의 계약변경이나 기타 사유로 인하여 승인내용을 변경할 필요가 있을 경우에는 변경승인 신청으로 수입승인 사항을 변경할 수 있다.

수입승인 절차가 끝나면 수입승인기관의 장은 수입승인 내용에 따라 이행하였는지 여부를 사후 관리하게 된다. 수입승인이란 수출입 공고, 수출입별도 공고, 수입선다변화 품목공고 등에서 수입이 제한되는 품목을 수입이 가능하도록 하는 절차를 말한다. 수입승인기관장이 수입승인을 할 때, 다음 요건의 합당 여부를 판단한 후 수입승인을 하여야 한다.

- 수입자가 승인을 얻을 수 있는 자격보유 유무
- 수입물품이 수출입공고 등과 대외무역관리규정에 의한 제한 요건을 충족한 물품인지 여부
- 수입품목의 품목분류번호(HS) 적용의 적절성 여부

■ 수입승인서

(별지 제3-2호 서식)

수입승인(신청)서
Import License(Application)

처리기간 : 1일
Handling Time : 1Day

① 수입자 (Importer)	무역업고유번호 (Notification No.)	671110	⑤ 송화인(Consignor) 상호, 주소, 성명 (Name of firm, Address, Name of Rep.) SMITH & JONES INC., 1070, Park AVE.,N.Y.,N.Y.,10060 U.S.A
상호, 주소, 성명 (Name of firm, Address, Name of Rep.) (주) 이주무역 인천 연수구 송도동 9 - 5번지 (서명 또는 인) 대표이사 ○ ○ ○ (Signature)			
② 위탁자 (Requester)	사업자등록번호 (Business No.)		⑥ 금액(Total Amount) US$300,000
상호, 주소, 성명 (Name of firm, Address, Name of Rep.) (서명 또는 인) (Signature)			⑦ 결제기간(Period of Payment) USANCE at 30days after sight
			⑧ 가격조건(Terms of Price) C.I.F BUSAN
③ 원산지(Origin) U.S.A.			④ 선적항(Port of Loading) L.A. Port

⑨ H.S부호 (H.S Code)	⑩ 품명 및 규격 (Description/Size)	⑪ 단위 및 수량 (Unit/Quantity)	⑫ 단가 (Unit Price)	⑬ 금액 (Amount)
4301200000	Raw Rabbit Fur Skin Total	3,000PCS 3,000PCS	US $100 US $100	US $300,000 US $300,000

⑭ 승인기관기재란(Remarks to be filled out by an Approval Agency)

⑮ 유효기간(Period of Approval)

⑯ 승인번호(Approval No.)

⑰ 승인기관 관리번호(No. of Approval Agency)

　위의 신청사항을 대외무역법 제14조 제2항 및 동법 시행령 제26조 제1항의 규정에 의하여 승인합니다.
　(The undersigned hereby approves the above-mentioned goods in accordance with Article 14(2)of the Foreign Trade Act and Article 26(1) of the Enforcement Decree of the said Act.)

년　월　일

승인권자　　　(인)

※승인기관이 2이상인 경우 ⑭~ 의 기재사항은 이면에 기재하도록 합니다.
※이 서식에 의한 승인과는 별도로 대금결제에 관한 사항에 대하여는 외국환거래법령이 정하는 바에 따라야 합니다.

2812-281-01711민
'98.1.12. 승인

210mm×297mm
일반용지 60g/㎡

■ **수입승인서의 기재요령**

① 수입업자(Importer), 무역업고유번호(Notification No.)
- 수입업자의 상호, 주소, 성명 및 무역업고유번호를 기재
- 수입업자는 무역업고유번호를 받은 자라야 한다.

② 위탁자(Requester), 사업자등록번호(Business No.)
- 위탁자의 상호, 주소, 성명 및 사업자등록번호를 기재
- 무역업고유번호를 받은 자라도 특수 제품이나 특정 거래에 있어서 전문적인 지식 및 경험이 있는 자에게 대행시키는 것이 유리할 경우에는 대행 위탁이 가능
- 수입대행 계약서를 구비하고 대행위탁자(실수요자)를 이 위탁자 란에 기재한 후, 인지 첨부

③ 원산지(Origin)
- 당해 수입물품의 원산지 기재
- 원산지 기준은 수출 승인신청서 참조.

④ 선적항(Port of Loading)
- 계약서나 Offer Sheet상의 Port of Shipment를 기재

⑤ 송화인(Consignor)
- 물품매도확약서(Offer Sheet)나 계약서상의 수출상(Seller or Exporter)를 기재
- 신용장 조건인 경우, 일반적으로 수익자(beneficiary)는 제품을 수출한 송하인(shipper)이다.

※ '⑥ 번 금액(Total Amount)'부터 '⑰ 번 승인기관 관리번호(No. of Approval Agency)'까지는 수출승인서의 기재내용과 동일함(수출승인신청서 참조)

(3) 수입화물선취보증서

수입화물을 선박회사로부터 인수하기 위해서는 선하증권 원본을 제시하여야 한다. 그러나 우편의 지연 또는 운송서류 작성 및 은행이 매입하는 절차에서 시간이 걸리기 때문에 화물이 도착되었으나 운송서류가 내도하지 않는 경우가 있는데, 이러한 경우 운송서류가 도착되기 이전에 수입업체와 신용장 개설은행이 연대하여 보증한 서류를 운송회사에 선하증권 대신 제출하여 수입화물을 인도받을 수 있도록 하는 서류가 수입화물선취보증서(Letter of Guarantee : L/G)이다.

L/G는 선하증권 원본이 신용장 발행은행에 도착하면 선박회사에 원본 전통을 제출하겠다는 것과 이로 인한 위험과 책임 및 비용(미납부 운임, 창고료, 양륙비 등)은 신청인이 부담하겠다는 내용으로 되어 있다.

L/G의 발급은 운송서류의 원본을 인도하는 것과 동일한 효과가 있다. 그리고 신용장 조건과 일치하지 않는 서류가 내도하여도 화물이 이미 수입업자에게 인도되었고 L/G에 의해 선하증권의 원본을 운송회사에 제시하기로 하였으므로, 수입업자는 매입은행에 대해 수입어음의 인수 또는 지급을 거절할 수가 없다.

이러한 L/G는 본·지사 간의 거래 등에 있어서 수출자가 금융을 제공하기 위한 수단으로 사용되고 있다.

수입화물선취보증신청서의 내용은 B/L 상에 기재되어 있는 내용과 동일하며 그 방법은 다음과 같다.

■ L/G(수입화물선취보증신청서)

수입화물선취보증신청서 (Application For Letter of Guarantee)		계	대리
① 선박회사명 (Shipping Co) Korea Shipping co.	⑥ 신용장(계약서)번호(Number of Credit) : M1701905NS06260	⑦ L/G번호(L/G Number)	
:::	⑧ 선하증권번호(Number of B/L)	74343043	
② 송화인(Shipper) KYNZA CO., LTD TOKYO, Japan	⑨ 선박명(Vessel Name)	Freedom-7	
	⑩ 도착(예정)일(Arrival Date)	Nov.24,2020	
	⑪ 항해번호(Voyage No.)	NYPU013	
③ 상업송장금액(Invoice Value) ¥300,000	⑫ 선적항(Port of Loading)	TOKYO	
	⑬ 도착항(Port of Discharge)	PUSAN	
④ 화물표시 및 번호 (Nos. & Marks)	⑤ 포장수 (Packages)	⑭ 상품명세(Description of Goods)	
WOOJIN PUSAN P/NO.1 Made in Japan	1set	Weather Facsimile Receiver Model : FAX-108 Maker : Furno Electric Co. Complete set	

　본인은 위 신용장등에 의한 관계 선적서류가 귀행에 도착하기 전에 수입화물을 인도받기 위해 수입화물 선취보증을 신청하며 본인이 따로 제출한 수입화물 선취보증서(LETTER OF GUARANTEE)에 귀행이 서명함에 있어 다음 사항에 따를 것을 확약합니다.

1. 귀행이 수입화물 선취보증서에 서명함으로써 발생하는 위험과 책임 및 비용은 모두 본인이 부담하겠습니다.
2. 본인은 귀행의 요청이 있으면 언제든지 위 수입화물을 귀행에 인도하겠습니다.
3. 본인은 위 수입화물에 관한 관계 선적서류를 제3자에게 담보로 제공하지 않았음을 확인하며, 또한 귀행의 서면 동의 없이 이를 담보로 제공하지 않습니다.
4. 본인은 위 수입화물에 관한 관계 선적서류가 도착할 때에는 신용장 조건과의 불일치 등 어떠한 흠에도 불구하고 이들 서류를 반드시 인수하겠습니다.

20××년　월　일

신청인　○　○　○　인

주　소　인천 연수구 송도동 9 - 5

TEL.　010 - ×××× - ××××

인감대조

주식회사　　　　　　　　　　　　은행 앞

■ L/G 신청서

LETTER OF GUARANTEE

Date:

① Shipping Co. Korea Shipping co.	⑥ Number of Credit M1701905NS06260		⑦ L/G No	
	⑧ Number of B/L		74343043	
② Shipper KOVNACK CO., KTD TOKYO, Japan	⑨ Vessel Name		Freedom-7	
	⑩ Arrival Date		Nov. 24, 2016	
	⑪ Voyage No.		NYPU013	
③ Invoice Value ¥300,000	⑫ Port of Loading		TOKYO	
	⑬ Port of Discharge		PUSAN	
④ Nos. & Marks	⑤ Packages	⑭ Description of Goods		
WOOJIN PUSAN P/NO.1 Made in Japan	1set	Weather Facsimile Receiver Model : FAX-108 Maker : Furno Electric Co. Complete set		

In consideration of your granting us delivery of the above mentioned cargo which we declare has been shipped to our consignment, but Mills of Lading of which have not boon received, we hereby engage to deliver you the said Bills of Lading as soon as we receive them and we further guarantee to indemnify yourselves and/ or the owners of the said vessel against any claims that may be made by other parties on account of the aforesaid cargo, and to pay to you on demand any freight or other charges that may be due here or that may have remained unpaid at the port of shipment in respect to the above-mentioned goods.

In the event of the Bills of Lading for the cargo herein mentioned being hypothecated to any other bank, company, firm or person, we further guarantee to hold you harmless from all consequences what so ever arising therefrom and furthermore undertake to inform you immediately in the event of the Bills of Lading being so hypothecated.

Yours faithfully

Party claiming right of delivery

We hereby guarantee to surrender to you the corresponding Bills of Lading. Kindly be advised that this guarantee shall be automatically null and void upon your acknowledging receipt of the corresponding Bills of Lading which are to be endorsed and presented to you bank for the only purpose of the redemption of this letter of guarantee.

Authorized Signature

Bank.

■ L/G 신청서 기재요령

① Shipping Co : 선박회사
- 당해 수입 물품의 국제운송업자

② Shipper : 송화인
- 당해 물품을 선적한 자

③ Invoice Value : 상업송장금액
- 당해 물품의 가격으로 B/L에 표시된 물품의 가격
- 수입업자가 물품을 우선 선취하기 위해서 은행이 L/G를 발행하는 것이므로, 이 상업송장 금액은 수입업자가 제출한 상업송장의 금액과 반드시 일치해야 한다.

④ Nos. & Marks : 화물표시 및 번호
- 수입 물품의 포장표시
- 수입업자가 L/G를 받기 위해서 제출한 상업송장, 포장명세서, B/L상의 Nos. & Marks와 동일

⑤ Packages : 포장개수

⑥ Number of Credit : 신용장번호
- 당해 물품의 수입을 위하여 발행된 신용장의 고유번호 기재
- D/P나 D/A의 경우에는 해당 계약서의 번호 기재

⑦ L/G No. : 수입화물선취보증서의 번호
- 은행의 L/G 발행에 대한 참조번호로서 L/G 사후관리에 필요
- 이 번호는 수입업자가 기재하는 사항이 아니고 은행에서 부여

⑧ Number of B/L : 선하증권의 번호
- B/L의 고유번호로서 이 번호를 L/G신청서 상에 기재

⑨ Vessel Name : 선박명
- 화물이 선적된 선박의 명칭

⑩ Arrival Date : 도착일

⑪ Voyage No. : 항해번호
- 화물을 선적한 선박의 항해번호

⑫ Port of Loading : 선적항
- 화물을 선적한 항구

⑬ Port of Discharge : 도착항
- 화물이 도착되는 국내의 항구

⑭ Description of Goods : 상품명세서
- 상품의 명세는 제반 서류상의 기재내용과 동일하며, L/C에서 요구한 상품인가를 확인
- 만일 L/C의 표시된 상품과 불일치할 경우에는 L/C를 반드시 수정

(4) 수출입 신고서

① 수출신고서

물품을 수출하고자 하는 자는 당해 수출물품에 대하여 원칙적으로 무서류 신고(paperless)인 EDI 방식으로 당해 물품의 제조공장 등을 관할하는 세관에 수출신고를 하고 신고필증을 교부받아야 한다.

무서류 신고방식 적용 배제 물품이나 무서류 신고대상 품목이라 하더라도 관세청 시스템에 우범성 화물로 등록된 경우에는 서류로 제출하여야 한다.

관세법상 수출입 신고를 할 수 있는 자는 화주, 관세사, 통관법인, 관세사법인 등이며 이들은 각자 자신의 명의로 수출신고를 할 수 있으나 무환수출 물품의 신고자는 화주 본인이 되며, 대부분의 유환수출 물품의 신고자는 관세사, 통관법인과 관세사법인 등이다.

특히 수출입 실무, 관세 환급실적 등을 감안한 일정기준 이상의 화주는 관세사를 채용하여 신고할 수 있도록 되어있다.

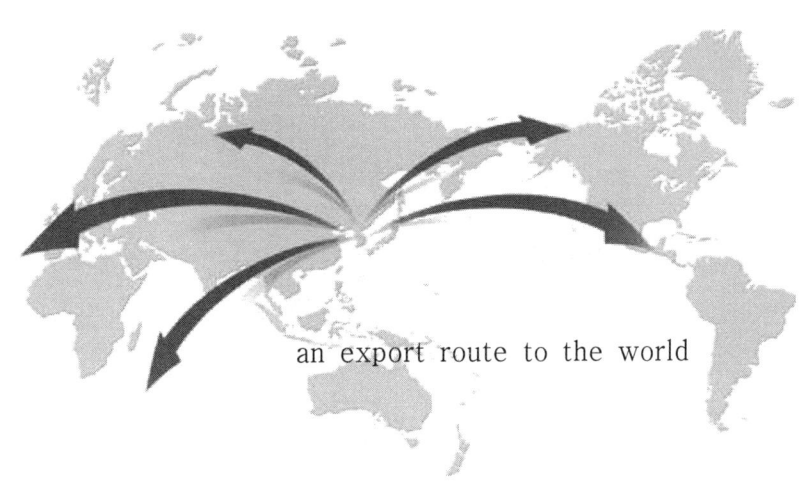

an export route to the world

■ 수출신고서

	수 출 신 고 서		계약번호: (통 계 용)		※ 처리기간 : 즉시	
① 신고자 상호		제출번호	⑦ 신고번호	⑧ 신고일자	⑨ 신고구분	⑩ C/S구분
② 수출자 상호		부 호				
③ 제조자 주소			⑪ 거래구분	⑫ 종 류		⑬ 결제방법
상 호		성 명	⑭ 목적국		⑮ 적재항	
통관고유부호		사업자 등록번호	⑯ 운송형태		⑰ 제조완료일 (검사희망일)	
④ 구매자 상호		부 호	⑱ 물품소재지			
⑤ 환급신청인	수출자	제조자	⑲ L/C번호			
⑥ 환급 기관		부 호	⑳ CS변경		㉑ 조사란	
㉒ 품 명·규 격			㉓ 관세사 실적			
			㉔ 세 번 부 호			
			㉕ 제 품 코 드			
			㉖ 신고가격(FOB)			
			㉗ 순 중 량			KG
			㉘ 수 량			U
			㉙ 포장개수/종류			CT
			세 번 부 호			
			제 품 코 드			
			신고가격(FOB)			
			순 중 량			KG
			수 량			U
			포장개수/종류			CT
㉚ 총란수 ( )란	㉛ 총중량	단위 KG	㉜ 총포장개수	㉝ 총신고가격	\\ $	
관련서류	㊲ 수출 승인서		㉞ 결제금액			
	㊳ 수출추천서		㉟ 운 임(\\)		㊱ 보험료(\\)	
	㊴ 검 사 증					
	㊵ 검 역 증		㊺ 세관기재란			
	㊶ 전략물자 수출허가서					
	㊷ 기 타					
보세 운송	㊸ 운송신고인		㊻ 신고수리일자(/)			
	㊹ 기간 / 부터 / 까지					
471-00122민	(1) 수출신고일로부터 30일이내 선(기)적하지 아니할 때에는 수출신고수리의 취소 및 벌금이 부과되므로 선(기)적 사실을 확인하시기 바랍니다.(관세법 제66조, 제14조의3, 제188조) (2) 수출신고필증의 진위여부는 수출입통관정보시스템에 주회하여 확인하시기 바랍니다. (http://kcis.ktnet.co.kr)				210×297mm NCR지55g/m²	

■ 수출신고서의 기재요령

① 신고자 상호, 제출번호
- 신고자 상호와 대표자 성명을 기재
  - 화주의 직접신고로서 관세사명의로 수출신고의 경우 : ○○회사 (주) 관세사 ○○○으로 기재
  - 상호가 없는 기타(개인)의 경우 : 성명만 기재
- 제출번호
  - 통계부호표를 참고 신고자부호, 연도 및 신고서 작성 일련번호를 기재
  - 상호가 없는 기타(개인)의 경우 : 제출번호 기재를 생략
    (예) 신고자 부호가 12345이고 자체 신고서 일련번호가 12인 경우
       12345 - 20 - 0000120

② 수출자 상호, 부호
- 수출자의 상호 : 수출자의 상호 또는 성명을 기재
- 부호 : 무역업고유번호를 기재(맨 뒷자리에 다음과 같은 영문자를 표시)
  (예) 무역업고유번호가 12345678이고
  - 수출자가 제조자와 동일한 경우 → 12345678 A
  - 수출자가 수출대행만을 한 경우 → 12345678 B
  - 수출자가 완제품 공급을 받아 수출한 경우 → 12345678 C

③ 제조자 주소, 상호, 성명, 통관고유번호 및 사업자등록번호
- 제조자주소 : 수출물품을 제조·가공한 자의 주소 기재
- 상호 : 수출물품을 제조·가공한 자의 상호 기재
- 성명 : 수출물품을 제조·가공한 자의 성명 기재
- 통관고유번호 : 국세청장이 부여한 사업자등록번호를 기재
- 사업자등록번호 : 국세청장이 부여한 사업자등록번호를 기재
  - 사업자등록번호가 없는 개인 : 주민등록번호 또는 여권번호(외국인 경우) 기재
  (예) · 사업자등록번호가 112-29-66062인 경우 : 112-29-66062
      · 사업자등록번호가 없는 개인의 경우 : 801212-1141813(주민등록번호)
      · 외국인으로 여권번호가 12345678인 경우 : F12345678

④ 구매자상호 및 부호
- 구매자상호 : 송장에 명시된 외국의 구매회사 이름을 영문 26자 이내로 기재
- 부호 : 수출자 또는 관세사가 신청한 부호관리 시스템에서 부여하는 해외 공급자 코드 기재
  (예) 구매자 국가가 일본, 상호가 JINCO CO.이며 일련번호가 0001 A인 경우 : JAP KOSTA 0001 A

⑤ 환급신청인
- 수출물품이 환급대상인 경우 환급신청을 수출자와 제좌 중에서 해당 란에 "○"를 표시
- 수출자와 제조자가 동일한 경우 : 환급신청인을 제조자란에 표시

⑥ 환급기관 및 부호
- 환급기관 : 수출물품이 환급 대상인 경우 환급기관명을 한글 10자 이내로 기재
  (예) 환급기관이 인천세관인 경우 : 인천세관
- 부호 : 수출물품이 환급대상인 경우 통계부호표상의 환급기관부호 기재
  (예) 환급기관이 서울세관인 경우 : 010

⑦ 신고번호
- 통계부호표를 참조 통관지세관 부호 및 과부호, 연도 기재
- 일련번호 및 체크디지트는 세관 접수창구에서 부여(기재 불필요)
  (예) 2010년 서울세관 통관과로 신고된 수출신고의 경우 : 010-21-10-

⑧ 신고일자
- 신고자가 신고서를 접수하는 날짜를 6단위(년월일)로 기재
  (예) 2020년 12월 15일인 경우 : 201215

⑨ 신고부분

※다음의 통계부호를 참조하여 해당 코드를 기재

< 수출 신고구분 부호 및 검사구분 부호 >

신고 부호		검사 부호	
• Paperless 수출신고	H	• 수출검사 생략	A
• 서류제출 수출신고	J	• 수출 C/S에 의한 검사	B
• 출항 후 수출신고	L	• 검사생략을 세관장 직권 검사대상으로 변경 시, 특별법 등에 의한 검사(수출통관 사무처리고시 2-2-3조 제3항 제1호 물품)	C
• 반송신고(중계무역포함)	M		
• 기타	O	• 기타(2-2-3조 제3항 2호 내지 5호 물품)	D
• 간이통관 수출신고	S	• 검사 대상을 세관장 직권으로 검사생략으로 변경한 경우	E

⑩ C/S구분
- 세관에서 기재

⑪ 거래구분
- 통계부호표를 참조하여 그 해당 코드를 기재
  (예) 일반 형태의 수출(11), 외국인투자업체의 수탁가공수출(21)
       일반 업체의 수탁가공수출(22)...등

⑫ 종류
- 다음과 같은 종류에 따라 그 통계부호를 기재
  - 일반수출(A), 보세공장으로부터 수출(B), 수출자유지역으로부터 수출(C), 우편수출(국제 우체국 면허분 : C), 공해상에서 체포한 수산물의 현지수출(D), 선상수출(E)

⑬ 결제방법
통계부호표를 참조하여 해당 부호를 기재
(예) COD or CAD(CD), D/A. D/P, 기한부 LC(LU), 일람출급 LC(LS)

⑭ 목적국
- 수출물품의 최종 도착국가에 대한 약어(7가지)와 ISO국가코드(2자리)를 통계부호표를 참조하여 기재

⑮ 적재항
- 수출물품이 적재되는 항구, 공항명과 해당 코드를 통계부호표를 참조하여 기재

⑯ 운송형태
- 운송수단과 운송용기에 따른 코드를 통계부호표 참조하여 기재
- 운송용기는 다음과 같은 약호로 표시
  Container(CN), Pallet(PA), Rope(RO), Movable panel(MPA), ULD(Unit Load Device, UL), Bulk(BU), Etc(ETC)
  (예) 컨테이너 해상수출 : 10CN, 컨테이너 항공수출 : 40CN

⑰ 제조완료일(검사희망일)
- 수출물품에 대한 세관검사 희망일자를 연월일로 기재
- 제조 전 수출신고인 경우 : 제조완료 예정일 이후의 세관검사 희망일자를 기재
  (예) 2020년 11월 1일 경우 : 201101

⑱ 물품소재지
- 수출물품이 장치되어 있는 소재지와 그 우편번호(앞 3자리)기재
- 물품소재지가 2개소 이상인 경우 : 대표적인 소재지의 우편번호 기재

⑲ L/C번호
- 신용장 방식에 의한 수출 : L/C 번호 기재
- 그 외의 경우 : 계약서의 송장번호 기재

⑳ C/S변경
- 세관에서 기재

㉑ 조사란
- 수출신고서 항목 이외의 필요한 자료를 기재하기 위한 예비항목으로서 별도 기재방법에 따라 기재

㉒ 품명·규격
- 송장의 품명 및 규격 기재

㉓ 관세사 실적
- 최근 1개월 이내 제조자에 대해 당한 관세사 등의 수출신고 건수 기재

㉔ 세번부호
- 관세율표에 기재된 세번을 10 단위까지 기재

㉕ 제품코드
- 상업송장번호를 12자 이내에서 기재

㉖ 신고가격
- FOB 기준의 원화 가격을 원 단위까지 기재

㉗ 순중량
- 물품의 포장용기를 제외한 순중량을 기재하되 관세율표에 표시된 당해 물품의 중량 단위로 환산하여 기재
- 중량 단위가 kg인 경우에는 용기를 포함한 중량을 기재하고 소수점 이하는 반올림하여 기재

㉘ 수량
- 관세율표에 기재된 수량단위로 환산하여 소수점 이하는 반올림하여 기재
- 관세율표에 중량단위만 있고 수량단위 부호가 없는 것은 중량만 기재

㉙ 포장개수/종류
- 해당 물품의 외포장 개수를 기재하고 통계부호표를 참조하여 수출물품의 해당 포장 종류 코드를 기재

㉚ 총란수
- 수출신고된 총란수를 기재

㉛ 총중량
- 수출신고된 물품의 용기 무게가 포함된 총중량을 소수점 이하는 반올림하여 기재하고 단위는 K(kg) 또는 T(ton)으로 환산하여 표시

㉜ 총포장개수
- 포장명세서 상의 총 외포장 개수를 기재(팔레트의 숫자 등으로 표기하지 않음)

㉝ 총신고가격
- 원화 : 수출신고 가격의 합계를 원 단위 이하는 절삭하여 기록
- 미화 : 총신고 가격을 관세청 고시 수출환율을 적용 계산하고 $ 이하는 반올림

㉞ 결제금액
- 수출승인서, 송품장의 내용에 근거하여 인도조건, 통화코드, 금액 순으로 기재

㉟ 운임
- 결제금액의 운임이 포함된 경우 운임을 원화로 기재

㊱ 보험료
- 결제금액에 보험료가 포함된 경우 보험료를 원화로 기재

㊲ 수출승인서
- 수출승인 시 부여된 수출 승인번호와 발급일자를 기재
- 수출승인 면제 물품 : 대외무역관리 규정의 해당 사유 항목을 기재
- 수출승인번호 : 수출입구분(1), 은행부호(4), 허가연월(3), 일련번호(4), Check Digit(1), 제한 사항(3) 등 총 16자

㊳ 수출추천서 : 수출추천 번호, 발급일자 기재

㊴ 검사증 : 검사증 번호, 발급일자

㊵ 검역증 : 검역증 번호, 발급일자

㊶ 전략물자 수출허가서
- 전략물자 수출허가를 받을 때 부여받은 전략물자 허가번호나 전략물자로 판정되지 않을 경우에는 비 해당 판정번호와 발급일자를 기재

㊷ 기타

㊸ 운송신고인
- 보세운송신고인의 상호와 성명을 한글 15자 이내로 기재

㊹ 기간
- 보세운송 신고수리일자와 종료 예정일자를 연월일로 기재

㊺ 세관기재란

㊻ 신고수리일자

② 수입신고서

수입하고자 하는 물품이 보세구역에 반입되거나 타소 장치장에 장치되면 그 반입일 또는 허가일로부터 30일 이내에 세관장에게 통관을 위한 수입신고를 하여야 한다. 수입신고는 보세구역에 반입된 물품을 수입하겠다는 의사를 세관장에게 표시하는 것이다.

수입신고는 자가통관허가를 받은 자기명의 신고업체나 자기명의 통관업체의 경우, 화주가 직접 신고할 수 있으나 자가통관허가를 받지 못한 업체의 경우에는 관세사, 통관법인 또는 관세사법인의 명의로 하여야 한다.

수입신고의 효력발생 시점은 전송된 신고자료가 통관시스템에 접수되어 그 접수 결과를 신고인에게 통보한 시점이다.

■ 수입신고서

수 입 신 고 서			(신고필증)	
① 신고번호	② 신고일	③ 세관·과	⑮ 입항일	※처리기간 : 3일
④ B/L(AWB)번호	⑤ 화물관리번호		⑯ 반입일	⑳ 징수형태

⑥ 신 고 자
⑦ 수 입 자
⑧ 납세의무자
   (주소)
   (상호)
   (성명)
⑨ 무역대리점
⑩ 공 급 자
		⑪ 통관계획	⑰ 원산지증명서 유무	㉑ 총중량

		⑫ 신고구분	⑱ 가격신고서 유무	㉒ 총 포장 개수
		⑬ 거래구분	⑲ 국내도착항	㉓ 운송형태
		⑭ 종류	㉔ 적출국	
			㉕ 선·기명	
		㉖ MASTER B/L 번호		㉗ 운수기관부호
㉘ 검사(반입)장소				
● 품명·규격(란번호/총란수:)				
㉙ 품 명			㉛ 상 표	
㉚ 거래품명				
㉜ 모델·규격	㉝ 성분	㉞ 수량	㉟ 단가(USD)	㊱ 금액(USD)
㊲ 세번부호	㊴ 순중량	㊷ C/S검사		㊺ 사후확인기관
㊳ 과세가격 $ (CIF) ₩	㊵ 수량 ㊶ 환급물량	㊸ 검사변경 ㊹ 원산지표시		㊻ 특수세액
㊼ 수입요건확인 (발급서류명)				
㊽ 세종	㊾ 세율(구분)	㊿ 감면율	51 세액	52 감면분납부호	감면액	*내국세종부호

53 결제금액				54 환 율
55 총과세가격	$	56 운 임	58 가산금액	60 납부번호
	₩	57 보험료	59 공제금액	61 부가가치세과표
62 세 종	세 액	64 관세사기재란	65 세관기재란	
관 세				
특소세				
교통세				
주 세				
교육세				
농특세				
부가세				
신고지연가산세				
63 총세액합계		66 담당자	67 접수일시	68 수리일자

업태 :   종목 :   세관·과 :   신고번호 :   Page :

*수입신고필증의 진위여부는 수출입통관정보시스템(KCIS)에 조회하여 확인하시기바랍니다.(http://kdis.ktnet.co.kr)
*본 수입신고필증은 세관에서 형식적 요건만을 심사한 것이므로 신고내용이 사실과 다른 때에 신고인 또는 수입화주가 책임을 져야 합니다.

■ **수입신고서 기재요령**

① 신고번호
- 신고번호는 신고자의 부호, 연도, 일련번호 및 구분으로 기재
- 신고자 부호가 없는 개인인 경우 : 세관에서 접수시에 신고자의 부호를 부여

② 신고일
- 수입신고하는 연월일을 기재

③ 세관, 과
- 통계부호표Ⅱ의 (1)을 참조하여 수입신고하는 통관지 세관과 과부호 기재

④ B/L(AWB)번호
- House B/L번호를 20자 이내로 문자와 숫자를 병행하여 기재
- 수출자유지역이나 보세공장으로부터 국내로 반입되는 경우 : 공란

⑤ 화물관리번호
- House B/L 단위의 식별번호를 기재(보세화물 입출항하선하기 및 적재에 관한 고시 참조)

⑥ 신고자
- 신고자의 상호와 대표자 성명을 다음과 같은 방식으로 기재
  - 관세사 : 신고자 상호와 대표자 성명 기재
  - 자가통관업체 : ○○회사(주) 관세사 ○○○으로 기재
  - 자가신고업체 : 신고자 상호와 대표자 성명 기재
  - 기타 개인 : 성명만 기재

⑦ 수입자
- 수입자의 상호나 성명을 기재하고 무역업고유번호를 병기
- 정부기관, 정부투자기관의 경우에는 관세청에서 부여한 번호를 기재
  (예) 수입자와 납세의무자가 동일하고(A) 무역업고유번호가 12345678일 때는 12345678A로, 수입자와 납세의무자가 상이할 때(B)에는 12345678B라고 기재.

⑧ 납세의무자
- 납세의무자의 주소, 상호, 성명 기재

⑨ 무역대리점
- 상호 기재

⑩ 공급자
- 관세청장이 지정한 해외공급자의 부호를 기재하며, 당해 물품이 수입승인 면제품목일 경우에는 다음과 같은 방법으로 기재
  - 수입신고 첨부서류인 상업송장에 명시된 외국의 공급회사 이름을 영문으로 기재하고 마지막 2자리는 국가코드(ISO 코드) 2자리를 기재
  - ISO 국가코드 포함 28자 이내(회사의 상호가 26자 초과 시 26자까지만)로 기재하고 마지막 2자리는 항상 국명을 ISO코드로 기재
- 다음과 같이 약어를 사용하여 기재(국명 : ISO 코드)
  - International : INTI, Trading : TRAD, Limited : LTD
  - Enterprise : ENTE, Corporation : CORP, Company : CO

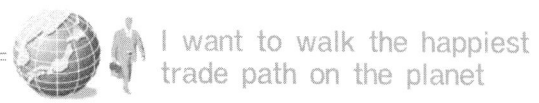

⑪ 통관계획
- 통계부호표상의 표시된 다음과 같은 통관계획 부호를 기재하며, 특급 탁송화물 및 간이통관 대상은 이를 생략
  - 출항 전 신고 : A   - 입항 전 신고 : B
  - 보세구역 도착 전 신고 : C   - 보세구역 장치 후 신고 : D

⑫ 신고구분
- 다음과 같은 신고내용에 따라 그 부호를 표시
  - 일반 P/L 신고 : A   - 일반서류 신고 : B   - 간이 P/L 신고 : C
  - 간이서류 신고 : D   - 간이자동수리 신청 : E

⑬ 거래구분
- 다음과 같은 통계부호표에 표시되어 있는 거래내용에 따라 그 부호를 기재
  - 일반형태수입 : 11   - 외국인투자업체의 수탁가공목적 수입 : 21
  - 일반업체의 수탁가공 목적 수입 : 22   - 위탁가공(국외가공)후 수입 : 29
  - 수탁판매용 수입 : 51   - 임차방식수입(소유권이전 조건) : 53
  - 상계원재료 : 61   - 무상반입 상품의 견품 및 광고용품 : 87
  - 무역거래원활을 위해 수입하는 물품 중 수입 승인면제물품의 수입 : 92

⑭ 종류
- 다음과 같은 수입종류에 따라 그 통계부호를 기재
  - 외화획득용 수입 : A   - 우편물품(국제우체국 면허분) : P
  - 외국으로부터 보세공장 반입물품 : B   - 내수용 보세공장 반입물품 : U
  - 신고수리 전 반출승인분(외화획득용) : L - 내수용 수입 : K
  - 신고수리 전 반출승인분(내수용) : M

⑮ 입항일
- 수입물품을 적재한 선박 및 항공기의 국내 최초 입항날짜를 기재
- 예정 신고시에 입항일자는 입항 예정일을 표시

⑯ 반입일
- 수입 물품의 장치장 반입날짜를 기재

⑰ 원산지증명서 유무
- 원산지증명서의 유·무를 Y·N의 해당 난에 표시

⑱ 가격신고서 유무

⑲ 국내도착항
- 수입물품을 적재한 선박 및 항공기의 국내 도착 항구·공항을 기재

⑳ 징수형태
- 통계부호표의 해당 징수형태코드 기재, 접수통보 후 징수형태의 변경은 불가

㉑ 총중량
- 신고 된 물품의 용기를 포함한 총중량을 소수점이하 반올림 하여 기재
- 단위는 K(kg) 또는 T(ton)으로 환산하여 표시

㉒ 총포장 개수
- 해당 물품의 외포장 개수를 기재

㉓ 운송형태
- 수출신고서 작성요령과 동일

㉔ 적출국
- 수입물품을 수출한 국가명을 ISO 국가코드 및 약어로 기재
- 보세공장, 수출자유지역의 경우에는 한국(KR)으로 표시

㉕ 선·기명
- 수출물품을 적재한 선(기)명을 기재하며, 국적은 선(기)명 다음에 ISO 국가코드를 기재

㉖ MASTER B/L 번호
- MASTER B/L 번호를 20자 이내로 기재

㉗ 운수기관부호
- 화물을 운송하는 기관의 부호 기재

㉘ 검사(반입)장소
- 수입물품이 반입된 장치장과 장치번호 기재

㉙ 품명
- 당해 물품을 나타내는 보통명사로서 표준 품명을 기재

㉚ 거래품명
- 상관습상 통용되는 품명 기재
- 거래품명과 표준품명이 같은 경우에는 거래품명 미표기

㉛ 상표
- 상표명이 있는 물품은 상표명 기재

㉜ 모델·규격
- 수입물품에 대한 설명 중에서 관세율표상의 심사에 영향을 미치는 모델, 타입, 상태, 등급, 규격, 용도 등의 사항을 기재

㉝ 성분
- 구성요소의 비율이 당해 물품의 중요한 요소가 되는 물품은 이를 반드시 표기

㉞ 수량, ㉟ 단가, ㊱ 금액

㊲ 세번부호
- 관세율표에 기재된 세번을 HS 10단위로 기재

㊳ 과세가격(CIF)
- 해당 품목의 과세금액을 CIF 가격기준으로 원화 및 미화로 표시

㊴ 순중량
- 수출신고서 기재요령과 동일

㊵ 수량
- 관세율표상 수량단위를 소수점 이하는 반올림하여 기재

㊶ 환급물량
- 환급물량이 있을 경우 기재

㊷ C/S 검사
- 세관에서 전자문서로 통보한 C/S 검사 결과를 통계부호표를 참조하여 그 부호를 기재

㊸ 검사변경
- 세관직원에 의해 C/S 검사방법이 변경되었을 때, 변경된 검사방법 변경부호를 통계 부호표를 참조하여 기재

㊹ 원산지표시
- 원산지와 원산지 표시방법을 기재

㊺ 사후확인기관, ㊻ 특수세액

㊼ 수입요건확인
- 식품검역 등 해당 승인 등에 관한 번호를 기재

㊽ 세종
- 관세와 각종 내국세의 종류를 다음과 같은 약어로 기재
  - 관세 : 관　　- 특소세 : 특　　- 교통세 : 통　　- 주세 : 주
  - 교육세 : 육　　- 농특세 : 농　　- 부가세 : 부

㊾ 세율(구분)
- 세종에 해당하는 세율의 구분과 세율을 다음과 같은 방법으로 기재
- 관세 세율 : 당해 품목에 대하여 ( )에 관세율 종류를 약어로 기재하고 그 말에 세율을 기재.
  - 내국세 세율 : ( )에 내국세 구분 부호를 기재하고 그 밑에 세율을 기재
  - 종량세 : 세율대신에 단위당 세액을 기재

㊿ 감면율
- 세종에 해당하는 감면구분 및 감면율을 기재
- 관세 : 감면을 기재하고 그 외는 세종별 감면구분 부호를 기재

(51) 세액
- 각 품목별 해당 세액을 원미만은 절사하여 기재하고, 관세의 면세가 있을 경우에는 면세액을 관세액 아래에 기재
  - 신고수리 또는 반출승인된 물품은 확정되지 않은 경우라도 계산액을 기재
  - 보세공장 및 수출자유지역에서 사용신고 또는 반입신고시 산출된 세액을 기재

(52) 감면분납부호
- 감면세, 분할납부 등의 부호를 통계부호표를 참조 기재

(53) 결제금액
- 송장의 내용에 근거하여 인도조건, 통화종류, 금액, 결제방법 순으로 기재

(54) 환율
- 통화종류에 대한 관세청 고시환율을 기재
- 결제금액이 없는 경우에도 해당 환율은 기재

(55) 총과세가격
- 신고서 총과세 금액을 원화와 미화로 동시에 기재

(56) 운임
- 운임에 대한 통화종류 및 금액 기재
- 운임은 실제 지급한 운임을 원화로 환산하여 “KRW”로 표시

(57) 보험료
- 보험료에 대한 통화종류 및 금액 기재
- 보험료는 실제 지급한 보험료를 원화로 환산하여 기재

(58) 가산금액
- 품목 전체에 영향을 미친 가산금액을 원화로 환산하여 기재

(59) 공제금액
- 품목 전체에 영향을 미친 공제금액을 원화로 환산하여 기재

(60) 납부번호, (61) 부가가치세과표

(62) 세종과 세액
- 해당 세종과 세액을 10단위 미만은 절사하여 각각 그 합계액을 기재
- 신고지연 가산세 : 화물을 장치장에 반입 한 후에 관세법 137조 3항에 의한 기한 내에 수입신고를 하지 않은 물품에 대해서 부과하는 가산세액을 의미

(63) 총세액합계, (64) 관세사기재란

(65) 세관기재란
- 세관에서 필요한 사항을 기재하는 란이다. 만약, 세관에서 통보한 전자문서에 심사자 부호가 있는 경우 세관 기재란 우측 상단에 기재한다.

(66) 담당자, (67) 접수일시, (68) 수리일자

(5) 수출환어음 매입(추심)신청서

수출입계약에 따라 대금결제 조건을 신용장조건의 Usance(기한부) 조건으로 체결하였을 경우, 수출업자는 계약 상품의 선적 완료 후, 계약에 따라 지금까지 설명한 서류 중에서 기본서류와 부속서류, 신용장 원본 그리고 수출환어음을 첨부하여 외국환은행에게 수출대금의 추심을 의뢰하게 된다.

의뢰를 받은 외국환은행이 이를 심사한 후 당해 서류를 매입(Nego)하는데 이때 환어음 및 선적서류를 외국환은행과의 기 약정한 바에 의해 매입해 줄 것을 수익자 즉, 수출업자가 외국환은행에 의뢰하는 신청서를 수출환어음 매입신청서라 한다.

수출환어음 매입신청서의 의뢰는 사전에 외국환은행이 동 신청서를 접수하고 선적서류를 매입하게 된다. 각 은행의 서식에 따라 기재한다.

■ **수출환어음 매입신청서 기재요령**

① 매입번호(Nego No.)
- 외국환은행(nego bank)이 매입 의뢰를 받은 선적서류를 매입할 경우, 당해 선적서류에 대해 고유의 매입번호를 부여하여 관리하는데 사용
- 매입번호는 외국환은행이 선적서류의 매입부터 신용장 개설은행으로부터 매입대금을 회수하여 수출입이 완료될 때까지 참고하는 번호를 말함.

② Beneficiary(수익자)
- 일반적으로 수출업자가 선적서류의 매입을 의뢰하여 수출대금을 회수하기 때문에 L/C 상의 수익자를 기재
- 양도가능신용장(transferable L/C) : 신용장을 타인에게 양도할 경우에는 양수자가 외국환은행에 매입을 의뢰하므로 양수자가 수익자로서 기재

③ Commodity(상품명)
- 수출상품명을 기재하는 곳으로 상업송장의 품명과 동일

④ Advice No.(통지번호)
- 신용장이 통지은행을 통해 통지될 경우 통지은행의 통지번호를 기재
- 이 통지번호는 첫머리가 A로 시작(예 : A-0562-302-01234)

⑤ Export Licence No.(수출승인번호)
- 수출승인 대상품목의 경우 수출 승인번호를 기재

⑥ Issuing Bank(신용장 발행은행)
- 개설은행(opening bank)이라고도 하며, 신용장을 발행한 은행명을 기재

⑦ Accountee(신용장 개설의뢰인)
- 또는 Applicant라고도 하며, 신용장개설의뢰인의 상호를 기재

⑧ Invoice Value(송장가격)

⑨ Shipping Expiry(선적기일)
- 상품의 선적이 완료되는 시점을 기재

⑩ Credit Expiry(신용장 유효기일)
- 유효기간 이내에서 외국환은행에 선적서류의 매입의뢰

⑪ 처리내역
- 매입의뢰한 선적서류를 외국환은행이 매입할 경우 그 대금의 처리방법 기재
- 매입의뢰인의 필요에 따라 외화 당좌예금 또는 외화 정기예금 등의 외화로 대체할 수도 있고, 매입 의뢰금액의 일부 또는 전부를 원화로 지급 가능

⑫ Nego Amount(매입금액)

⑬ 무역어음 대출
- 수출업자가 신용장을 근거로 무역금융을 받았을 경우에 회수한 수출대금으로 무역금융의 금액을 상환
  - 무역금융을 받았을 경우 : 수출대금 상환시 이를 차감, 잔액을 수익자에게 지급
  - 무역금융을 이미 상환했을 경우도 반드시 동 사항을 확인받아야 함

⑭ 매입 의뢰일
- 매입 의뢰인이 외국환은행에 선적서류 매입을 의뢰하는 날짜 기재

⑮ 매입 의뢰인의 상호 및 인감
- 선적서류의 매입의뢰자 상호와 인감을 기명날인
- 매입의뢰인은 ②항에 수익자와 동일인이고, 매입은행과 수출화환어음 약정을 체결한 자
- 상호와 인감은 약정 체결시 제출한 상호 신고서 상의 상호와 인감과 동일

⑯ 결제조건
- 매입 의뢰하는 선적서류의 결제조건 기재
  - 일람출급 : at sight
  - USANCE : ×× days after sight 또는 ×× days after B/L date

⑰ 환율
- 일반적으로 매입일의 외국환은행 고시 전신환 매입율(T/T Buying rate)에서 일정한 (at sight : 10일) 기간의 환가료를 차감한 일람출급 환어음 매입률을 적용

⑱ 매입실행일자
- 수익자의 의뢰에 의해 외국환은행이 선적서류의 매입을 실행하는 날짜를 표시

⑲ 각서
- 선적서류가 신용장 조건을 충족시키지 못할 경우, 수익자는 동 하자(discrepancy)로 인하여 발생되는 모든 은행의 불이익에 대하여 보상하겠다는 내용의 각서에 기명날인 후, 외국환은행에 매입의뢰
- 외국환은행은 이를 심사 후 중대한 하자 사항 이외에는 동 각서를 취득한 후 제시된 서류 매입

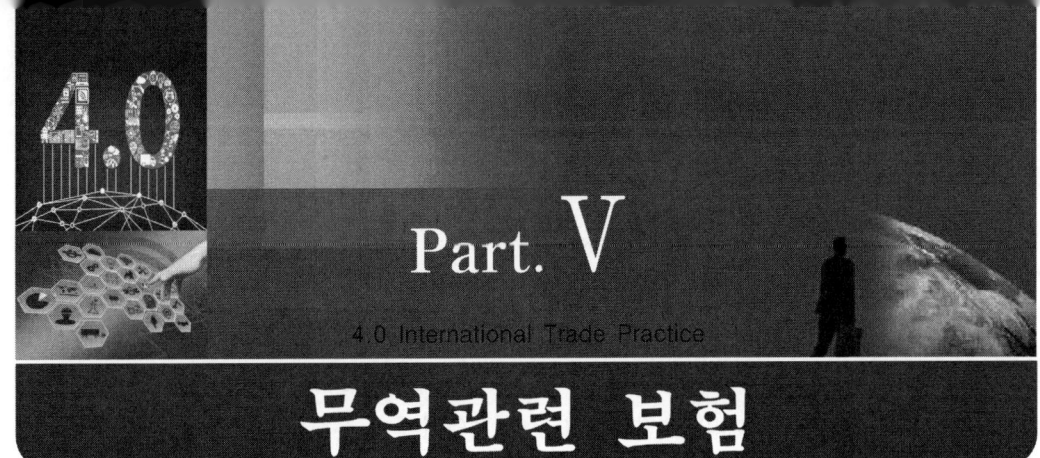

Part. V
무역관련 보험

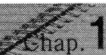

해상보험

1. 해상보험의 의의

(1) 해상보험의 정의

해상보험(marine insurance)이란 보험자(insurer)가 해상 운송 중에 발생하는 물품의 위험을 인수하고, 그 위험에 기인한 손해 발생시 피보험자(insured)에 손해액 보상할 것을 계약하고, 피보험자는 그 대가로 보험료(insurance premium)를 지불할 것을 약속하는 것을 말한다. 따라서 운송기간, 포장상태, 물품의 종류 및 성질 등 해상보험에 영향을 미치는 요인들이 많기 때문에 적절한 보험조건을 선택하여 보험계약을 체결하여야 한다.

영국의 해상보험법(Marine Insurance Act 1906 : MIA) 제1조에서 "해상보험계약은 보험자가 피보험자에 대하여 그 계약에 의해 합의된 방법과 범위 내에서 해상손해, 즉 해상사업에 수반되는 손해를 보상할 것을 확약하는 계약"으로 정의하고 있다.

동법 제2조에서 "해상보험계약은 그 명시된 특약 또는 상관습에 의해 담보된 범위를 확장하여 해상 항해에 수반되는 내수로(inland waters) 또는 육상위험으로 인한 손해에 대해서도 보상할 것"을 규정하고 있다. 범위는 해상 및 육상의 혼합보험적 성격을 띠고 있다.

<표 V-1> 해상보험의 구분

구 분	대 상	종 류	내 용
보험 대상	화주보험	적하보험	해상보험의 대상이 화물인 경우로 화물보험이라 함.
	선주보험	선박보험	해상보험의 대상이 선박인 경우에 해당됨.

(2) 해상보험의 당사자

① 보험자

보험자(insurer, assurer, underwriter)는 보험회사(insurance company)나 개인보험 업자(underwriter)와 같이 보험계약을 인수하고, 보험계약자에게 손실보상을 약속하는 당사자를 말한다. 한국에서 보험자는 주식회사만 보험자로 인정하고 있다. 영국은 로이즈(Lloyd's)와 같은 개인도 보험업자가 될 수 있지만 미국은 개인보험회사를 인정하지 않고 있다.

② 보험계약자

보험계약자(policy holder)는 보험자와 보험계약을 체결하는 당사자로서 보험자인 보험회사와 보험계약을 체결하고 보험료를 납입하는 당사자이다.

③ 피보험자

피보험자(insured, assured)는 피보험이익(insurable interest)을 갖는 당사자를 의미한다. 즉, 피보험자는 손실이 발생할 경우 계약에 의해 보상을 받을 수 있는 당사자이다.

보험계약자와 피보험자는 동일인이 될 수도 있고 그렇지 않을 수도 있다. FOB규칙이나 CFR규칙인 경우 수입업자가 보험계약자이면서 피보험자이기 때문에 동일인이 된다. 그러나 CIF규칙이나 CIP규칙인 경우 수출업자가 자신을 피보험자로 하여 보험료를 납부하지만, 보험증권에 배서(endorsement)한 다음 수입업자에게 양도하여 결국 수입업자가 보험금의 수취권을 가지게 되기 때문에 보험계약자와 피보험자는 동일인이 아니다.

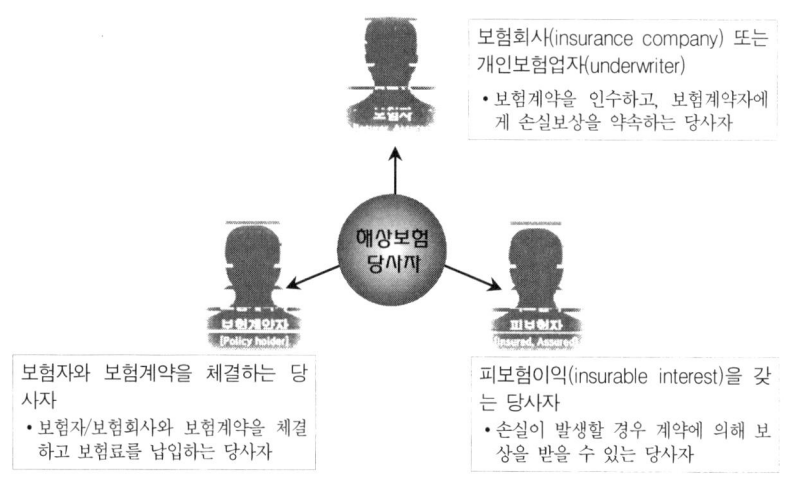

(3) 보험의 목적물(Subject-matter Insured)

보험의 목적물은 피보험 목적물로 보험에 부보된 재산이나 물품을 말한다. 위험으로 인하여 손해나 경제상의 손해가 발생되는 대상으로 선박(hull), 화물(cargo), 운임(freight)[22], 선비(disburserment)[23], 희망이익(estimated profit)[24], 희망보수(expected commossion)[25] 등이다.

(4) 보험가액과 보험금액

① 보험가액

보험가액(insurable value)이란 보험계약이 체결될 수 있는 금액으로서 보험목적물의 실제적인 가치를 말한다. 다시 말해 보험가액은 보험사고가 발생할 경우 피보험자가 입게 되는 손해액의 최고한도이다.

② 보험금액

보험금액(insured amount)은 피보험자가 실제로 보험에 가입한 금액으로서 손해발생 시 보험자가 부담하는 보상책임의 최고한도액을 말한다. 보험금액은 보험자의 보상액이 되기 때문에 보험산정의 기준이 된다. 보험가액이 높게 책정된다 하더라도 보험금액을 낮게 책정할 경우에는 보상액도 그 만큼 낮게 된다.

③ 보험가액과 보험금액과의 관계

- 전부보험 (full insurance) : 보험가액과 보험금액이 일치하는 경우를 말한다.
- 일부보험(under insurance) : 보험목적물에 대해 보험가액의 일부만을 보험금액으로 책정하는 것을 말한다. 따라서 보험가액이 보험금액보다 크다.
- 초과보험(over insurance) : 보험가액보다 보험금액이 더 큰 것을 말하는 것으로, 이는 선의의 경우를 제외하고는 무효가 된다.

---

[22] 운임을 취득하는 자가 운임보험계약을 체결하는데 운임이 선불인 경우는 화주가 보험계약을 체결하고, 후불인 경우에는 선주가 체결한다.
[23] 선비는 피보험항해를 위한 의장비용, 즉 연료, 윤활류, 식료 등을 의미하고 광의로는 의장비용은 물론 선원에 대한 전 도급료와 보험비용 등이 포함된다.
[24] 화물이 안전하게 도착될 경우 얻을 수 있는 이익을 말한다.
[25] 화물이 안전하게 도착될 경우 취득할 수 있는 중개인의 수수료, 수탁자의 구전, 기타 보수를 총칭한다.

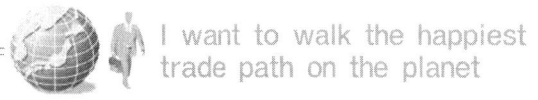

(5) 피보험이익(Insurable Interest)

① 피보험이익의 정의

선박과 화물은 보험계약의 대상물에 불과하고 보험계약은 이들 보험목적물에 대하여 특정인이 가지는 이해관계를 보호하기 위하여 존재한다. 선박과 화물 등의 보험목적물과 이해관계자가 있는 자는 이들 목적물들이 위험에 처하여 손해를 입을 경우를 대비하기 위하여 보험계약을 체결한다. 보험계약자는 보험목적물과 경제적인 이해관계가 있기 때문에 보험계약을 체결하고 재산상의 손해를 보상받게 된다. 이와 같이 보험의 목적물에 대하여 특정인이 갖게 되는 경제적 이해관계를 피보험이익(insurable interest)이라고 한다. 따라서 당사자는 보험목적물과 이해관계가 있는 보험목적물이 위험에 노출되어 손해를 입을 경우에 대비하여 보험계약을 체결한다. 이 계약에 의해서 미래의 사고로부터 재산상의 손해를 보상받을 수 있는 피보험이익을 가지게 된다.

"이익이 없는 곳에는 보험이 없다(no interest, no insurance)"는 말과 같이 피보험이익이 존재하지 않으면 보험계약을 체결할 수도 없고, 만일 보험계약의 형식을 갖추었다고 하더라도 그 계약의 효력은 발생될 수 없다. 예를 들어, 화물의 소유자는 보험의 목적물인 화물에 대하여 보험회사에게 보험을 부보하고 해당 화물에 대한 사고가 발생하면 보상을 받는다. 하지만 화물의 소유자가 아닌 제3자가 보험을 부보할 경우에는 동일한 사고에 대하여 보상을 받을 수 없다. 즉, 화물의 소유자와 보험의 목적물인 화물과 경제적 이해관계가 성립되게 되는데, 이 경제적 이해관계가 바로 피보험이익이다.

영국의 해상보험법 제4조에서 "도박이나 사행(사행계약)을 위해 보험의 목적물(subiect matter of insurance)과 하등의 이해관계 없이 이루어지는 도입계약은 무효'라고 규정하고 있다. 보험에는 반드시 피보험자가 보험의 목적물과 재산상의 이해관계가 있어야 하며, 재산상의 이해관계를 보호함으로써 특정인이 갖게 되는 이익이 피보험이익이다.

② 피보험이익의 요건

선박과 화물 등의 보험목적물에 대한 보험계약이 법적 효력을 발생하기 위한 피보험이익의 요건은 다음과 같다.

첫째, 피보험이익은 적법성이 있어야 한다 : 밀수품, 마약, 절도품, 탈세와 도박 등과 같이 공서양속(公序良俗)에 위배되는 목적물은 피보험이익이 될 수 없다.

둘째, 피보험이익은 경제성이 있어야 한다 : 피보험이익은 금전적으로 평가할 수 있는 경제적 이익이 있어야 한다. 감정적·도덕적 이익은 금전으로 평가할 수 없는 비경제적 이익이기 때문에 피보험이익이 될 수 없다.

셋째, 피보험이익은 확정성이 있어야 한다 : 보험사고가 발생할 때까지 보험계약의 요소로서 확정하거나 확정할 수 있는 것이어야 한다. 예를 들어 CIF 가격에 희망이익을 포함하여 최대 110%를 부보하는데 이러한 것도 현재 확정되어 있지 않더라도 장래에 확정될 것이 확실한 것이기 때문이다.

③ 피보험이익의 당사자

피보험이익의 당사자는 선박(marine hull), 적화(marine cargo), 운임(freight), 선비(disbursement) 등과 같은 보험목적물을 소유하거나 취득하는 당사자로서 이들에 대한 피보험이익을 가진다. 선주(shipowner)는 선박, 운임, 선박보험료, 선비 등과 같은 선박과 관련된 것들에 대한 피보험이익을 가진다. 화주(shipper)는 자신이 화물을 소유하는 있는 한 화물에 대한 피보험이익을 가진다.

<표 V-2> 피보험이익의 정의/요건/당사자

구 분		내 용
정 의		보험의 목적물에 대하여 특정인이 갖게 되는 경제적 이해관계
요 건	적법성	법률상 인정되는 적법한 것일 것
	경제성	금전적으로 산정할 수 있는 경제적 이익이 있을 것
	확정성	사고 발생시까지 보험계약 요소로 확정되거나 확정할 수 있을 것
당사자	선주	선박, 운임, 선박보험료, 선비 등과 같은 선박과 관련된 피보험이익
	화주	자신이 화물을 소유하고 있는 한, 화물에 대한 피보험이익

피보험이익의 당사자: 선박(marine hull), 적화(marine cargo), 운임(freight), 선비(disbursement) 등과 같은 보험목적물을 소유하거나 취득하는 당사자

선주(shipowner): 선박, 운임, 선박보험료, 선비 등과 같은 선박과 관련된 것들에 대해 피보험이익을 가짐

화주(shipper): 자신이 화물을 소유하고 있는 한 화물에 대한 피보험이익을 가짐

(6) 해상보험의 기본원칙

① 고지의무

보험계약자는 보험자에게 보험목적물에 대한 구체적인 사항을 최대선의의 원칙에 의거하여 고지해야 할 의무가 있다. 예를 들어 FOB계약의 경우 보험목적물인 화물은 선적항에서 적재되지만, 이에 대한 화물보험(적화보험)은 일반적으로 수입업자가 수입지의 보험자와 계약을 체결한다. 수입지의 보험자는 수입업자가 보험목적물에 대한 구체적인 사항을 알려주지 않으면 위험정도를 알 수 없게 된다. 화물보험에서 중요한 고지사항으로는 운송선박명, 화물의 종류, 포장상태, 적재방법, 항로 및 환적여부 등이다.

② 손해보상의 원칙

해상보험계약은 보험자가 피보험자에 대한 해상손해만을 보상한 것을 약속하는 것이기 때문에 손해가 발생할 경우 약정된 손해금액을 지급해야 하는데, 이를 손해보상의 원칙(principle of indemnity)이라고 한다.

③ 근인주의

보험자는 담보위험에 근인하여(proximately) 발생하는 손해만 보상한다. 근인(proximate cause)이라 함은 손해를 야기시킨 가장 직접적인 원인을 말하는 것으로, 이는 사전발생과 가장 가까운 시간적인 원인이 아니라 사고의 비중이 가장 관계가 있는 원인을 의미한다. 예를 들어, 선원들이 선박을 침몰시키기 위해 고의로 선박에 구멍을 뚫어 물이 새어들어 선박이 침몰했다고 가정했을 때, 선박침몰 원인은 구멍을 통해 들어온 해수이지만 실질적인 사고의 원인은 고의적인 선원의 행동이라고 할 수 있다. 따라서 해수는 침몰의 먼 원인이 되고 선원의 고의적인 행동은 가깝게 관계되는 원인, 즉 근인이 된다. 이 경우 보험조건이 선원의 악행을 담보하고 있다면 보험자가 보상하지만, 그렇지 않을 경우에는 보상하지 않는다. 근인주의(doctrine of proximate cause)란 이러한 근인이 담보위험에 포함되면 보험자가 보상을 하지만 근인이 담보위험에 포함되지 않으면 보상하지 않는다는 것이다.

④ 담보

담보(warranty)란 보험계약자가 특정조건의 준수를 보증하겠다는 약속이다. 예를 들어 '선적 전 검사를 조건으로 함'(warrant preshipment inspection) 등과 같이 약속하는 조건이 담보이다. 담보는 일반적 담보의 개념과는 다른 것으로 피보험자가 담보를 위반할 경우에는 보험자가 보험계약을 무효화할 수 있는 권리를 가지게 된다. 따라서 담보는 엄격하게 지켜져야 한다.

2. 해상손해

해상손해(marine loss)란 화물, 선박 또는 기타의 보험목적물이 해상위험으로 인하여 피보험이익의 전부 혹은 일부가 멸실 또는 손상되어 피보험자에게 재산상의 불이익이나 경제상의 불이익을 초래하는 것을 의미한다. 일반적으로 해상손해는 크게 물적손해(physical loss), 비용손해(expenses), 배상책임손해(liability loss)로 나눌 수 있다.

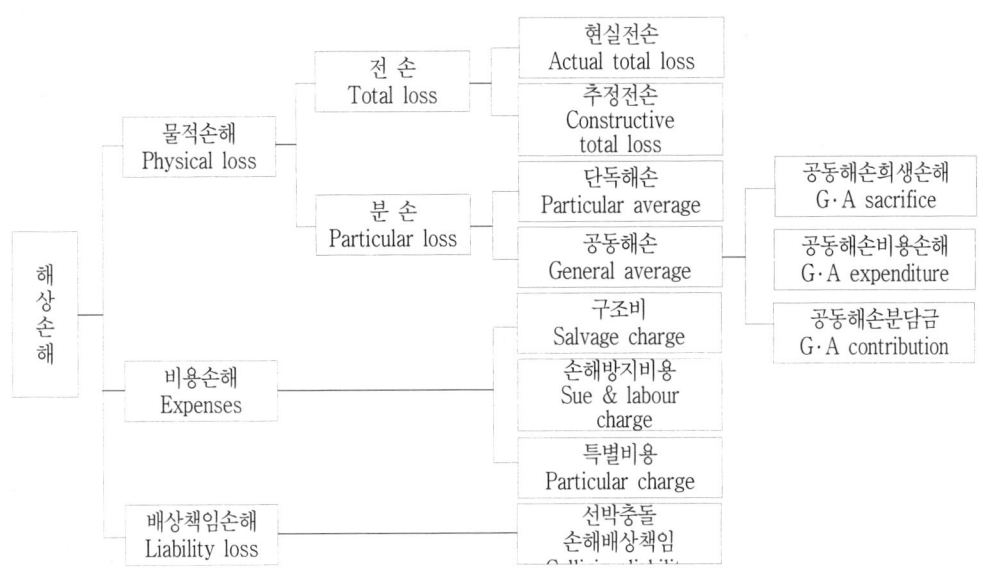

[그림 V-1] 해상손해의 종류

(1) 물적손해

물적손해(physical loss)는 선박이나 화물 등의 보험목적물의 멸실이나 손상 등에 의한 손해를 말한다.

① 전손

전손(total loss)은 담보위험에 의한 보험목적물이 전부 소멸되는 경우를 의미한다. 해상보험에서 현실전손(actual total loss)과 추정전손(constructive total loss)으로 구분된다.

[현실전손]

현실전손(actual total loss)은 보험목적물이 현실적으로 완전히 파괴되거나 부보로 종류의 물건으로서 존재할 수 없을 정도로 심한 손상을 받을 경우 피보험자가 보험목적물을 박탈당하여 회복할 수 없을 경우에 성립된다.

현실전손은 실질적인 멸실(physical destruction), 성질의 상실(alteration of species), 회복 전망이 없는 박탈(irretrievable deprivation), 선박의 행방불명(missing Ship) 등이 대표적인 경우이다.

[추정전손]

추정전손(constructive total loss)은 보험목적물이 현실적으로 전멸한 것은 아니지만 현실전손이라고 보는 것이 불가피하다고 인정되거나, 손해의 정도가 심하여 그 목적물의 용도에 사용할 수 없거나 또는 수리비가 수리 후 보험목적물이 가지는 시가보다 클 경우에 전손으로 간주하는 것이다. 추정전손으로 처리되기 위해서는 위부(abandonment) 행위가 따라야 한다. 위부는 추정전손의 사유가 발생하여 피보험자가 보험목적물에 대한 일체의 권리를 보험자에게 이전하고 그 대신 전손에 해당하는 보험금을 청구하는 행위를 말한다.

피보험자의 이와 같은 의사표시를 보험자가 승낙하게 되면 추정전손이 성립되고, 만약 이를 거절하게 되면 분손으로 처리된다.

그런데 보험사고의 손해를 추정하는 과정에서 보험자와 피보험자 간의 견해차이로 인해 피보험자는 전손으로 추정하는 반면에 보험자는 분손으로 추정할 수 있고 혹은 그 반대의 경우가 생길 수 있다. 따라서 추정전손이 성립되기 위해서는 보험자와 피보험자 간의 양자 합의가 이루어져야 하며, 이 양자의 합의가 곧 위부의 성립이 된다. 위부가 성립되려면 피보험자가 먼저 위부를 하겠다는 의사표시를 하고 보험자가 이를 수락해야 한다. 만약 보험자가 위부통지를 수락하면 보험자는 손해배상책임을 결정적으로 인정한 결과가 되며, 일단 위부의 통지가 수락되면 위부는 철회될 수 없다. 한국의 상법(제710조)에 의하면 다음과 같은 경우 피보험자는 보험의 목적물을 보험자에게 위부하고 보험금액의 전부를 청구할 수 있다.

- 선박 또는 적화의 점유를 상실하여 회복가능성이 없거나 회복비용이 회복하였을 때의 가액을 초과할 것으로 예상되는 경우
- 선박 수선비용이 선박가액을 초과할 것으로 예상되는 경우
- 적화 수선비용과 목적지까지의 운송비용이 적화의 가액을 초과할 것으로 예상되는 경우

한편, 대위(subrogation)란 보험자가 보험금을 지급한 경우 피보험자가 보험의 목적에 대해 가지는 권리 및 제3자에 대하여 가지는 권리를 보험자가 승계하는 것을 의미한다. 손해보험계약은 실손보상의 원칙에 따라 손해를 입은 피보험자를, 손해를 입기 전과 같은 상태로 복귀시키는 것을 목적으로 하는 계약이다.

따라서 피보험자는 '부당이득금지원칙'에 따라 보험계약으로 부당한 이득을 보아서는 안 된다. 그런데 피보험자가 보험자로부터 보험금의 지급을 받고도 보험의 목적에 잔존하고 있는 권리나 제3자에 대한 손해배상청구권을 그대로 가지고 있다면 피보험자는 부당한 이득을 보게 되어 이러한 원칙에 위배된다. 이와 같이 대위는 실손보상의 원칙에 따른 부당이득금지의 원칙에 의거한 것이다. 보험자 대위에는 보험목적에 대한 보험자 대위(잔존물 대위), 제3자에 대한 보험자 대위(청구권대위)가 존재한다.

> 위부(abandonment) : 추정전손의 사유가 발생하여 피보험자가 보험목적물에 대한 일체의 권리를 보험자에게 이전하고 그 대신 전손에 해당하는 보험금을 청구

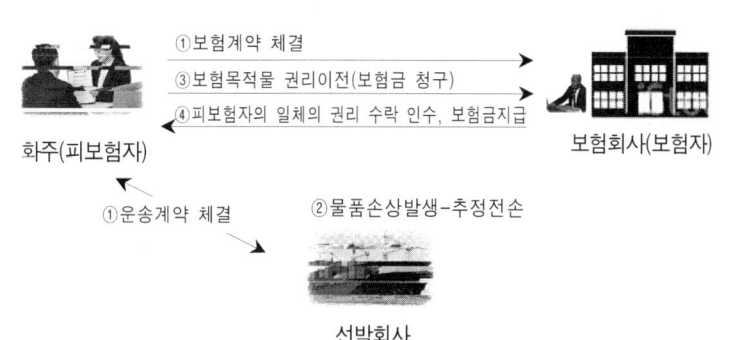

> 대위(subrogation) : 보험자가 보험금을 지급한 경우, 피보험자가 보험의 목적물에 대해 가지는 일체의 권리 및 제3자에 대해 가지는 권리를 보험자가 승계
>
> • 대위는 피보험자인 화주가 보험자인 보험회사로부터 물품손상에 대한 보험금을 지급받은 이후 목적물인 파손물품에 대한 권리가 있어 이중으로 경제적 이익을 볼 수 없도록 하는 제도임.

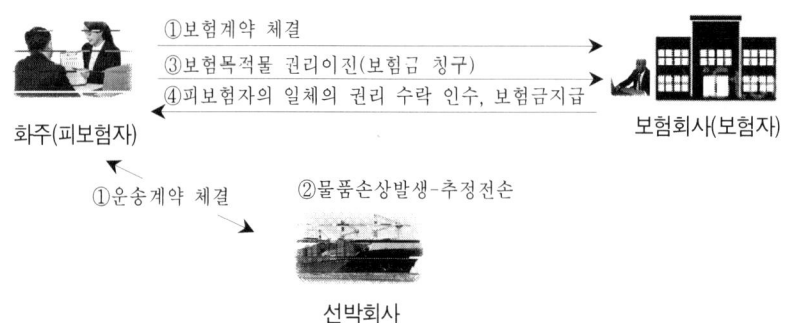

② 분손

분손(partial loss)은 피보험이익의 일부만이 멸실되거나 손상되는 것을 말한다. 분손은 손해의 발생원인에 따라 단독해손과 공동해손이 있다.

[단독해손]

단독해손(particular average : P/A)이란 담보위험으로 인하여 발생한 보험목적물의 일부분에 대한 손해를 단독으로 책임지는 손해이다.[26] 예를 들어, 폭풍우로 인한 선박의 손상, 화재로 인한 화물의 손상이 있을 때, 선박의 손상은 선주가 단독으로 부담하게 되고, 화물의 손상이 있을 경우 화물의 손상은 화주가 단독으로 부담한다. 피보험자가 이러한 단독해손을 보상받기 위해서는 이들 손해가 담보위험에 의하여 우연히 발생한 것이어야 한다.

[공동해손]

공동해손(general average : G/A)이란 보험목적물이 공동의 안전을 위하여 희생되었을 때, 관련 이해관계자들이 비례하여 분담하는 손해이다. 예를 들어, 항해 중에 선박이 태풍으로 인하여 서서히 가라앉고 있을 경우, 선장의 책임 하에 선박이 가라앉지 않도록 하기 위해 화물을 바다에 버릴 수 있다. 이 때 바다에 버려진 화물의 손해에 대해 선주는 자신의 선박에 이상이 없다 하더라도 화주와 함께 분담해야 한다. 공동해손의 성립요건들로는 ① 공동의 희생손해나 비용손해가 이례적일 것, ② 공동해손행위와 공동해손은 합리적일

---
26) 영국해상보험법 제64조 제1항

것, ③ 현실적인 위험이 존재할 것, ④ 공동해손행위는 임의적일 것, ⑤ 위험이 항해단체 모두를 위협하는 것일 것 등이다.

(2) 비용손해

비용손해(expenses)는 화물에 손해가 없더라도 사고에 의한 손해를 경감 또는 방지하기 위하여 지출한 비용이나 사고의 발생에 따라 지출된 비용 등의 손해를 말한다.

① 구조비용(salvage charge)

구조는 위험에 직면한 선박이나 화물을 구출하는 행위를 말한다. 구조는 성격에 따라 구조계약을 체결하지 않은 상태에서 위험에 처해 있는 재산을 구조자 스스로 구조하는 순수구조(pure salvage)와 구조계약 체결 상태에서 구조하는 계약구조(contract salvage)로 구분된다. 해상보험에서는 구조비는 순수구조이다. 구조비(salvage charge)는 구조계약을 체결하지 않은 상태에서 제3자에 의해 자발적으로 구조되었을 때 구조한 자에게 지불하는 비용을 말한다. 구조비는 현실적으로 위험한 상태에서 자발적으로 실제로 구조된 것에 한해서 지불되며 구조가 실패로 끝나 구조물이 없는 경우에는 구조비가 지급되지 않는다.

② 손해방지 비용(sue & labour charge)

손해방지 비용은 실질적인 위험에 처했을 때 피보험자 또는 선장이나 선원 또는 하역업자 등과 같은 피보험자의 대리인이 손해를 방지하거나 경감하기 위해서 합리적으로 지출한 비용을 말한다. 피보험자의 손해방지 의무는 자신을 위한 것이 아니라 결국 보험자를 위한 의무이기 때문에 손해방지 비용은 보험자가 별도로 보상한다. 피보험자의 적극적인 손해방지행위를 유도하기 위하여 손해방지 행위를 시도하다 실패한 경우에도 보험자는 이 비용을 보상해야 한다. 피난항에서의 가축사료 비용, 해상 또는 육상으로의 제반비용, 담보위험으로 인한 재포장비, 배상책임이 있는 자에게 소송비용 등이 이에 해당된다.

③ 특별비용(particular charge)

특별비용은 피보험목적물의 안전이나 보존을 위하여 피보험자 혹은 피보험자의 대리인에 의하여 지출된 비용으로 공동해손비용과 구조비용 이외의 비용을 말한다. 예를 들어, 화물의 경우 긴급사태가 발생하여 피난항에서 지출하게 된 양륙비, 창고보관료, 재포장비용, 재선적비, 재운송비 등이 이에 해당된다.

<표 V-3> 비용손해와 공동해손비용 손해의 비교

구 분	구조비	손해방지비	특별비	공동해손비용
보험 대상	제3자	피보험자 또는 그의 대리인	피보험자 또는 그의 대리인	선장
지출 목적	공동 또는 단독이익	단독이익	단독이익	공동이익
종류	자발적 구조비만 해당	• 목적지 도착 전 비용 - 피난항 가축사료비 - 계반비용 - 재포장비 • 소송비용	• 피난항비용 - 창고비 - 재선적비 - 출항비 • 도착 후 비용 - 화물건조비용 - 재포장비용 - 정상품 분리비용 • 계약구조비	• 피난항 입항비 • 피난항 양륙비 • 공동이익주의 - 창고료 - 재선적비 - 출항비 • 예인선비 • 공동해손행위구조비
보상 한도	실구조비	협정보험가액 초과시에도 피보험목적물의 손해액+손해방지비 모두배상	보험금액 내에서만 보상	실지출비

자료 : 이용근, 전게서. p.440

(3) 배상책임손해

배상책임손해(liability loss)는 피보험선박이 자신의 과실이나 쌍방의 과실로 다른 선박과 충돌하여 피보험선박은 물론 상대 선박의 선주 및 그 화물에 손해를 입게 될 때 피보험자가 책임져야 하는 손해배상금을 보험자가 보상해주는 것을 말한다. 협회화물약관(Institute Cargo Clause ; ICC)에 쌍방과실충돌약관(both 10 blame collision clause)이 있어 선주와 화주의 제3자에 대한 배상책임을 보험자가 보상하도록 하고 있다.

3. 협회화물약관(협회적화약관)의 개념과 구성

(1) 협회화물약관의 개념

해상화물보험(해상적화보험 : marine cargo insurance)과 관련하여 런던보험자협회(Institute of London Underwriters : ILU)가 로이즈 SG 보험증권(Lloyd's S.G. Policy[27]))을 기초로 하여

---

[27] 로이즈SG보험증권(Lloyd's S.G. Policy)은 1779년에 작성된 로이즈의 표준양식보험증권을 말한다. SG.

1912년에 협회화물약관[협회적화약관(Institute Cargo Clause : ICO)]을 제정하였다. 협회화물약관(협회적화약관)이란 해상적화보험의 보상범위에 관한 보험 조건을 규정한 것이다. 1962년에 제정된 구약관인 협회화물약관(협회적화약관)은 전위험 담보조건(AIll Risks : A/R)인 ICC(AR), 분손담보조건(With Average : W/A)인 ICC(WA), 단독해손부담보조건(Free From Particular Average : FPA)인 ICC(FPA)가 있었으나, 1982년 약관 명칭을 ICC(A/R), ICC(WA), ICC(FPA)에서 ICC(A), ICC(B), ICC(C)로 변경되었다. ICC(A) 조건은 담보위험의 범위가 가장 넓고 그 다음이 ICC(B), ICC(C)의 순서이다.

1982년부터 운영되어 왔던 신협회화물약관은 테러리스트들(terrorists)의 위협 등 해상 화물보험시장의 환경변화에 따라 변경되게 되었다. 그동안 영국에서 협회약관을 주도적으로 제정해 왔던 런던보험자협회(ILU)는 1998년 런던 국제보험 및 재보험시장연합과 합병하여 런던국제보험인수협회(International Underwriting Association of London : IUA)로 새로 탄생하게 되었다. 영국국제보험인수협회는 로이즈보험시장협회(Lloyds Market Association : LMA)와 합동화물위원회(Joint Cargo Committee : JCC)를 구성한 후 3년 동안의 준비과정을 거 1982년 ICC를 개정하여 2009년 협회화물약관(ICC 2009)을 공표하고 2009년 1월 1일부터 사용하도록 하였다.

(2) 협회화물약관의 구성

신약관(2009년)은 1982년 협회화물약관[협회적화약관 ; Institute Cargo Clause (ICC)]의 ICC(A), ICC(B), ICC(C) 약관의 기본체제에는 변함이 없으며 각 약관에 대한 위험약관의 내용도 동일하다. 다만, 면책조항의 적용범위의 축소, 보험담보기간의 확장, 테러행위의 위험에 대한 정의추가, 약관의 용어의 변경 등이 이루어졌다. 아울러 면책(제4조~제7조), 보험(제15조), 지연의 회피(제18조), 법률과 집행(제19조)에서 조항명만 삭제되었다.

<표 V-4> 협회화물약관(ICC)의 분류 (1982 약관)

구 분	조항	내 용
단위보험 (Risks Coverd)	1	위험약관(Risks Clause)
	2	공동해손약관(General Average Clause)
	3	쌍방과실충돌약관(Both to Blame Collision Clause)

는 선박(Ship)과 물품(Goods)을 의미하는 것으로 선박보험과 화물보험(적화보험)을 포함하는 것이다.

구 분	조항	내 용
면책조항 (Exclusions)	4	일반면책약관(General Exclusions Clause)
	5	불내항성 및 부적합면책약관 (Unseaworthiness and Unfitness Exclusions Clause)
	6	전쟁면책약관(War Exclusions Clause)
	7	동맹파업전쟁약관(Strikes Exclusions Clause)
보험기간 (Duration)	8	운송약관(Transit Clause)
	9	운송계약종료약관(Termination of Contract of Carriage Clause)
	10	항해변경약관(Change of Voyage Clause)
보험금 청구 (Claims)	11	피보험이익약관(Insurable Interest Clause)
	12	계반비용약관(Forwarding Charges Clause)
	13	추정전손약관(Constr Total Loss Clause)
	14	증액약관(Increased Value Clause)
보험이익 (Benefit of Insurance)	15	보험이익불공여약관(Not to Insure Clause)
손해경감 (Minimizing Losses)	16	피보험자의무약관(Duty of Assured Clause)
	17	포기약관(Waiver Clause)
자연의 회피 (Avoiding of Delay)	18	신속조치약관(Reasonable Despatch Clause)
법률 및 관행 (Law and Practice)	19	영국법률 및 판례약관(English Law and Practice Clause)

<표 V-5> 협회화물약관(ICC)의 분류 (2009 신약관)

구 분	조항	내 용
단위보험 (Risks Coverd)	1	위험약관(Risks Clause)
	2	공동해손약관(General Average Clause)
	3	쌍방과실충돌약관(Both to Blame Collision Clause)
면책조항 (Exclusions)	4	
	5	조항명 삭제됨
	6	
	7	
보험기간 (Duration)	8	운송약관(Transit Clause)
	9	운송계약종료약관(Termination of Contract of Carriage Clause)
	10	항해변경약관(Change of Voyage Clause)
보험금 청구 (Claims)	11	피보험이익약관(Insurable Interest Clause)
	12	계반비용약관(Forwarding Charges Clause)
	13	추정전손약관(Constr Total Loss Clause)
	14	증액약관(Increased Value Clause)

구분	조항	내용
보험이익 (Benefit of Insurance)	15	조항명 삭제됨
손해경감 (Minimizing Losses)	16 17	피보험자의무약관(Duty of Assured Clause) 포기약관(Waiver Clause)
자연의 회피 (Avoiding of Delay)	18	조항명 삭제됨
법률 및 관행 (Law and Practice)	19	조항명 삭제됨

주) 1982년 약관에서는 각 조별로 약관이름이 모두 있었지만 2009년 신약관에서는 약관명칭이 혼란을 줄 수 있다는 이유로 삭제한 조문이 있고, 특히 면책조항 관련 약관은 조항명이 모두 삭제되었다.

4. 협회화물약관(협회적화약관)의 보상범위

(1) 담보위험

① ICC(A)

협회화물약관 A[Institute Cargo Clause(A) : ICC(A)]는 구 보험조건인 전위험담보조건 [ICC(A/R) : ICC(All Risks)]과 유사한 약관으로 포괄책임주의를 채택하고 있다.

따라서 ICC(A)는 약관에 규정한 면책위험을 제외하고 보험의 목적에 따른 멸실 또는 손상의 일체의 위험을 담보한다.

제1조(담보위험)는 보험자의 담보범위를 규정하고 있는 약관으로 제4조에서 제7조에 열거된 면책위험을 제외하고 보험자가 보상한다.
제2조는 공동해손 및 구조비를 보험자가 보상한다는 내용으로 공동해손으로 피보험자가 부담해야 할 공동해손분담금이 있으면 보험자가 부담한다.
제3조는 쌍방과실충돌약관으로 보험자의 손해보상범위를 확장하여 선화증권의 쌍방과실충돌약관에 의하여 피보험자가 부담해야 할 금액 중 보험증권에서 보상받을 수 있는 손해에 관한 부분을 보험자가 부담해 줄 것을 규정하고 있다.

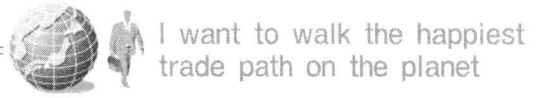

② ICC(B)

협회화물약관 B[Institute Cargo Clause(B) : ICC(B)]는 구 보험조건인 분손담보조건 [ICC(WA) : ICC(With Average)]과 유사한 약관으로 열거책임주의로 채택하고 있다. 담보위험과 관련하여 협회화물약관 제1조에서 규정된 11가지의 위험만을 담보한다.

<표 V-6> 각 조건별 담보위험 (2009)

약관 조항	담보 위험		포괄책임	열거책임	
	다음 사유와 상당인과관계가 있는 멸실·손상		A	B	C
제1조		① 화재·폭발	○	○	○
		② 본선·부선의 좌초·교사·침몰·전복	○	○	○
		③ 육상운송용구의 전복·탈선	○	○	○
		④ 본선·부선·운송용구의 타 물과의 충돌·접촉	○	○	○
		⑤ 조난항에서의 화물의 양륙하역	○	○	○
		⑥ 지진·분화·낙뢰	○	○	×
	다음 사유로 인한 멸실·손상				
		⑦ 공동해손희생	○	○	○
		⑧ 투하	○	○	○
		⑨ 갑판유실	○	○	×
		⑩ 본선·부선·선창·운송용구·컨테이너 또는 보관장소에 해수·호수·하천수의 유입	○	○	×
		⑪ 본선·부선에 적재 또는 이들로부터 양륙 중 수몰 또는 낙하한 포장단위당 전손	○	○	×
		⑫ 상기 이외의 일체의 위험	○	×	○
제2조	⑬ 공동해손 및 구조비(면책위험과 관련된 것 제외)		○	○	○
제3조	⑭ 쌍방과실충돌		○	○	○

③ ICC(C)

협회화물약관 C[Institute Cargo Clause(C) : ICC(C)]는 구 보험조건인 분손부담보조건 [ICC(FPA) : ICC(Fee From Particular Average)]과 유사한 약관으로 열거책임주의를 채택하고 있다. 협회화물약관 제1조에서 규정된 11가지 위험 중 다음을 제외하고는 나머지는 ICC(A)와 동일하다.

- 지진·분화·낙뢰
- 갑판유실

- 본선・부선・선창・운송용구・컨테이너 또는 보관장소에 해수・호수・하천수의 유입
- 본선・부선에 적재 또는 이들로부터 양륙 중 수몰 또는 낙하한 포장단위당 전손
- 제1조에서 규정된 11가지 이외의 일체의 위험

(2) 면책위험

면책위험은 일반면책, 불내항 및 부적합면책, 전쟁면책 및 동맹파업면책으로 구분된다.

① 일반면책

일반면책은 제4조에서 면책사항을 8가지로 제시하여 구분하고 있다. ICC(A) 약관에서는 이 중 '⑦ 어떤 자의 불법행위에 의한 의도적인 손상 또는 파괴'를 면책으로 하고 있지 않다. 하지만 ICC(B), ICC(C) 약관에서는 어떠한 특약에 의해서도 담보되지 않는다.

② 불내항 및 부적합

선박의 불내항성 및 부적합성으로 인한 보험사고에 대해서 보험자가 책임을 지지 않는다는 것으로 제5조에 규정되어 있다. 이는 ICC(A), ICC(B), ICC(C) 약관 모두 어떠한 특약에 의해서도 담보되지 않는다.

③ 전쟁위험면책

전쟁위험으로 인한 손해에 대해서 보험자가 면책되는 것으로 제6조에 규정되어 있다. ICC(A) 약관에서 해적행위 제외(piracy excepted)라는 단서조건이 삽입되어 있어 해적행위도 보험자가 담보한다. ICC(B) 및 ICC(C) 약관에서는 이러한 조건이 없다. 하지만 협회 전쟁약관(Institute War Clause)을 이용할 경우에는 전쟁위험도 담보된다. 특약으로 담보가 가능한 전쟁위험으로는 다음과 같다.

- 전쟁・내란・혁명・모반・반란 또는 이로부터 발생하는 국내투쟁 또는 교전국에 의하거나 또는 교전국에 대한 적대행위
- 포획・나포・구속・억지 또는 억류(해적 제외) 및 그러한 행위의 결과 또는 그러한 행위를 하려는 기도(B, C 약관은 해적면책)
- 유기된 기뢰・어뢰・폭탄 또는 그 밖의 유기된 전쟁무기

④ 동맹파업면책

동맹파업, 폭등, 소요, 테러 등으로 인한 손해에 대해서 보험자가 면책되는 것으로 제7조에 규정되어 있다. 이는 ICC(A), ICC(B). ICC(C) 약관 모두 담보되지 않는다. 과거 이 약

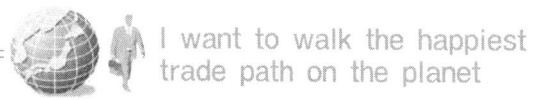

관을 동맹파업, 폭동 및 소요부담보약관(Frce from Strikes, Riots and Civil Commotions Clause : SRCC)으로 표현하였다. 동맹파업면책약관은 특약을 할 경우에는 담보가능하다. 특약으로 부보가능한 동맹파업위험은 다음과 같다.

- 동맹파업자, 직장폐쇄노동자, 또는 노동쟁의, 폭동 또는 소요에 가담한 자로 인하여 발생하는 것
- 스트라이크, 직장폐쇄, 노동쟁의, 폭동 또는 소요로부터 발생하는 것
- 폭력주의의 행위, 즉 합법적 또는 비합법적으로 설립된 일체의 정체를, 무력 또는 폭력에 의하여 전복 또는 지배하기 위하여 지시된 활동을 수행하는 조직을 대신하여 행동하거나, 또는 그 조직과 관련하여 행동하는 자의 행위로 인하여 발생하는 것
- 정치적, 이념적 또는 종교적 동기로부터 행동하는 자의 행위로 인하여 발생하는 것

<표 V-7> 각 조건별 면책위험 (2009)

약관	면책위험	A	B	C
제4조	① 피보험자의 고의적인 불법행위	×	×	×
	② 통상의 누손·중량 또는 용적에 대한 통상의 감소·자연소모	×	×	×
	③ 포장 또는 포장 준비의 불완전·부적합	×	×	×
	④ 물품 고유의 하자·성질	×	×	×
	⑤ 지연	×	×	×
	⑥ 본선 소유자·관리자·용선자 또는 운항자의 지급불능 또는 채무불이행	×	×	×
	⑦ 어떤 자의 불법행위에 의한 의도적인 손상 또는 파괴	○	×	×
	⑧ 원자핵무기에 의한 손해	×	×	×
제5조	⑨ 피보험자 또는 그 사용인이 인지하는 선박의 내항성 결여·부적합	×	×	×
제6조	⑩ 전쟁파업(특약으로 부보 가능)	×	×	×
제7조	⑪ 동맹파업(특약으로 부보 가능)	×	×	×

주) × 표는 면책 가능하고, ○ 표는 담보되는 것을 말함.

(3) 보험기간

① 위험의 개시시기

보험의 개시는 보험의 목적물이 창고 또는 보험계약에서 지정된 보관장소에서 운송의 개시를 위하여 운송차량 또는 그 밖의 운송용구에 즉시 적재할 목적으로 최초로 이동된 때로부터 개시된다.[28] 해상화물보험에서 해상보험의 담보 개시시점은 운송약관에 따라 화물이

보험증권에 기재된 지역의 창고 또는 보관장소에서 운송개시를 위해 떠날 때부터이며 '통상의 운송과정(ordinary course of transit)' 중에도 계속된다. 따라서 적재를 위하여 창고 내에서 이동 중 화물이 손상될 경우에 보상되는 것으로 해석된다.

② 위험의 종료시기

위험의 종료시기와 관련하여 이전의 운송약관에서는 수화인의 최종 창고에 인도할 때였으나 2009년 개정약관에서는 최종창고에서 운송차량으로부터 양륙이 완료되었을 때로 변경되었다. 해상위험이나 동맹파업위험에 적용되는 보험의 종료시기는 다음 네 가지 중 가장 먼저 발생한 때이다.

첫째, 보험계약에 기재된 목적지의 최종 창고 또는 보관창고에서 운송차량 또는 기타 운송용구로부터 양륙이 완료된 때
둘째, 통상적인 운송과정상의 보관이 아닌 보관을 위하여, 또는 할당 및 분배를 위하여, 기타의 창고에서 양륙이 완료된 때
셋째, 통상의 운송과정이 아닌 보관을 위해 운송차량 또는 기타 운송용구 또는 컨테이너를 사용하고자 선택한 때
넷째, 양륙항에서 본선으로부터 양륙완료 후 60일이 경과한 때

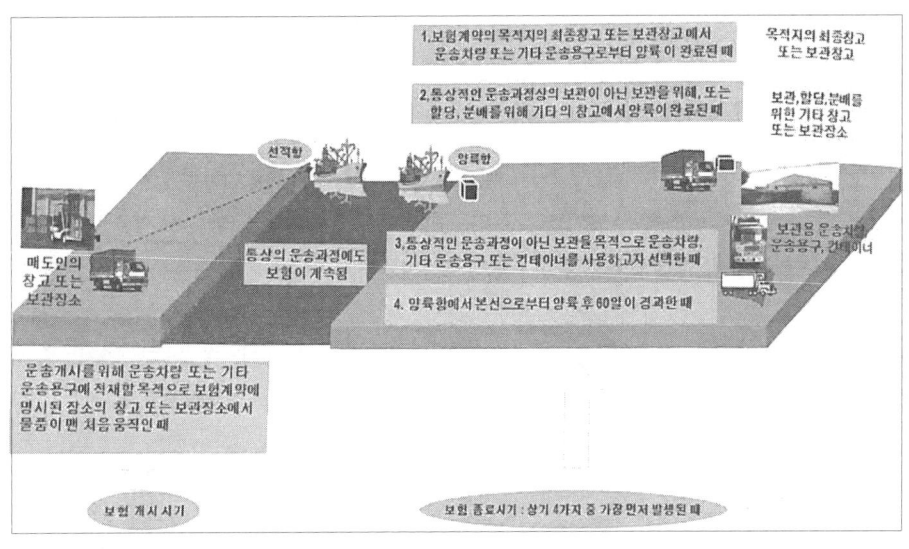

---

28) 2009년 협회화물약관(협회적화약관) 제8조 및 협회동맹약관 운송조항 제5조

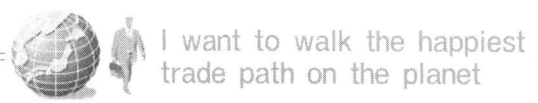

전쟁위험과 관련하여서는 2009년 개정 협회전쟁약관 제5조의 운송약관에서 다음 중 어느 것이든 먼저 발생한 때를 보험기간으로 규정하고 있다.

- 화물이 본선에 적재된 때부터 양륙될 때
- 본선이 최종 양륙항 도착 후 15일이 경과한 때

5. 해상화물보험의 부보

(1) 화물보험(적화보험)계약의 체결

CIF 또는 CIP규칙에서는 수출업자가 적화보험의 계약자가 되어 보험자와 보험제약을 체결하게 되지만 FCA, FAS, FOB, CFR, CPT 등의 규칙에서는 수입업자가 자신을 위해 보험을 부보해야 하기 때문에 수입업자가 보험계약자인 동시에 피보험자가 된다.

우리나라에서는 보험계약자가 직접 보험회사와 보험계약을 체절하고 있기 때문에 보험증권상에 기재되는 지역의 창고나 보관 장소를 떠나기 전에 반드시 보험을 부보하여야 한다.

또한, 수입할 경우에 수입업자가 화물보험을 부보하는 경우에는 외국 수출업자의 출고일이나 선적일을 잘 모르기 때문에 상대방에게 출고일 및 선적일을 사전에 통지하도록 의무화하여야 한다.

(2) 해상화물보험(적화보험)조건

① 기본조건

해상화물보험의 기본조건은 담보범위에 따라 협회화물약관(ICC) A 약관, B 약관 및 C 약관이 있다. 담보범위가 가장 넓은 약관은 A 약관이고 B 약관, C 약관의 순으로 되어 있다.

보험계약자는 화물의 종류, 운송구간, 운송시기 등을 고려하여 세 가지 조건 중 하나를 선택하여 부보한다.

② 부가조건

기본조건만으로는 모든 손해를 보상받을 수 없기 때문에 다양한 부가조건이 이용되고 있다. 기본조건 중 가장 담보범위가 넓은 ICC(A) 약관의 경우 전쟁위험 및 동맹파업위험은 면책위험이기 때문에 이들 위험으로 인한 손해를 보상받기 위해서는 전쟁위험 및 동맹 파업위험을 담보하는 별도의 부가조건을 이용하여야 한다. 일반적으로 화물보험에서 이용되는 부가조건은 다음과 같다.

- 협회전쟁약관(Institute War Clauses) : 전쟁위험을 담보하는 약관이다.
- 협회동맹파업약관(Institute Strikes Clauses) : 동맹파업, 폭동, 소요 등의 위험을 담보하는 약관이다.
- 도난, 발하 및 불착 담보약관(Theft, Pilferage and Non-Delivery : TPND) : 도난, 좀도둑 및 포장단위의 불착위험을 담보한다.
- 투하, 갑판유실 담보약관(Jettison, Washing Over Board : JWOB Clause) : 화물을 바다에 버리거나 갑판에 적재된 화물이 파도에 씻겨 내려가는 위험을 담보한다.
- 빗물 및 담수위험 담보약관(Rain and/or Fresh Water Damage : RFWD Clause) : 바닷물 이외의 물에 젖는 위험을 담보하는 것으로 주로 비오는 날의 하역시에 발생하는 위험이다.
- 기름위험담보약관(Contact with Oil and/or Other Cargo : COOC Clause) : 연료 기름이나 기계의 기름이 다른 화물에 묻게 될 경우의 위험을 담보한다.
- 갈고리에 의한 손해(Hook & Hole : H/H) : 하역작업 중 갈고리에 의한 손해를 담보한다.
- 습기와 발열에 의한 손해(Sweat & Heating : S/H) : 선창, 컨테이너 내벽에 응결된 수분에 접촉하여 일어난 손해, 직접 화물의 표면에 응결된 수분에 의한 손해 및 이상온도의 상승에 의해 화물이 입은 손해를 담보하는 조건이다.
- 곡손위험(Denting and/or Bending) : 외부적, 우발적 원인으로 화물에 발생된 구손 및 곡선을 담보하는 조건이다.

이 외에도 파손(Breakage), 혼합(Contamination)위험, 곰팡이(Mould & Mildew)손해, 쥐 및 벌레(Rats & Vermin)에 의한 손해, 녹 및 산화(Rust & Oxidation) 등이 있다.

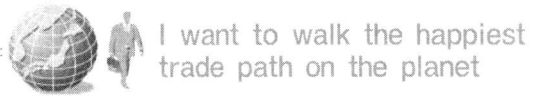

[해상보험 정책]

MARINE INSURANCE POLICY

Assured(s), etc ② SAMWON CORPORATION	
Policy No. ① 002599A65334	Ref. No.③ Invoice No. DS-070228 L/C No. IOMP20748
Claim, if any, payable at : ⑥ GELLATLY HANKEY MARINE SERVICE 842 Seventh Avenue New York 10018 Tel(201)881-9412	Amount insured ④ USD 65,120.00 (USD59,20×× 110%)
Suevey should be approved by ⑦ THE SAME AS ABOVE	

⑧ Local Vessel or Conveyance	⑨ From(interior port or place of loading)	Conditions ⑤ *INSTITUTE CARGO CLAUSE(A) 2009 *CLAIMS ARE PAYABLE IN AMERICA IN THE CURRENCY OF THE DRAFTS.
Ship or Vessel called the ⑩ KAJA-HO V-27	Sailing on or about ⑪ MARCH 3, 20XX	
at and from ⑫ BUSAN, KOREA	⑬ transhipped at	
arrived at ⑭ NEW YORK	⑮ thence to	

Goods and Merchandise ⑯ 16,000YDS OF PATCHWORK COWHIDE LEATHER

Place and Date signed in ⑰ SEOUL, KOREA MARCH 2, 20xx. No. of Policies issued. ⑱ TWO ⑳

Notwithstanding anything contained herein or attached to the contrary, this insurance is understood and agreed to be subject to English law and practice only as to liability for and settlement of any and all claims.

This insurance does not cover any loss or damage to the property which at the time of the happening of such loss or damages is insured by or would but for the existence of this Policy be insured by any fire or other insurance policy or policies except in respect of any excess beyond the amount which would have been payable under the fire or other insurance policy or policies had this insurance not been effected.

We, THE MARINE INSURANCE CO., LTD. hereby agree, in consideration of the payment to us by or on behalf of the assured of the premium as arranged, to insure against loss damage liability or expense to the extent and in the manner herein provided.

In witness whereof, I the undersigned of THE MARINE INSURANCE CO., LTD. on behalf of the said Company have subscribed My Name In the place specified as above to the policies, the issued numbers thereof being specified as above, of the same tenor and date, one of which being accomplished, the others to be void, as of the date specified as above

IMPORTANT
PROCEDURE IN THE EVENT OF LOSS OR DAMAGE FOR WHICH UNDERWRITERS MAY BE LIABLE
LIABILITY OF CARRIERS, BAILEES OR OTHER THIRD PARTIES
It is the duty of the Assured and their Agent, in all cases, to take such measures as may be reasonable for the purpose of averting or minimizing a loss and to ensure that all rights against Carriers, Bailees or other third parties are properly preserved and exercised. In particular, the Assured or their Agents are required:
1. To claim immediately on the Carriers, Port Authorities or other Bailees for any missing packages.
2. In no circumstances, except under written protest, to give clean receipts where goods are in doubtful condition.
3. When delivery is made by Container, to ensure that the Container and its seals are examined immediately by their responsible official.
If the Container is delivered damaged or with seals broken or missing or with seals other than as stated in the shipping documents, to clause the delivery receipt accordingly and retain all defective or irregular seals for subsequent identification.

4. To apply immediately for survey by Carriers' or other Bailees'
Representatives if any loss or damage be
apparent and claim on the carriers or other Bailees for any actual loss or damage found at such survey.
5. To give notice in writing to the Carriers or other Bailees within 3 days of delivery if the loss or damage found at such survey.
NOTE: The Consignees or their Agent are recommended to make themselves familiar with the Regulation of the Port Authorities at the port of discharge.
INSTRUCTIONS FOR SURVEY
In the event of loss or damage which may involve a claim under this insurance, immediate notice of such loss or damage should be given to and a Survey Report obtained from this Company's Office or Agents specified in this Policy or Certificate.

For THE MARINE INSURANCE CO., LTD.

DOCUMENTATION OF CLAIMS
To enable claims to be dealt with promptly, the Assured or their Agents are advised to submit all available supporting documents without delay, including when applicable;
1. Original policy or certificate of insurance.
2. Original or Certified copy of shipping invoices, together with shipping specification and/or weight notes.
3. Original or certified copy of Bill of Lading and/or other contract of carriage.
4. Survey report or other documentary evidence to show the extent of the loss or damage.
5. Landing account and weight notes at port of discharge and final destination.
6. Correspondence exchanged with the Carriers and other Parties regarding their liability for the loss or damage.
※In the event of loss or damage arising under this policy, no claims will be admitted unless a survey has been held with the approval of this company's office or Agents specified in this policy.

⑲ AUTHORIZED SIGNATORY

■ 해상보험정책 기재요령

① 보험증권 번호 ; 보험자가 피보험자에게 보험증권을 교부할 때 붙이는 일련번호이다.

② 피보험자(또는 보험계약자)명 : 수출입업체명을 기재하는데 CIF제약의 수출인 경우 피보험자에 대하여 별도의 약정이나 지시가 없으면 수출업자 자신을 피보험자로 하여 수출환어음 매입시에 백지 배서(blank endorsement)에 의해 양도하면 된다.

③ 참조번호 : 보험자가 업무상 참조하기 위한 번호로써 통상 수출의 경우에는 신용장 또는 수출 허가서의 번호를, 수입의 경우에는 상업장 또는 수입허가서의 번호를 기재한다.

④ 보험금액 : 보험계약자가 부보한 금액으로써, 보험사고가 발생하였을 때 보험자가 손해보전액을 보험금(loss or claim paid)으로써 지불하는 최고 한도액이다. 보험금액은 당사자의 합의에 의하여 정해지지만 보험금액은 보험가액과 동액 또는 그 이하가 되지 않으면 안 된다.
　　보험금액과 보험가액이 동액인 경우를 전부보험이라 하며, 보험금액이 보험가액의 일부인 경우를 일부보험이라고 하는데 대부분의 해상보험은 전부보험이다. 보험금액이 보험가액을 상회하면 초과보험이 되는데 초과분은 무효가 된다. 보험금액은 보통 물품의 CIF 가격에 10%를 가산한 금액이 된다(신용장통일규칙 37조 b항). 즉, 보험금액 = {원가(C, 즉 FOB가격) + 보험료(I) + 운임(F)}×1.1이 된다.

⑤ 보험조건 : 어떠한 보험조건을 선택하느냐 하는 문제는 보통 수출입 계약을 체결할 때에 매매 당사간의 합의에 의해 결정된다. 그리고 그 내용은 매매계약서나 신용장에 기재된다. 그런데 이 보험조건은 화물의 종류, 포장, 운송방법, 예상 항해기간 등을 감안하여 이상적인 조건으로 결정하도록 하여야 한다.

구체적으로 어떠한 기본조건을 선택하고 또 화물과 수송의 특수사항을 고려하여 어떠한 부가위험을 추가할 것인지 전쟁위험과 동맹파업 위험 등은 어떻게 할 것인가를 결정하여야 한다.

⑥ 보험금 지불장소 : 일반적으로 수출의 경우에는 화물의 최종 목적항이 기재되고 수입의 경우에는 당해 보험자명이 기재된다.

⑦ 손해사고 통지서 : 피보험화물에 손해가 발생하였을 지체 없이 통지하여야 할 곳인데 수출의 경우에는 최종 목적항에 있는 보험자의 대리점의 상호 및 주소가 명시되고, 수입의 경우에는 보험자명이 기재된다.

⑧ 국내운송 용구, ⑨ 출하/출하지 : ⑧, ⑨ 화물의 출하지와 선적지가 다른 경우에 출하지로부터 선적지까지의 운송화물에 대한 부보시 기재하게 되는데 ⑧은 국내운송 용구이며 ⑨는 출하 또는 출하지이다.

⑩ 선박명 : 화물을 적재하는 선박명이 기재된다.

⑪ 출항일 또는 출항예정일 : 적재선박이 선적함을 출항하는 년월일 또는 예정 년월일을 기재한다. 특히 수출의 경우에는 선화증권상의 내용과 일치하도록 하여야 한다.

⑫ 선적항 ⑬ 환적이 있는 경우 환적항, ⑭ 양륙항 기재

⑮ 최종 목적지와 운송용구 : 최종 목적지가 내륙지방에 있어 양륙항에 목적지가 상이한 경우, 운송 약관에 따라 양륙항에서 최종목적지까지의 운송화물에 대하여 부보할 때 최종목적지와 운송용구를 기재한다. 예를 들어 양륙항이 New York이고 최종목적지가 Chicago 인데 철도화차를 이용하여 운송한다면, Chicago by rail과 같이 기재하고 운송용구가 불명할 때에는 land conveyance 또는 any conveyance라고 기입한다.

⑯ 피해보험 화물의 명세 : 화물의 품명, 수량, 화인 등을 신용장이나 선화증권상의 기재내용대로 기입한다.

⑰ 보험증권의 발행지와 발행일 : 발행일은 선화증권 발행일보다 이전이 되지 않으면 안 된다.

⑱ 보험증권의 발행매수 : 보통 2통이 발행되는데 보험자가 1통에 대하여 변제하면 나머지 1통은 무효가 된다.

⑲ 보험자의 서명 : 해상보험증권은 보험자 또는 보험자의 대리인에 의하여 서명되지 않으면 안 된다. 다만 보험자가 법인인 경우에는 법인의 인장으로 충분하다. 우리나라에서는 보험회사의 해상보험 부문의 책임자가 서명하는 것이 보통이다.

⑳ 본문 약관 : 개정된 보험증권의 신양식 본문약관은 종전양식의 본문약관보다 아주 간결하게 되어 있다. 그 내용은 준거법 약관, 타보험약관, 약인약관 등으로 되어 있다.

항공보험

1. 항공보험의 의의

항공보험(air insurance)이란 항공운송과 관련된 보험으로 피보험자를 기준으로 할 경우 ① 항공운송사업자를 위한 항공보험과 ② 화주를 위한 항공화물보험으로 구분된다.

항공보험은 항공운송, 항공기 사용·관리·제조·수리 등과 관련된 위험으로 인하여 발생되는 손해를 보상받는 보험이다.

항공운송업자를 위한 항공보험에는 '항공기체보험'과 '항공화물배상책임보험'이 있으며, 화주를 위한 항공보험에는 화주가 적화보험에 가입하여 보험자로부터 손실을 보상받는 '항공화물보험'과 화주를 대신하여 항공사가 보험계약자로서 역할을 하는 '항공화물화주보험'으로 구분된다.

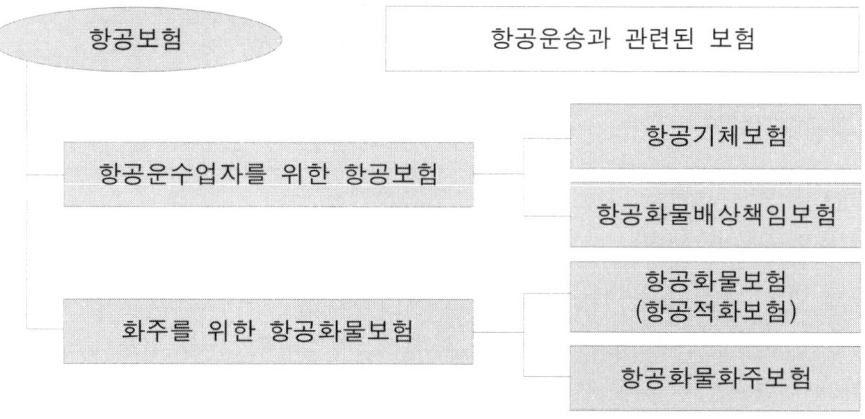

2. 항공운송업자를 위한 항공보험

(1) 항공기체보험(Aircraft Hull Insurance)

항공사고는 전손(all risks) 가능성이 많고 손해액도 거대하다. 항공기체보험은 우연한 사고로 인하여 항공기가 멸실 또는 훼손되는 경우 손해를 보상받기 위하여 항공운송사업자가 부보하는 보험이다.

(2) 항공화물배상책임보험(Cargo Legal Liability Insurance)

항공운송인이 취급·운송하는 화물의 멸실이나 손상이 발생할 경우 운송인이 화주에 대해 손해배상책임을 보상하는 보험이다. 즉, 항공운송인은 자신이나 사용인의 과실로 인하여 화주의 화물에 손상이 발생할 경우 책임을 부담하여야 한다. 화주가 항공화물에 대한 항공화물화주보험과 항공화물적화보험을 부보하였을 경우에는 보험사로부터 배상책임을 받을 수 있다. 하지만, 항공운송인의 과실로 인한 책임인 경우 보험사는 우선 화주에게 배상을 한 다음, 항공운송인에게 구상권을 행사할 수 있다. 따라서 항공운송인은 보험사와 항공화물배상책임보험을 가입함으로써 자신의 부담액을 보험사가 부담할 수 있도록 한다.

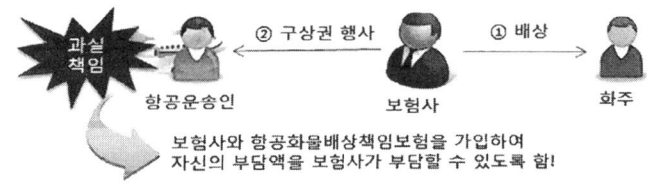

3. 화주를 위한 항공화물보험

(1) 항공화물보험

① 개념

화주로부터 화물을 인수한 항공운송인은 자신의 관리 하에 있는 동안 어떤 사고로 인하여 화물의 멸실·손상 또는 훼손에 대해서는 화주에게 배상책임이 있다. 하지만, 항공운송인의 과실이 없거나 면책사항인 경우에는 화주는 항공운송인으로부터 손해배상을 받을 수 없다. 따라서 화주의 입장에서는 이러한 경우에도 항공화물보험(항공적화보험)을 부보함으로써 보험사로부터 손해배상을 받을 수 있게 된다.

② **담보범위**

항공기 사고는 거의 화물의 전손으로 이어지기 때문에 항공화물은 전위험(all risks) 조건으로 부보된다.

항공화물보험증권약관은 항공화물약관[ICC(Air) Excluding sending by post)이 사용된다. 항공화물보험은 영국 해상보험법(MIA)이 아닌 비해상(Non-marine)에 관한 법률이 적용되며 우편물에는 적용되지 않는다.

보험료는 운임정산시 함께 납부하며 송화인은 항공사의 송화인용 항공화물운송장을 보험증권으로 사용한다. 전쟁위험과 동맹 파업위험이 면책되기 때문에 이들을 담보하기 위해서는 Institute War Clause(Air Cargo) 및 Institute Strike Clause(Air Cargo)를 특약해야 한다. 보험자는 다음 손해를 제외하고 화물의 멸실·훼손 등 모든 손해를 담보한다.

<표 V-8> 항공화물보험(ICC Air)상 보험자가 담보하지 않는 손해

구 분	보험자가 담보하지 않는 손해
ICC(Air)	① 피보험자의 고의적 비행에 기인한 화물의 손해 ② 통상의 누손, 중량 또는 용적의 통상 손실 및 자연소모 ③ 화물포장의 불완전 또는 부적합으로 인해 발생한 손해 ④ 보험목적물의 고유하자나 성질로 인하여 발생한 손해 ⑤ 지연을 근인으로 하여 발생한 손해 ⑥ 항공기 소유자, 운항자의 지불불능, 채무불이행으로 발생한 손해 ⑦ 원자력, 핵, 방사능 무기사용 등으로 인해 발생한 손해 ⑧ 전쟁, 내란, 혁명, 반란, 교전국의 적대행위에 기인한 손해 ⑨ 포획, 나포, 억류(해적행위 제외)에 기인한 손해 ⑩ 유기된 지뢰, 폭탄 또는 기타 유기된 전쟁무기에 기인한 손해 ⑪ 파업, 직장폐쇄, 노동분쟁, 소요 또는 폭도에 의하여 발생한 손해 ⑫ 테러리스트, 정치적 동기로 행동하는 자에 의하여 발생한 손해

주) ⑧~⑫을 담보받기 위해서는 특별약관(Institute War Clause 혹은 Institute Strike Clause 등)을 부보하여야 함

③ **보험기간**

항공화물보험의 경우 보험자의 보험담보기간은 해상운송의 경우와 같지만, 보험의 종료기간에 대해서는 화물이 도착지(공항)에 하기된 후 30일이 경과되면 보험이 종료된다. 전쟁위험의 보험기간은 화물이 항공기에 적재되어 있는 기간 동안만 담보된다.

따라서 화물이 항공기에 적재되기 전이나 하기된 후처럼 육상에 있는 동안에는 담보되지 않는다.

(2) 항공화물화주보험(Shipper's Interest Insurance : SII)

① 개념

일반보험과는 달리 화주가 항공사에 항공화물화주보험에 부보할 의사를 표시하면 항공사가 보험사를 대리하여 보험계약을 체결하고 화주로부터 보험료를 지급받고 그 항공사가 보험계약자를 대신하여 특정 보험회사와 화물보험계약을 체결하는 것을 말한다.

만일, 항공화물화주보험에 부보된 화물에 손해가 발생할 경우에는 화주는 항공사를 통하여 보상을 받거나 또는 보험사로부터 직접 보상을 받을 수 있다.

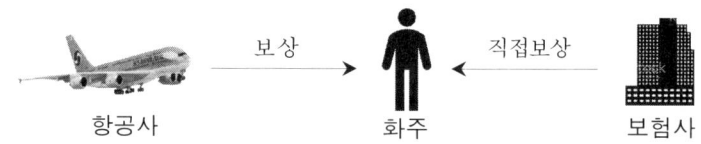

② 부보절차

항공화물화주보험은 화주가 항공화물운송장(AWB)상 Insurance Amount 란에 보험금액을 기입한 후 항공사에게 접수시키면 되고, 보험료는 항공운임과 함께 지급한다.

운임 조건이 후불(collect)인 경우 항공화물화주보험의 보험료도 후불조건으로 할 수 있다. 보험사가 매 건마다 화주에게 보험증서(insurance policy)를 발행하는 것이 아니라 은행내 고용 첨부서류 등의 용도로 부보증서가 필요한 경우 화주의 요청에 따라 "Certificate of Shipper's Interest Insurance"를 발급한다.

③ 담보범위 및 보험기간

항공화물화주보험(SII)의 담보범위와 보험기간은 항공화물보험(ICC Air)의 내용과 동일하다.

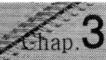# 무역보험

1. 무역보험의 의의

무역보험은 수출보험과 수입보험을 포함하는 개념으로 수출업자가 물품을 수출하고 수출대금을 지급받지 못하거나 금융기관이 제공한 수출금융을 회수하지 못하는 경우, 그리고 수입업자가 외국 수출업자로부터 적기에 화물을 인도받지 못하거나 선지급금을 회수하지 못하는 경우에 발생하는 손실을 한국무역보험공사가 무역보험법에 의하여 보상해주는 비영리정책보험을 말한다.

2. 수출보험의 기능

(1) 수출거래상의 불안제거 기능

수출보험은 수출거래에 따른 수출업자의 위험부담을 해소하여 준다는 측면에서 수출거래의 환경 및 조건을 국내 상거래의 경우와 동일한 정도로 유리하게 조성하는 데에 일차적인 기능을 가지고 있다. 즉, 수출보험은 수입국에서 발생하는 비상위험이나 수입업자의 신용위험으로 인하여 수출업자 또는 금융기관이 입게 되는 손실을 보상해줌으로써 안심하고 수출활동을 할 수 있게 해준다.

(2) 금융 보완적 기능

수출보험은 수출대금의 미회수위험을 담보하기 때문에 금융기관으로 하여금 수출금융을 공여하게 하는 금융 보완적 기능을 가진다. 또한 수출계약상대방의 대금지급지체 등과 같은 보험사고가 발생하여 수출대금의 회수전망이 불투명하거나, 회수에 장기간이 소요되는 경우에 수출업자가 입는 손실을 보상해 줌으로써 기업자금의 유동성을 제고시켜줄 수 있는 신용공여의 기능도 수반한다.

(3) 수출진흥 정책수단으로서의 기능

수출보험은 수출거래의 촉진 및 진흥을 위하여 정부의 지원 하에 운영되기 때문에 수출경쟁력을 강화시키고 결과적으로 수출을 촉진시키는 역할을 하게 된다. 수출보험은 보험인

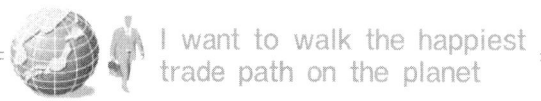

수조건, 즉 담보하는 위험의 범위, 담보율, 보험료율 등을 수출여건에 따라 적절히 조정함으로써 수출업자의 활동을 촉진시키거나 제한할 수도 있으므로, 수출무역 및 대외거래에 대한 인허가 등의 직접적 통제방식을 간접적 통제방식으로 전환시키는 기능도 갖게 된다.

(4) 해외수입자에 대한 신용조사 기능

수출보험은 보험인수관리 및 보험사고예방을 위하여 수입국의 정치·경제적 사정, 수입업지의 재정 및 신용상태 등을 조사하고 분석하는 신용조사의 기능을 수행한다.

3. 담보위험의 종류

(1) 비상위험

비상위험(political risk)은 수입국 정부의 외환부족으로 인한 환거래의 제한 및 금지, 수입국가의 수입금지 및 제한조치, 외국에서의 전쟁·내란·정변 등과 같은 비상사태 등 수출업자에게 책임을 지울 수 없는 사유로 인하여 발생하는 위험이다.

(2) 신용위험

신용위험(credit risk)은 수입업자가 대금을 지급할 능력이 없거나, 대금지급을 지연시키는 등 당연히 수행해야 할 채무나 의무를 태만히 하거나 이행하지 않음으로 인하여 발생하는 위험이다.

(3) 기업위험

기업위험(management risk)은 기업가의 판매예상, 경영예측이 어긋나는 등 기업의 활동과정에서 발생하는 위험이다.

4. 무역보험 운영종목

한국무역보험공사에서 운영하고 있는 무역보험종목으로는 <표 V-9>와 같다. 추가적으로 더 세부적인 각 종목별 무역보험 종류 및 내용에 대해서는 한국무역보험공사 인터넷사이트(http:\\www.ksure.or.kr)를 참조.

<표 V-9> 무역보험의 운영종목과 내용

구 분		내 용
단기성보험	단기수출보험	수출대금의 결제기간이 2년 이내인 수출계약을 체결한 후 수출이 불가능하게 되거나 수출대금을 받을 수 없는 경우의 손실을 보상.
	중소기업+보험	보험계약자인 수출기업은 연간 보상한도에 대한 보험료를 납부하며, 수입자 위험, 신용장위험, 수입국위험 등, 보험계약자가 선택한 담보위험으로 손실이 발생할 때, 공사는 책임금액 범위 내에서 손실 보상.
	부품·소재신뢰성보험	국산 부품·소재를 사용하는 기업에게 제품의 신뢰성과 관련된 재산적 피해를 담보.
중장기성보험	중장기수출보험	결제기간이 2년을 초과하는 수출계약을 체결한 후 수출이 불가능하게 되거나 수출대금을 받을 수 없는 경우의 손실을 보상.
	수출보증보험	금융기관이 해외공사계약 또는 수출계약과 관련하여 수입자에게 보증서(bond)를 발급 후, 보증채무를 이행시에 발생하는 손실을 보상.
	해외공사보험	해외건설공사 등의 기성고방식 또는 연불수출방식 수출에서 수출대금의 미회수 또는 투입장비의 권리상실 등으로 인한 손실을 보상.
	해외투자보험	주식 취득 등 해외투자 후 원리금, 배당금 등을 회수할 수 없게 되었을 경우 이를 보상.
	해외사업금융보험	국내외 금융기관이 수출증진, 외화획득의 효과가 있을 것으로 예상되는 해외사업에 자금을 대출하고 회수하지 못하는 경우의 손실을 보상.
	서비스종합보험	국내 서비스사업자가 서비스를 의뢰한 해외 수입업자에게 서비스를 제공하고 수입국 또는 수입자 책임으로 서비스 대금을 받지 못할 때 손실을 보상
	이자율변동보험	금융기관의 조달금리(변동금리)와 수출자금 제공금리(고정금리) 간의 차이로 인해 발생하는 손실을 보상. (이익은 환수)
	수출기반보험	금융기관이 국적외항선사 또는 국적외항선사의 해외현지법인(SPC포함)에게 상환기간 2년 초과의 선박 구매자금을 대출하고 대출 원리금을 회수할 수 없게 된 경우에 발생하는 손실을 보상.
기타보험	환변동보험	수출업체에 일정환율을 보장해 준 후 수출대금 입금 또는 결제시점 환율과 비교하여 환차손 발생시에는 보상을 하고 환차익 발생시는 환수.
	탄소종합보험	교토의정서에서 정하고 있는 탄소배출권 획득사업을 위한 투자. 금융, 보증 과정에서 발생할 수 있는 손실을 종합적으로 담보하는 보험.
	녹색산업종합보험	지원 가능한 특약항목을 「녹색산업종합보험」 형태로 제정하고, 녹색산업에 해당되는 경우 기존이용 보험약관에 수출기업이 선택한 특약을 추가하여 우대하는 보험.
	해외자원개발펀드보험	해외자원개발 사업에 투자하여 발생할 수 있는 손실을 보상하는 보험. (수출보험기금과 별도로 투자위험보증계정 운영)
수출신용보증	선적 전 보증 선적 후 보증	수출입자가 수출입 계약과 관련하여 금융기관 등으로부터 대출을 받거나 환어음 매각에 따른 금융기관 앞 수출금융 채무를 공사가 연대보증
수입보험	수입보험	국내 수입기업이 선급금 지급조건 수입거래에서 비상위험 또는 신용위험으로 인해 선급금을 회수할 수 없을 때, 발생된 손실을 보상.

Part. VI 물류산업

4.0 International Trade Practice

Chap. 1 물류산업의 현황

1. 물류의 개념

물류란 물(物)과 서비스(service)의 효과적인 흐름(流)을 의미한다. 즉, 원·부자재가 생산 현장에 투입되어 공장에서 완제품을 생산 출하해 이것을 최종 소비자에게 공급하는 수송, 하역, 포장, 보관 등 전 과정을 말한다. 즉, 물적유통(Physical Distribution)을 말한다.

물류라는 개념은 군사과학의 한 분야인 병참술에서 비롯됐다. 군사요원의 이동과 철수, 군수물자의 보급, 시설의 건설과 운용 등에 관한 계획을 수립하고 경영하는 과정에서 생긴 노하우가 물류(物流)라는 이름으로 기업 활동에 도입된 것이다.

반면, 물류관리라 말할 때는 재화가 소비자들 사이에서 물처럼 자유롭게 이동할 수 있도록 합리적으로 개입하고 적절하게 통제를 하는 행위를 의미한다. 즉, 재화가 소비자들 사이를 유영하는 동안 물리적 혹은 화학적인 변화를 거치지 않고 최종 소비자에게 처음과 같이 도달할 수 있도록 의도적으로 계획하고 합리적으로 조작하는 모든 행위가 물류관리이다.

오늘날에는 물류와 물류관리를 언어의 구분 없이 사용함으로써 물류의 언어적 영역을 계속 확장시켜 왔다. 그래서 물류와 물류관리를 의미의 구분 없이 포괄적으로 물류라고 말하고 있다. 이는 사람들이 재화의 흐름에 보다 적극적으로 관여하고 또 합리적인 간섭에 의하여 재화의 시간적 가치와 공간적 가치를 창출해 내기 때문이다.

물류의 범위는 계속 확대되고 있다. 단순히 생산자와 소비자를 연결하는 유통분야, 즉 판매물류가 전부라는 고전적 의미의 물류 개념에서 벗어나 오늘날 조달물류, 생산물류, 회수물류를 물류산업의 새 과제로 보고 있다. 따라서 원재료나 부품의 조달과 생산계획, 제품폐기물의 회수처리 등을 효율적으로 추진하는 일 모두가 물류인 셈이다.

2. 물류의 정의

물류의 정의는 기업들과 학자들의 입장에 따라 서로 다르다. 그 이유는 시대의 변천에 따라 물류도 해석상 많은 변화를 수용하며 꾸준히 자신의 영역을 확장하여 왔기 때문이다. 따라서 물류는 다음과 같이 다양한 의미로 사용된다.

〈물류 정의의 다양한 의미〉

① 물류는 물자, 서비스, 정보 및 자본의 흐름을 관리하기 위한 하나의 프레임이다. 물류는 현대 영업환경에서는 점점 그 중요성이 더해지는 복잡한 정보와 커뮤니케이션, 통제시스템을 포함한다.
② 물류는 자재와 인원의 재배치, 배분, 유지 조달이다.
③ 물류는 소비자의 요구에 즉각 부응하기 위하여 생산자에서 소비자까지 이르는 전 과정과 이에 관련된 정보와 서비스, 상품의 보관과 효과적인 이동 등을 효율적으로 통제하고, 이행하고, 계획하는 과정이다. 여기에는 재화의 수출과 수입 사내이동, 사외이동 그리고 반품, 회수되는 것 등이 포함된다.
④ 물류는 상품/서비스의 공급과 관련된 활동을 관리하고 조직하고 계획하는 과학이다.
⑤ 물류는 시스템의 운영을 유지하기 위해 필요한 자원을 취득하고, 사용하고, 계획하는 과학이다.

어떤 학자들은 물류는 물품을 적은 경비를 들여 신속하고 효율적으로 원하는 장소에 때를 맞추어 보낼 수 있도록 함으로써 가치를 창출하는 경제활동, 곧 자재 및 제품의 포장, 수송, 하역, 보관, 통신 등의 활동이라고 말하기도 하고, 또 물류는 원래 물적 유통의 줄임말이었지만 지금은 그 의미가 확장되어 물품의 이동과 관리에 관계된 제반 활동이라고 주장하기도 한다.

물류가 이처럼 학자들에 따라 다르게 정의되고 혼란을 부추기는 이유는 물류와 로지스틱스(logistics)가 원래 구분되어 발전되어 왔음에도 불구하고 현재 우리나라에서는 경우에 따라 같은 뜻으로 혼용되고 있기 때문이다.

3 물류의 어원

물류(物流)의 영어 단어 logistics는 프랑스어 logistique에서 빌려온 것이라고 한다. logistique라는 단어는 군대에서 필요한 물자를 관리·보급하는 군사행위를 일컫는 '병참(兵站)'을 의미하던 것이 나중에 일반적인 '물류(物流)'의 의미로 확대 발전된 것으로 1960년대 초 미국에서 'Physical Distribution(물적유통)'으로 사용되었는데, 일본에서 '물적유통'으로 번역하여 사용하던 것이 축약된 것이라고 한다.

우리나라는 화물유통 또는 종합화물유통이라는 용어로 사용하려는 시도가 있었으나 1970년대 말부터 간편하게 사용되었던 '물류'라는 용어를 그대로 보편적으로 사용하였고, 물류의 내용이 확대되면서 현재 미국에서 사용되는 용어인 'Logistics'가 '물류'와 함께 혼용되고 있다. 유럽어에 기반을 두고 있는 로지스틱스는 두 가지 서로 다른 어원을 가지고 있다.

첫째, 그리스어인 "lego"와 "logos"를 어원으로 각각 '계산하다'라는 수학적 의미를 내포하고 있다. 이런 맥락에서 아테네와 로마에서는 각각 재무담당 정부부서와 식량배급소를 'Logistika'라고 불렀다. 둘째, 로지스틱스는 라틴어와 불어의 "loquqea(식량)"과 "loger(보관하다)"로 군사적 의미로서 군대의 군수에서 비롯되었다고 한다. 군대가 주둔지를 이동할 경우, 군부대와 함께 이동해야 하는 것들이 무기와 탄약, 식량, 약품 등인데 이런 것들을 확보·보관·공급에 대해 재조정하는 것을 군수라고 하며, 고대 그리스와 비잔틴제국(동로마제국)은 재정과 군수품(materiel)의 공급과 배급을 책임지는 'logistika'라 불리는 군수품 담당장교를 별도로 편성하였다.

옥스퍼드 사전에는 Materiel을 "군사과학의 한 분야로 물자, 인원 및 시설, 기지 등을 획득하고, 유지·수송하는 것"으로 정의하고 있다. 또 다른 사전에서 군수는 "시간과 관련하여 적시적소에 자원의 배치"라고 정의하고 있다. 결국 로지스틱스(logistics)는 "기술설계시스템이라기보다는 사람들 사이의 인적관계 시스템"이라 할 수 있다.

4. 물류의 변천과 발전

(1) 물류시스템의 발전

물적유통에서 물류는 공급자인 생산자가 소비자에게 재화(완성품)를 공급하는 과정이고, Logistics에서의 물류는 초기단계의 경제활동인 원재료나 부품의 공급자 단계에서부터 생산단계를 거쳐 최종 소비자에게까지 물자가 전달되는 총체적인 과정을 말한다. 따라서 Logistics는 크게 조달물류, 생산물류, 판매물류를 통합한 넓은 개념이다.

물류는 수송시대(transport management), 물류시대(physical distribution), 로지스틱스시

대(logistics management) 순으로 변천을 하면서 발전하였다. 우리나라의 경우, 물류의 수송시대는 그 시기가 대략 1960년대에서 86 아시안게임과 88 서울올림픽까지와 일치한다.

이 시기는 1960년대에 들어서서 정부의 주도하에 제1차, 제2차 경제개발 5개년계획 추진을 바탕으로 공급 면에서 물량의 확대와 수요 면에서 소비구조의 향상을 유도하는 과정이었으나 항상 수요가 공급을 절대적으로 서행하고 있었기 때문에 기업들은 기본적인 유통질서의 개선을 위한 검토에 대단히 소극적이었다. 그래서 이 시기는 물류의 자생적이고 주도적인 발전의 여지가 없었으며, 유통산업에 대한 기반마저도 정립되지 못하여 거의 발전이 없었다.

그 후, 우리나라의 물류시대는 대략 1988년 서울올림픽을 거치면서 1997년까지이다. 88년 서울올림픽 이후 눈부신 경제발전은 개인당 구매능력의 향상과 더불어 시장의 볼륨이 급격하게 팽창하였다. 이 시기는 정치적으로도 민주화운동과 맞물려 사회전반에 걸쳐 근로자들의 의식수준이 대폭 향상되었다.

같은 시기에 기업들은 근로자들의 파업을 매우 부담스럽게 인정하면서도 시장의 선점과 주도권 장악을 위하여 동종의 경쟁업체와의 '치킨게임'에 몰두하였다. 이 시기에 생산은 수요의 증가속도를 앞질렀기 때문에 시장은 언제나 과포화 상태로 놓여있었고, 무자료거래, 덤핑판매, 끼워팔기 등과 같이 물류가 심하게 왜곡되었다. 그러나 아이러니컬하게도 이 시기부터 기업들은 비로소 물류의 합리화와 효율성에 관심을 나타내기 시작하였다.

1997년 말 우리나라가 겪게 되는 외환 유동성 위기는 역설적이게도 우리나라에서 로지스틱스 시대를 열게 하였다. IMF체제의 불황을 극복하기 위하여 기업들은 스스로 협력체재를 구축하기 시작하였다. 특히, 물류공동화로 외환위기를 극복하자는 기업들이 하나, 둘 생겨나기 시작했다.

경제위기 속에서 물류기업들이 할 수 있는 것은 공동물류를 통해 물류 효율성을 제고하고 물류비를 줄여야 살아남을 수 있다는 절박감에서 비롯된 것이다. 정부도 고물류 비용을 해소하기 위하여 물류공동화 사업을 적극 권장하거나 자금지원 등으로 활성화하려고 노력하였다. 이와 같은 움직임은 대기업이 동종업종의 경쟁사나 협력사와 물류동맹을 체결하는 경우와 중소기업이나 단체에서 공동물류센터를 건립하여 제품을 공동으로 수배송하고 있는 것에서 잘 나타나 있다. 당시 공동물류는 자사의 물류합리화 뿐만 아니라 업체 간 공동의 이익을 가져다주는 공존공생의 물류합리화 방안이었다. 공동물류를 실시하면서 왕복수송을 통한 공차율을 줄이고, 공동배송을 통해 적재율을 향상하고 신속한 배송과 빠른 회전율로 고객서비스를 향상시킬 수 있었다. 따라서 물류공동화사업은 단기간에 물류 효율화를 극대화시키는 방안이었다.

오늘날 기업들은 "우리 물류는 우리가 직접 수행한다."는 전통적인 사고를 빠른 속도로 탈피하고 기업의 본업회귀 움직임이 강하게 작용함에 따라 기업의 조직구조를 점차 슬림화하고 있다. 즉, 기업들은 자신의 물류업무를 우선적으로 아웃소싱의 대상에 포함하고 있다는 것이다.

이는 기업이 물류관련 고정자산이나 인력고용 등을 줄여서 경기상황이나 시장상황의 변동에 따라 유연하게 대처하고자 함이다. 최근에는 물류 서비스를 아웃소싱하는 기업들이 단일계약(one-stop service)으로 전문물류업체로부터 공급사슬 전체를 지원하는 통합된 물류 서비스를 제공받고 싶어 하는 수요가 증가함에 따라 새로운 조직형태인 제4자 물류가 도입되었다.

(2) 물류의 종류와 변천

물류의 종류에는 대표적으로 제1자 물류(the frist party logistics, 1PL), 제2자 물류(the second party logistics, 2PL), 제3자 물류(the third party logistics, 3PL), 제4자 물류(the fourth party logistics, 4PL) 그리고 제한적이지만 공동물류 등이 있다.

대다수 기업의 물류수행 방식에 대해 1자 물류, 2자 물류, 3자 물류로 구분하기가 매우 어렵다. 대부분의 기업들이 정도의 차이가 있지만, 영업상의 비밀을 내세워 완전한 1자 물류, 2자 물류, 3자 물류 등이 아닌 혼합물류 방식을 선택하고 있기 때문이다. 1자 물류, 2자 물류, 3자 물류는 단지 물류수행 방식의 기준이지 물류회사의 기준이 아니다.

① 제1자 물류(the first party logistics, 1PL)

제1자 물류는 기업이 물류업무를 사내부서를 통해 자체적으로 수행하는 경우를 말한다. 현재 해태, 롯데 등과 같은 제과 기업이나 아모레퍼시픽과 같은 화장품 기업들은 1자 물류 형태의 물류를 수행하고 있다. 그러나 엄밀히 말하면 이들은 완전한 1자 물류를 운용하고 있는 것이 아니라 자가 물류 형태에 자사 직원 및 협력업체 위탁의 하역시스템, 협력업체 위탁의 수배송 시스템을 혼용하고 있다.

제과 기업들은 자사상품의 판매방식으로 직접 판매방식을 선택하고 있으므로 기본적으로 자가 물류 형태와 협력업체 위탁의 수배송 시스템을 혼용하고 있으며, 화장품의 경우는 화장품 기업들이 다품종 소량, 다빈도 생산 유통구조를 가지고 있으므로 물류 전체의 아웃소싱은 리스크가 크다.

특히, 철저한 가시성(visibility)을 요하는 화장품 속성상 물류의 모든 기능을 아웃소싱 하는 것은 바람직하지 않다고 판단하기 때문이다. 제1자 물류의 특성은 <표 Ⅵ-1>과 같다.

<표 Ⅵ-1> 제1자 물류의 특성

시장지배력 강화	신제품 홍보 및 판촉활동, 반품 및 클레임처리, 전략상품의 시장 확산 및 분포 진열활동 강화, 거래선과의 유대강화, 시장의 돌발 상황(돌발주문, 돌발사고)에 신속하게 대응
비용 발생	중요하지 않은 부분까지 직접 관여하므로 비용의 과다발생
신규창업 기업에 불리	신규 창업기업은 매출이 적고, 전국 단위의 물류 네트워크가 미구축되어 있으므로 1자 물류를 전략적으로 선택할 수 없음

② **제2자 물류(the second party logistics, 2PL)**

기업이 사내의 물류부서를 별도의 자회사로 독립시켜 물류 활동을 수행하는 경우를 제2자 물류라고 한다. 제2자 물류는 제1자 물류와 제3자 물류의 중간 형태이다.

우리나라 기업 중에서 ㈜농심은 확실한 제2자 물류이다. 그리고 글로비스와 글로벌 종합 물류기업 범한판토스가 제2자 물류에 가깝다.

글로비스는 현대기아차그룹의 물류업무 상당수를 총괄하고 있으며, 범한판토스는 모기업인 LG의 물량을 50~60% 처리하고 있기 때문이다. 사례로 ㈜농심의 제1자 물류에서 제2자 물류로의 변천과정을 살펴보면 [그림 Ⅵ-1]과 같다.

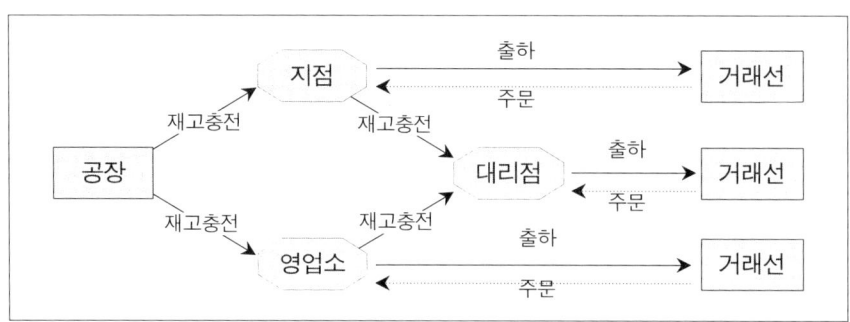

[그림 Ⅵ-1] IMF 이전 ㈜농심의 물류형태(사례)

이 시기의 농심은 물·상(物·商)이 분리가 되지 않아 시장과 물류를 대리점과 함께 직접 관리하였다. 지점과 영업소의 구분은 매출규모 면에서 차이만 존재할 뿐 업무내용은 동일했으며, 대리점은 지점 혹은 영업소의 하부조직으로 해당 지역 내의 시장관리 및 유통과 물류를 책임지는 개인사업자로서 존재하였다. 우선 지점은 해당 지역 내 대리점이 거래할 수 없는 대형 유통업체나 기업, 학교, 농협 등과 같은 거래선을 발굴하여 공급계약을 체결하고 제품을 직접 공급하는 형태로 운영되었으며, 대리점은 해당 지역 내 소매점을 비롯하여 도매점 등 대리점이 관리할 수 있는 거래선에 제품을 공급하였다. IMF 이후, 예를 들어 ㈜농심은 [그림 Ⅵ-2]와 같이 기업 활동을 활성화시키기 위하여 상(商)류와 물(物)류의 흐름을 분리시켜 지점이나 영업소 등에서 처리하고 있던 물류활동은 배송센터나 공장의 직·배송 등을 통하여 수행하였다.

그 이유는 대량수송 및 수·배송 시간의 단축화와 재고의 집약화를 통해 최소 재고화를 달성함으로써 고객서비스를 향상시키고, 총 물류비를 절감할 수 있기 때문이다. 물론, 상(商)류와 물(物)류를 분리하더라도 양자 간의 횡적인 연계성은 물류정보시스템의 구축을 통하여 충분히 의사소통이 가능하였다.

또한, 그 동안 직접적으로 제품의 수·송을 책임졌던 각 지점에 소속되었던 배송팀을 화물자동차운수사업법시행령에 따라 지입형태의 개인사업자로 전환하여 제품의 수·배송을 책임지게 하였다.

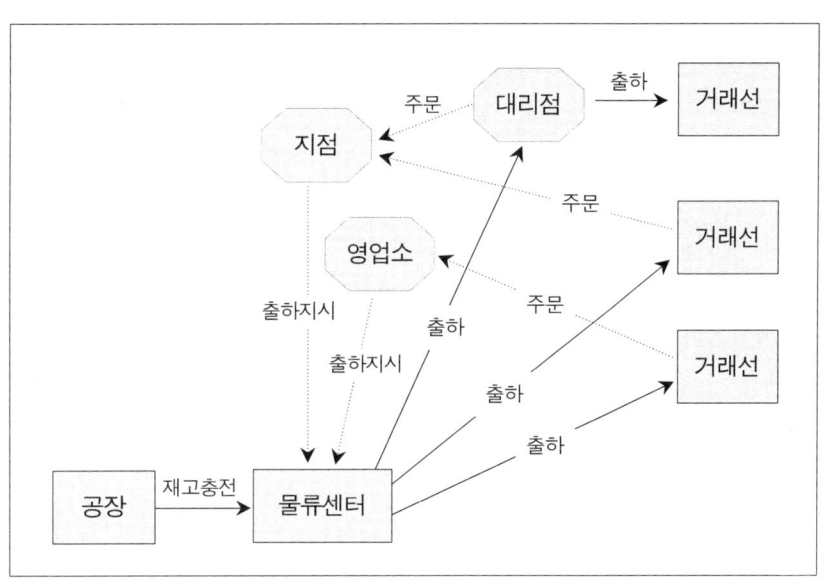

[그림 Ⅵ-2] IMF 이후 농심의 물류형태(사례)

상류와 물류는 상호 유기적인 관련을 맺으면서 마케팅의 양면을 이루고 있지만 유통 면에서 판매확대는 거래지역을 광범위하게 하는 반면 물류 면에서는 운송거리의 연장, 보관시설, 재고 등의 증가를 가져온다. 즉, 매출확대는 상거래에서 바람직하지만, 상품 단위당

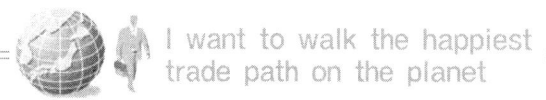

물류비의 증가를 가져와 이익을 저하시키게 된다. 이와 같은 상반된 원리의 문제점을 극복하기 위한 방편으로 ㈜농심은 상류·물류 분리를 분업적으로 시행하였다.

<표 Ⅵ-2> 제2자 물류의 특성

시장지배력 강화	영업전략이나 비밀을 최대한 유지하면서 시장의 주도권을 향유할 수 있다. 물·상의 분리가 전제되어야 함.
비용 발생	중요하지 않은 부분은 아웃소싱하여 제1자 물류보다 물류비용을 감소시키고 기업은 경쟁력이 있는 부분에 집중할 수 있다.
대기업에 유리	M/S가 50% 이상이거나 많은 계열회사를 가지고 있는 대기업에게 유리하다.

③ 제3자 물류(the third party logistics, 3PL)

제3자 물류는 기업이 고유의 핵심역량인 마케팅이나 영업에만 주력하고 물류 부문은 물류전문기업에 아웃소싱을 하는 형태이다.

제3자라는 용어를 본격적으로 사용하기 시작한 시기는 1980년대 후반이다. 1988년 미국 물류관리협회(council of logistic management)가 화주를 대상으로 한 물류조사에서 제3자 제공자(the third party provider)라는 용어가 처음으로 사용되었다고 한다.

그러나 국내에서는 ㈜삼영이 3자 물류의 전문업체로서 효시이므로 우리나라에서 제3자 물류(3PL)라는 용어가 널리 사용되기 시작한 시기는 1997년 외환 유동성 위기 이후로 보는 것이 타당하다. 제3자(the third party)는 물류채널 내 다른 주체와의 일시적이거나 장기적인 관계를 맺고 있는 물류채널 내의 대행자 또는 매개자를 의미한다.

제3자 물류 이전에도 화주기업들은 파트너십(partnership)이나 제휴(alliance), 계약 물류(contract logistics), 전략적 파트너십(strategic partnership)을 통하여 기업 간 물자의 보관, 운송 등 부분적인 물류기능에 대한 아웃소싱이 널리 사용되어 왔다.

이러한 용어들에 대한 주된 초점의 하나는 물류부문에 있어서 서비스 제공자의 역할 증대에 있는데, 최근 이러한 서비스 제공자의 역할은 창고관리, 운송, 운임지불, 물류정보뿐만 아니라 재고보충, 자동 재주문, 운송업체 선정, 포장 및 레이블링, 제품조립 및 통관업무까지 그 범위가 확대되고 있다.

결국, 제3자 물류로의 방향전환은 [그림 Ⅵ-3]과 같이 화주와 물류 서비스 제공업체의 관계가 기존의 거래기반 관계에서 파트너십 관계로 전환된다는 것을 의미한다.

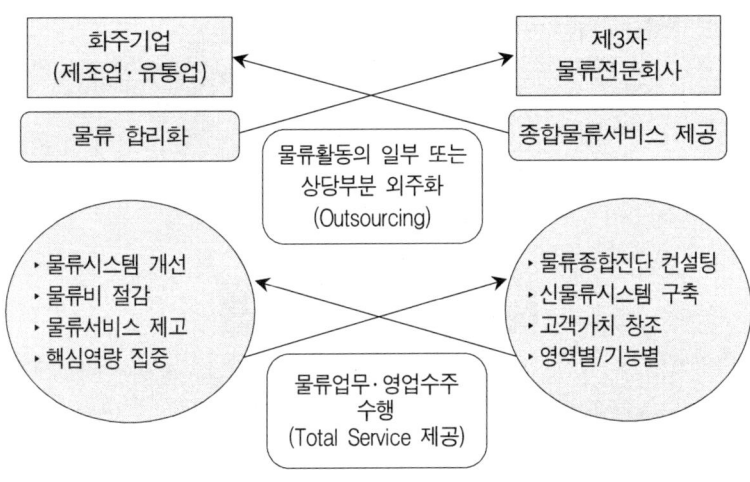

[그림 VI-3] 제3자 물류 개념

자사 물류를 수행하던 식품회사 '제일제당'과 '오뚜기' 등이 경영 효율화 차원에서 물류자회사를 설립하는 움직임도 있었고, 전통적인 고객 물류업무인 '택배'나 '화물수송'도 전문화의 길을 걷고 있다. 이러한 움직임은 고객서비스에 대한 요구 상승이나 기업의 부응이라는 상호 기대요인이 작용한 것으로 해석된다.

제3자 물류는 화주기업이 고객서비스의 향상, 물류관리 비용의 절감과 물류활동에 대한 운영효율의 향상 등을 목적으로 공급사슬(supply chain)의 전체 또는 일부를 특정물류전문업자에게 위탁(outsourcing)하는 것이다. 즉, 제3자 물류는 공급업자 또는 제조업자, 도소매업자와 같은 물자의 소유권자에 대하여 물자의 소유권이 없는 물류업자가 물류를 대행하는 것을 의미한다.

그래서 제3자 물류의 형태는 대규모 수송업자나 창고회사 따위를 모체로 하는 자산 보유형(asset형) 사업자가 대부분이다. 그러나 자산 보유형 사업자도 자산 비보유형 사업자와 마찬가지로 정보화에 막대한 투자를 하고 있으며, 수송프로그램을 구사하여 각각의 화주기업에 맞는 물류시스템의 제안에서 운영까지 하고 있다. 흔히 물류의 아웃소싱을 외주물류와 동일어로 사용하기도 한다.

외주 물류는 제3자 물류로의 이행과정에 있는 중간 단계로 이해하여야 한다. 즉, 외주 물류는 주로 운영 측면에서 원가절감 효과를 극대화하는데 중점을 두고 있는 반면, 제3자 물류는 <표 VI-3>에서 보는 바와 같이 전략적인 관점에서 원가절감 이상의 성과를 얻기 위한 것이다.

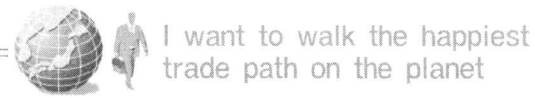

<표 VI-3> 제3자 물류와 외주 물류의 대조

제3자 물류	대조 항목	외주 물류
중장기	운영기간	단기적, 일시적
통합관리	관리형태	분산관리
능동적, 적극적(제안형)	서비스제공	수동적(수주형)
운영, 관리, 전략	개입범위	주로 운영면
경쟁계약	계약방식	수의 계약
최고 경영층	의사결정	중간관리층
무자산형 가능	자산특성	자산소유 필수
발전, 협력관계	관계내용	느슨, 일시적 관계
협력관계(파트너십)	화주와의 관계	수직적 계약관계
종합물류지향	서비스의 범위	기능별 서비스(수송, 보험)

④ 제4자 물류(the fourth party logistics, 4PL)

　제4자 물류(4PL)는 제3자 물류(3PL)업체가 기본으로 제공하는 보관·하역·포장 등의 물류 서비스에 SCM(공급망 관리), 프로세스 재설계 등 물류컨설팅과 같은 IT 서비스를 결합한 시스템이다. 제조기업들과 유통기업들에게 한 번의 계약으로 원스톱 형태의 통합물류 서비스를 제공하는 물류기업을 의미한다. 제4자 물류는 일반적으로 판단하면 아직 그 개념조차 생소한 것이 사실이다. 그러나 용어상으로는 제3자 물류나 제4자 물류 모두 낯설고 새로운 개념으로 들릴 수 있으나 오랫동안 기업들이 수행해 왔던 혹은 앞으로 수행하고자 하는 업무영역이다. 엄밀히 말하면, 제3자 물류와 제4자 물류는 같은 카테고리 안에서 얼마만큼의 옵션을 더 많이 다느냐에 따라 구별되는 개념이다.

　미국, 유럽 등의 선진국에서 창고업, 화물운송 주선업, 통관업 등과 같은 제3자 물류는 상당한 수준의 서비스를 요구하는 개념이다. 이러한 고객의 요구를 충족시켜주지 못하거나 혹은 기업의 효율성에 제 역할을 다하지 못하는 3PL을 보완하기 위한 개념으로 제4자 물류가 태동한 것이다. 예를 들면 화주들의 물류 아웃소싱에 대한 마인드가 가장 낮은 분야인 택배를 제3자 물류업체의 입장에서 보면, 첫째 화주에게 물류에 관한 분석과 진단을 내릴 수 없다는 한계, 둘째 위임 받은 서비스를 고객에게 만족스럽게 제공하지 못한다는 한계, 셋째 컨설팅 기능을 정보기술(IT) 업체와 공동으로 수행하지 못한다는 한계 등의 문제점을 드러내고 있다.

실제 우리나라의 제3자 물류 수준은 '단순물류', '외주물류'를 벗어나지 못하고 있다. 이는 국내 대부분의 제조업체들이 아직까지 해당 기업의 물류관리에 충분한 서비스를 제공하지 못하고 있으며, 아웃소싱 또한 비용절감에만 초점을 두고 있기 때문이다.

따라서 이를 극복하고 시스템의 연속이고도 전체적인 개선을 달성하기 위해서는 제4자 물류가 필요하다. 혹자는 제4자 물류의 개념을 컨설팅 기능까지 수행할 수 있는 제3자 물류로 정의 내릴 수도 있다. 그러나 제4자 물류는 아직 개념 정립도 미진하고 논의 수준도 걸음마 단계이긴 하지만 물류기업의 변화될 원형인 것은 확실하다.

⑤ 공동물류(joint logistics, JL)

공동물류는 제한적이나마 업종이나 업태가 서로 비슷한 기업끼리 납품처가 중복되는 복수의 화주에 대하여 동일트럭이 순회 집하, 공동수송을 직접 행하거나 물류센터를 경유하는 형태로 운영되는 물류를 의미한다. 지금까지 우리나라 기업들의 공동물류가 잘 이행이 되지 않았던 것은 기업들이 공동물류에 대한 상호인식이 부족했고, 기업 간 물류시스템이 구축이 되지 않아 성실하게 이행되지 못했기 때문이다. 특히, 물류의 공동화를 위한 조건으로 참여 기업과 물류시스템의 구축이 반드시 선행되어야 하는데, 어느 일방이 영업망이나 유통경로를 갖추고 있지 못하면 공동물류가 될 수 없다.

이외에도 자사의 영업기밀 누설 우려나 공동화에 소요되는 비용부담과 이익배분에 있어서의 공정성에 대한 불신이 팽배하였기 때문에 우리나라 기업들의 공동물류가 잘 이행되지 않았다. 그러므로 지금까지 국내기업들은 각각의 기업들이 독립적으로 물류시설을 갖추고 추진함으로써 중복투자로 인한 낭비와 저급한 이익률과 이로 인한 투자 부진을 불러왔던 것이 사실이다.

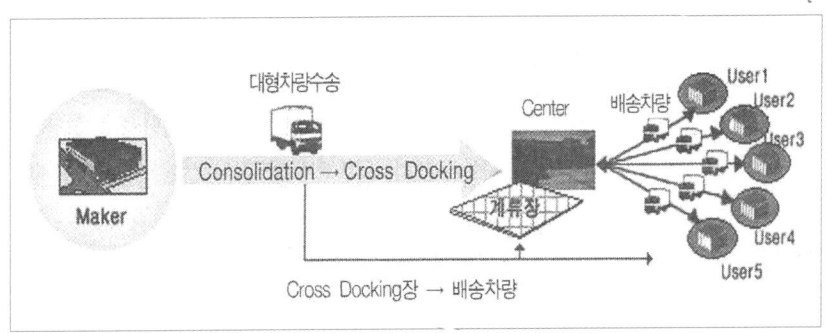

[그림 VI-4] 계류장을 이용한 배송지별 공동물류업무

공동물류는 [그림 Ⅵ-4]와 같이 계류장을 이용한 배송지별 공동물류업무를 수행하거나, [그림 Ⅵ-5]와 같이 업종이나 업태가 서로 비슷한 기업끼리 납품처가 중복되는 복수의 화주에 대하여 센터 창고를 활용하여 소량 화물들을 순회 배송한다.

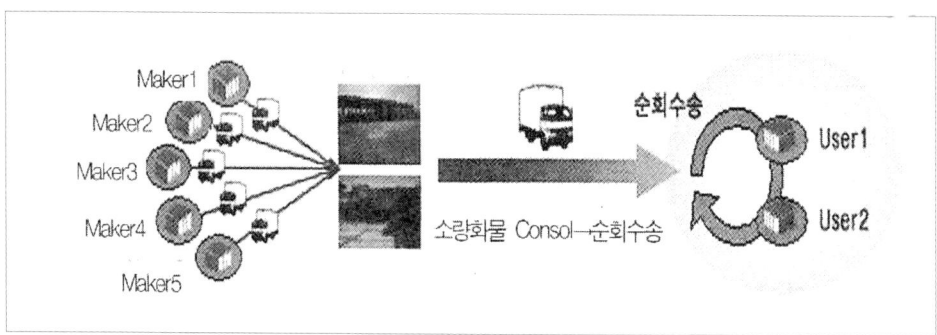

[그림 Ⅵ-5] 센터창고를 활용한 소량화물 순회배송업무

최근에는 물류는 단순히 외부의 물류전문업체에게 물류활동을 외주하는 개념에서 보다 장기적이고 상호 호혜적인 관계의 구축이라는 관점에서 물류업체를 활용하는 개념으로 발전하고 있다.

이와 같은 환경의 변화는 기업이 과거와 같이 생산부터 판매활동에 이르기까지 관련된 모든 영역을 효율적으로 수행하기가 불가능하기 때문이다. 이때, 기업의 핵심역량이 아닌 경우, 기업은 물류업무를 외부의 물류전문업자에게 아웃소싱하게 되는데 이를 제3자 물류라고 한다.

5. 물류의 구성과 영역

(1) 물류의 구성

물류는 기본활동으로 수·배송 활동, 보관 활동, 하역 활동, 포장 활동, 유통가공 활동 등 크게 5가지와 여기에 물류의 지원활동인 정보활동, 물류관리활동 등 2가지를 더하여 7가지 요소로 구성되어 있다.

① 수·배송 활동

장소적 효용을 창출하기 위해 자동차, 철도, 선박, 항공기 기타의 운송수단으로 사람이나 물자를 한 장소에서 다른 장소로 이동시키는 물리적 행위를 말하며, 보다 많은 수량을 안전하고, 신속하게, 저렴한 비용으로 운송함으로써 비용절감과 고객서비스 향상을 목적으로 한다.

수·배송 활동의 운송은 제품에 대해 시간적, 장소적 효용을 부가하며 또한 새로운 제품 개발, 설정된 목표시장 지역, 구매/조달, 시설지역, 가격 등을 포함하여 물류와 마케팅의 의사결정 범위에 많은 영향을 미친다. 운송은 생산과 소비의 지리적 거리를 만족시키기 위해서 행해지는 것으로 기업은 정해진 시간 내에 상품을 고객에게 정확하게 전달하여 판매하고, 생산의 조정역할로 생산계획을 원활하게 추진하도록 물류계획을 바르게 이행한다. 운송의 5가지 기본 형태는 <표 Ⅵ-4>와 같다.

<표 Ⅵ-4> 운송의 5가지 기본형태

자동차 운송	• 화물의 손실이나 손상이 적고 빠르고 확실한 서비스를 제공 • 타 운송방식 대비 고객의 요구수준에 더 적절히 대처가 가능
열차 운송	• 세계 모든 주요 도시에서 이용이 가능하며, 항공 및 자동차 운송 대비 운송비가 저렴하나 운송시간과 서비스는 자동차 운송보다 열세
항공 운송	• 운송비용이 높지만 장거리를 빠르고 정확하게 운송이 가능 • 기업들의 전략적인 역할로서 고객의 높은 요구 수준에 충분히 대처가 가능
선박 운송	• 단위당 낮은 가치의 상품 또는 부피가 크고 무거운 상품 운송에 적절히 사용 • 시간적 요인에 구애받지 않는 운송에 적합
파이프라인 운송	• 천연가스, 원유, 석유, 물, 화학제품 등의 에너지 자원의 수송에 이용 • 유지비가 저렴하고, 사람의 손이 불필요

운송은 사람이나 재화를 자동차, 철도, 선박, 항공기와 같은 수단을 통해 공간적으로 이동하는 경제적 활동이며 시장의 화대, 시장에서의 가격안정화, 분업화의 촉진, 유통 범위의 확대라는 사회적 기능을 수행한다. 운송은 수송과 배송을 포함하고 있으나 수송과 배송은 의미상의 차이가 있다.

통상 수송은 인바운드 로지스틱스(inbound logistics=transportation) 혹은 기간 물류라고 부르기도 하는데, 주로 장거리 대량화물이 이동하는 경우와 재화의 거점 간 이동, 지역 간 이동이 여기에 속한다. 운송은 이러한 거점 간 수송을 다루는 전문 솔루션으로는 TMS(transportation management system)가 있다.

수송의 경우 비용과 거리, 시간을 중심으로 구현이 되어 최소의 운송수단으로 화물을 소화할 수 있는 최적의 계획 결과를 보여준다.

배송은 통상 아웃 바운드(outbound logistics=delivery)라고 한다. 단거리 소형화물이 이동하는 경우로 재화가 기업 내에서 고객까지 이동할 때나 지역 내 이동이 여기에 해당한다.

그러나 수·배송은 조달과 판매물류에서 과다한 비용을 발생시키고 있으므로, 이에 대한 비용절감에 노력해야 한다. 이를 위해서 향후 물류 운송에서는 자차 대 용차의 비율 적정화하고 공차율을 감소시켜야 하며 공동 수·배송 시스템의 구축과 화물의 표준화를 선행하여야 한다.

② 보관 활동

보관은 재화를 창고 및 보관시설에서 물리적으로 보존하고 관리하는 것을 의미한다. 수송의 입장에서 풀이하면 시속 0km의 속도로 수·배송하는 것을 의미한다.

보관은 여름에 생산된 난방기기는 겨울까지 보관하지 않으면 수요에 적합하지 않게 되는 것처럼 생산과 소비 사이의 시간적 차이를 조정하여 시간적 효용을 창출한다.

보관 활동은 물류의 주된 기능과 관련하여 고객서비스의 최 첨병으로 수·배송의 윤활유 역할을 하며 조달과 생산, 판매 등의 물류 기능을 조절하고 재화의 집산, 분류, 피킹(picking), 대조 등의 장소로서 다양한 역할을 수행한다.

이때 발생하는 재고관리비는 물자를 창고 등 보관시설에 보관하는 활동에서 소비되는 비용을 말하며, 이 비용은 시간에 의해 제품 효용을 창조하는 목적에서 발생한다. 제품을 보관하는 비용 외에도 재고 물품에서 발생하는 이자 비용까지 포함한다.

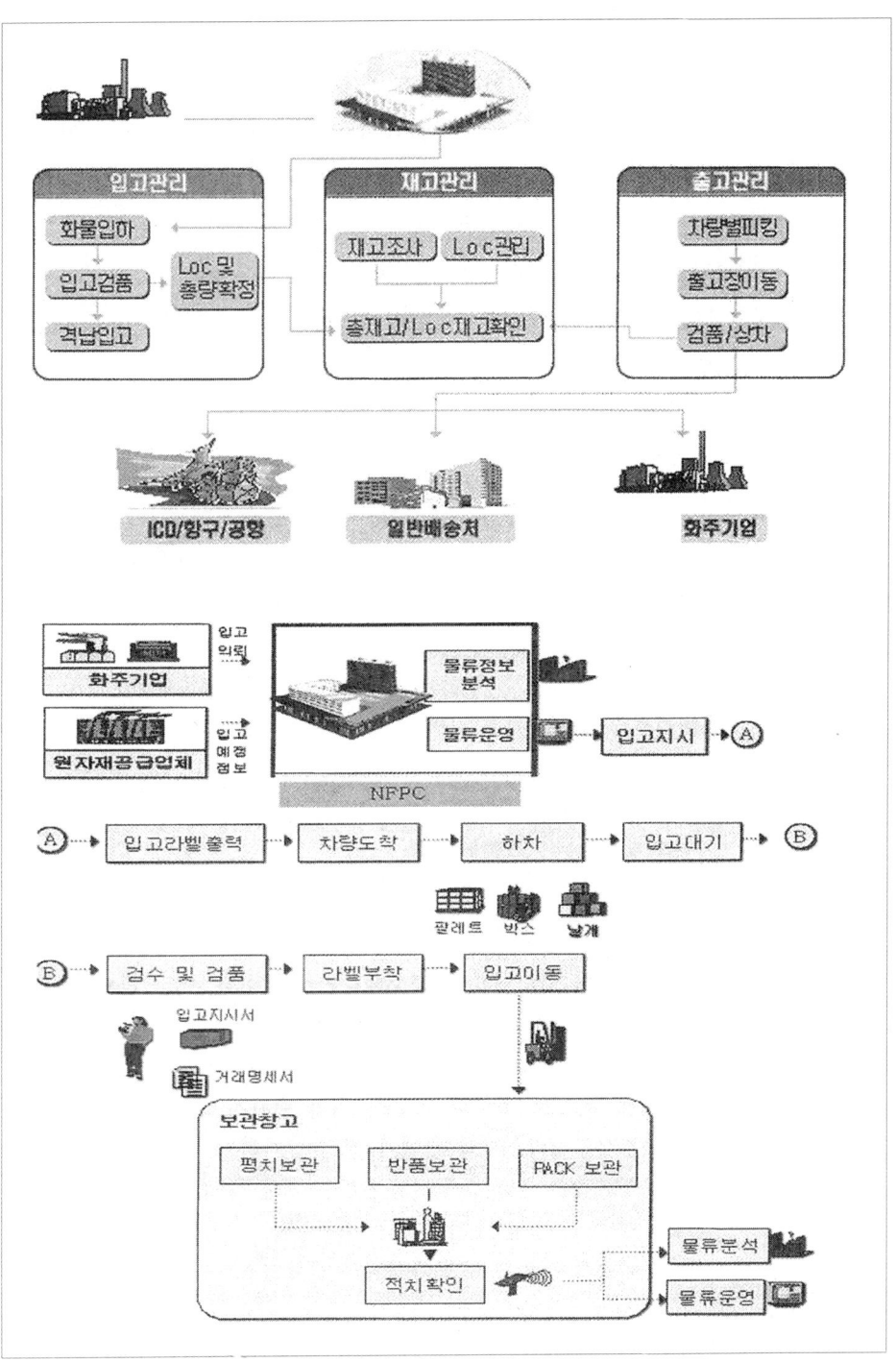

[그림 VI-6] 물류의 보관기능

③ 하역 활동

수송과 보관의 양단에 걸친 물품의 취급을 말하며, 물품을 상하좌우로 이동시키는 활동으로서 재화를 싣고 내리고, 시설 내에서의 이동과 피킹(picking), 분류 등의 작업이 여기에 해당한다.

보관 및 수송의 연계기능을 수행함으로써, 하역 자체의 가치보다 보관 및 수송 능력의 효율 향상을 위한 지원 역할을 담당한다. 그러나 하역 활동은 작업분석이나 공정분석 등을 통한 개선의 여지가 많은 분야이다.

하역작업의 대표적인 방식이 컨테이너화와 팔레트(pallet)화에 의한 하역이다. 그리고 팔레트 화물과 컨테이너 화물은 기계를 사용하여 하역하는데 지게차, 크레인, 컨베이어 등이 이용된다.

하역 활동을 효과적으로 수행하기 위해서는 하역작업의 여러 단계를 공정별로 표준적인 하역 작업이 이루어질 수 있도록 지속적으로 하역 물류의 표준화 작업과 공정별 하역 작업을 평가하여 유닛로드시스템(unit load system)을 기본으로 한 하역 물류의 자동화와 기계화에 노력하여야 한다.

④ 포장 활동

포장은 물품을 수송, 보관함에 있어서 가치 또는 상태를 보호하기 위해 적절한 재료, 용기 등을 물품에 가하는 기술 및 가한 상태를 말한다.

포장을 표준화하게 되면, 작업·보관·수송·하역·운반 면에서 이익이 발생하게 된다. 그러나 폐기물 처리를 감안하여 무포장에 대해서도 연구할 필요가 있다.

미래의 포장 활동은 하역, 보관, 수·배송 등을 합리화하기 위한 방법으로 포장의 사이즈를 물류시스템 전체로 계열화하는 포장 모듈화를 추진하여야 한다. 포장 모듈화는 하역 시에 하역 횟수를 감소시키고 하역시간의 단축과 하역비용을 절감하게 한다.

보관 활동 시에는 재화의 보관비용의 절감과 시간단축, 보관방법의 개선효과를 유발한다. 또 재화의 운송 시에도 시간단축과 비용절감을 가져오며 제품의 품질을 보호하고 마모를 방지하는 효과가 있다.

⑤ 유통가공 활동

유통가공 활동은 단순한 제품 배달에서 벗어나 포장, 라벨붙이기, 불량품 검사 등 제조과정의 마무리 단계를 직접 맡는 물류 서비스의 발전된 형태이다. 재화의 보존을 위한 가공 및 동일 기능물의 형태 전환을 위한 가공 등, 물자 유통상의 가동률 향상에도 활용이 되는 것으로, 형태나 기능이 거의 변하지 않는 것이 특징이다. 국내 주요 물류 기업의 유통가공 서비스사업 참여가 점점 증가하고 있다.

유통가공 활동은 소비자에게 신선한 상품을 보급하고 상거래상의 위험회피 및 물류 효율화와 물품에 대한 부가가치를 부여한다. 그리고 다양한 고객의 요구에 대한 능동적인 대응을 가능하게 하고 유통 과정상이 물류 코스트를 감소시키는 효과가 있다.

⑥ 정보 활동

물류 활동과 관련된 물류정보를 수집, 가공, 제공하여 운송·보관·하역·포장·유통가공 등의 기능을 컴퓨터 등의 전자적 수단으로 연결하여 줌으로써 종합적인 물류관리의 효율화를 기할 수 있도록 하는 기능이다.

예를 들어, 고객으로부터 주문을 받아 이를 이행하기 위해 창고에 출하를 지시하며 수송, 배송을 수배하는 것 등의 처리 활동이라고 볼 수 있다. 물류의 각 기능은 서로 연계를 유지함에 따라 효율을 발휘하는데 이것을 가능하게 하는 것이 정보이다.

⑦ 물류관리 활동

물류 활동에 대한 전반적인 계획, 조정, 통제하는 활동이다. 넓은 의미로 물류관리 활동은 제품의 보충·발주관리, 유통가공 관리로서 화물의 입하관리, 재고관리, 출하관리가 있다. 또 시장에 파손이나 유통기간을 경과한 제품 그리고 제품의 하자나 결함으로 인하여 회수되는 제품의 반품관리와 차량의 배차관리, 정산관리, 부가서비스 등이 여기에 속한다.

좁은 의미로 물류라 함은 차량 및 대인의 정확, 신속한 위치확인을 가능하게 하고 차량의 배송정보 및 공차 정보파악을 통해 효율적인 배차관리를 실현하는 것이다. 효율적인 물류관리는 실시간 업무지시로 업무효율이 증대된다. 물류는 일반적으로 로지스틱스와 동의어로 사용되고 있지만 로지스틱스가 물류보다 광의하고 상위개념이다.

(2) 물류의 영역

소극적 물류의 관리영역은 [그림 Ⅵ-7]과 같이 화주기업으로부터 화물을 인도받은 때부터 배송처에 배송한 후 배송처에서 보관하고 있는 반품까지 회수하여 처리하는데 소요되는 전 과정이 물류의 영역이다.

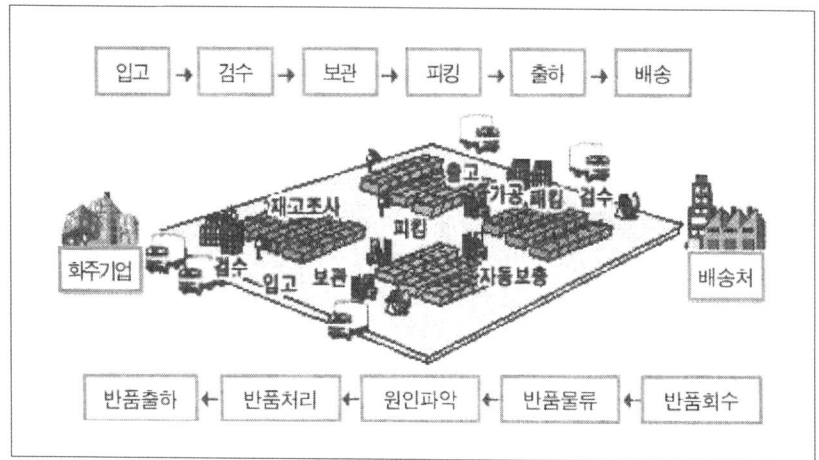

[그림 VI-7] 소극적 물류의 관리영역

① 조달 물류

기업이 필요로 하는 각종 원자재를 구두나 전화 등의 수단을 통하여 도착하기까지의 전 과정을 관리하는 것으로, 협력업체의 입장에서는 판매(납품) 물류가 되고, 구입처의 입장에서는 조달 물류가 되는 양면성을 가지고 있다.

조달 물류는 전체 물류의 출발점으로서 후속되는 모든 물류과정에 영향을 미치므로 신중하게 관리해야 한다.

즉, 바로 다음에 이어지는 생산부서의 재고압축, 다빈도 납입, 단납기, 조달비용 삭감, 다품종화 등에 대응하기 위해 협력회사의 다빈도 납품에 따른 보관비 및 수송비 증대, 생산 로트(production lot) 증대 등 조건을 충분히 검토하여 결품 방지나 적기 납품에 대응하는 것이다. 조달된 물품은 원가 구성상 재료비에 해당되므로, 재료비의 구성 비율이 70~80%에 이르는 조달 관련 코스트 절감에 관심을 기울여야 한다.

② 생산 물류

조달된 원자재를 고객에 대하여 판매가 최종적으로 확정되기까지의 전 과정을 관리하는 것이다. 조달된 원자재를 일시에 한꺼번에 처리할 수 없기 때문에 제품 생산과정에서 발생하는 원자재, 반제품, 재고품, 제품 등의 다양한 형태를 관리하는 것이다.

물자는 정지되어 있는 순간부터 보관비 등의 손실이 발생하므로 정확한 공정분석을 통하여 공정을 단축하고, 재고를 삭감하도록 노력한다.

③ 판매 물류

판매 물류는 공장에서 생산한 제품을 소비자에게 전달하기까지 일체의 과정을 관리하는 것이다. 생산된 제품을 고객의 요구에 따라 제품창고에서 출고하는 과정과 배송센터 내에서 유통가공, 분류, 배송 등의 유통과정에서 발생하는 물류 활동을 관리한다.

제품은 판매되어야 다시 돈으로 환산되어 기업에 돌아오게 되므로 잠시도 창고에서 머무르게 할 수는 없다. 따라서 기업에서 만든 제품을 효과적으로 소비자에게 전달하는 모든 과정의 내용들이 관리대상이 된다.

④ 반품 물류

판매 또는 제공된 물품의 반환과 관련된 물류로 반환된 물품을 회수, 운반, 분류, 정리, 보관, 처리하는 업무가 이에 해당되며, 최근에 확산되고 있는 리콜제의 확산과 함께 중요한 문제가 되고 있으므로 "팔면 끝이다!"라고 하는 관념의 수정을 요구하고 있다.

반품의 발생원인은 판매자 실수에 의한 것, 구매자 실수에 의한 것, 관행상 팔고 남은 물품의 반환 등이 있으나 실무적으로 가장 큰 원인은 기업들의 무리한 밀어내기 식의 영업에서 오는 유통기한 경과가 가장 큰 원인이다. 물품이 반환되는 것은 물품의 공급처로부터 소비자를 거쳐 다시 공급처로 돌아오는 과정에서 발생하는 물류경비가 과다하게 소요될 뿐만 아니라 품질저하에 따른 부대비용의 발생으로 가격상승을 부채질하고 물건의 땡처리, 가격인하판매, 폐기처리 등처럼 실제 판매가격은 더 멀어지고 기업의 이익을 잠식하는 경우가 많다.

반품은 처음부터 발생하지 않는 것이 바람직하지만, 환경조건 변화에 따라 다양한 형태의 반품이 발생하게 되므로, 회사의 전사적인 입장에서 고객 요구를 파악한 후, 제품 설계부터 관련부문이 서로 협조하여 반품의 소지를 처음부터 제거하는 것이 바람직하다. 예를 들면, 물류 거점별 품질보증체계 확립, 매출예측정밀도 향상으로 반품 감소, 반품에 대한 패널티(penalty) 제도 등과 같은 조치를 취함으로써 기업 내부에서부터 보다 완벽한 품질관리 등을 통하여 이중 비용이 발생되지 않도록 하는 것이다.

⑤ 폐기 물류

제품 및 포장재, 수송 용기류 등 각종 물품에 의해 발생 된 폐기물을 관리하기 위한 물류를 말한다. 이들은 조달, 생산, 판매 등의 과정을 거치면서 매일 대량으로 폐기물화 하고 있다. 폐기물은 일반폐기물과 특정폐기물로 구분되는데, 물류와 관련된 사항으로는 가정이나 기업 등에서 발생된 폐기물을 폐기물 처리업자 등이 수집, 운반, 매립, 소각하거나 재활용 등의 방법으로 처리한다. 재화는 자연에서 와서 자연으로 돌아가게 된다. 그러므로 시장에 많이 조달된 물자는 많은 쓰레기를 생산하게 되고, 그 쓰레기는 다시 자연으로 되돌려 보내게 된다. 그러나 자연의 복원력에도 한계가 있어 쓰레기 처리에 따른 환경문제가 전 세계적으로 문제가 되고 있으므로 친환경적인 물품생산을 통하여 폐기 물류의 감소를 유도하여야 한다.

6. 물류의 역할과 기능

물류에 대한 몇몇의 정의는 재고관리와 연계하여 물류를 정의한다. 일부는 상품의 수송을 물류라고 생각하고, 또 다른 일부는 아직도 물류를 단순히 상품의 전달시스템으로 판단한다. 근래에 들어서 물류에 대한 각기 다른 정의가 많이 범람하고 있긴 하지만, 다 옳은 정의이다. 이것은 물류가 오늘날 기업들이 포괄적인 의미로 광범위하게 사용하고 있고 실제로 물류가 사업의 모든 측면에 영향을 주며 가동하는 서로 다른 구성요소들을 총괄적으로 아우르기 때문이다.

일반적으로 물류의 봉합은 원료에서 완성품의 배분까지 관련된 전체 공급사슬 시스템을 관리한다. 물류의 목표는 개별적인 것보다는 오히려 전체 시스템 안에서 물류의 경제적인 효과를 위해 채택한 유통수단 혹은 운송수단을 점검하고 제안하는 것이다. 그래서 물류는 서로 분리된 업무보다는 하나의 실체로 공급망을 구성하는 모든 기능들의 관리를 필요로 한다. 궁극적으로 물류는 그들의 공급망을 조정하여 적시에, 적합한 장소에, 적합한 원자재의 취득을 허용하게 함으로써 기업에게 경쟁력을 준다. 통합물류는 재고품 가격을 낮추고 소비자에게 더 나은 서비스를 제공하고, 기업에게 경영의 더 큰 유연성과 자본투자를 절감할 수 있도록 한다.

물류의 역할은 그 미치는 영향에 따라 국민경제적 관점, 사회경제적 관점, 개별기업적 관점으로 나눈다.

첫째, 국민경제적 관점에서의 물류(物流) 합리화는 상류(商流)의 합리화를 가져와 상거래의 대형화를 유발하고 유통효율 향상으로 물류비를 절감하여 기업의 체질개선과 소비자 및 도매물가의 상승을 억제하며, 정시 배송의 실현으로 수요자들에게 양질의 서비스를 제공하게 된다. 또 물류 합리화는 자재와 자원의 낭비를 방지하여 자원의 효율적인 이용을 가능하게 하고 지역경제 발전의 기회를 부여함으로써 인구의 지역적 편중을 해소할 수 있게 해준다.

물류의 합리화를 위해서는 사회자본의 증강과 각종 설비투자를 필요로 하게 되는데 이것은 결과적으로 국민경제 개발을 위한 투자계획을 증가시킨다. 물류의 합리화는 도시생활 환경 개선에 이바지한다.

둘째, 사회경제적 관점에서의 물류 역할은 유·무형을 불문하고 모든 경제재의 흐름을 말하는 것으로 산업구조상 커다란 비중을 차지한다. 그리고 사회·경제적 입장에서 물류활동은 물리적 흐름에 관한 경제활동으로 그 범위는 운송통신활동과 상업 활동을 주체로 한다. 그리고 이들을 지원하는 제 활동을 포함한다. 물류가 잘 발달되어 있는 미국이나 일본 등지에서 GNP의 20% 정도가 물류비로 지불되는 등 사회·경제적으로 물류가 미치는 영향은 매우 크다고 할 수 있다.

셋째, 개별기업적 관점에서의 물류 역할은 영리를 목적으로 하는 개별기업 입장에서의 물류는 최소의 비용으로 소비자를 만족하게 하는 서비스의 질을 높임으로써 매출 신장을 꾀하는 역할을 하게 된다. 또 개별기업은 마케팅 분야에서 상품을 제조 또는 판매하기 위한 원재료 구입과 제품판매와 관련된 물류의 제 업무를 종합적으로 총괄하는 물류관리에 중점을 두게 된다. 앞으로는 개별기업의 입장에서 볼 때 서비스의 경쟁, 특히 고객의 욕구를 만족시킬 수 있는 물류 서비스가 판매 경쟁에 있어 중요한 역할을 하게 될 것이다.

(1) 물류의 역할

실무적으로 기업경영에서 물류는 다음과 같은 역할을 수행한다.

첫째, 물류는 마케팅의 절반을 차지한다. 물류가 마케팅 기능으로서 간주되기 시작한 것은 미국의 경우 1950년대부터이다. 특히, 마케팅학자 Paul Converse가 "물류는 마케팅의 절반이다(the other half of marketing)"라고 발표하고 나서부터 물류는 마케팅의 중요한 요소로 취급되어 왔다. 오늘날은 고객조사, 가격정책, 판매조직화와 광고·선전만으로는 마케팅을 실현하기 힘들고, 결품 방지나 즉납 서비스 등의 물리적인 고객서비스가 수반되지 않으면 안 되는 시점에 있다.

둘째, 물류는 판매기능을 촉진한다. 물류는 고객서비스를 향상하고 물류 코스트를 절감하여 기업이익을 최대화하는데 목표가 있다. 판매기능은 물류의 7R 기준(Right commodity, Right price, Right quality, Right quantity, Right impression, Right time, Right place)을 충족할 때 비로소 달성될 수 있다.

셋째, 물류는 제3의 이익원이다. 기업의 이익을 높이기 위한 첫 번째 방법은 매출 증대이다. 두 번째는 원가절감이다. 그리고 물류는 이익을 높일 수 있는 세 번째 방법이 될 수 있다. 예를 들어, 매출액 대비 순이익률이 5%이고, 물류비가 매출액의 20%를 차지하고 있을 때(ex : 매출액 100억, 물류비 20억, 순이익 5억), 물류비를 10% 절감하면(20억에서 18억) 순이익이 40% 증가(순이익 5억에서 7억으로)하는 결과가 된다..

넷째, 물류는 적정재고의 유지로 재고비용의 절감에 기여한다. 재고는 유동자산으로 평가되기 때문에 재무비율에는 긍정적인 영향을 미친다. 그러나 과다한 재고보유는 재고 유지비용을 증가시킴은 물론, 현금과 달리 유동성이 부족하기 때문에 불황일 경우 자칫 흑자도산의 원인이 되기도 한다. 그러므로 물류 합리화를 달성하면 불필요한 재고를 보유하지 않아도 되므로 재고비용의 절감이 가능하다.

다섯째, 상물분리는 유통합리화에 기여한다. 유통경로 상 여러 경로기관의 유통흐름은 크게 다음과 같은 5가지 유형의 흐름에 의하여 연결되어 있다.

① **물적 흐름** : 생산자로부터 최종소비자에 이르기까지의 제품의 이동
② **소유권 흐름** : 유통기관으로부터 다른 기관으로의 소유권의 이전
③ **지급 흐름** : 고객이 대금을 지급 또는 송금하거나 판매점이 생산자에게 송금
④ **정보 흐름** : 유통기관 사이의 정보의 흐름
⑤ **촉진 흐름** : 광고, 판촉원 등 판매촉진 활동의 흐름

이 중에서 물적 흐름, 즉 '물적(物的)유통'을 제외한 나머지 4가지의 흐름을 상적(商的)유통 또는 거래유통(commercial distribution)이라 한다. 즉, 유통경로는 크게 '상적유통'과 '물적유통'의 두 가지의 흐름이 존재한다. 그런데 상물 분리가 효과적으로 성립하기 위해서는 상품과 상거래가 표준화되어야 한다. 따라서 청과물의 경우처럼, 상품을 일일이 보지 않으면 값을 매길 수 없는 상품은 상물 분리를 할 수 없다. 또한, 즉각적인 정보전달을 가능하게 하는 물적 정보시스템이 선행되어야 하며, 판매량도 너무 작아서는 안 되고 일정한 수준이상이 되어야 한다.

물류의 각 부분에서 재고·출고·반품 등의 정보가 정확하고 신속하게 전달되면, 기업은 판매기회의 실기를 우려해 과잉생산으로부터 일어나는 일련의 현상을 없앨 수 있다. 때문에 기업들은 기업 내에서의 효율적인 자원관리를 위해 ERP(전사적 자원관리, enterprise resource planning)를 도입하고 고객과 접하는 전방위에는 CRM(고객관계관리, customer relationship management)을, 생산부문 쪽으로 후방위에는 SCM(공급망 관리. supply chain management) 등을 구축하기 위하여 대규모 투자를 하고 있다.

그러나 이런 기법이나 시스템들이 제대로 운영되기 위해서는 현장에서 일어나는 정보들

을 정확하고 빠르게 파악해야 하고, 이 정보를 바탕으로 제품의 판매 추이와 성향을 분석하고 시기에 맞게 재품의 생산과 판매계획을 수립해야 한다. 그렇지 않으면, 주문서가 도착했을 때 제품의 보유재고가 없어 판매기회 상실을 일으킨다. 이런 이유로 기업이나 창고, 대리점, 판매점 등은 적정 이상의 재고를 보유하게 되는데, 이것은 기업에게 과다한 제품생산으로 생산비용과 재고 관리비용 등의 부담이 발생하게 된다. 이와 같은 기업들의 문제를 해결하는데 물류는 상당히 중요한 가교역할을 차지한다.

(2) 물류의 기능

물류의 기능은 <표 Ⅵ-5>와 같이 크게 6가지로 장소적 기능, 시간적 기능, 품질적 기능, 가격적 기능, 인적 기능 등으로 분류된다.

<표 Ⅵ-5> 물류의 기능

장소적 기능	생산과 소비의 장소적 간격을 조정
시간적 기능	재화의 생산시기와 소비시기의 불일치 조정
수량적 기능	생산자의 생산수량과 소비자의 소비수량의 불일치를 집하, 중계, 배송 등을 통해 조정
품질적 기능	생산자가 제공하는 재화와 소비자가 소비하는 재화의 품질을 가공, 조립, 포장 등을 통해 조정
가격적 기능	생산자와 소비자를 매개로 운송에서 정보활동에 이르기까지의 모든 비용을 조정
인적 기능	생산자와 소비자가 인적으로 다르고 분업으로 발생하는 복잡한 유통경제 조직을 운송과 상거래로 조정

물류는 위의 6가지 기능을 유기적으로 결합하여 생산자와 소비자 모두에게 경제적 이익을 유발한다. 과학적인 물류관리는 기업의 자재와 자원의 낭비를 방지하고 자원의 효율적인 이용을 가능하게 한다. 그리고 이것은 물류비 절감을 유발하여 기업의 경영 수지를 개선하고 기업의 체질 개선을 도모한다. 또 한편으로 소비자들도 소비자 및 도매 물가의 상승 억제와 정시 배송의 실현으로 양질의 서비스를 제공받는다.

Chap. 2 우리나라 물류산업의 현황과 발전방향

1. 물류의 아웃소싱(Outsourcing)

아웃소싱은 기업이나 기관이 비용절감, 서비스 수준향상 등의 이유로 기업에서 제공하는 일부 서비스를 외부에 위탁하는 것을 말한다. 즉, 자신의 핵심적인 능력을 중심으로 기업의 경쟁력을 제고하기 위하여 기타 부가적인 서비스는 해당 분야를 전문적으로 제공하는 기관들의 도움을 받는 것이다.

모든 물류 기능을 화주기업 내 수행하는 100% 인소싱 형태와 100% 아웃소싱 형태인 제4자 물류, 그리고 SCM 관리의 일부를 외부업체로부터 아웃소싱하는 제3자 물류 형태로 국내 기업들은 각각 물류업무를 수행하고 있다. 이것을 좀 더 구체적으로 살펴보면 비용절감형, 분사형, 네트워크형, 핵심역량 자체의 아웃소싱형 등 4가지가 있다.

이들은 모두 기업이나 기관이 기존에 지니고 있거나 새롭게 시작하려는 기능이나 비즈니스에서 핵심 비즈니스로의 경영자원을 집중하고 전문성 확립이나 비용절감 등과 같이 분명한 전략적 목적을 가지고 비즈니스의 설계로부터 운영까지의 전부를 외주화 하는 것이다.

2. 제3자 물류의 현황과 문제점

(1) 제3자 물류의 현황

한국무역협회의 국내 화주기업들의 제3자 물류 활용현황을 조사한 결과에 따르면 국내 화주기업들이 전문물류업체와 1년 이상의 장기간 계약을 통해 보관, 운송 등 직접 수행하던 물류 기능의 일부 혹은 전부를 아웃소싱(제3자 물류)하는 비중이 점차 증가하고 있는 것으로 나타났다.

한국무역협회가 무작위로 추출한 회원사 723개사를 대상으로 실시한 설문조사의 결과에 따르면, '제3자 물류를 활용하고 있다고 밝힌 업체는 전체 46.3%로 나타나, 2005년 35.69%, 2006년 38.6%, 2007년 42.2%비해 우리나라 화주기업들의 제3자 물류 활용률이 점차 증가하는 추세에 있음을 알 수 있다.(2008년 현재)

비록 2007년 사업체 기초통계조사(2007년 말 현재 통계청 잠정결과)에 따르면 용달화물 등 화물자동차 운송업체 수가 2006년 15만 3,457개소에서 2007년 14만 9,469개소로 3,900여곳이 감소하여 2.6% 감소율을 보이고 있지만, 이는 영세한 물류기업들이 상호 통폐합에 따라 적정 규모의 전문물류업체로 거듭 탈바꿈하여 안정되어 가고 있는 것으로 해석된다.

2008년 화주기업들의 3자 물류 활용률이 2007년 대비 4.1% 포인트 증가한 것은 화주기업이 3자 물류 활용시 법인세를 감면하는 제도가 신설되었고, 종합물류인증제도의 인식 확산에 따라 화주기업들의 제3자 물류 서비스에 대한 인식도가 점차 증가하였기 때문으로 평가되었다. 특히, 2008년부터 국토해양부가 화주기업들의 제3자 물류를 직접적으로 유도하기 위해 5억 원을 투입하여 컨설팅비용지원사업을 실시한 것도 화주기업들의 제3자 물류 활용에 대한 관심을 크게 배가한데 기여한 것으로 판단된다.

(2) 제3자 물류의 문제점

우리나라 제3자 물류시장의 규모는 시장의 형성이 미흡하여 정확한 시장규모 산정은 어려우나 잠재 시장규모는 2.5조 원 수준으로 추정된다. 그러나 현재 우리나라 물류의 진화과정을 살펴보면, 국내 물류산업은 제3자 물류의 1단계를 지나 2단계인 독립·종합물류의 단계와 3단계인 전략물류로 진입하는 사이에 위치해 있다. 자체 물류조달에서 시작하여 물류자회사를 통한 물류조달 방식을 지나 기존의 물류와의 주종관계에서 파트너 관계로 전환을 시도하는 단계에 놓여 있다.

그러나 제3자 물류가 <표 Ⅵ-6>과 같이 화주에게 매우 긍정적인 효과로 작용함에도 불구하고 국내 제3자 물류가 크게 활성화되지 못하고 표류하고 있음이 사실이다.

<표 Ⅵ-6> 제3자 물류의 긍정적인 효과

관 점	화 주
경제적 관점	· 장비 및 설비관련 재무위험의 전가 · 규칙적인 거래 · 제3자 물류업체의 전문성 이용
관리적 관점	· 핵심역량에 집중할 수 있음 · 소수업체와 체인구축을 통한 관리용이
전략적 관점	· 경쟁우위 획득 · 상호 정보교환을 통한 전략적 재고 배치 · 소수업체 이용을 통한 적절한 배송 · 스케줄로 고객서비스 충족

국내의 제3자 물류가 크게 활성화되지 못하고 표류하는 원인은 다음 <표 Ⅵ-7>에서 보

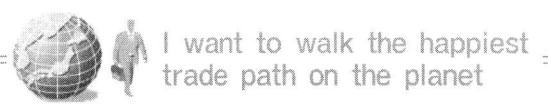

는 바와 같이 국내기업들의 인식 부족, 대형 물류 서비스업체의 부재, 미흡한 정부 정책 등이 주요 요인이다. 화주들의 물류 아웃소싱에 대한 마인드가 가장 낮은 분야인 택배를 예를 들어 보자.

제3자 물류업체의 입장에서 보면, 첫째, 화주에게 물류에 관한 분석과 진단을 내릴 수 없다는 한계, 둘째, 위임받은 서비스를 고객에게 만족스럽게 제공하지 못한다는 한계, 셋째, 컨설팅 기능을 정보기술업체와 공동으로 수행하지 못한다는 한계 등의 문제점이 있다.

<표 Ⅵ-7> 화주와 제3자 물류 간 잠재적 위험

	관 점	화 주	제3자 물류업체
잠재적위험	경제적 관점	· 다른 파트너로 교체시 전환비용 증대	· 초기에 투입되는 자본금이 부담
	관리적 관점	· 제품·재고에 대한 통제력 약화 · 정보유출 우려 · 고객서비스 품질문제 · 제3자 물류업체의 기회주의 우려	· 화주의 거래선 변경시 신규 화주와 계약 곤란함 · 화주의 기회주의 태도에 영향
	전략적 관점	· 특정 제공자와 장기계약으로 인한 시장 이동 및 선택의 제약 · 간접적인 고객접촉으로 화주와 고객 간 서비스 갭 노출	· 화주로의 병합 혹은 흡수 가능성 · 화주의 자기 물류화

제조기업은 자신이 기존의 물류 파트너와 결별하고 새로운 물류업체와의 물류 파트너로 교체할 경우, 첫째, 신규 물류 파트너로의 전환비용이 증가하고 통제력의 약화와 정보유출, 제3자 물류업체의 기회주의 발생 그리고 장기계약으로 인한 선택의 제약에 대하여 부정적인 시각을 지니고 있다. 둘째, 대형 물류업체의 부재이다. 국내 물류전문업체들의 경우, 대체로 영세하여 물류 서비스의 다양성 및 신뢰도가 떨어져 제3자 물류 활성화를 제약한다. 이것은 우리나라가 지리적으로 협소하여 자사물류 위주의 물류체계 등으로 대형물류 전문업체가 활동할만한 여건이 마련되지 못했기 때문이다. 때문에 전문성을 갖춘 대형 전문물류업체의 부재로 기업(화주)은 물류 기능을 외부에 믿고 맡기는 것에 주저하는 모습이다. 셋째, 미흡한 정부의 정책을 들 수 있다. 물류에 대하여 정부는 다양한 정책을 추진하고 있으나 구체성 및 보완대책이 아직 미진한 것으로 판단된다. 정부는 2004년 8월 동북아 물류 중심추진 로드맵을 확정하고 전략적 차원에서 종합 물류업체 육성을 추진하고 있으나 다양한 정책추진에도 불구하고 아직 구체적인 세부 실행계획이 지연되고 있다.

그러나 국내기업의 물류 아웃소싱에 대한 지출 비중이 증가하는데 비해 아직 물류 아웃소싱 시장이 낙후되어 있어 제3자 물류업의 발전 가능성이 큰 것으로 판단된다.

3. 제4자 물류의 활용방안

(1) 제4자 물류의 출현 배경

우리나라에 제4자 물류전문업체가 2008년 8월 처음으로 등장하였다. 제4자 물류가 등장한 배경에는 무엇보다도 제3자 물류의 한계와 화주들의 다양한 물류 서비스 요구, 전자상거래의 발달 등을 들 수 있다. 이를 좀 더 부연하면 다음과 같다.

첫째, 제3자 물류는 지금도 여전히 실무상 많은 허점을 노출하고 있다. 대부분 국내 제조업체들이 아직까지 해당 기업의 물류관리에 충분한 서비스를 제공하지 못하고 있다. 또 아웃소싱은 비용절감에만 초점을 두고 있고, 이를 극복하고 시스템의 연속이고도 전체적인 개선을 달성하기 위해서 제4자 물류가 필요해졌다. 많은 물류 전문업체들이 기업들로부터 아웃소싱을 받고 창고·수송·배송 관리업무 등의 물류 서비스를 제공하고 있으나 물류정보기술의 개발과 관리, 고객서비스, 수주관리 등을 포함한 공급 연쇄적인 모든 영역의 물류 서비스를 커버할 수 있는 제3자 물류는 거의 없는 실정이 곧 그 한계다. 전문가들이 말하는 국내의 제3자 물류 수준은 '단순물류'와 '외주물류'를 벗어나지 못하고 있다. 즉, 세계화 시대에 화주기업들이 경비절감에만 치중하여 단기수익 증가에 관심을 기울이게 되면 고객서비스 향상이 요원해지는 것은 당연한 것으로 제3자 물류의 발전이 저하된다. 따라서 공급체인망관리(SCM) 개념은 물류비용을 절감하고 화주(제3자 물류업체 입장에서는 고객)를 관리해 주는 한편, 양질의 서비스를 지속적으로 제공하는 것까지 포함하며, 또 기업과 공급자의 기능을 동기화하여 자재, 정보, 서비스 등의 흐름을 고객의 수요에 맞추어 공급시스템을 이용하여 중요한 경쟁우위를 확보할 수 있다.

둘째, 화주들의 다양한 물류 서비스의 요구다.

셋째, 전자상거래 발달은 제4자 물류 등장의 주요 배경이기도 하다. 전자상거래로 인하여 공급사슬 영역이 복잡해졌음에도 불구하고 고객은 신속한 배송을 요구하므로 이에 효과적으로 대응하기 위한 제휴, 곧, 제4자 물류의 서비스가 필요하게 된 것이다. 제4자 물류는 전자상거래 성공의 관건인 시간 단축의 필요한 수단이다.

4자 물류(4PL)는 3자 물류(3PL)업체가 기본으로 제공하는 보관·하역·포장 등의 물류 서비스에 SCM(공급망 관리), 프로세스 재설계 등 물류컨설팅과 같은 IT서비스를 결합한 것이다. 따라서 제4자 물류는 기존의 전문물류업체(제3자 물류)의 한계를 극복하고 공급연

쇄에 대하여 탁월하고 지속적인 개선효과를 가져오는 새로운 조직형태로 기존의 전문물류업체보다 역할이나 기능이 한 단계 더 진일보한 것이다. 그리고 제4자 물류는 '제3자 물류의 완성', '완벽한 제3자 물류 서비스'라는 이름으로 물류업계의 패러다임을 갈아치우고 있다. 아직 제4자 물류에 대한 인식이 보편화되지는 않았지만, 어쨌든 '변화'는 당연하다는 것이 전문가들의 진단이다.

아직까지 국내 제3자 물류업체가 큰 수익이나 진전을 보이고 있지 않는 터에 제4자 물류에 대한 이야기는 혼란을 일으킬 소지도 있다. 그러나 전자상거래가 활성화되면서 공급사슬에 효율적으로 지원할 수 있는 전문물류업체가 곧 4자 물류이고, 기존의 제3자 물류 서비스에 IT기술, 전략적 컨설팅을 가미한 부가가치가 높은 물류업의 하나로 인식되고 있으므로 기업은 기업대로 학계는 학계대로 꾸준한 노력을 계속하면 제4자 물류도 가시화된 형태로 굳어질 것이다.

(2) 제4자 물류의 활성화 필요성

제4자 물류를 활성화해야 할 필요성은 공급사슬 전반에 걸친 통합서비스의 필요성, 제3자 물류의 문제점에 대한 대안, 그리고 정보기술 발달에 따른 전자상거래의 확대 등 화주의 요구와 물류환경의 변화에 따라서 제4자 물류 자체가 가지고 있는 유용성에서 찾아 볼 수 있다.

제4자 물류의 유용성으로는 첫째, 제품품질의 개선, 제품의 효용성 제고, 고객서비스 향상, 그리고 첨단기술의 활용을 이용하여 수익이 증가한다는 것이다. 고객서비스 향상만으로도 100% 이상의 수익을 증가시킬 수 있다. 즉, 창고관리의 효율성을 높이거나 운송비의 절감을 통해서가 아니라 공급사슬의 전 과정을 개선하는 제4자 물류에 의하여 고객에 대한 서비스를 얼마든지 향상할 수 있다.

둘째, 업무의 효율성 제고와 공정의 개선, 구매비용의 절감에 의하여 15% 정도 운영비를 감소시킬 수 있다. 또한, 부품의 엄선, 규모의 경제, 공급사슬 기능의 포괄적인 아웃소싱에 의하여 비용을 절감할 수 있다. 공급사슬 참여자 간 정보를 공유하고 기술 및 활동상의 동시성을 확보함으로써 운영비와 제품비용의 절감이 가능하다. 그러나 공급사슬 기능의 일부만을 아웃소싱할 경우 이와 같은 효과를 기대할 수 없다.

셋째, 재고감소와 주문에서 대금회수까지의 소요기간을 단축하여 운영자본의 30%까지 절감할 수 있다. 주문기술을 활용하고 일정한 루트에 따라 SKU(stock keeping unit)의 주기적 배송으로 소비자의 상품구매를 쉽게 하고 필요한 재고량을 최소화 한다.

넷째, 고정자본 감소는 자본자산 이전과 자산 효율성을 증대시킴으로써 가능하다. 물적 자산을 제4자 물류가 제공함으로써 고객 기업은 자신의 핵심 분야, 즉 연구개발, 제품개발, 판매, 마케팅 분야에 주력할 수 있으며 영업수지를 개선할 수 있다.

(3) 제4자 물류의 운영모델 및 사례분석

① 제4자 물류의 운영모델

제4자 물류를 실행하는 데에는 현재 [그림 Ⅵ-8]과 같이 거래 파트너 모델, 솔루션 통합자 운영모델, 시너지 상승모델, 산업혁신자 모델 등 4개의 운용모델을 이용한다.

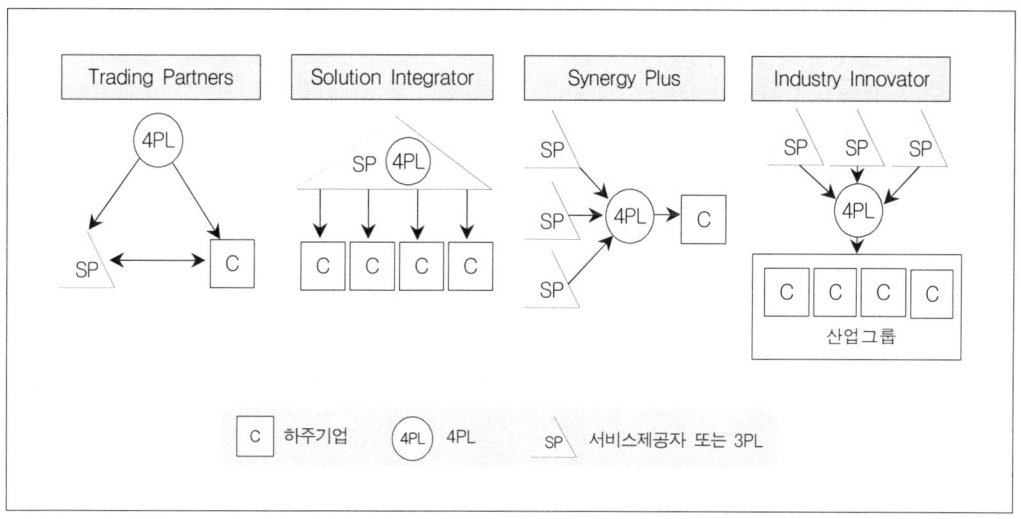

[그림 Ⅵ-8] 제4자 물류의 운용 모델

[거래 파트너(Trading Partners) 모델]

거래 파트너 모델에서 제4물류는 자신의 업무를 보완할 수 있는 적합한 제3자를 거래 파트너로 참여시켜 제3자 물류와 고객기업에게 물류 서비스를 제공하는 동시에 제3자 물류가 아웃소싱 업무를 제대로 수행하는가를 운용 관리하는 모델이다.

이 모델에서 제4자 물류는 실무적으로 화주와 서비스 제공자 사이를 조정하고 통제하는 역할을 수행하고 공급망 설계 및 계획, 용역을 제공하며 IT서비스를 통합하는 역할을 수행한다.

[솔루션 통합자(Solution Integrator) 모델]

제4자 물류의 가장 핵심적인 모델이다. 솔루션 통합자 모델은 제4자 물류의 단일 고객을 위해서 넓은 의미의 공급 제안을 관리하고 운영한다.

이 모델에서는 자원, 역량, 서비스 제공자 간 상호협력으로 통합된 공급사슬 서비스를 제공한다. 제4자 물류가 보유하고 있는 전문기술을 포함하고, 제4자 물류회사는 다양한 서비스 공급자들에 의해 고객의 공급사슬을 통합하여 운영한다.

이 모델에서 제4자 물류는 실무적으로 복수의 서비스 프로바이더(service provider) - 3PLP, SI업체, 컨설팅 회사 - 를 통합하여 화주에게 물류 서비스를 제공한다.

[시너지 상승(Synergy Plus) 모델]

시너지 상승 모델은 제4자 물류가 제3자 물류조직 내에서 운용된다. 이 모델은 제4자 물류와 제3자 물류 간 업무관계에서 서로 의존하는데, 양 조직의 능력과 시장을 활용할 수 있는 공급체인 솔루션을 제공하기 위해 상호 제휴를 하게 된다. 이 모델에서는 제4자 물류와 제3자 물류가 두 기업 간 파트너가 된다.

제4자 물류는 제3자 물류 공급자에게 기술, 공급사슬전략, 프로세스 관리지식을 포함한 광범위한 서비스의 제공이 가능하다. 이때, 제4자 물류는 기술, 공급체인 전략, 시장개척 능력, 프로그램 운용기술 등 광범위한 서비스를 제3자 물류에게 제공할 수 있다. 제4자 물류와 제3자 물류는 서로 제휴하기도 하지만, 계약상 서로 구속적인 관계도 될 수 있다. 이 모델에서 제4자 물류는 실무적으로 복수의 화주들에게 서비스를 제공하는 서비스 제공자의 사령탑 역할을 수행한다.

[산업 혁신자(Industry Innovator) 모델]

산업 혁신자 모델에 있어서의 제4자 물류 조직은 서비스 공급자의 협력과 동기화에 의하여 다양한 기업들의 공급사슬을 관리하고 운영한다. 산업 혁신자 모델의 운영이 실현되면 상당한 이익이 발생한다. 따라서 제4자 물류 공급자가 효과적으로 적용하기 위해서는 광범위한 자원과 전문능력이 있어야 한다. 즉, 프로세스 관리기술과 전문지식은 성공의 핵심이 된다는 것이다.

산업 혁신자 모델에서 제4자 물류는 실무적으로 복수의 서비스 제공자를 통합하여 화주들에게 물류 서비스를 제공하고, 동일 산업군은 물류 특성이 유사하므로 통합 서비스 제공 시 시너지를 극대화한다.

② 제4자 물류의 활용이 적합한 산업

산업의 업종이나 업태, 기업의 특성에 따라 제4자 물류의 활용 효과는 다르다. 제4자 물류의 활용에 적합한 기업이나 산업은 다음과 같이 크게 4종류로 분류가 가능하다.

[집중도가 낮은 산업]

집중도가 낮은 산업이라는 것은 소규모의 독립된 기업이 많이 있는 경우이다. 이들 소규모기업들은 공급사슬운영에 있어서 규모의 경제에 의한 이익을 얻기 위해 제4자 물류를 도입하여 여러 참여 기업의 업무를 통합한다.

[저마진 기업]

이익률이 저조한 기업들은 보다 적극적으로 경영수지 개선을 위해 전력을 다한다. 제4자 물류 협정으로 공급사슬을 통합하여 발생하는 비용절감 효과 때문에 제4자 물류를 수용할 여지가 많다. 저마진 기업의 대표적 사례는 정유회사와 대규모의 소비자 소매점이다.

[물류 서비스가 핵심 경쟁력이 아닌 기업]

물류 서비스가 핵심 경쟁력이 아닌 기업으로서 대표적인 기업은 공익기업 또는 공공기업에서 새로 민영화된 기업이다. 이들 기업의 조직은 부품조달이나 유지관리 등의 물류업무를 처리하는데 아웃소싱을 선호하게 된다.

[다수의 사업체를 가진 기업]

다수의 사업체를 가진 기업 그룹은 그룹 내 제4자 물류 서비스를 이용함으로써 규모의 경제효과를 기할 수 있다. 이러한 기업으로는 각 사업체가 유사한 공급사슬 형태를 가진 식품가공업체가 대표적이다.

(4) 제4자 물류의 활성화 방안

미국의 경우, 광범위한 영토로 인해 육상·해상·항공 등, 다양한 형태의 물류업이 이전부터 발전해 왔으나 최근에는 전자상거래를 중심으로 기업(화주)들의 전문물류 서비스 이용이 꾸준히 증가하고 있다.

또 물류업에 대한 정부의 규제 개혁으로 인하여 시장이 본격적으로 활성화되고 있다. 전통적으로 국제물류가 발달한 유럽은 서유럽의 경우, 기업들이 높은 노동비용과 과중한 세

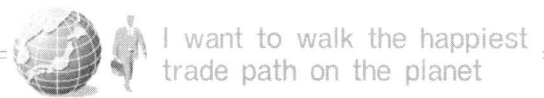

금 등으로 물류활동을 외부 물류전문업체에 위탁하여 경영의 효율성을 높이고 있다.

우리나라도 제4자 물류업의 활성화를 유도하기 위해서는 무엇보다도 물류업체의 대형화와 전문화가 중요하며, 이를 위하여 정부는 제도를 정비하고 세제지원과 정보서비스를 확충하고 기초 인프라의 구축 등에 필요한 지원 등, 실효성 있는 대책들을 조속히 추진하여야 한다.

이와 관련하여 제4자 물류의 활용사례와 그 분석 결과를 근거로 물류 전문기업과 화주기업으로 나누어 국내 기업의 제4자 물류 활성화 방안을 제시하고자 한다.

① 전문 물류기업의 측면의 4자 물류 활성화 방안

첫째, 물류기업들의 대형화를 이룩하여야 한다. 국내 물류기업들이 대형화해야 하는 이유는 현재 우리나라 물류업체들이 대부분 그 규모가 영세하여 단순한 물류 하청 업무만을 취급하여 화주기업들로부터 진정한 물류 아웃소싱업체로의 신뢰를 얻지 못하기 때문이다.

외항화물운송 사업의 예를 들면, 국토해양부는 현재 시행하고 있는 외항화물운송사업(일반 화물운송)의 등록 기준을 2배로 강화하는 것을 골자로 하는 해운법시행규칙 개정령을 2009년 8월 공포하였다. 외항화물운송 사업은 지난 1996년 8월 7일 면허제에서 등록제로 전환되었다.

1999년 10월 8일 등록기준이 선박보유량 총톤수 3만 톤에서 5천 톤, 자본금 10억 원에서 5억 원으로 대폭 완화됐다. 그러나 이에 따라 외항화물운송사업 등록업체 수가 1999년 33개에서 현재 181개사로 급증했지만 영세한 업체가 대부분이고, 일부는 용대선 위주로 운영하다 해운업 불황으로 운임이 폭락함에 따라 용선료 지급불능이 발생하는 등 상당수가 휴업상태다. 국토해양부에 따르면 현재 보유선대 1만 톤이 되지 않거나 자본금 10억원 미만인 등록업체는 110개사로 전체 60%가 넘으며 이 중 24개 업체가 사실상 휴·폐업 상태다.

국토해양부는 외항화물운송사업 등록기준 강화를 통해 해운시장의 건전 육성과 등록업체의 견실화를 유도해 나간다는 것이 국토해양부의 의도이다. 그러므로 국내 물류기업들도 인수합병과 업체 간 전략적 제휴를 시도하여 스스로 대형화하여야 한다. 물류업체의 대형화는 자유경쟁에 의해 업체 간 인수 및 합병이 일어나는 과정에서 이루어질 수 있고 물류 공동화를 추진하는 과정에서 대형화를 이룰 수 있다.

둘째, 제4자 물류 서비스 능력을 갖춘 전문 인력을 육성하여야 한다. 일반적으로 제4자 물류 공급자에게 요구되는 사항은 세계적 수준의 공급사슬 전략수립, 프로세스 재디자인, 정보기술의 통합과 인적자원관리 역량을 들 수 있다. 이러한 역량은 쉽게 보유되는 것이 아니며 많은 학습경험과 자원의 투입이 있어야 가능한 것들이다. 그러나 국내 물류전문대학원은 1곳뿐이다. 현실적으로 제3자 물류의 경우, 창고나 수송업무 등 일부 국한된 분야에 대한 전문인력은 많으나 공급사슬상 모든 물류분야의 전문지식이나 노하우를 지닌 경우는 많지 않으며, 특히 정보기술이나 물류기술에 대한 전문인력은 더욱 부족하다. 제4자 물류는 IT 및 SCM 전반에 대한 변혁과 집행을 동시에 추진하기 때문에 물류 및 정보기술에 능통한 전문인력의 수요는 급격히 증대하고 있다.

셋째, IT와 물류를 접목할 수 있는 능력을 배양해야 한다. 기존 제3자 물류가 주로 수송 및 창고업무에 큰 비중을 두었다면 제4자 물류는 IT 및 컨설팅을 포함한 SCM 통합자로서 업무를 수행하기 때문에 IT, 물류기술, 컨설팅 능력을 결합할 수 있어야 한다.

② 화주기업의 측면의 4자 물류 활성화 방안

첫째, 물류 아웃소싱에 대한 편견을 버려야 한다. 화주기업들은 경쟁우위의 원천이 물류서비스임을 인식하고 물류 아웃소싱의 중요성을 인식해야 한다. 화주기업들은 가능한 재고수준을 낮게 유지하고 전체적인 SCM의 원재료 주달로부터 최종 상품의 인도에 이르기까지 각 단계에서 수송, 보관, 유통 비용을 절감하고 고도의 물류 시스템을 구축하여 고객서비스를 향상시킬 필요가 있다.

따라서 화주기업들은 가능한 경영지원을 핵심역량에 집중하고 물류 서비스는 제4자 물류로부터 아웃소싱하는 것이 물류비 절감과 고객서비스의 향상과 효율성을 도모할 수 있음을 인식하여야 한다.

미국이나 유럽의 경우, 물류관리는 최고관리자가 결정하는 중요분야로 인식하는데 비하여 국내기업들은 물류관리의 우선순위가 다른 부서보다 낮은 경우가 대부분이며 심지어 물류 전반에 책임을 지는 물류부서가 없는 경우도 상당히 많은 현실이다.

둘째, 화주기업은 기업문화 폐쇄성의 타파가 필요하다. 제4자 물류업체가 고객의 경영전략에 적합한 물류 유통시스템을 구축하기 위해서는 고객으로부터 판매예측, 조달, 생산, 수·배송 등을 포함한 다양한 정보가 필요하다. 그러나 국내 화주기업들은 기업문화의 폐쇄성으로 정보의 공개를 기피하는 경우가 많다. 따라서 제4자 물류 도입을 위해서는 기업 간 신뢰성에 기반을 둔 파트너십이 구축되어야 한다.

셋째, 화주기업은 물류 서비스 제공업체들을 통합할 수 있는 탁월한 기술능력과 이해관계를 잘 조정할 수 있는 인적자원관리가 필요하다. 이는 기업 내 물류 전문인력을 양성하는 것을 포함한 전사적인 인적자원관리를 의미한다. 정보시스템 기술은 널리 이용되고 있

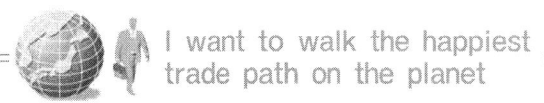

는 것들로서 상대적으로 단기간 내에 실행할 수 있는 것들이며 이에 따른 기술적 어려움도 극복할 수 있다.

그러나 인적자원은 구성원들이 기대하는 결과에 대한 의사소통이 미흡하고 서로 간의 불신이나 개선의지의 부족에 따라 여러 가지 바람직하지 않은 형태가 나타난다. 특히, 경영진은 일단 재고관리 및 정보시스템이 구축되면 조직 내건, 조직 간이건 인적자원의 관리는 저절로 해결될 것이라고 생각하는 경향이 있다. 조직 내에 있는 개인 간의 관계 관리는 가장 어려운 부분으로 구성 간의 역량이나 활동, 정보에 대한 상호 신뢰가 없다면, 정보시스템의 체계, 계약 활동 등, 모든 요소가 그 기능을 발휘하지 못할 것이다. 따라서 물류 서비스 제공업체들을 통합할 수 있는 기술능력 이외에도 인적자원관리가 필요하다.

넷째, 제4자 물류의 도입사례를 통한 벤치마킹이 필요하다. 외국의 제4자 물류의 성공사례를 통하여 제3자 물류업체를 이용한 물류 아웃소싱보다 제4자 물류 형태의 물류 아웃소싱 도입에 의한 이익을 창출하는 방법을 벤치마킹해야 한다.

[효율적 SCM과 민첩한 SCM의 선택]

효율적 공급사슬(efficient supply chain)의 목적은 자재와 서비스의 흐름을 조정하여 재고를 최소화하고 공급사슬 내에 있는 제조업체와 서비스업체의 효율을 최대화하는 것이다. 민첩한 공급사슬(responsive supply chain)은 수요의 불확실성에 대비하여 재고와 생산능력의 위치를 설정함으로써 시장수요에 민첩하게 반응하도록 설계한 것이다.

<표 Ⅵ-8>은 제품이나 서비스에 대한 수요의 특성이 공급사슬을 선택할 때 최적의 환경을 나타낸다.

<표 Ⅵ-8> 효율적인 공급사슬과 민첩한 공급사슬에 적합한 환경

구 분	효율적 공급사슬	민첩한 공급사슬
수 요	예측이 가능, 예측 오차가 적음	예측불가, 예측오차가 큼
경쟁우선순위	저원가, 품질균등, 납기준수	신속한 납기, 고객화, 수량 유연성, 고성능 설계품질
신제품 출시	빈번하지 않음	빈번함
공헌 이익	낮음	높음
제품 다양성	낮음	높음

효율적인 공급사슬은 식료품점의 기본식품이나 포장배달 서비스와 같이 수요예측이 매우 쉬운 환경에 잘 맞는다. 이런 공급사슬은 자재와 서비스의 효율적인 흐름에 초점을 두어서 재고를 최소화한다. 시장의 특성 때문에 제품이나 서비스의 디자인이 오래가고 신제품이 자주 나오지 않으며 다양성이 별로 없다. 이런 시장에서는 보통 가격이 주문 획득에 결정적인 역할을 하고 공헌이익이 낮고 효율성이 중요해진다. 결과적으로 기업의 경쟁우선 순위가 저원가 생산, 품질 균일성, 납기 준수가 된다.

　민첩한 공급사슬은 제품/서비스가 다양하고 수요예측이 어려운 환경에 잘 맞는다. 고객이 주문하기 전에는 어떤 제품/서비스를 생산해야 할지 알 수 없다. 더구나 수용의 수명이 매우 짧다. 민첩한 공급사슬은 반응시간을 줄이는데 초점을 두어서 재고를 쌓아 두었다가 헐값에 할인 판매하는 것을 줄이려고 한다. 이런 상황은 대량 고객화나 주문 조립전략을 선택한 기업의 환경에서도 마찬가지이다. 이런 기업들은 경쟁력을 유지하기 위하여 신제품이나 서비스를 끊임없이 발표하여야 하지만, 제품이나 서비스의 혁신성 때문에 높은 공헌이익을 즐길 수 있다. 민첩한 공급사슬의 경쟁우선 순위는 개발속도, 신속한 납기, 고객화, 수량 유연성, 고성능 설계품질 등이다. 특정 시장에 초점을 두고 기업을 운영하려고 할 때에는 두 가지 공급사슬 유형을 모두 활용할 수 있다.

[화주기업의 물류업체 선정절차와 방법 및 평가요소]

　기업의 아웃소싱 절차는 아웃소싱의 중장기 목표설정, 핵심역량 파악, 아웃소싱 대상 분야 파악, 아웃소싱 공급업체 선정 순으로 이루어진다. 그리고 아웃소싱의 대상 분야는 프로세스 관점에서 조직분석, 전략적 중요도와 위험도 분석, 기술, 기능 및 프로세스의 상호 연계성 분석, 아웃소싱과 인소싱의 상호 코스트 대조분석, 가치창출 정도 분석 순으로 이루어진다.

　화주기업이 물류업체를 선정하는 방법에는 '공개입찰'과 '기존 거래업체', '수의계약', '물류 자회사 선정' 등 4가지 방법이 있는데, 대기업은 공개입찰 방식을 선호하고 중소기업은 기존 거래업체의 지속적 거래를 선호한다.

　그러나 중소기업이든 대기업이든 물류업체를 선정할 때에는 계약단가, 물류업체의 시장 평판이나 명성, 서비스 수준 및 범위, 재무 안전성, 보유한 전문인력 및 지식, 정보시스템, 기업문화의 조화 등을 고려하여야 한다.

　화주기업은 제4자 물류 선정시, 물류 서비스에 대한 전문지식과 경험, 안정성, 기존 업무의 성과, 파트너십의 관리를 위한 하부구조, 품질에 대한 관심도, 파트너에 대한 배려, 유연성, 기업 간 호환성의 8가지 측면에서 신중하게 고려하여야 한다.

화주기업으로서 물류의 아웃소싱은 단순한 경비절감이나 인원감축을 위한 아웃소싱이 아닌 전략적 차원의 아웃소싱으로 핵심역량의 강화를 통한 경쟁력 강화와 자본의 생산성 향상이 가능한가를 고려해야 한다.

제4자 물류 선정방법은 첫 단계인 준비 및 평가단계를 거쳐 제4자 물류기업이 선정되면 계약을 성립하고 양자가 계약서의 내용들을 성실히 이행하면 된다.

(5) 물류산업의 전망

물류 아웃소싱 업체인 3자 물류업체들의 매출액은 증가하고 있지만, 순이익률은 제조업체들에 비해 여전히 낮은 것으로 나타났다.

한국무역협회 국제물류지원단이 조사해 발표한 <2009년도 3자 물류업체 경영실태>에 따르면, 3자 물류업체의 평균 매출액은 2007년 대비 지난해 53% 가량 늘었으며 총 매출액 중 3자 물류 매출액이 차지하는 비중도 2007년 55.2%에서 63.0%로 높아졌다. 그러나 3자 물류업체들이 국내 3PL 시장전망과 관련하여 단기적으로 5~10% 성장을, 장기적으로 20~30%의 높은 성장을 예상했음에도 불구하고 조사대상 물류업체들의 평균 수익률은 4.1%로 2007년 4.2%에 비해 떨어졌으며, 절반 정도 업체들이 3% 안팎의 순이익률을 기록해 제조업 평균 수익률인 9.2%에 미치지 못했다.

이와 함께 조사대상 업체들의 58.1%가 운송·보관 등 3~4개 영역에서만 물류 활동을 수행하고 있었다. 또 41.9%가 해외 물류거점을 제대로 확보하지 못하고 있는 등, 화주기업들의 토털 물류 서비스 요구를 충족시키기에는 미흡한 것으로 나타났다.

물류업체들은 경영활동의 가장 큰 장애 요인으로 국내 물류기업 간 과다경쟁, 화주기업의 과다한 가격인하 요구, 물류비용 상승 등을 지목했으며, 대정부 건의사항으로는 3자 물류 이용시 법인세 인하, 물류시설 투자시 정책자금 지원을 요청한 기업들이 많았다. 그러므로 3자 물류 활성화를 위해 국내 물류업체들은 국내외 물류거점 확보를 통한 서비스 영역을 확대해야 하고 정부는 화주기업 위탁 물류비에 대한 법인세 인하와 물류 기업의 물류시설 투자에 대한 정책자금 지원이 필요하다.

그런데 최근에 들어서 대량화주의 해운업 진출시도가 활발해지고 있다. 해운법 제24조 제4항에 원유, 제철원료, 액화가스 같은 대량 화물의 화주가 대량 화물에 대한 해상화물운송 사업을 등록 신청하면 국토해양부장관은 정책자문위원회의 의견을 들어 등록 여부를 결정하게 되어 있는데, 이 조항이 공정거래법에 어긋나므로 정부에서는 법을 개정하여 대량화주의 해운업 진입을 완화하겠다고 한다.

그러나 대량 화주의 입장에서 자기 물건을 자기가 운송하겠다는데 할 말은 없지만, 대량 화주의 해운업 진출은 신중하게 결정되어야 한 문제이다. 그 이유는 다음과 같다.

첫째, 대량화물을 제조하는 화주기업의 화물은 보통 화물이 아닌 국책 대종(大宗) 화물이고 또 세계적 추세인 제3자 물류를 외면하고 굳이 1자 물류 내지 2자 물류로 회귀하는 것은 현재의 물류흐름에 역행하는 것이다. 1자 물류와 2자 물류가 3자 물류에 비해 경제성이 없다는 것은 세계적으로 증명된 사실이다. 그리고 이것은 3자 물류를 지향하며 지원하는 정부의 물류정책과도 배치된다.

둘째, 대량화주가 전문적인 운송인이 되어 직접 해운업에 뛰어 들었을 때, 실이익에 의문이 발생한다. 기존의 전문해운기업보다 비용을 절감하여 운송비를 얼마만큼 낮출 수 있는지에 많은 의문이 생긴다. 자가 화물운송업자가 전문운송업자에 비해 경쟁력이 없다는 사실은 이론적으로 이미 발표되었고 또 실제로도 증명되었다. 예를 들면, 비능률로 인하여 문을 닫아야 했던 ㈜호남탱커와 거양해운의 사례가 그것을 반증해 준다. 즉, 자신의 버스나 트럭을 가지고 자기 직원과 화물을 수송하는 자가 운송인과 타사 화물과 승객을 수송하는 전문운송인과의 채산, 즉 경제성을 고려하면 대형화주의 해운업 진출은 부정적인 결과를 초래할 수 있다는 것이다.

셋째, 석유, 제철, 전력, 가스 산업은 국가 기간산업이며 포스코, 한국전력, 가스공사 같은 대량화주는 대량화물 시장점유율이 100%에 가까운 과점기업이다. 이들이 인더스트리얼 캐리어로서 시장에 나오면 전문해운업체들은 설 땅을 잃고 해외로 빠져나가 자취를 감출 것으로 예상된다.

넷째, 대량화주의 자가 운송인들은 제품원가에 운송비를 마음대로 전가할 수 있어 최종 소비자인 국민들이 이를 부담하게 될 것이다. 이것은 비능률적이며 국민경제에 크나큰 손실이 아닐 수 없다. 과거의 전문운송기업들을 보면 알 수 있다. 더욱이 이들은 외국의 전문 해운선사와 경쟁하여 불리해지면 대기업의 속성상 하루아침에 경쟁력이 없어진 해운업을 포기하여 우리나라 해운업은 공동화되고 말 것이다.

다섯째, 상선은 제4군이요 해운업은 국가 필수산업이라는 사실을 전쟁을 통해 누차 경험했다. 이런 해운업의 특수성을 감안하여 세계 각국들은 해운업을 꾸준히 보호 육성해 왔다. 우리의 경쟁상대 일본은 해운업체에 대한 자율상각제, 이자보급제, 계획조선, 지정입찰제 등 교묘할 정도로 정부와 화주단체 무역업체가 한통속이 되어 해운업을 지원하고 있다. 이는 해운업이 국민경제에 그만큼 중요하다는 사실을 모두가 공감하기 때문이다.

현재 우리나라의 물류산업이 큰 어려움에 처해 있지만, 우리나라 해운산업은 세계 7위를 기록할 정도로 비약적인 발전을 하였다. 일본과 유럽의 해운업체들이 우리를 부러워할 정

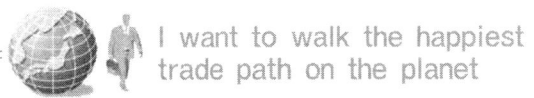

도로 정부 당국도 정책적인 뒷받침을 잘 해주었기 때문이다. 예를 들어, 웨이버 제도, 계획조선 톤세제도, 국제선박 등록제도, 선박금융제도와 같은 제도적 토양 위에서 한국해운이 성장·발전해 왔다. 이 발전의 속도와 방향이 늦어지거나 역주행해서는 안 된다.

그러므로 전문물류기업과 대형화주기업 간 발생하고 있는 대형화주기업의 물류사업의 진출에 대한 갈등을 국익 차원에서 어떤 선택이 현명한 것인지 신중하게 고려되어야 할 것으로 사료된다.

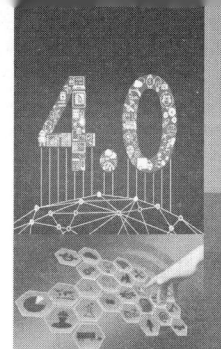

Part. VII

4.0 International Trade Practice

4.0 글로벌 로지스틱스

4.0 국제물류 전략

1. 국제물류란

물류는 고객이 필요로 하는 물품을 원산지로부터 소비자에게까지 재화, 서비스 및 관련정보를 적은 경비를 들여 신속하고 효율적으로 원하는 장소·시간에 맞춰 보낼 수 있도록 함으로써 가치를 창출하는 경제 활동으로 자재 및 제품의 포장, 하역, 수송, 보관, 유통, 통신 등 여러 활동을 이른다.

기업의 물류 활동은 각 기업의 조직특성, 물류 업무의 중요도와 경영환경에 따라서 다양한 형태로 나타나고 있다. 에릭 발로우((Eric Ballot)는 물류 활동을 모든 기업의 물류에 포함되는 기본적인 활동으로서의 주 활동과 기업의 상황에 다라 포함 여부가 결정되는 부가적인 활동으로 나누고 있다. 주 활동으로 대 고객서비스, 수송, 재고관리, 주문처리를 들고 있으며, 지원 활동으로서는 보관, 자재관리, 구매, 포장, 생산량 및 생산일정 조정, 그리고 물류정보 관리를 포함시키고 있다.

물류활동은 마케팅에 포함되는 하위 활동으로 인식되기도 하나 생산인정의 단계부터 판매, 그리고 판매 이후의 단계까지 포함하는 광의의 로지스틱스(logistics) 활동으로 인식되어 마케팅과 독립절인 영역으로 받아들여지기도 한다.

기업의 물류활동을 독립적인 경영부문으로 인식한다면 물류활동과 생산 및 마케팅 활동과의 관계는 [그림 VII-1]과 같이 물류는 마케팅과 생산과 상호 및 밀접한 관련과 공통 영역을 갖는다. 다만, 활동의 주요 초점이 다소 달라질 수 있다. 즉, 마케팅부서는 시장조사, 판매촉진, 판매관리, 제품믹스 등에 주로 관심을 가진다. 생산 및 운영부서는 재화/서비스의 생산과 관련하여 품질관리, 생산계획 및 일정계획, 작업설계, 용량계획, 유지·보수, 작업측정과 작업표

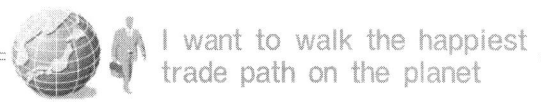

준에 관심을 가진다. 물류부서는 생산된 재화/서비스에 시간적 공간적인 가치를 부여하는 활동을 관장한다.29)

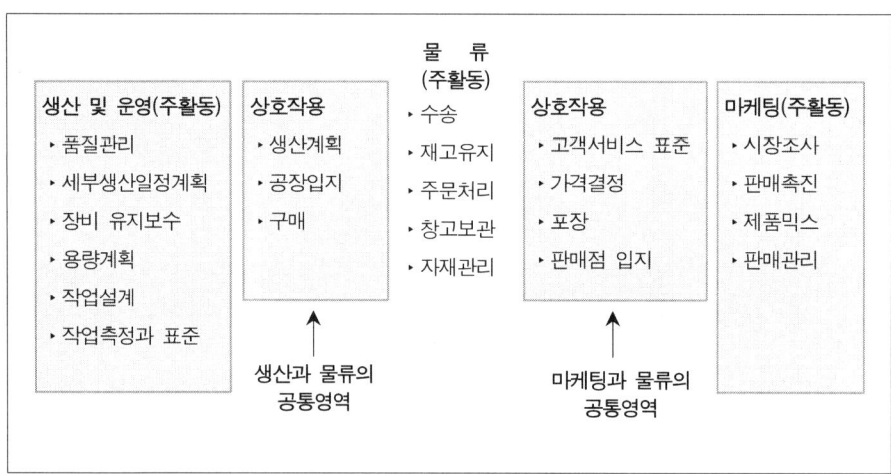

[그림 Ⅶ-1] 물류·마케팅·생산활동 간의 관계
자료 : 발로우, R.H. 저, 김정환 외 역, 신물류경영, p.27

 기업의 경영활동을 조달, 생산, 판매라는 시스템으로 볼 때, 기업 전체의 입장에서 물류활동은 원자재의 조달에서부터 제품의 생산단계를 거쳐 최종 소비자에게 제품이 전달되는 과정으로 이해할 수 있다.
 따라서 물류의 영역은 조달, 생산, 판매 과정에서 물자의 흐름을 관리하는, 즉 조달물류, 생산물류, 판매물류를 포함하는 것으로 볼 수 있다. 나아가서 반품, 회수와 폐기의 물류를 추가하기도 한다.

2. 국제물류의 활용

(1) 수·배송

 상품을 장소적으로 이동시키는 수송수단이 있는데, 이는 기차, 자동차, 항공기, 파이프라인, 선박이 그것이다. 경우에 따라 두 가지 이상을 혼합하여 활용하는 경우도 있다.

---

29) 발로우, R·H, 저 김정환 외 역, 신물류경영, 문영각, 2001, pp.26-27.

(2) 하역

하역은 수송과 보관을 결합시키는 것으로써 중요한 부분이다. 즉 공장, 역두, 트럭 터미널, 항만, 공항, 창고 등에서 상품을 수송수단으로부터 내리거나 창고에 투입하는 작업을 말한다. 하역활동을 물류 전반에서 보면 수송과 보관의 종속적 존재이지만 물류에서 없어서는 안 될 중요한 부분이며, 이 부분의 합리화가 총체적인 물류합리화에 연결된다.

(3) 보관

보관은 물자의 생산과 보관의 시간적 격차를 조정하는 활동을 말한다(시간효용창출). 보관은 유통과정에 있어서 일시적 물자의 체류이기 때문에 전체적인 유통 합리화의 견지에서 최근에는 단순한 저장 기능만이 아니라 그 체류를 최소화하기 위한 재고관리와 적극적인 판매활동의 기동화를 도모하기 위한 유통가공과 배송기능이 중요시되고 있다.

(4) 포장

포장은 물품의 수송, 보관 등의 물류과정에 있어서 그 가치와 상태를 유지하도록 적당한 재료나 용기를 사용하여 물품을 보호하는 활동과 그 상태를 의미한다.

최근 포장 자재와 포장 기술의 개선은 물론 포장의 표준화, 기계화에 의한 로지스틱스 활동의 효율화와 총비용의 절감을 도모하고자 하는 연구에 관심이 크게 고조되어 있는 실정이다.

(5) 정보

물자의 유통활동을 촉진시키기 위하여 필요한 각종 정보로서, 물류의 주요 기능인 수송, 보관, 하역과 포장 등을 서로 연결시켜 전체적인 물류관리를 효율적으로 수행하도록 한다.

(6) 유통가공

물자의 유통과정에서 물품자체의 기능을 변화시키지 않고 부가가치를 부여하는 활동으로 예컨대, 재포장 작업 등이 여기에 속한다.

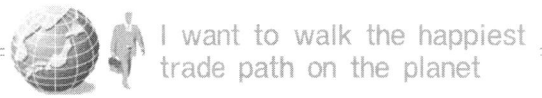

3. 물류의 중요성

　기업에 있어 물류비용이 차지하는 비중은 매우 클 뿐만 아니라 점점 증가하고 있다는 면에서 관리의 중요성도 증가하고 있다. 총 유통 코스트 중에서 물류에 관련되는 코스트는 의외로 큰 비중을 차지하고 있다. 예를 들어, 소매가격을 100으로 해서 제조 코스트를 50으로 하면, 유통 코스트 중에서 15%를 물류 코스트가 차지하고 있는 것이다.

　기업활동에 있어 제품, 가격, 판매촉진, 유통경로 등은 마케팅 믹스(marketing mix)의 발전을 통하여 상당한 진전이 있었으나 제품의 물적 흐름에 관해서는 단지 기업활동의 보조나 지원수단으로 인식하여 왔다. 그러나 기업활동에서 제조부문에서의 원가절감은 기계화 및 원가관리의 합리화 그리고 자본의 고정화에 따른 고정자산의 증대로 인하여 제조원가는 어떤 한계점 이상의 절감은 어려운 것이 현실이다.

　제품의 운송, 보관, 제공통제 등의 물류분야는 관리의 혁신을 통하여 대폭적인 비용절감을 기대할 수 있으나 지금까지 관심 부족으로 다른 분야에 비하여 미개척 분야로 남아있다. 이러한 물류의 중요성에 대하여 드럭커(P. F. Drucker) 교수는 "경제의 암흑대륙"으로, 파커(D. D. Parker) 교수는 "비용절감을 위한 최후의 미개척분야"로 표현하면서 물류의 중요성을 환기시키고 있다.

　앞에서 정의된 물류의 개념은 고도의 정보화사회로 발전하고 있는 경영환경 하에서 계속 변천하고 있으며, 현대적 의미에서 물류의 중요성으로는 다음을 들 수 있다.

　첫째, 기업에 있어서 총생산비 중 물류비용은 높은 비중을 차지하고 경영진은 물류에 대하여 높은 관심을 가지고 있으며 물류비용을 절감하기 위하여 물류합리화를 적극적으로 추진하고 있다. 기업은 물류지원을 위한 자원을 조직 내부에서 자체적으로 조달하기보다는 점차 아웃소싱(outsourcing)을 통하여 기업 외부에서 물류・유통 기능을 지원하는 것을 늘리고 있다.

　둘째, 물류 활동을 통한 고객서비스 향상은 고객확보와 고객만족을 달성하며 경쟁우위를 확보하기 위한 차원에서도 매우 중요시된다.

　셋째, 물류관리에서는 첨단기술을 적극적으로 활용하고 있으며 채용된 정보통신기술의 혁신 속도와 통신망 의존도가 매우 높다.

　넷째, 경영전략적 차원에서 물류관리는 경쟁우위를 확보하기 위한 주요한 경쟁무기 또는 수단이 될 수 있다.

　다섯째, 효과적인 물류활동을 지원하기 위해서는 물류 관련기업 및 지원기관과의 긴밀한 협조 및 유대관계를 유지하는 것이 중요하다.

4. 물류사업의 범위

우리나라의 물류정책기본법에서는 '물류사업'이란 화주(貨主)의 수요에 따라 유상(有償)으로 물류활동을 영위하는 것을 업(業)으로 하는 것으로 다음과 같은 목적의 사업을 말한다 (2012년 6월 개정)로 정의되고 있다.

① 자동차·철도차량·선박·항공기 또는 파이프라인 등의 운송수단을 통하여 화물을 운송하는 화물운송업
② 물류 터미널이나 창고 등의 물류시설을 운영하는 물류시설운영업
③ 화물운송의 주선(周旋), 물류 장비의 임대, 물류 정보의 처리 또는 물류 컨설팅 등의 업무를 하는 물류서비스업

이를 보다 자세히 구분하여 보면 <표 Ⅶ-1>과 같다.

<표 Ⅶ-1> 물류사업의 범위

비교대상	세분류	세세분류
화물 운송업	육상화물운송업	화물자동차 운송사업, 화물자동차 운송가맹사업, 철도사업
	해상화물운송업	외항정기화물 운송사업, 외항부정기화물 운송사업, 내항화물 운송사업
	항공화물운송업	정기항공 운송사업
	파이프라인운송업	파이프라인 운송사업
물류시설 운영업	창고업(공동집배송센터 운영업 포함)	일반창고, 냉장 및 냉동 창고업, 농·수산물 창고업, 위험물품보관업, 그 밖의 창고업
	물류터미널운영업	복합물류터미널, 일반물류터미널, 해상터미널, 공항화물터미널, 화물차전용터미널, 컨테이너화물조작장(CFS), 컨테이너장치장(CY), 물류단지, 지배송단지 등 물류시설의 운영업
물류 서비스업	화물취급업 (하역업 포함)	화물의 하역, 포장, 가공, 조립, 상표부착, 프로그램 설치, 품질검사 등 부가적인 물류업
	화물주선업	국제물류주선업, 화물자동차운송주선사업

물류 서비스업	물류장비임대업	운송장비임대업, 산업용 기계·장비 임대업, 운반용기 임대업, 화물자동차 임대업, 화물선박 임대업, 화물항공기 임대업, 운반·적치·하역장비 임대업, 컨테이너·파렛트 등 포장용기 임대업, 선박대여업
	물류정보처리업	물류정보 데이터베이스 구축, 물류지원 소프트웨어 개발·운영, 물류관련 전자문서처리업
	물류컨설팅업	물류관련 업무프로세서 개선관련 컨설팅, 자동창고, 물류자동화 설비 등 도입관련 컨설팅, 물류관련 정보시스템 도입관련 컨설팅
	해운부대사업	해운대리점업, 해운중개업, 선박관리업
	항만운송관련업	항만용역업, 물품공급업, 선박급유업, 컨테이너 수리업, 예선업
	항만운송사업	만하역사업, 검수사업, 감정사업, 검량사업

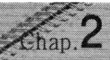

물류관리의 구성과 활동

1. 물류관리

마케팅 활동을 효과적으로 달성하기 위한 물류기능의 발휘는 경영관리 측면에서 중요시되고 있다. 물류의 관리 목표는 고객서비스 수준의 향상과 물류 생산성의 효율화 그리고 물류이익의 추구에 있다.

오늘날 대부분의 기업들은 물류관리의 목표를 최소의 비용으로 적정 상품을 적절한 장소와 시간에 전달하는 데에 두고 있다. 그러나 물류시스템은 고객에 대한 서비스를 극대화하는 동시에 물류비용을 최소화하여 이익을 추구함에 있어 상호 간에 상쇄되는 한계점이 있다. 따라서 고객서비스 수준의 절정은 고객 지향적이어야 하며, 경쟁시의 서비스 수준을 비교한 후 그 기업이 달성하고자 하는 특정한 수준의 서비스를 최소비용으로 고객에게 제공하여야 할 것이다.

비용을 최소화하기 위해서는 운송비, 재고비용, 주문처리비 등과 같은 눈에 보이는 비용뿐만 아니라 배달 지연이나 재고 부족으로 인한 매출의 감소 등과 같이 눈에 보이지 않는 비용(서비스 부실에 의한 기회비용)까지를 포함해서 합리화시켜야 한다.

(1) 고객서비스 수준향상

고개서비스(customer service)란 고객요구를 만족시키는 것을 말한다. 고객서비스는 고객요구에 대한 만족도를 나타내는 비율로 서비스 상태를 측정하고 관리를 위한 지표로서 중요하다.

고객서비스의 수준은 기업의 시장점유율(market share)과 물류 원가에 영향을 미치며 궁극적으로는 이익 가능성(profitability)에도 영향을 미친다.

고객서비스는 마케팅 서비스, 물류 서비스, 경영·기술 서비스 등으로 구성되어 있으며, 마케팅 서비스에서는 가격 서비스가 주가 되며, 물류 서비스에는 납품 서비스, 시간 서비스, 품질 서비스, 재고 서비스 등이 성과평가의 기준이 된다.

물류 서비스는 제품에 대한 시간 및 장소 효용을 창출하는데 있어서 물류시스템의 유효성을 측정하는 수단이라 할 수 있다. 기업이 제공하는 물류 서비스는 기존 고객뿐만 아니라 잠재고객이 자사의 고객이 되도록 유도하여 판매량을 증대시키는 중요한 수단이 된다.

또한, 물류 서비스는 시간, 신뢰성, 정보교환, 편의성 등의 4가지 기본요소로 구성되어 있는데, 물류가 제공하는 서비스의 핵심은 고객의 필요에 알맞은 시간과 장소에 필요한 제품의 이용 가능성을 제공하는데 있다. 따라서 물류가 마케팅의 일부분으로 고려되기 위해서는 물류관리에 대해서도 마케팅 개념이 적용될 수 있어야 하며, 물류 서비스 또한 고객의 필요에서부터 도출되어야 한다.

(2) 비용 절감

비용이란 어떤 활동을 금액으로 평가한 것이다. 물류관리 목표로서의 비용은 물류 활동의 비용을 수단으로 하여 관리하는 것을 의미한다. 비용에 의한 물류관리는 달성하고자 하는 수준의 고객서비스를 최소의 비용으로 이룩하는 것이다. 물류 활동은 기업의 생산 및 판매 부문에 의해 영향을 받으므로 물류비의 형성은 생산이나 판매 부문에 의해서 많은 영향을 받는다.

물류시스템의 구축은 판매정책에 의하여 기본적으로 결정되고 물류관리 측면에서 물류비용이 결정된다. 이러한 물류비용은 물류관리 관점에서 다음의 특징을 가지고 있다.

첫째, 비용은 활동 실태를 솔직하고 충실히 반영한다. 즉, 활동을 비용으로 계산했을 때 그 활동이 합리적이지 못하면 비용은 커지며, 반대로 활동이 합리적으로 행해지면 그 비용은 적게 나타난다. 그러므로 비용의 동태를 보면 관리상태의 문제점 유·무를 알 수 있다. 이 같이 물류 활동을 비용으로 바꾸어 놓는 것은 관리라는 관점에서 유효하므로 물류 관리에서는 비용에 의한 관리가 중요하다.

기업이 보다 높은 고객서비스 수준을 제공하기 위해서 물류 활동 수준을 높이면 비용은 빠른 비율로 증가하고, 반대의 경우는 상대적으로 비용이 감소 하지만 고객서비스 만족도는 하락하고 장기적으로 부정적 영향을 미칠 수 있다. 따라서 물류시스템의 목표는 제품을 물적으로 이동시키고 저장하는데 드는 비용을 최소화시키면서 동시에 특정 수준의 고객서비스를 제공하는 것이다.

물류 활동의 개별적 요소인 창고보관, 창고입지, 재고통제시스템, 자재운반관리, 내부정보의 흐름, 고객서비스 기준, 포장 등의 활동이 금액으로 평가된 물류비용이 기업에서 설정한 고객서비스 수준을 충족시킬 때 총비용은 최소화가 되는 것이다. 여기서 개개의 물류활동은 서로 유기적인 관련을 맺고 있어 물류시스템의 어떤 한 하부 시스템 비용의 최소화는 다른 하부 시스템 비용에 영향을 미치는 상쇄(trade off) 관계가 존재한다.

이같이 물류관리에 있어서 비용은 정확한 물류비 계산을 전제로 물류관리 수단으로서 중요한 의미를 가진다. 물류비는 물류활동 내에 존재하는 상쇄관계를 고려한 총비용의 최소화를 목표로 추구되어야 한다.

2. 물류처리 의사결정

물류 목적이 정해지면, 목적 달성 원가를 최소화하는 물류시스템 설계를 시작한다. 물류시스템 설계에서 고려해야 할 중요 의사결정 과제로는 어떻게 주문을 처리할 것인가?(주문처리) 어떤 곳에 상품을 보관할 것인가?(창고) 어느 정도의 상품을 보유하고 있을 것인가?(재고) 및 어떻게 상품을 운송할 것인가?(수송), 어떻게 담아 보낼 것인가?(포장) 등이 있다.

(1) 물류 주문

물류는 고객의 주문과 함께 시작된다. 주문처리 부서는 송장을 발부하여 관련부서들로 보낸다. 상품의 배송과 함께 선적서류와 대금청구 서류를 만들어 관련부서들로 보낸다.

주문처리가 신속하고 정확하게 수행되면 자사와 고객 모두에게 유리한 것이다. 많은 경우 판매원들은 자신의 주문을 매일 온라인 전송을 하기도 한다. 주문처리부서는 이러한 주문을 신속하게 처리하고 창고에서 상품을 적시에 출고해야 한다.

그리고 대금청구서를 발행하는데, 대금청구서는 주문-배송-대금청구 과정을 신속화하기 위하여 온라인으로 전송되는 경우가 많다. 예를 들며, General Electric은 거래 과정 네트워크(TPN : Trading Process Network)시스템을 구축·운용함으로써 이러한 과정을 빠르면 15초 이내라는 매우 짧은 시간 안에 처리하고 있다.

(2) 물류 보관

모든 기업은 상품이 판매되기까지 어떤 장소에 보관하고 있어야 한다. 보관 기능은 생산과 소비의 사이클이 맞지 않기 때문에 필요하게 된다.

예를 들면, 대다수의 농산물은 계절적인데 비해 소비는 지속이므로 생산과 소비 사이의 타이밍(timing) 및 수량상의 불일치를 조정하기 위해 보관 기능이 수행되게 되는 것이다.

기업의 입장에서 확보해야 할 재고거점(stock point)의 수를 얼마로 할 것인지 결정해야 한다. 재고거점이 많으면 고객에게 보다 빨리 배송하여 줄 수 있으므로 흔히 이러한 정책을 쓰기 쉽지만, 보관 코스트는 거점이 많아질수록 증대된다.

그러므로 재고거점의 수는 반드시 고객에의 배송 서비스와 물적 유통 코스트 균형이 이루어지는 점에서 결정되어야만 한다.

기업 재고의 일부는 공장이나 그 근처에 보관하고 나머지는 전국에 흩어져 있는 주요 창고에 보관해 두어야 한다. 기업의 입장에서는 자사의 창고를 가질 수도 있고, 영업창고를 빌려 쓸 수도 있다.

전자의 경우에는 보관 상품의 관리 통제를 보다 철저히 할 수 있으나 동시에 많은 자금이 묶이게 되며 보관거점을 변경하고자 할 때 쉽게 할 수 없다는 문제점이 있다.

후자의 경우에는 임차한 보관 면적이나 특별히 요구한 추가 서비스, 즉 보관품의 검수, 포장, 적송, 송품장, 발송, 나아가서는 판매원을 위한 사무용 책상 집기 및 전화 제공과 같은 서비스에 대한 비용만 부담하면 된다.

또한, 영업창고를 이용하는 경우에는 기업은 보관 거점과 창고 형태를 자유로이 선택할 수 있다. 예를 들면, 냉동보관(cold storage)용 창고라든지 상품전용 창고 같은 것을 선택·이용할 수도 있다.

(3) 물류 재고

재고 수준의 결정은 고객 유치와 만족에 영향을 미치는 중요한 물적 유통 결정의 하나이다. 마케팅 부문은 모든 고객의 주문을 즉각적으로 충족하기 위하여 충분한 재고량을 확보하려 한다. 그러나 많은 재고를 가진다는 것은 기업의 입장에서 코스트를 증대시켜 비효율적이다.

그러므로 재고량을 결정할 때에는 재고에 많은 투자를 해도 괜찮다고 인정할 수 있을 정도로 충분한 판매 및 이익의 증대가 이루어질 수 있느냐, 없느냐, 하는 것을 명확히 검토·파악하여야 한다. 재고 결정은 다음과 같은 두 가지 단계를 거쳐 이루어진다.[30]

---

30) 상게서, pp.709-710.

① 발주시기 결정

재고량이 줄어들면 신규 발주를 언제 하여야만 할 것인지 결정해야 한다. 발주하기에 바람직한 재고수준을 가리켜 발주점(order point)이라 하는데, 최종적인 발주점은 재고의 품절에 따르는 위험과 과대재고의 코스트가 균형화되는 수준에서 결정되어야 한다.

② 발주량 결정

발주량이 많으면 많을수록 발주 횟수의 빈도는 줄어든다. 그런데 발주량에 관한 결정은 주문 코스트 대 재고보유 코스트를 어떻게 결정하느냐에 따라 달라진다. 제조업자의 주문처리 코스트는 준비코스트(setup costs)와 제조코스트(running costs)로 구성된다.

만약, 준비코스트가 아주 낮다면 제품을 빈번하게 생산할 수 있으며, 품목당 코스트도 비교적 일정하여 처리 코스트와 거의 같아진다. 그러나 만약, 준비코스트가 높으면 생산을 장기간 계속하여 재고를 보유함으로써 단위당 평균 코스트를 낮출 수 있게 해야 한다.

(4) 물류 수송

수송 수단의 결정은 고객만족에 큰 영향을 준다. 어떤 수송 수단을 사용하는가에 따라 상품의 가격과 배송의 신속성 및 도착시 상품의 상태가 다를 것이다. 나아가 이러한 용인은 고객의 구매 관심과 구매 후의 만족에도 큰 영향을 미치게 된다.

예를 들어, 인터넷 온라인 쇼핑의 보편화로 주문과 결제과정은 거의 실시간(real time)으로 처리되지만, 배송과정은 해당 회사의 물류체계에 따라 고객에게 만족을 제공하기도 하고, 물류체계가 개선되지 않아 주문폭주 등으로 인해 배송지연 사례가 발생하여 고객의 불만을 초래하는 경우도 있다.

기업이 자사 상품을 창고나 중간상 또는 고객에게 배송하는데 사용할 수 있는 수단에는 철도(기차), 도로(트럭), 수로(선박), 파이프라인(수송관), 항공(비행기)의 5가지가 있다. 다음의 <표 Ⅶ-2>는 이러한 각 수송 수단별로 기능을 비교한 것이다.

<표 Ⅶ-2> 수송수단의 기능 평가순위

구분	속도 (배송시간)	신뢰성 (도착시간/정확성)	적합성 (다양한 상품 처리능력)	가용성 (이용 가능 지역 수)	비용 (무게/거리 당 비용)
철도	3	4	2	2	3
수로	4	5	1	4	1
육로	2	2	3	1	4
파이프라인	5	1	5	5	2
항공	1	3	4	3	5

(5) 물류 포장

포장(packing)은 물품의 전시, 판매, 운송, 보관, 사용 등에서 그 가치와 상태를 유지하기 위해 적절한 재료, 용기 등으로 물품을 보호하는 기술, 둘러싸여진 상태를 말한다. 포장은 화물의 운송, 보관, 또는 하역시 화물을 안전하게 보호하고 취급이 편리 하도록 용기 등으로 화물의 외부를 감싸는 것을 말한다.

포장은 물류의 하부 시스템으로서 상품의 이동성을 높이고, 운송·하역·보관 면에서 상품 내용을 보호하는 기능과 역할을 담당하여 생산과 마케팅을 연결하는 기능을 한다.[31]

포장은 내용물을 보호(보호성), 물품을 일정단위로 정리(단위성), 화물취급 분류에 필요한 사항을 표시(표시성), 상품 이미지를 높여 판매촉진 효과(상품성), 이용/진열/운송/하역/보관의 용이(편리성) 등의 물류 작업에 효율적인 수행을 가능하게(효율성) 한다.

3. 4차 산업혁명 시대의 물류 신산업

(1) 4차 산업혁명 시대의 물류관리 과제

① 예측영 물류커머스

글로벌 트렌드 정보사인 트렌드와칭(Trend Watching)은 2018년 트렌트 예측을 발표하며 E-커머스, M-커머스를 넘어 A-커머스 시대로 발전할 것으로 예상했다.

A-커머스는 Automated Commerce로 인공지능(AI), 사물인터넷(IoT)과 같은 정보통신기술(ICT)을 활용한 새로운 커머스를 가리킨다. 기존의 E-커머스와 M-커머스는 PC와 스마트폰

---

[31] 백종실 외, 물류관리론, 두남, 2013, pp.244.

을 통해 사용자가 접속하고 검색하는 플랫폼으로 운영된다.

A-커머스는 사용자의 노력이 크게 필요하지 않다. 사용자를 둘러싼 인터넷 기반의 플랫폼들이 맞춤화된 서비스를 제안하고 요구에 따라 플랫폼들이 서로 연동되어 문제를 처리한다. 즉, 구매자의 수고를 최소화하는 무노력 쇼핑이 A-커머스의 핵심인 것이다. A-커머스는 빅데이터를 탑재한 인공지능(AI)이나 사물인터넷(IoT)을 통해 사람이 이동할 필요 없이 자동으로 구매가 되는 물품의 구입과정을 최소화한 기술이라 할 수 있다. 또한, 보다 정확한 소비자의 니즈를 반영해 구매의 오류를 최소회할 수 있다.

아마존은 자사 웹사이트에서 클릭하는 소비자의 패턴을 분석하여 소비자가 구매할지를 예측하여 물류를 준비하며, 쿠팡 등 국내 전자상거래 기업들도 빅데이터를 이용하여 빠르고 효율적이며 물류 서비스 품질을 높이는 동시에 네트워크 효율성도 제고하고 있다.

물류 4.0(logistics)시대의 상거래(commerce)의 일반적인 프로세스의 주문(click), 주문처리(fulfillment), 수취(collection)의 세단계가 One Order, One Stop으로 이루어진다.

주문(click)은 매장을 방문하여 구매하는 비중보다 매장에 방문하지 않고 전화, 인터넷, 모바일 버튼(아마존 Dash), 자동 재주문, 정기배송, 'IoT 활용 무 주문배송'으로 구매가 전환되고 있다.

사물인터넷(IoT) 활용 - 무 주문배송 : 소비자가 쇼핑을 위해 오프라인 매장을 방문하거나 온라인 사이트에 접속하지 않더라도 축적된 데이터와 실시간 정보를 통해 판매자가 먼저 수요를 빠르게 예측하고 상품을 제안하게 될 것으로 전망된다. 또한, 무노력 쇼핑(zero-effort shopping)은 사물인터넷(IoT)과 빅데이터(big data)를 통해 사람이 이동할 필요 없이 사전에 예측한 인공지능의 자동구매로 물품의 구매과정이 모두 생략된다는 것이다. 이런 예측형 커머스(predictive commerce)는 사물인터넷을 통해 기기들이 연결되고 고객에 대한 정보를 수집·분석하여, 이를 바탕으로 자동으로 쇼핑을 가능케 하는 기술이다.

또 소비자는 목소리만으로도 구매할 수 있게 될 것이다. 사용자의 구매 이력, 제품 선호도, 개인 일정, 가격 비교 등을 종합적으로 고려해 아마존의 알렉사(Alexa)가 에코(Echo)를 통해 이야기 하면, 소비자는 간단한 대답만으로 쇼핑을 할 수 있다. SKT와 11번가도 인공지능 스피커 '누구(NUGU)'를 통해 이 같은 쇼핑을 준비하고 있다.[32]

주문처리(fulfillment)는 고객이 주문 후, 고객에게 배송 전까지의 ① 상품입고, ② 검품, ③ 보관, ④ 주문접수, ⑤ 부가가치물류(pick & pack, tagging), ⑥ 조립/조합, ⑦ 세트화, ⑧ 반품처리, ⑨ 발송(택배, 퀵, 화물차) 수요예측, ⑩ 정보처리(입고, 보관, 주문발송, 인수, 반품, 고객

---

[32] 이상근, 4차 산업혁명과 커머스 물류의 진화, 아웃소싱타임즈, 2018. 7. 16.

서비스) 등의 제반 업무를 말한다. 이 과정은 AI 로봇을 이용한 완전자동화를 지향한다. Amawon의 Kiva, Adept의 Lynx Conveyor, Swiss log의 Autostore, KUKA의 omniRob, simbe Robotics의 Tally 등이 대표적이다.

또한, 수요예측 기법의 발전으로 판매기록과 소셜 데이터를 이용한 차량 수요예측, 날씨와 주행기록 등을 바탕으로 한 지역별 상품 수요예측을 활용한 물류관리를 통해 물류비용을 감소시킨다. 상품수령(collection) 오프라인 커머스는 Cash & Carry가 일반적이고 일부 마트 등에서만 배달서비스를 한다.

온라인 커머스는 ① 집, 회사, 지정장소 등으로 배달(Last Mile Delivery)이 가장 일반적이다. ② 지정장소 수령은 마트, 슈퍼, CVS, 주유소 등 오프라인 매장과 면세품 인도장, 지하철역, 철도역, 휴양지의 Delivery Center에서 상품을 수령하기도 한다. 미국 도미노피자는 2018년 4월 센트럴파크 외 150,000개의 장소에 핫스팟(Hot Spot)을 설치했다. ③ 무인보관함은 사물인터넷(IoT) 기술을 통해 인근지역 배달상품의 기착지 역할과 연중무휴 24시간 수화물 픽업 및 보관이 가능한 생활물류 거점 기능을 수행한다.

배달 수단은 택배, 퀵(이륜차), 화물차가 대부분을 수행하고 있지만, 미래에는 드론, 무인자동차, 택시(승용차)와 자전거, Courier, Uber Rush, Piggy bee, Mover 등 공유경제수단의 활성화가 예상된다.

② 스마트 패키징

스마트 패키징(smart packaging)은 기존의 패키징이 단순히 제품을 포장하고 보호하는 것인 반면에 ICT, IoT, AI 등 첨단기술과 융합해 능동적 기능을 갖춘 제품 포장재를 의미한다.

스마트 패키징은 능동적으로 최첨단 기술을 통해 생산자와 소비자와의 상호작용을 통해 다양한 정보를 제공한다.[33] 예를 들어, 매장에서 제품 패키징에 스마트폰을 갖다 대면 브랜드 스토리, 제품 뉴스, 성분정보, 사용법 비디오 등 맞춤형 콘텐츠가 제공되며, 또한 제품 사용 중 소비자에게 리필 알림, 신선도 알림의 정보를 제공하며 소비자 습관 등의 행동 데이터를 수집해 향후 제품 개발시 적용할 수 있도록 한다.

특히, 최근에는 ICT, IoT, AI 이외에도 클라우드 컴퓨팅 시스템(cloud computing system), 블록체인(block chain)까지 첨단기술들이 융·복합되어 그 성장속도를 가속화하고 있다. 시장조사기관 리서치앤마켓이 발표한 보고서는 글로벌 스마트 패키징 시장이 2016년부터 연평균

---

33) 인쇄산업신문, 스마트 패키징 장착 물류 4.0 번쩍, 2018. 5. 21.

11.7%의 성장세를 지속해 2025년까지 520억 달러 규모로 성장할 것이라고 전망했다. 따라서 스마트 패키징(smart packaging)의 확대는 개인관리용품, 뷰티, 식품, 건강관리 및 의약품의 산업 등에 넓게 분포되어 있다.

③ 스마트 물류창고

스마트 물류창고는 단순히 제품만 보관하던 기존의 물류창고에서 벗어나 물류센터 내 정보시스템, 출입과 솔루션을 구성해 부가가치를 창출할 수 있는 창고를 일컫는다. 스마트 패키징은 제품의 상태를 쉽게 알려주고 보호하는 편리성과 함께 물류시스템에 있어서도 안전하고 정확하며 빠른 물류시스템이 될 수 있도록 돕고 있다. 이와 같은 기능은 또한 위치추적 기능 등을 이용해 그 활용범위가 무궁무진하게 넓어지고 있다.

스마트 물류창고의 기술은 ICT 연동기술, 창고운영 관리 시스템, 안전물류 등으로 나눌 수 있으며 각각의 기술이 상호 유기적으로 연동되어 입고예정, 입고, 보관, 출고의 전체적인 프로세스를 관리할 수 있다. 글로벌 물류기업들은 이미 물류창고의 상당 부분을 자동화했으며, 완전 무인창고 건설을 위한 시도가 늘어나고 있다.[34]

아마존은 KIVA System(2012년)을 인수해 3만대가 넘는 물류로봇을 도입해 물류창고 자동화에 박차를 가하고 있다. 최근에는 서버에 있는 인공지능이 홈페이지와 창고 내의 모든 물품을 파악해 로봇을 조종하는 방식의 무인창고를 운영하고 있다. 또한, 물품을 싣고 떠다니는 거대한 열기구형 공중창고인 '항공수송센터'를 개발하고 있다. 항공수송센터는 고객의 주문상품을 드론을 이용하여 이용하여 집까지 배송하는 방식이다.

국내에서도 다이소가 2013년 1,500억 원을 투입해 6.5km에 달하는 컨베이어 시스템, RFID태그 등이 부착된 자동화 물류센터를 설립했으며, 삼성SDI는 스마트 물류 솔루션인 'Cello'를 통해 기존의 WMS 방식에서 탈피한 데이터 관리 및 최적의 의사결정을 지원하고 있다. 이는 3PL을 넘어 4PL이라고 칭할 만큼 다양한 물류 효율화 방안을 제공하고 있다.

또한, 독일 프라운허퍼(Franuhofer) 연구소가 제시한 대표적인 IoT 적용 물류시스템인 지능형 물류용기는 인간과 사물 간 통신이 가능하며 스스로 전력을 공급하여 물류 활동에 적합한 정보를 전달하고 외부환경에 따라 내부조건을 조절해 별도의 관리가 필요 없으며 모든 물류 프로세스에 적합하게 스스로 위치를 조정하고 대응하는 첨단 물류용기이다. 최근에는 해상용 컨테이너에 추적 장치를 포함시켜 운영비용을 낮추고 있기도 하다.

---

34) 상게서.

4.0 물류정보와 운영관리

1. 물류정보의 분류[35]

(1) 물류정보의 의의

생산과 소비 사이에서 물(物)의 시간/공간 간격을 극복하기 위한 가장 효과적인 수단과 방법을 선택하기 위해서는 물류와 관련된 다양한 정보를 전달하고 처리하는 것이 필요하다. 기업의 판매활동은 고객으로부터 주문을 받고서 고객이 요구하는 납기 시점에 상품을 납품하여 대금을 회수함으로써 하나의 활동이 종료된다.[36]

물류란 공급원으로부터 최종 고객에 도달하기까지의 흐름과 보관을 효율적이면서 동시에 효과를 최대로 하기 위한 계획, 실시, 통제하는 과정이므로 물류활동은 화물의 흐름과 정보의 흐름이 동시에 원활하게 되어야 물류관리의 목표인 고객서비스의 향상과 물류비의 절감이 이루어진다.

물류관리에 있어 물류정보는 물류활동 전체의 원활화를 위해 효율적으로 수행되어야 한다. 즉, 각 물류활동과 물류 주체들 간의 물류정보를 신속하고 정확하게 흐르게 관리해야만 물류시스템을 최적화할 수 있다. 특히, 수년 전부터 기업들이 경쟁력을 증대시키고 경쟁상 우위를 지속적으로 발전시키기 위해 전자자료 교환방식(EDI : Electronic Data Interchange), 바코드(barcode) 등의 정보기술을 도입하여 통합적인 물류관리(Integrated Logistics), 공급사슬관리(SCM : Supply Chain Management)의 개념으로 확대 발전시킨 바 있다.

물류정보는 전체적인 물류활동의 원활화를 위하여 생산으로부터 소비에 이르기까지의 모든 물류활동인 하역, 운송, 보관, 포장 등을 결합하여 효율적인 수행이 가능하도록 하는 활동이다. 물류정보는 전산화를 통하여 물류를 시스템화하고 과학적인 관리를 가능하게 하며 원료 조달에서 완제품이 최종 수요자에게 인도되기까지의 각 물류 기능을 연결하여 신속하고 정확한 흐름을 만들어내는 것이다.

(2) 물류정보 분류

① 조정정보와 운용정보

물류정보시스템은 조정과 운용이란 특성의 2가지의 정보흐름으로 분류될 수 있다. 우선 물

---

35) 이규훈, 물류정보시스템의 활용과제와 대응방안, 통상정보연구, 1권 1호, 통상정보학회, pp.47-65.
36) 한국생산성본부, 우리나라 기업의 물류관리 실태 및 개선방안, 1990.

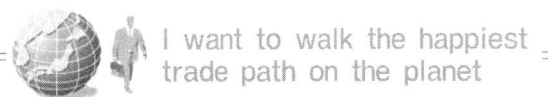

류정보시스템의 조정 활동에는 전략, 생산능력, 물류생산 그리고 조달에 관한 계획 등, 기업 전반의 일정계획 및 소요계획이 포함된 정보시스템이다.

물류정보시스템의 운영 활동은 물품의 수취, 재고배분 그리고 재고보충과 고객주문 충족을 위한 선적 등을 지시하고 추적하는 정보처리 과정들을 포함한다.

② 전략, 관리, 업무활동의 정보

- 전략 정보 : 기업의 통합전략을 결정하는 정보로서 새로운 사업의 창출과 경쟁우위의 원천이 된다.
- 관리 정보 : 기업의 전략적 계획에 의해 결정된 범위 내에서 각각의 기업 활동을 효과적으로 다하기 위한 관리정보로 일상적이고 반복적인 과업 수행을 위해 이용된다.
- 업무활동 정보 : 계획이 실시되는 중, 정상적인 기업 활동을 제어, 관리하는 정보로 실제 의사결정에 도움을 제공하는 역할을 한다.

업무활동 정보는 포장, 하역, 보관, 수송, 유통가공 등 물류활동의 지식 확인 등, 기능을 하며, 게다가 효율적, 능률적 업무대행을 하는 기능이 필요하다. 목표달성에 관해서 종래에는 전략적 정보 또는 관리 정보로서의 분야였지만 정보처리 기기류의 발달로 업무활동 정보가 고속화되고 최근에 업무활동 정보의 중요성이 커지고 있다.

<표 Ⅶ-3> 업무활동 정보

업무활동	처리 내용
수주업무	수주처리(출하지시), 납기관리, 수·배송능력체크, 납품관리, 납품서 작성, 반품처리
발주업무	발주처리(주문서의 작성), 납기관리, 수품관리
재고관리	입출고처리, 재고조회의 응답, 현품재고정리, 결품처리, 비회전품관리
창고관리	자동화창고의 운전지시, 입출고관리, 위치관리, 영업창고 보관료 계산처리
하역포장관리	하역작업지시, 검품조사, 팔레트관리, 컨테이너관리, 포장양식의 지시
수·배송관리	배차수배, 화물적재지시, 배송경로지시, 운임계산처리, 집하지시서의 작성

③ 물류활동 주체별 정보

물류 정보화의 대상에 따라 하주의 물류정보, 물류센터의 물류정보, 물류업의 물류정보로 구분할 수 있다. 그 내용을 살펴보면 다음과 같다.

[하주의 물류정보]

하주의 물류 정보화 내용은 수발주 관련정보, 물류거점 관련정보, 소량 및 다빈도 발주 관련정보 등을 의미한다.

[물류센터의 물류정보]

물류센터의 정보화는 하역 작업을 대상으로 하지만, 인력과 하역기계가 하는 작업으로 그 대상이 나누어져 있다. 사람을 대상으로 한 정보화는 보다 정확하고 신속한 작업의 수행을 도와주며 각 정보처리 부분을 정보기계가 담당한다.

즉, 물건의 입하, 출하, 보관 등 물건의 흐름을 신속·정확하고 보다 효율적으로 하기 위한 정보화를 의미한다.

[물류업의 물류정보]

물류업에서의 정보화는 물류업에 대한 하주의 요구에 대하여 하주기업 등의 정보와 거점 간을 체계화하고, 거점 간 수송정보와 하주로부터의 입하와 출하지시 정보 등을 신속하고 정확하게 전송하는 정보체계를 구축하고 있다. 또한, 물류거점에서 입·출하 작업의 신속화·확실화를 꾀하고 있으며 기계화·정보화를 추진하고 있다.

2. 물류정보 시스템

글로벌 환경 속에서 기업의 경쟁력 강화 수단으로 물류정보 시스템이 부각되고 있으며 기업들은 보다 효율적인 물류관리를 위해 합리적인 물류정보시스템을 도입하고 활용하고 있다. 물류 시스템은 물건의 흐름을 나타내는 물류작업 시스템과 물건의 흐름을 지원하는 정보흐름 시스템인 물류정보시스템으로 구성된다.

물류정보시스템(logistics information system)은 물적 유통의 효율화를 기하기 위한 정보전달 처리 시스템으로 주문 및 수·발주 업무를 시스템화하여 재고의 최소화, 수·배송의 합리화, 생산의 계획화 등을 달성키 위한 정보처리 시스템이다.[37] 물류정보시스템은 데이터 중심적이고, 다중 경로의 정보 흐름이 존재하며, 운용자·사용자 위주의 인터페이스이고, 순차처리 방식으로 구성되는 특징이 있다.

물류정보시스템은 물류영역별 적용 업무를 기준으로 할 때 조달, 생산, 판매 물품의 각 서

---

37) IT용어사전, 한국정보통신기술협회.

브 시스템으로 구성되어 있다. 보다 세분화하면 수주·출하 처리 시스템, 수·배송 관리 시스템, 창고(보관)관리 시스템, 도매정보 시스템, 물류관리정보 시스템으로 구성된다. 또한, 프로세스를 기준으로 할 때는 물류전략, 물류계획, 물류운영 및 물류 기본정보 관리 하위 시스템으로 구성되어 있다.

물류정보시스템은 기업에 있어서 단순한 구매절감, 생산성 향상 차원을 벗어나서 경쟁우위 확립, 기업혁신, 생존전략을 펼칠 수 있는 분야로서 리엔지니어링의 적합한 대상이며 가장 큰 성과를 기대할 수 있는 분야로 새롭게 인식되고 있다.[38]

물류정보시스템은 물류부문의 업무 전산화에 국한되지 않는 전사적인 기능이고 로지스틱스 관점에서 이해하여야 한다. 로지스틱스는 조달물류, 제조물류, 판매물류를 포괄하는 개념이고 제품의 수명주기 전체에 걸쳐서 관리하기 때문이다. 과거에는 물류활동을 위하여 정보를 이용하는 경향이 많았지만 최근에는 역정보에 따라 물류활동이 이루어지고 있다. 물류정보시스템의 역할에 대해 살펴보면 고객서비스의 향상, 물류 토털 코스트의 절감, 경영 토털 코스트의 절감을 들 수 있다.

첫째, 고객서비스 향상은 주문받은 상품을 신속 정확하게 고객에게 전달하는 것은 물론이고, 납입 리드타임의 단축, 품종 확보의 보증, 정보처리 시간단축 등을 통하여 경쟁회사에 뒤지지 않는 고객서비스를 확보하는 것이다.

둘째, 물류 토털 코스트의 절감은 수주에서 출하까지 일련의 사무효율화나 물류 분야인 수송, 배송, 하역, 보관, 유통가공 등의 무인화, 자동화를 통해 물류의 제반 활동에 관련한 불필요한 것을 배제하고 월환하고 효율적인 물류 시스템을 운용하여 물류 총원가의 절감을 도모하는 것이다.

셋째, 경영 총원가의 절감은 물류정보를 통하여 생산, 판매, 물류라는 제반 활동에서 생기는 불필요한 행동을 배제하여 원활하고 효율적인 생산과 판매의 통합시스템을 구축하여 가능하도록 하는 것이다.

이와 같이 물류정보시스템은 운송, 배송, 창고관리, 수발주 등 물류의 모든 기능 영역들을 지원하며 구매, 생산, 판매 등 기업경영의 여러 활동과 광범위한 관계를 가지면서 물류의 여러 기능 시스템을 연결하고 조직화하여 조정 및 통제의 효율성을 강화하는 역할을 한다.

---

[38] 이현구 외, 물류정보시스템 구현 및 최적화 사례연구, 한국산학기술학회논문지, Vol.11, No.7, 2010, pp.2349-2357.

3. 물류표준화 · 물류공동화

(1) 물류표준화

물류표준화란 운송, 보관, 하역, 포장, 정보 등과 같은 물동량 취급 단위를 물류 상의 공통 기준을 정하여 시행함으로써 모든 분야에서 낭비를 예방하고 이익을 도모하는 것을 말한다. 즉 포장, 하역, 보관, 운송, 정보 등 각각의 물류 기능 및 단계의 물동량 취급 단위를 표준 규격화하고 이에 사용되는 기기, 용기, 설비 등을 대상으로 규격, 강도, 재질 등을 통일시키는 것을 가리키는데, 이 중에서 가장 중요한 것은 규격의 표준화 · 통일화이며, 이것이 이루어져야만 운송, 보관, 하역 등 물류의 제 기능 및 단계에서 일관된 연결 작업이 가능 해진다.

물류표준화는 물류의 시스템화를 전제로 하여 단순화, 규격화, 전문화를 통해 물류활동에 공통의 기준을 부여함으로써 물류활동의 효율화, 화물유통의 원활화, 수급의 합리화, 물류비의 저렴화로 국가 경쟁력 기반 강화를 목적으로 한다. 물류표준화의 대상은 다목적 화차개발, 보관 표준화, 포장 표준화, 표준 물류회계, 녹색물류, 표준화 효과분석, 팔레트 표준화, 물류보안 표준화, 물류정보 표준화 등으로 요약된다.

물류표준화는 물동량의 흐름이 증대함에 따라 물류의 일관성과 경제성을 확보하기 위해 필요하다. 유가 및 인건비 상승, 교통체증의 심화 등에 따라 물류 시설장비의 이용 효율 향상을 위해 기계화, 자동화, 공동화가 필수적이며, 이를 위해 물류시설 간 장비 간 호환성을 확보하는 국가차원의 물류표준화 추진이 필요하다. 기업은 물류표준화를 통하여 물류비를 줄일 수 있으며, 물류활동의 효율성을 제고시킬 수 있다.

물류표준화는 정부의 국가표준의 제정과 이를 기업이 반영하여 제품의 생산과 시스템의 구축에 활용하는 유기적인 활동이 필요하다. 정부는 국가표준 제정시 국제표준에 부합되며, 우리 기업의 표준이 국제표준으로 결정되도록 노력하고, 기업체는 이를 산업에 적극 활용하여 세계시장에서의 경쟁력 확보를 위해 노력해야 할 것이다.[39]

(2) 물류공동화

물류공동화란 물류기업이나 화주기업(貨主企業)들이 물류활동의 효율성을 높이기 위하여 물류에 필요한 시설 · 장비 · 인력 · 조직 · 정보망 등을 공동으로 이용하는 것을 말한다(물류정책기본법).

---

39) 윤기선, 박정섭, 물류표준화가 기업경영에 미치는 영향 물류학회지, 2013년 12월, pp.167-188.

물류공동화를 통한 공동배송은 개별업체가 단독 배송하던 방식에서 다수 업체의 배송량을 통합하여 권역별, 지역별, 상품별로 계획배송 및 혼합배송하여 차량의 적재효율을 높이고 배송횟수를 줄임으로써 합리적으로 운반관리를 가능하게 한다. 또한, 상품의 가공 및 포장, 배송 등을 공동으로 처리하여 상품흐름의 원활화, 전문 인력의 공동 활용, 공간효용의 극대화로 전체 유통 및 물류비용 절감에 기여하는 효과가 발생한다. 특히, 참여 업체 간 종합물류 전산망 구축으로 물류정보 종합관리와 업무의 효율성 증대 공동구매를 통한 매입가격 인하, 상품 공급의 조절 가능 등을 통해 가격 안정에 기여할 수 있다.

물류공동화를 위해서는 자사의 물류 시스템이 타사의 물류 시스템과 접점을 자져야 하므로 우선 자사의 물류 시스템을 완전 개방해야 한다. 또한, 표준물류 심벌 및 업체 통일전표와 외부와의 교환이 가능한 팔레트를 사용해야 하며, 서비스 내용의 표준화 및 통일된 회계기준에 근거하여 물류비를 산정하고 체계화하여야 한다.

4. 공유물류 서비스

공유경제는 최근 4차 산업혁명의 ICT기술이 발전하면서 급격하게 확산되어 가고 있다. 물류 분야에서도 공유물류 서비스가 다양하게 도입 활용되고 있다. 보관 분야에서는 공유경제 기반의 주요 스타트업인 '에어비앤비(Airbnb)'의 콘셉트(concept)와 유사하게 사용하지 않는 창고나 소규모 공간을 공유하여 수익을 창출하는 형태로 아래와 같은 형태로 활용되고 있다.[40]

(1) B2B 분야에서의 보관 공간 공유형태 : 물류센터 내 보관 공간 공유

물류센터는 일반적으로 고정 공간을 임대해서 사용하게 되어 유연성이 떨어진다. 미국 스타트업 Flexe는 필요한 만큼 임대해서 사용할 수 있도록 온라인 플랫폼을 제공한다. 특히, Flexe는 북미 45개 지역에서 370개 물류센터에 대해 서비스를 제공하고 있다.

또한, DHL은 물류센터의 남는 공간을 활용하기 위해 DHL Spaces 서비스를 런칭하고, 모바일 앱에서 센터의 위치, 센터 내 사용가능한 공간의 너비와 예약을 위한 연락처 정보를 제공한다. 물류센터 내 보관 공간 공유를 위해서는 사용 공간에 따른 요금산정이 필수적이다. 요금산정을 위해 센터의 재고량을 실시간으로 확인해야 하는데, IoT 및 드론을 활용하여 재고관리의 가시성을 높일 수 있어 이를 적용하기 위한 기술도 개발.

---

40) 송상화·임옥경, DHL 물류분야 공유경제 분석보고서 리뷰: 보관 및 운송분야, LoTIS, 2017.7.3.

(2) B2C(고객 또는 소규모 상점) 분야에서의 보관 공간 공유형태
: 도시 내 개인물품 보관

UN에 따르면 2050년까지 전 세계적으로 25억 명의 인구가 도시에 거주할 것으로 예측된다. 이에 따라 도시에 거주하는 소비자 및 소규모 업체가 개인 소지품 및 재고 보유를 위한 공간을 충분히 보유하는 것이 더욱 어려워질 것이다.

도시 내 개인 창고의 개념은 모바일 및 웹 플랫폼을 통해 주택이나 점포의 후방 공간, 차고 등의 소규모 저장 공간을 공유하는 것으로 사용하지 않는 공간을 통해 수익을 창출할 수 있으며, 도시 내 저장 공간 부족문제를 해결할 수 있다.

관련 서비스를 제공해 주는 스타트업으로는 미국 뉴욕에 위치한 Make Space 및 샌프란시스코 지역의 Omni가 있다. 두 업체는 고객이 요청한 시간에 제품을 픽업하여 보관 후 고객의 요청시간에 맞추어 제품을 배송해 주는 서비스를 제공한다.

운송 분야에서는 운송 트럭의 공차율을 낮추기 위해 다양한 형태의 온라인 플랫폼이 등장하였다. Frost and Sullivan의 연구에 따르면 미국 및 유럽에서 운행하는 트럭 4대 당 1대는 공차로 운행하며, 트럭의 적재율도 약 50% 정도이다. 또한, 중국공업증권사의 발표에 따르면 중국 내 트럭 공차율 역시 40% 이상일 것으로 추정된다. 이는 자원 낭비 뿐 아닌 환경문제도 야기하기 때문에 물류 분야에서 꼭 해결해야 할 과제이다.

따라서 공차율을 낮추기 위해 운행정보를 공유하여 동일 경로상에 있는 화물의 추가 적재를 통해 트럭 사용률을 최대화하고자 하는 스타트업 및 기업이 등장하고 있다. 대표적으로 중국의 Huochebang, 유럽의 Freightos, Convoy, Loadsmart 등이 있으며, DHL도 Saloodo!라는 실시간 화물중개플랫폼 서비스를 런칭하였다. 이러한 서비스가 가능하게 된 배경으로는 스마트폰 사용자의 증가를 들 수 있다. 스마트폰에서는 실시간 통신, 모바일 GPS를 통한 화물 실시간 추적, 결제, 서류 전송 등이 가능하기 때문이다.

Chap. 4   4.0 물류 택배산업의 현재와 미래

1. 물류 택배산업의 의의

택배업은 대형·대량화물의 '터미널에서 터미널(terminal to terminal)' 화물 수송형태와는 달리 소형·소량화물의 '문전에서 문전'(door to door service) 화물 수송형태로 소화물의 집합·포장·수송·배송에 이르기까지 포괄적인 일괄 서비스를 제공하는 것이다. 특히, 택배업의 산업적 특성으로는 전국적으로 택배터미널, 분류장치, 전용차량, 조직망, 정보시스템 등을 갖추기 위해 막대한 자금이 투입되는 자본집약형 장치산업이면서 전국적인 배송망을 갖추어야 하는 네트워크 산업이라 할 수 있다.[41]

◆ 택배서비스의 특징[42]

첫째, 배송시간과 운송책임의 명확성이 있다.
둘째, 다양한 고객요구에 대응하는 유연성이 있다.
셋째, 소형·소량화물을 위한 운송체재를 구비하고 있다.
넷째, 어디서든 전화, 인터넷으로 편의를 제공하는 편의성이 있다.
다섯째, 전국적 영업망과 물류 인프라를 갖춰야 하는 네트워크 장치산업이다.

(1) 물류 택배산업의 현실

우리나라의 택배산업은 지난 20년간 양적·질적인 고도성장을 거듭하면서 생활물류로서 자리매김하고 있으며, 나아가 제3자 물류 서비스 형태로 국제물류를 연계하는 산업 활동의 중추적 기능을 담당하고 있다. 따라서 택배산업은 수송 서비스에 대한 고객 주도형의 시대적인 요청에 부응하는 것이고, 전화 한 통화로 집화에서 배송·확인에까지 일괄 서비스를 제공하는 혁신적인 수송체제이며, 더욱 이러한 새로운 수송 서비스에 대한 고객 요구는 경제·사회의 발전과 더불어 가속화될 것이므로 수송 서비스의 또 하나의 새로운 혁명을 이룩하고 있다. 또한, 1997년 8월 30일 종전의 자동차운수사업법에서 화물자동차운수사업법이 분리·제정되면서 택배업은 별도의 업종으로 구분되지 않고 일정한 기준을 갖추어 등록하면 누구나 영업을 할 수 있으며, 상품 서비스의 개발이나 운임이나 요금산정 적용도 자율적으로 정하도록 되어 있다.

이와 더불어 택배업은 고객의 다양한 욕구를 충족시키기 위한 서비스 제고 전략과 경쟁력 강화 전략을 강력하게 구사하고 있다. 특히, 글로벌 제3자 물류 서비스와 연계하여 사업영역의 확장을 도모하고 있는데, 이는 경제성장 및 환경변화와 부합되고 있어 오늘날 택배산업은 제2의 도약기를 맞이하고 있다.[43]

택배업은 '92년 '㈜한진'이 기업형 특송서비스를 도입하여 시작된 이래 그 규모가 지속적으

---

41) 송계의, 우리나라 택배산업의 경쟁력 제고요인, 한국무역상무학회지, 2011. 5, pp.163-185.
48) 송계의, 상게서
43) 송계의, 상게서

로 확대되고 있다. '90년대 들어 서울과 부산 등 대도시의 교통체증이 심각해지면서 퀵서비스 택배가 우후죽순처럼 생겨나기 시작하였고, 이후 온라인 온타임의 구호를 내건 디지털경제와 함께 그 성장세를 같이 하고 있다. 이처럼 21세기 들어 온라인과 오프라인 사업을 연결해 주는 고부가가치 사업으로 주목을 받기 시작한 택배업은 기존의 Big3 택배업체를 비롯한 운송 관련업체는 물론이고 많은 전자상거래 업체들도 관심을 갖고 뛰어들고 있는 상황이다.

따라서 최근의 택배시장은 대기업의 신규 참여 고객유지의 중요성 대두, 차별화된 부가가치 제공의 필요로 경쟁이 심화되고 있을 뿐만 아니라 소비자 Needs의 다양화로 전문화되고 차별화된 고객접근 방식과 다양한 서비스 개발의 필요성이 증대되고 있다. 또한, 관련법규 등의 규제 완화에 의한 신규 참여 증가와 소비자보호법 신설 예정 등으로 높은 수준의 고객서비스가 필요한 실정이기도 하다.[44]

2. 물류 택배산업의 현황[45]

우리나라 택배시장은 온라인쇼핑 시장에 힘입어 구조적 성장을 이어갔다. 2018년 택배물량은 2017년 대비 13.3% 성장한 23억 1,900만 상자를 기록했다. 온라인쇼핑 매출액이 19.7% 증가해 전체 소비시장 내 비중은 2016년 22%에서 25%로 상승한 결과였다.

택배기업의 매출액은 5조 2,146억 원으로 2017년 대비 9.9% 성장했다. 반면, 택배 평균단가는 2017년 대비 3% 감소한 2,248원으로 역대 최저치를 기록했다. 상위 5개사 (CJ대한통운, 롯데글로벌로지스, 한진, 로젠, 우체국) 취급물량은 전체 택배시장의 85.5%를 차지하고 있으며, 전년 대비 2.2% 증가한 것으로 나타났다.

국민 1인당 택배 이용횟수는 연 44.8회, 국내 경제활동 인구 1인당 이용횟수는 연 84.9회로 집계됐다. 이는 2016년 국민 1인당 39.6회, 국내 경제활동 인구당 75.7회보다 각각 5.2회, 9.2회 더 이용한 수치다. 국민 1인당 연간 택배 이용횟수는 2000년 2.4회에서 2017년 44.8회로 18배 증가하여 국민들의 보편적인 편의 서비스로 자리매김하였다.

또한, 통계청 자료에 다르면 택배를 활용해 사업을 영위하고 있는 온라인쇼핑몰의 경우 매출액 규모가 2001년 3조원에서 2017년 78조원으로 약 23배 성장했다. 특히, 농축수산물 부분에 있어 일부 지자체는 유통구조 합리화를 위해 택배 서비스 활용을 적극 지원하는 추세이며, 이에 힘입어 농축수산물 온라인쇼핑몰 매출액은 2001년 1,000억 원에서 2017년 2조 원 규모로 약 20배 성장을 달성한 것으로 나타났다.

---

44) 김형준, On line과 Off line의 연계 택배산업, Korea Investor Service, pp.4-10.
45) 이명복, 상게서

반면, 택배시장 매출액 규모는 2001년 6,000억 원에서 2017년 5조 원으로 약 8배 성장에 그쳤다. 택배는 지속적인 서비스 수준 향상과 대규모 투자가 요구되는 사업으로 변모하여 왔으며 택배회사 수도 2000년대 초에는 중소 규모의 60여개 사에서 현재는 중대형 16개 사로 줄어들었다.

택배업체 간 가격경쟁이 치열해져 택배 상품의 크기와 부피에 따라 개당 요금이 다르지만, 전체적인 1개당 평균 요금은 역대 최저가격을 기록했다. 이 같은 수치를 유추해 보면 일선 택배 근로자들의 택배 배송물량은 증가했지만 수입은 크게 늘지 않고 노동의 강도만 더 높아졌음을 의미한다.

특히, 3사의 평균운임은 2,009원으로 2017년 대비 3.1% 하락했다. 외형확대에 보다 적극적으로 나선 한진택배와 롯데택배의 운임이 더 큰 폭으로 하락했지만, 규모의 경제에서 앞선 CJ대한통운이 여전히 2위권으로 경쟁사 대비 7% 저렴했다.

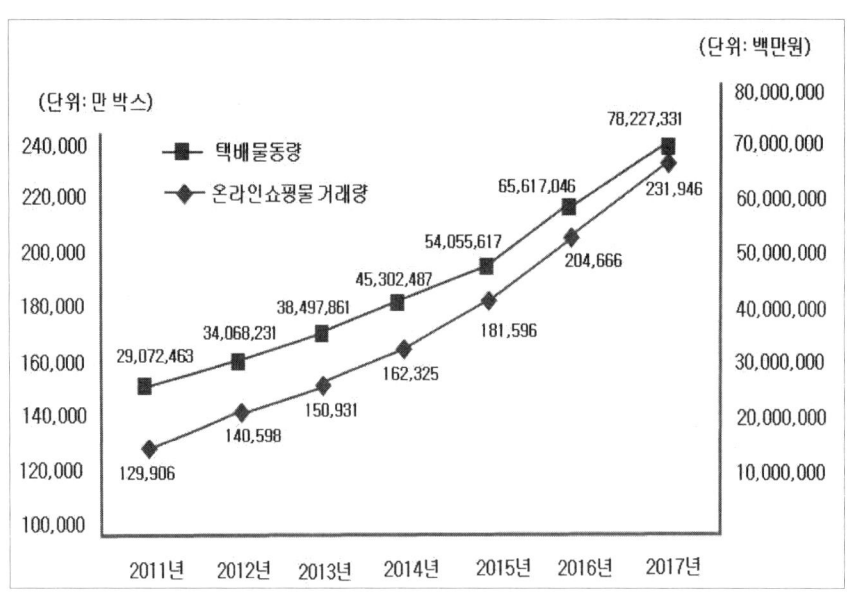

[그림 Ⅶ-2] 택배시장과 온라인 쇼핑몰 시장의 성장추이
자료 : 물류신문, 2018. 2. 18.

택배운임이 반등할 것이란 기대감은 점점 낮아지고 있다. 택배 수요가 꾸준히 증가하고 있음에도 업체 간 경쟁 심화와 저운임의 소형 물량 확대로 택배운임은 최근 3년 동안 8.5% 하락했다.

다만, 비용절감이 운임하락 영향을 만회해 CJ대한통운택배의 2018년 3분기까지 영업이익률은 2017년 대비 0.4% 개선됐다. 롯데택배의 적자폭은 갈수록 커지고 있으나, 한진택배의 3분기 영업이익률은 2년 반 만에 2017년 동기대비 다시 상승했다.

시장점유율 45%의 1위 택배사업자인 CJ대한통운이 여전히 택배운임을 올릴 움직임을 보이지 않고 있으며, 한진택배와 롯데택배는 저조한 가동률에 비추어 물량이 늘어나야 수익성이 향상될 수 있는 국면이다.

택배 종사자는 2016년 기준 약 4.5만 명으로 전체 육상화물 운송산업(약 33만명)의 약 11%를 차지하고 있으며 택배물량이 매년 1억 개씩 증가할 때마다 약 2,000명의 고용유발 효과가 가 발생하여 일자리 창출에도 기여하고 있다.

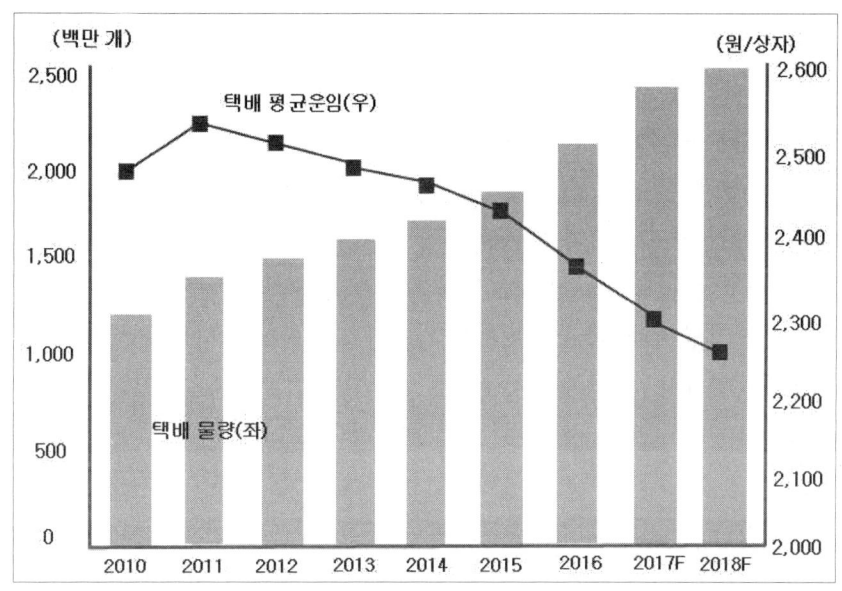

[그림 Ⅶ-3] 택배운임 현황

자료 : 한국통합물류협회, 한국투자증권

<표 Ⅶ-4> 택배 시장점유율 현황 (%)

구 분	CJ대한통운	현대택배	한진택배	우체국택배	로젠택배
2008년	29.80	13.50	11.90	11.10	8.40
2017년	45.50	12.60	12.20	8.10	7.10

자료 : 국토교통부

3. 물류 택배산업의 문제점과 미래

(1) 물류 택배산업의 문제점

택배산업은 최근 크게 성장하였고 경기침체에 따라 다소 주춤하고 있으나 편리성과 라이프 스타일의 변화로 향후에도 지속적으로 성장할 것이 예상된다. 그러나 국내 택배산업은 다음과 같은 문제점을 지니고 있어 개선이 요구된다.[46]

첫째, 물류기반이 낙후되어 있다. 택배산업은 적시성이 생명인데 우리나라는 물류 인프라의 부족으로 도로교통이 혼잡하고 화물정보 체계가 미비하여 신속·정확한 화물 수송에 지장을 주고 있을 뿐만 아니라 택배업체의 마진폭을 줄이는 요인으로 작용하고 있다.

둘째, 소화물 집·배송 공간이 부족하다. 택배 물량의 대부분이 수도권과 대도시에 집중되어 있으나 도심의 경우 높은 지가와 공간 부족으로 인하여 도시 내부보다는 외곽 위성도시에 물류창고를 지을 수밖에 없어 집·배송 시간이 늦어지고 있다.

셋째, 중복투자로 인한 수익성 악화 가능성이 크다. 전자상거래 시장의 확대로 많은 기업들이 택배산업에 뛰어들고 있으나 제한된 시장 내에서 과잉, 중복투자로 인한 과다경쟁으로 수익성 악화를 유발하여 서비스 저하와 시장질서 혼란이 초래될 수 있다.

넷째, 집·배송 차량 부족 및 근로여건의 약화가 발생하고 있다. 택배 서비스의 집·배송 차량부족으로 차량당 1일 평균 화물 취급량은 약 180개로 적정 취급량 140개 보다 30~40개를 더 처리해야 하는 실정이며, 성수기에는 차량당 화물 취급 양을 상향 조정하여 1일 약 250개를 처리하여 노동 강도가 지나치게 높다. 따라서 높은 노동 강도로 인해 이직률이 높아지고 구인 구직난이 심화되고 있으며, 택배화물 차주 중 52%가 운전경력이 많지 않은 것으로 파악되고 있다.

다섯째, 지입·위탁 차량의 높은 비율로 운영상의 어려움이 발생한다. 택배업체들은 자신의 명의만 빌려주고 개인이 직접 차량을 구입하여 그 회사의 업무를 수행해 주는 경우와 타인 명의로 차량을 구입하여 운영되는 위탁 차량 및 대리점을 운영하는 경우가 큰 비중을 차지하고 있다. 따라서 고객서비스의 질 저하와 각종 정보의 연결성이 떨어지는 문제점이 발생할 수 있다.

---

46) 김형준, 상게 및 이명복 상게서.

(2) 물류 택배산업의 미래[47]

지금까지 택배산업은 타산업과의 연관성이 높고 끊임없이 신규수요 기반을 가진 산업으로서 미래 성장 가능성이 매우 높은 분야로 각광 받아 왔다. 그러나 최근 DHL에서 발표한 'Logistics 2050 : A Scenario Study' 시나리오에 따르면, 머지않아 택배산업은 완만한 성숙기에 접어들 것으로 보인다. 이는 양적, 공간적으로 급속한 팽창을 이루었던 시기를 지나 본격적인 저수익 시대에 접어들게 됨을 시사하는 것이다.

반면, 서비스에 대한 소비자의 니즈는 더욱 까다로워질 것으로 예상됨에 따라 향후 택배산업은 수익성 악화와 서비스 질의 개선이라는 이중적인 도전을 어떻게 극복할 것인가에 초점을 맞출 것으로 예상된다. 한국의 택배산업 역시 수많은 사업자들 간의 난립에서 합병으로 넘어가는 산업 내 구조조정의 시기에 있다고 볼 수 있다.

이미 거대 사업체 간의 인수합병에 따라 통합적 유통시스템을 구축한 상태에서 더 이상의 원가절감은 한계를 가질 수밖에 없을 것이다. 따라서 미래의 택배산업은 보다 새로운 서비스의 창출을 고민할 것으로 보인다.

그 결과 어떠한 완제품을 소비자에게 배달하는 택배 서비스의 전통적인 역할도 변화할 수 있을 것이다. 예를 들어 '상품목록 체크' → '상품선택' → '배송' → '수령'이라는 단순한 과정이 아닌 선택 단계에서부터 여기저기 흩어진 아이템들을 조합하여 나만의 맞춤형 상품을 구현해 보는 것도 가능해질 수 있다. 이는 상품을 주문하고 수령하는 과정에서 소비자의 잠재적인 감성과 기호를 보다 더 다양하게 반영할 수 있는 길을 열어주는 것이기도 하다. 또한, 상품을 구입하는 관심사와 취향을 공유하는 커뮤니티의 역할은 이러한 변화를 더욱 가속화시킬 것으로 전망된다.

택배 서비스에 대해서 실시간으로 집단적 피드백을 주고 참여함으로써 사업자가 이를 즉각적으로 수용, 소지자의 기호와 의견을 반영하고 원하는 방식으로 서비스를 진화해 나가는 것이 가능해진다는 것이다. 이 모든 시장의 변화는 향후 택배 서비스의 새로운 기능적, 감성적 전환점을 마련하는 계기가 될 것으로 전망된다. 한편, 택배 업무의 노동 강도를 줄여주는 각종 지원책이 정부 차원에서 추진되고 있다.[48]

택배 일자리가 힘든 가장 큰 이유는 수 천 개의 크고 작은 택배상자를 차에 싣고 내리는 작업 때문일 것이다. 따라서 국토교통부는 택배 종사자들의 어려움을 덜어주기 위해 '택배 상/하차 작업 자동화 기술'과 '차량의 적재함 높이를 조절하는 기술' 등 택배 일자리 환경을 개선하는 사업을 적극적으로 추진할 계획이다. 택배관련 기술개발이 완료되면 택배 상/하차 작업

---

47) 이정한, 택배산업의 미래, Future Horizon, 2013 여름호, 과학기술정책연구원, p.36.
48) 국토교통부, 2017.11.

등 고된 과정들이 이전보다 수월해지면서 '지옥의 알바'라고 불려 왔던 택배 일자리의 근로여건이 한층 개선될 것으로 기대된다. 국토교통부가 추진하는 '택배 상/하차 자동화기술연구개발(R&D)'은 상/하차, 분류, 배송 등 작업별 특성을 고려해 맞춤형으로 추진되며, 내년부터 '22년까지 약 130억 원의 자금이 투입될 예정이다.

먼저, 과도한 노동력을 요구하는 택배 터미널 내 상/하차 작업 중, 상차의 경우 상·하·좌·우 조절이 가능한 컨베이어를 사용하여 택배 종사자들이 직접 택배화물을 싣는 작업이 대폭 줄어들 것으로 기내된다. 또한, 하차의 경우 제품 인식센서가 탑재된 반자동 리프트가 택배상자를 차량에서 내리는 등의 작업 전반에 걸쳐 자동화가 추진된다.

장기간 집중력이 필요한 상품분류 작업은 고속분류 기술을 개발해 작업의 편의성을 높일 계획이다. 다품종 화물을 대형 분류기에 투입하기 위해 수작업으로 진행되던 배송 물품 간 간격조정, 정렬, 진행방향 결정 작업이 모두 자동화되어 분류 인력의 근무 피로도가 감소할 것으로 전망된다.

또한, 일부 아파트 지하 주차장의 입구가 낮아 택배 차량의 진입이 어려웠던 점을 고려하여 차량의 적재함 높이를 조절하는 기술을 개발할 계획이다. 기술 개발이 완료되면 택배차량이 지하주차장으로 들어가지 못해 아파트 외부에 주정차를 하고 무거운 짐을 손수레로 끌며 배송하던 택배기사의 고충이 획기적으로 개선될 것으로 예상된다.

4.0 물류관리 트렌드

4차 산업혁명이 화두로 떠오르면서 물류산업이 차세대 핵심 산업으로 주목받고 있다. 사물인터넷(IoT), 빅데이터(big data), 드론(drone), 로봇(robot), 블록체인(block chain), 핀테크(FinTech) 등, 다양한 첨단기술과 물류산업이 융합되면서 단순 노동집약 산업에서 고부가가치를 창출하는 서비스산업으로 진화되는 모습이다.[49]

1. 물류관리와 블록체인(Block Chain)

4차 산업혁명 혁명의 한 기술로 불리는 블록체인(block chain) 기술은 물류산업에 커다란 변화가 있을 것으로 전망된다. 블록체인은 누구나 열람할 수 있도록 거래 내역을 투명하게 기

---

49) 김동민, 2018 물류트렌드 전망

록하고, 여러 대의 컴퓨터에 이를 복제해 저장하는 분산형 데이터 저장기술로 여러 대의 컴퓨터가 기록을 검증하므로 해킹을 막을 수 있다.

물류 블록체인을 통해 거래정보를 관세청과 해외세관, 해외 거래처의 네트워크에 분산해 거래 관련 참여자들이 공동으로 기록하고 관리하는 기술로, 거래의 효율성과 신뢰성을 제고하고, 제반 비용절감에 긍정적인 효과가 있는 것으로 분석된다.

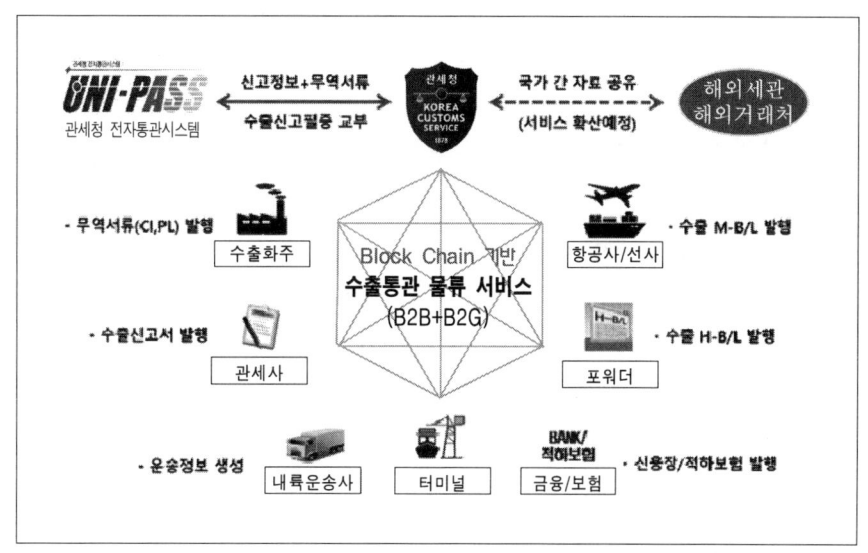

[그림 Ⅶ-4] 수출통관/물류 서비스 블록체인망 개념도

2017년 5월 국내 최초로 결성된 해운물류 블록체인(block chain) 컨소시엄은 두 차례에 걸쳐 개념증명(proof of concept, POC)을 마쳤다. 컨소시엄에는 국내외 38개 민관연(民官研)이 참여했다.

컨소시엄 관계자는 "물류현장에 블록체인을 시범 적용한 결과, 수출입 관련서류 위변조 차단 및 발급절차 간소화가 가능한 것으로 확인됐다"며 "물류분야 블록체인 적용사례를 지속적으로 만들어 나갈 것"이라고 설명했다.

포스코경영연구원에 따르면 블록체인 기술 기반관리 플랫폼 개발을 통해 '구매-생산-판매-결제-회수'의 일련의 프로세스에 걸쳐 생성되는 각 원재료·부품·반제품·제품에 대한 기초정보부터 제조사, 공급사, 제조일자, 제조·가공공장 또는 파트, 자금의 흐름 등의 모든 정보에 대한 수집 및 관리, 관련부서 동시 공유 등이 가능할 것으로 예측된다.

이를 통해 방대한 부품에 대한 추적 가능성 및 유지보수 등 관리 효율성이 제고되며, 담당자의 R&R(역할과 책임)이 명확해질 것으로 보인다. 특히, 대기업의 경우 영업활동 과정부터 결과까지의 방대한 재무 데이터가 영업활동 지역단위 또는 기업 내 부문단위로 흩어져 별도로 관리되는 경우가 많은데, 위변조가 불가능한 블록체인 기반 플랫폼을 통해 신뢰도가 높은 재무 데이터를 확보해 지역, 법인, 부문단위 모니터링 및 관리 프로세스 강화가 가능할 것으로 관측된다.

2. 물류관리 로봇(Robot)

물류관리 로봇은 산업통상자원부가 선정한 '대한민국 로봇산업 기술 로드맵' 8대 핵심 분야 중 하나이다. 한국산업기술평가원(KEIT)에 다르면 2016~2019년 예상 판매대수 기준, 전 세계 물류관리 로봇은 전문 서비스 로봇의 53%를 차지한 것으로 예상되었다. 물류관리 로봇의 가격도 2015년 41,000달러(약 4,400만원)에서 2019년 27,000(약 2,900만원)달러로 낮아지는 등, 점차 가격이 낮아짐에 따라 산업현장에 빠르게 보급되고 있다.

물류로봇은 물류 시설물의 대형화 및 고도화에 따라 수요가 증가하는 모습이다. 최근 대형 물류센터가 건립되면서 현장 근로자의 업무 부담이 가중되고 있고, 센터 내에서 이동하는 거리와 시간이 증가하고 있다. 취급하는 품목도 다양화되고 있다. 이에 따라 작업동선이 복잡해지고 있고, 업무 효율화의 필요성이 대두되고 있다. 특히, 우리나라의 경우 단계적으로 최저임금이 인상될 것으로 전망되어 물류 자동화와 로봇이 주목받고 있다.

[그림 VII-5] 물류관리 로봇

구글, 아마존, DHL 등 글로벌 기업들은 일찍이 물류혁신을 위한 로봇기술을 도입하고 있으며, 이제는 물류 효율이 각국의 산업 경쟁력을 좌우하는 핵심으로 부각되는 양상이다. 물류로봇은 상·하역 로봇, 고정형·모바일 피킹 로봇(picking robot), 선반이송 로봇, 피커(peeker) 추종 로봇 등 다양한 형태로 물류현장에 적용될 전망이다.

대표적인 사례로 아마존은 물류센터에 약 4만 5천대의 로봇을 투입해 80%의 비용을 절감한 것으로 알려졌으며, 물품 처리시간도 90분에서 15분으로 단축했다. 이 센터는 인간과 로봇이 협업하거나 다중로봇이 최적의 업무효율을 구현하는 구조를 띠고 있다.

다만, 아직까지 24시간 운영이 어려워 자체적으로 "시간/운영자에 상관없이 어떤 물품도 집어서, 패키징하고 배송 가능하도록 하는 기술개발을 한다."는 목표를 설정하고 차세대 물류로봇을 위한 기술 확보에 힘을 쏟고 있다.

그런가 하면 미국의 브레인(Brain)이 개발한 엠마(EMMA)는 트레이닝에 기반한 '로봇 운영 시스템(Brain OS)'을 제공, 훈련을 거듭하면서 로봇이 스스로 학습하는 자율주행을 위한 인공지능 시스템 개발에 나서고 있다. 한편, DHL은 물류로봇과 관련해 피커 추종 로봇, 고정형 피킹 로봇, 이동형 로봇, 트레일러/컨테이너 하역 로봇 순으로 물류로봇이 산업현장에 도입될 것으로 예측했다.

3. 콜드체인(Cold Chain) 시스템

콜드체인 시스템은 저온 유통체계로 냉동냉장에 의한 신선 식품의 유통방식을 말한다. 즉, 농수산물 등의 신선식품을 생산지로부터 소비지의 가정 부엌에까지 저온으로 유지하여 신선도를 떨어뜨리지 않고 전달하는 방법으로 생산지에서 최종 소비지까지 배송하기에는 여러 단계를 거쳐야 하기 때문에 비용이 겹치고 가정의 소비자 손에 전달할 때까지에는 시간이 오래 걸려 신선도가 떨어지는 것을 해결하기 위한 것이다.

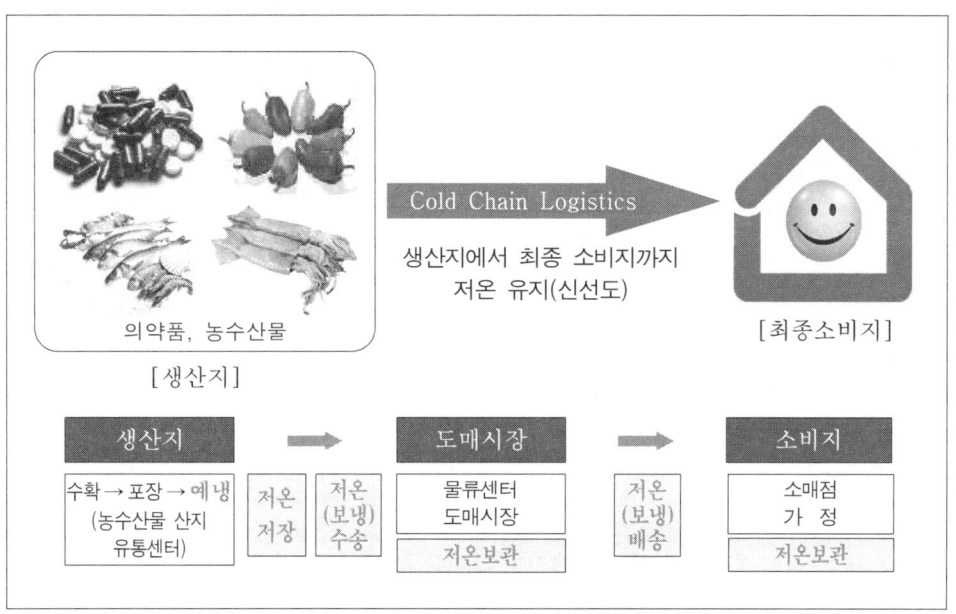

[그림 VII-6] 콜드체인 시스템

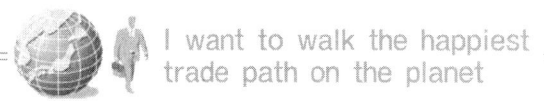

　미국의 시장조사기관 마켓앤마켓에 따르면 세계 콜드체인(cold chain) 시장은 2017년 이후 연평균 7%씩 성장해 2020년 2,713억 달러(약 308조 3,500억원) 규모이며, 특히, 중국, 인도, 베트남 등 아시아 지역을 중심으로 콜드체인 시장이 급격하게 성장할 것으로 관측된다.

　한국해양수산개발원(KMI)에 다르면 중국의 콜드체인 물류시장은 2011년 약 13조원에서 2015년 29조원으로 연평균 22.2% 성장했고, 2020년에는 신선식품과 의약품에 대한 수요증가로 약 77조원 정도의 규모로 확대되었다.

　코트라 김우정 광저우무역관은 중국의 냉상·냉농 창고 규모는 빠르게 확대되고 있으나, 세계 수준에 비해 낮고, 일부 지역에만 편중돼 있다고 분석했다. 냉동·냉장 차량도 일부 기업이 독점하는 구조로 전체 매출액의 70%를 차지하고 있다.

　김우정 무역관에 다르면 중국의 콜드체인 시스템 활용은 선진국에 비해 아직까지 매우 낮은 수준이며, 성장 잠재력이 높다. 유럽이나 미국, 일본의 경우 쉽게 부패되는 식품의 냉장·냉동 운송비율이 90%를 넘고, 콜드체인 시스템 이용률은 95~98% 수준이다. 특히, 세균이 증식하기 쉬운 육류 등 일부 식품은 100% 콜드체인 시스템을 사용한다. 반면, 중국의 대부분 식품은 상온에서 유통되고 있으며, 일부 육류는 도축이나 저장단계에서 저온처리를 하지만, 운송과 판매 등에서 콜드체인 시스템을 이용하는 비율은 채소 22%, 육류 34%, 수산물 41% 정도로 매우 저조하다.

　한국해양수산개발원(KMI)에 따르면 중국 콜드체인 시장은 1,600여 곳이 넘는 영세업체가 경쟁을 벌이고 있지만, 통합서비스를 제공할 수 있는 대형 물류업체가 부족한 상황이다.

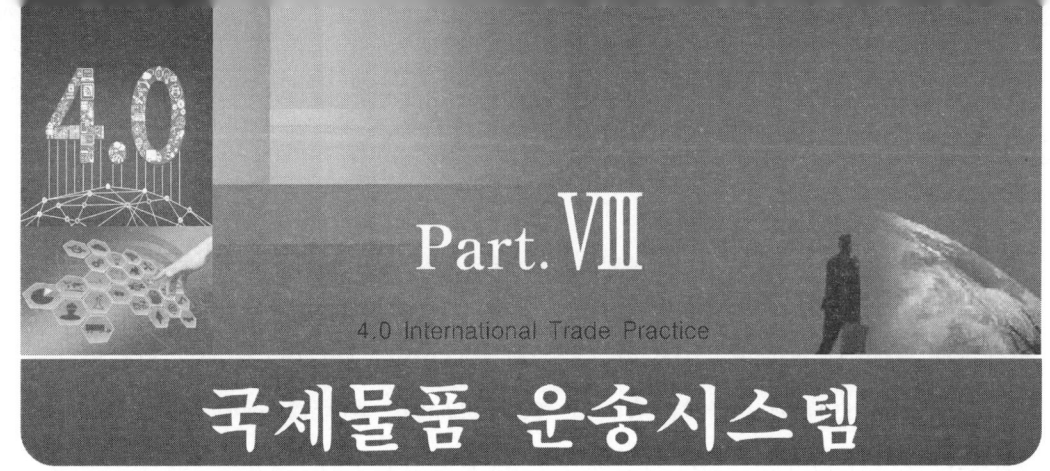

Part. VIII
4.0 International Trade Practice
국제물품 운송시스템

Chap. 1　국제운송의 기초

1. 국제운송의 개념

운송(transportation)이란 형태 변화나 성질상으로 물리적 또는 화학적으로 변화를 일으키지 않으면서 한 장소에서 다른 장소로 사람이나 재화를 이동하는 것을 말하며, 공간적·시간적인 효용을 높이기 위한 활동을 말한다.

국제물품 운송은 재화의 이동이 국제적으로 이루어지는 수송을 말한다. 국제물품 운송은 서로 다른 국가 간에 원거리로 그리고 장기간에 걸쳐 이루어지는 만큼 그에 따른 위험도 크며, 국제물품 운송의 전 과정에는 매도인의 공장이나 창고에서 선적지까지의 국내물품 운송절차와 선적지에서 양륙지까지 국제물품 운송절차, 그리고 수출입통관 절차 등이 포함되므로 국내물품 운송에 비해 그 절차가 복잡하다.

2. 운송관련 용어의 정의

일상생활에 사용되고 있는 운송과 유사한 용어는 다양하다. 이러한 운송관련 용어들은 크게 법률 및 행정상의 정의와 운송작업에 의한 정의로 구분할 수 있다.

법률 및 행정상 운송관련 용어의 정의를 살펴보면, 우리가 흔히 사용하는 운송이란 화물의 이동을 서비스 공급 측면에서 해석한 개념이다. 반면, 교통은 화물의 이동을 현상학적으로 파악한 개념을 의미한다. 법률상의 운송이나 행정상의 운송을 동의어로 운수라는 용어가 사용되기도 한다. 수송은 운송과 동의어로 사용되는 경우도 있으나 보편적으로 도시 또는 지역 간 또는 물류거점 간 간선운송(幹線運送)의 의미를 내포하고 있다.

운송작업에 의한 정의로서 배송, 배달, 운반, 통운이란 용어가 사용된다. 배송이란 상거래가 성립된 상품을 배송센터에서 고객이 지정한 장소로 이동시키는 행위로서 도시 또는 지역 내에서 행해지는 단거리 운송의 형태를 의미한다. 반면, 배달이란 우편물, 소포 등의 소화물(小貨物)을 개인에게 전달하는 운송의 형태를 말하며, 운반이란 공장, 창고 등의 내부에서 또는 상당히 가까운 거리의 제한된 범위 내에서 이루어지는 화물의 이동을 의미한다. 통운이란 통운송(通運送)에서 유래된 개념으로 화물의 최초 출발지에서 최종 도착지까지 이루어지는 운송의 계속성과 완결성에 조점을 둔 것이다.

3. 국제운송의 의의

(1) 상무적 관점

상무적 관점에서 운송은 물품의 인도라는 계약의 이행을 위한 보조적인 수단이 된다. 무역은 이국 간에 거주하는 당사자 간의 거래인만큼 거래 당사자인 매도인과 매수인 사이에는 공간적인 한계가 존재하게 되고, 그 특성상 해외의 매수인에게 물품을 인도하기 위해서는 필연적으로 운송계약을 수반하게 된다. 매도인으로부터 매수인에 대한 물품 인도는 국제물품운송을 통하여 실현되며, 이러한 운송 서비스는 운송계약에 의하여 제공된다. 결국, 매도인의 물품 인도 의무는 운송계약을 통하여 달성되기 때문에 무역에서 운송의 의의는 매우 크다.

(2) 기업물류의 관점

기업물류의 관점에서 운송은 물류 코스트의 절감과 고객서비스의 충족을 통해 이익을 극대화하기 위한 물류관리의 한 영역으로 전체 물류비 중 운송비가 차지하는 비중이 매우 높다는 점을 감안할 때 다른 물류활동에 비해 특히 그 중요성이 더하다고 할 수 있다.

오늘날 경제 규모의 확대와 국제무역의 활성화로 인해 재화의 이동범위가 전 세계로 확대됨에 따라 운송은 보다 많은 화물을 최소한의 비용으로 안전하고 신속하게 이동시킴을 기본 목적으로 하되, 물류 서비스에 대한 고객의 니즈를 충족하는 등 물류시스템 내에서 그 역할이 많이 변화하고 있다. 즉, 단순히 재화의 공간적 이동이라는 과거의 운송 개념은 수송뿐만 아니라 보관과 유통기능까지 포괄하는 통합물류 개념으로 확대되어 기업의 물류시스템 합리화를 위한 하나의 주요 요소로 인식되고 있다. 따라서 기업의 관점에서는 물류비용 절감과 고객서비스 향상이라는 목적을 달성하기 위해서 효율적인 운송 시스템의 구축은 필수적이다.

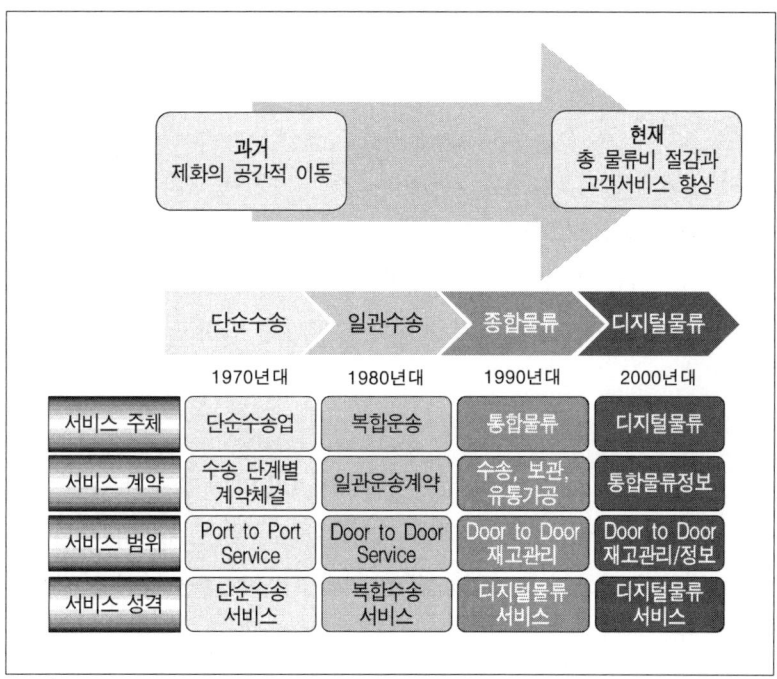

[그림 VIII-1] 운송개념의 변화

4. 운송모델의 변화추세

운송의 형태는 소비나 생산 형태의 변화에 대응하기 위해 변화되어야 한다. 생산과 소비가 과거 소품종 대량생산 방식에서 다품종 소량생산 방식으로, 더 나아가 맞춤형 생산(customized production) 방식으로의 변화에 따라 운송의 형태와 모델도 급변하고 있다.

(1) 소량 다빈도 수배송

운송비 절감을 위한 대형차량에 의한 대량운송 모델에서 재고 수준을 감소시키고 수요자 및 구매자가 원하는 시점에 공급을 할 수 있도록 적은 수량을 빈번하게 운송해 주는 수배송 모델이 일반화되고 있다.

(2) 적시 수배송

JIT(Just In Time) 개념은 도요타 자동차에서 부품의 재고를 줄임과 동시에 부품의 품질 결함을 최소화하기 위해 도입된 자재 공급 기법이지만 재고 수준을 감소시키면서 결품(缺品)을 방지하기 위한 방법의 일환으로 운송에서도 일반화되고 있다. 최근 JIT 수배송 방식

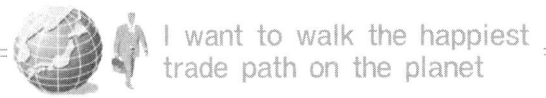

에서 JOT(Just On Time) 방식으로까지 발전하고 있다.

(3) 복합운송 수요의 증가

글로벌 소싱이 일반화되고, 그 결과 화물의 국제간 이동이 증가하면서 운송수단 간의 결합을 통해 운송의 최적화를 도모하는 복합운송에 대한 수요가 증가하고 있다.

컨테이너화에 따른 이종 운송수단 간의 원활한 접속, 문전수송(door to door) 서비스에 대한 고객 수요의 증대 역시 복합운송의 활성화에 영향을 미치고 있다.

(4) 공동 수배송

과거 기업은 자사 고객에 대한 서비스 우선, 영업 비밀의 유출방지 등을 위하여 독자 배송 위주로 수배송을 운영하여 왔다. 그러나 소량 다빈도 운송 수요의 증가 및 비용절감을 위한 물류관리 기법의 하나로서 동종업종 또는 이종업종 간 공동 수배송에 대한 이용이 점차 증가하고 있는 추세이다.

(5) 배송의 택배화

과거에는 거래처에 대한 제품의 공급이 푸시(push) 전략 중심이었기 때문에 제품 출하와 동시에 많은 제품을 대량으로 공급하였으나, 이제는 시장수요에 맞추어 생산하는 풀(pull) 전략으로 변화되면서 대량 배송보다는 소량 운송방식이 보편화되고 있다. 결과적으로 고객 서비스 제고 측면에서 필요한 양을 고객이 원하는 장소까지 직접 배송해 주는 택배(宅配) 서비스에 대한 수요가 점차 증가하고 있는 추세이다.

(6) 국제항공운송의 급증

항공운송은 비용이 많이 소요되기 때문에 리드타임(lead time)이 짧고 고가(高價)이면서 부피 및 중량이 비교적 작은 화물의 국제 간 이동에 주로 이용된다. 따라서 대부분의 수출입 화물은 해상운송을 이용하는데 비해, 항공운송은 긴급 수출입 화물이나 정밀전자제품, 귀금속 등 운임 부담력이 높은 고가화물 운송에 주로 이용되었다. 그러나 최근 국제 간 운송 수요의 증가, 시간가치 증대 및 재고 최소화 등으로 인하여 항공운송에 대한 수요가 점차 증가되고 있는 추세이다.

5. 운송형태 및 운송시스템의 운영 체계

(1) 운송의 형태

① 국내운송, 국제운송

국내운송은 자국 내에서 이동되는 운송의 총칭으로 공장이나 자가 창고에서 선적항까지의 운송을 말하며, 화물자동차, 철도, 내항선박 및 내륙수운, 항공기, 파이프라인 등과 같은 운송수단에 의해 세분된다.

반면, 국제운송은 다른 나라로 물품을 보내기 위해 선적항에서 수출지 도착항까지의 통관절차를 수반한 운송을 말하며, 주로 해상운송과 항공운송에 의해 이루어지나, 대륙지역 국가들의 경우, 항공로와 철도를 통한 국제운송이 이루어지고 있다.

② 정형운송, 비정형운송

화물의 단위화(unitization) 여부에 따라 정형운송과 비 정형운송으로 구분된다. 정형운송은 팔레트나 컨테이너 등과 같은 단위적재 용기에 일반화물을 적재하여 운송하는 형태를 말하며, 비정형운송은 곡류, 목재, 유류, 가스 등과 같이 표준화된 용기에 담아 운송하는 것이 불가능하거나 비효율적인 화물을 특수한 시설과 구조를 갖춘 운송수단으로 운송하는 형태를 말한다.

정형운송에서 팔레트에 의한 방식은 공장 내에서의 화물이동과 같은 근거리 운반에 주로 사용되며, 컨테이너에 의한 단위적재 운송은 수출입 화물을 생산자의 문전에서 소비자의 문전까지 일관운송하는데 이용되고 있다. 이러한 정형운송은 운송, 보관, 포장, 하역 활동의 효율화와 물류 작업의 기계화를 통한 물류비 절감효과가 매우 크다.

③ 정기운송, 부정기운송

운송 서비스가 미리 정해진 시간과 경로에 기초하여 제공되는지 여부에 따라 정기운송과 부정기운송으로 구분할 수 있다. 정기운송은 물동량에 관계없이 사전에 정해진 스케줄에 따라 운송 서비스가 제공되며 부정기운송은 운송 스케줄이나 경로에 구애받지 않고 운송 서비스가 제공되는 형태를 의미한다.

④ 단독운송, 통운송

운송계약의 이행에 관여하는 운송인이 1인인지 복수인지 여부에 따라 단독운송과 통운송

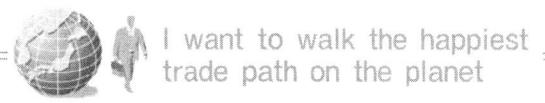

으로 구분할 수 있다. 단독운송은 하나의 운송계약으로 1인의 운송인이 계약이행에 관여하는 것을 말하고 통운송은 여러 운송인이 하나의 운송계약으로 동일한 운송물을 지리적 구간을 달리하여 운송하는 경우를 말한다.

⑤ 단일운송(Unimodal), 복합운송(Multimodal)

운송 서비스를 완성하기 위해 사용되는 운송수단의 수에 따라 단일운송과 복합운송으로 구분된다. 단일운송은 화물의 출발지에서 도착지까지 하나의 운송수단에 의해 운송이 완료되었을 때의 운송형태를 의미하며, 복합운송은 두 가지 이상의 운송수단을 이용해서 최적의 운송 경로로 운송하는 형태를 말한다.

복합운송은 복수의 운송인이 참여한다는 점에서 통운송과 유사하지만 통운송은 복합운송보다 넓은 의미를 지닌다. 통운송은 복수의 운송인이 단일 운송계약에 의해 동일한 운송물품을 지리적 구간을 달리하여 운송하는 경우를 말하며, 이 중 각 구간 모두 동일운송 수단에 의한 경우를 단순 통운송이라 하고, 각각 다른 운송수단에 의한 일관운송을 복합운송이라 한다.

(2) 운송시스템의 운영체계

운송 시스템은 고객, 원자재 공급업자, 생산공장, 보관창고 및 유통업자들을 연결하는 물리적 연결고리(physical link)로 물류 파이프라인 상 물자의 흐름이 일시 정지하는 물류거점을 물리적으로 연결하여 적시 적소에 필요한 물자를 공급해 준다.

운송 시스템은 크게 운송경로(link), 운송수단(mode), 결절점(node), 운영(operation), 운송시장(market)의 5가지 요소로 구성된다.

① 운송경로(Link)

운송경로는 도로, 철도, 해로, 항공 등과 같이 물품을 적재한 운송수단의 운행에 이용되는 통행로를 의미한다.

② 운송수단(Mode)

운송수단은 트럭, 열차, 선박, 항공기, 파이프라인 등과 같이 운송경로를 따라 화물을 운반하는 수송수단을 말한다.

③ 결절점(Node)

결절점(node)은 항만, 공항, 철도역, 화물터미널, 물류센터 등, 화물의 집하 및 환적, 운송수단 간 중계 등이 이루어지는 장소나 시설을 의미한다.

④ 운영(Operation)

운영이란 운송업체, 선사, 항공사 등 실제 운송행위를 담당하는 주체와 이들이 운송서비스를 제공하는 제반 프로세스를 의미한다.

⑤ 운송 시장(Market)

운송 시장이란 운송 수요에 대한 운송 서비스의 공급이 이루어지는 시장으로, 공급자는 운송 서비스를 제공하고 수요자는 운송 서비스를 이용하는 대가로 운임을 지불하게 된다. 공정한 시장거래나 거래 활성화를 위해 정부가 규제나 지원을 통해 개입하기도 한다.

6. 운송수단의 유형과 선정절차

(1) 운송수단 선정시 고려요인

운송시스템은 개별 운송수단이 가지는 특성을 조합하여 각각의 기능을 최대한 발휘하게 하는 것이다. 또한, 운송에 부수되는 모든 활동을 말한다. 즉 포장, 하역, 보관, 정보 등 다양한 물류 기능과의 관계를 고려하여 효율성과 효과성을 극대화할 수 있도록 해야 하며, 운송수단의 선정은 물류 합리화의 관점에서 매우 중요하다.

운송 수요자는 화물의 수량과 중량, 운송거리, 운송시간, 운송비용, 운송의 안정성과 하역비, 포장비용, 일관운송 및 국제복합운송의 가능성 등과 같은 다양한 요인들을 종합적으로 고려하여 단순히 운송 서비스를 향상시킨다거나 운송 코스트를 절감하는 차원이 아니라 적합한 서비스 수준(LOS : Level of Service)을 유지하면서 총비용(total cost)을 최소화할 수 있는 최적의 운송 모드를 선택하여야 한다. 운송수단의 선정에 있어서 개별 운송수단이 최적의 대안이 될 수 없는 경우에는 복합운송의 활용을 그 대안으로 고려할 수 있다.

① 화물의 종류 및 특성

운송할 화물의 종류에 따라 당해 화물의 특성에 적합하고 화물의 품질을 보장할 수 있는 운송수단을 선정하는 것이 바람직하다. 이는 화물의 가치, 부패가능성, 위험성, 긴급성 등에 따라 적합한 운송수단이 달라질 수 있기 때문이다. 가령, 운임 부담력이 있는 고가의 화물이나 긴급을 요하는 물품, 계절상품이나 생화, 과일 등 장기 운송시 가치가 하락하는 물품의 경우에는 신속한 항공운송을 선택하는 것이 좋고, 그렇지 않은 화물의 경우에는 해상운송을 선택하는 것이 바람직하다.

② 운송효율성

운송화물의 단위나 운송 거리에 따른 효율적인 운송수단의 선정이 필요하다. 운송 건당 발생하는 고정비용은 운송화물의 단위가 증가할수록 그 비용이 분산되기 때문에 규모의 경제효과를 얻을 수 있다. 가령, 철도나 선박에 의한 대량운송이 트럭이나 항공기에 의한 소량운송에 비해 단위당 운송비용을 줄일 수 있다는 것이다. 또한, 단위적재량이 적은 경우에는 혼재운송이나 공동 수배송을 통해 적재 효율을 높일 수 있다.

한편, 운송거리와 관련하여 자동차 운송은 상·하차 작업이 비교적 편리하고 비용도 저렴하므로 단거리 운송에 적합하지만, 철도, 항공, 해상운송은 하역비용이 많이 소요되므로 한번 적재한 화물은 가능한 원거리까지 운송하는 것이 효율적이다.

운송거리 대비 비용을 고려할 때 도로운송의 경우 단거리 운송에서는 가장 비용이 효율적인 운송방식이지만, 운송거리가 길어질수록 철도운송이나 해상운송에 비하여 효율성이 떨어지게 된다.

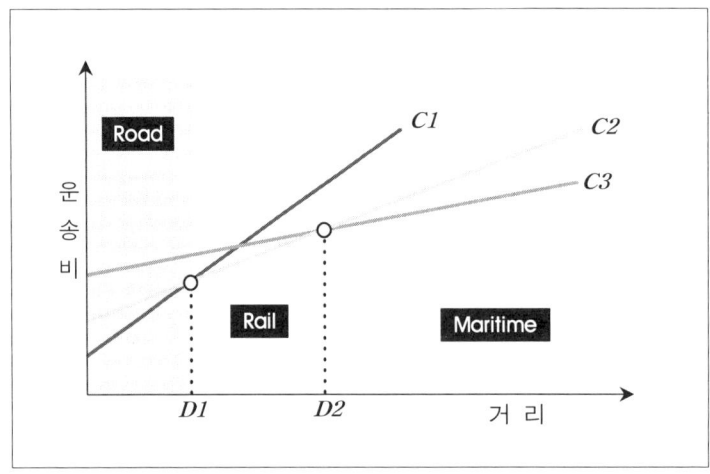

[그림 Ⅷ-2] 운송거리 대비 운송비용

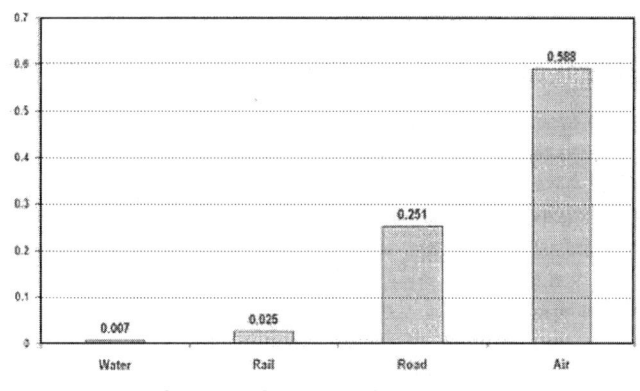

[그림 VIII-3] Ton-Mile당 운송비용 비교

③ 운송기간

운송시간(transit time)을 기준으로 할 때, 가장 신속한 운송수단은 항공운송이다. 하지만, 운송기간은 집하 및 인도기간, 하역기간, 통관기간, 경유지 등에 따라 달라질 수 있다. 가령, 혼재화물의 경우, 집하 및 인도에 소요되는 시간이 길며, 단위화물의 경우 일반화물에 비해 하역기간이 단축된다. 또한, 경유지에서 집하, 인도 및 환적이 필요한 경우, 직항 화물에 비해 운송기간이 늘어나게 된다.

④ 물류비용

화물의 특성과 운송수단에 따라 전체 물류비에서 차지하는 포장비 및 하역비, 보험료, 보관 및 재고비용 등 물류비 규모가 달라질 수 있다. 따라서 이러한 비용 정도의 차이에 따라 적합한 운송수단을 선택해야 한다. 가령, 항공운송은 운송비용이 가장 비싸지만, 운송시간의 가치를 물류비용으로 환산하면 리드타임이 짧아 재고비용이나 보관비용, 이자비용에 대한 부담이 줄어들게 된다.

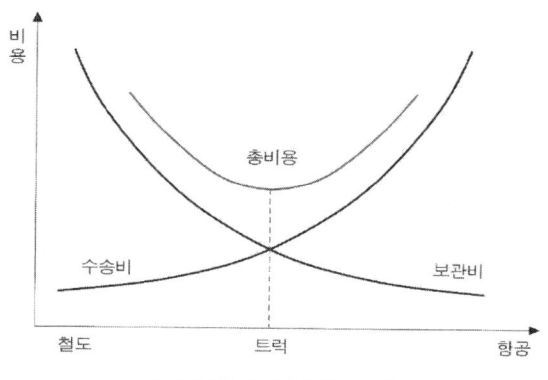

[그림 VIII-4] 물류비용 관계

⑤ 안정성

운송 서비스의 안정성(reliability)은 고객서비스와 물류비용에 영향을 미친다. 운송 서비스의 안정성은 평균적으로 운송화물의 손상 없이 정해진 기간 내에 지정된 장소에 안전하게 도착하는 비율이 높은 것을 말한다.

운송 서비스의 안정성이 높은 경우 Just In Time 시스템의 도입을 통해 재고수준을 줄일 수 있고 주문 충족률을 높일 수 있다. 운송 서비스의 안정성은 기후나 교통체증, 통관절차, 화물의 파손이나 도난의 위험성이 가장 적으면서 안전한 운송수단으로는 항공운송이고, 위험성이 가장 높은 운송수단은 해상운송이다.

또한, 운송시간의 정확성이 가장 높은 운송수단은 기후의 영향을 거의 받지 않는 철도운송이며, 가장 정확성이 떨어지는 운송수단은 기후변화에 민감한 해상운송과 항공운송이다.

(2) 운송수단별 특성

개별 운송수단은 각기 나름의 장점과 단점을 가지고 있다. 따라서 운송수단을 선정할 때는 앞서 살펴본 여러 요인들에 비추어 적합한 특성을 지닌 운송수단을 선택하여야 한다.

① 트럭운송

도로를 이용하는 트럭운송은 모든 운송의 발착을 담당하며, 문전 서비스를 가능하도록 하는 기동성이 높은 운송방식이다. 비교적 짧은 거리에 있어서는 다른 운송수단에 비해 비교우위를 가지고 있으며, 운송의 탄력성과 완결성이 높은 장점을 가지고 있다. 트럭운송의 장단점은 다음과 같다.

[장점]
- 접근성이 높아 문전에서 문전까지 일관운송이 가능하다.
- 근거리 운송에 적합하고 경제적이다.
- 적시 배차가 용이하다.
- 포장이 비교적 간단하다.
- 자가 운송이 용이하다.

[단점]
- 중량 제한으로 수송 단위가 작다.

- 원거리 운송시 운임이 비싸다.
- 에너지 효율이 낮고 공해 문제를 유발한다.
- 도로 사정이나 기후 변화에 영향을 받아 안정성이 떨어진다.

② 철도운송

대량화물의 장거리 운송에 적합하며, 비용도 저렴한 편이지만 운임의 탄력성 및 운송의 완결성 측면에서 비교우위가 떨어져 주로 대량화물의 장거리 간선 운송수단으로 이용된다. 철도운송의 장단점은 다음과 같다.

[장점]
- 대량화물의 일시적 운송에 적합하다.
- 중·장거리 운송시 운임이 저렴하다.
- 비교적 사고율이 낮아 안전성이 높다.
- 기후 변화에 크게 영향을 받지 않는 전천후 운송수단이다.
- 발차 시간이 정해져 있어 계획 운송이 가능하다.

[단점]
- 근거리 운송에는 운임이 비교적 높다.
- 운송 단계가 복잡하고 운송경로가 탄력적이지 못하다.
- 적시 배차가 어렵다.
- 열차편성에 장시간이 소요되고 환적 작업 등으로 신속성이 떨어진다.
- 화물 수취에 있어서 다른 운송수단에 비해 불편하다.

③ 해상운송

해상운송은 다른 운송수단에 비해 이용상 많은 제약이 따르기는 하지만, 오늘날 저렴한 비용 및 컨테이너화의 진전, 운송 효율화 등으로 국제 간 교역에 가장 널리 이용되고 있다. 해상운송의 장단점은 다음과 같다.

[장점]
- 대량화물의 원거리 운송에 적합하다.

- 원거리 운송시 운임이 가장 저렴하다.
- 대량화물의 운송에 있어서 특수 전용선을 이용할 수 있다.
- 화물의 중량이나 용적에 거의 제한을 받지 않는다.

[단점]
- 타 운송수단에 비해 속도가 느려 운송시간이 많이 소요된다.
- 집하·인도를 위한 터미널과 하역시설 구축에 많은 비용이 소요된다.
- 기후 변화의 영향을 많이 받는다.
- 운송 중 화물의 멸실/손상률이 높아 안정성이 떨어진다.

④ **항공운송**

해상운송에 비하여 상대적으로 비중이 낮지만, 항공기의 고속화·대형화와 더불어 세계 경제의 급속한 발전으로 항공운송 수요가 급속히 증가하고 있다. 신속한 운송이 필요하거나 고가품 및 부피가 상대적으로 작은 화물에 이용되고 있다. 항공운송의 장단점은 다음과 같다.

[장점]
- 운송속도가 빠르다.
- 고가·소량 상품의 원거리 운송에 적합하다.
- 물품의 파손, 분실, 도난의 위험이 적고 안전성이 높다.
- 포장을 간소화할 수 있고 보험료를 절감할 수 있다.

[단점]
- 운임이 비싸고 화물의 중량 제한이 있다.
- 단거리 수송에 적합하지 못하다.
- 기후 변화에 영향을 많이 받는다.
- 에너지 효율이 낮고 소음 공해를 유발할 수 있다.
- 공항시설이 없는 중소도시의 경우 접근성이 떨어진다.

(3) 운송유형에 따른 적합한 운송수단

운송유형에 따른 운송수단의 선택기준은 일반적으로 공장과 물류거점 간 간선수송의 경우 운송비 절감이 주목적이지만, 물류거점과 소규모 점포 또는 개인 소비자에 대한 배송의 경우 대 고객서비스 수준 극대화를 목표로 운송수단을 선택하게 된다.

> 운송수단 선택기준
> - 공장과 물류거점 간 간선수송 : 운송비 절감
> - 물류거점과 소규모 점포 또는 소비자 간 배송 : 대 고객서비스 극대화

<표 Ⅷ-1> 운송유형별 적합한 운송수단

운송유형	고려사항	적합한 운송수단
공장 ➡ 물류거점 간선수송	• 충분한 납기 여유 • 차량 단위 규모 • 계획 운송 • 운송대상 : 소품종·대량화물	• 대형트럭(보통 8톤 이상) • 컨테이너 • 선박(원거리·대량인 경우)
공장 ➡ 대규모 소비자 직송	• 불충분한 납기 여유 • 정확성 유지	• 중형트럭(보통 4.5~8톤) • 소형 컨테이너 • 카페리(원거리인 경우)
물류거점 ➡ 소규모 소비자 배송	• 납기임박 • 정확성 유지 • 운송대상 : 다품종·소량화물	• 중/소형 트럭(보통 4.5톤 미만) • 소형 화물차량 • 항공기(고가/납기임박 화물)

7. 국제운송과 물류의 기능

(1) 물류시스템에서 운송의 역할 및 기능

① 운송의 역할

경제적으로 보면 운송은 분업을 가능하게 하고 생산, 분배 및 소비를 원활하게 해줄 뿐만 아니라 자원의 개발 및 산업발달에 기여한다. 운송은 생산수단인 토지, 노동과 자본의 합리적 이용을 촉진함으로써 생산력 증대, 생산비 인하, 대규모 경영을 가능케 하고 생산, 유통, 소비의 각 부문에 영향을 미친다. 특히, 무역의 주요 수단으로서 일국의 산업구조 내지는 생산제도와 국가경제 활동에 중요한 영향력을 가진다.

운송은 분업과 교환이 고도로 발달한 유통경제사회에서 교환과 분배를 가능케 하고 분업을 촉진하여 국제시장 창출 및 확대를 통해 무역의 확대·발전에 중요한 역할을 한다. 운

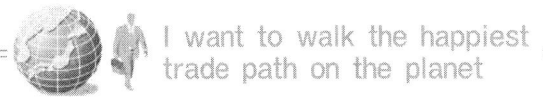

송은 시장의 확대뿐만 아니라 지역 간·국가 간의 경쟁을 유발하여 시장가격을 평준화하고 상품의 재고수준을 감소시켜 유통 자본의 회전율을 높임으로써 자본의 효율성을 높여준다.

② 운송의 기능

운송은 고정되어 있는 다양한 거점 간 물자의 흐름을 가능하게 하고 매도인과 매수인의 공간적 격차를 메워준다. 통상 재화에 대한 수요가 존재하는 장소와 생산이 이루어지는 장소는 일치하지 않는다. 고객이 원하는 시간에 원하는 장소로 재화를 장소적으로 이동시켜 시간적·장소적 효용을 창출함으로써 제품의 부가가치를 증대시킨다.

[고객서비스와 물류비용 간의 상충관계(trade offs) 조정]

운송방식에 따라 물자의 흐름을 빠르게 혹은 느리게 하여 총비용의 관점에서 운송비용, 재고수준, 리드타임 및 고객서비스 수준을 합리적으로 조정할 수 있다.

[재화의 보관기능]

기업활동이 점차 글로벌화 함에 따라 운송범위 및 기간이 점차 확대되어 가고 있다. 이에 따라 새롭게 인식하기 시작한 운송기능 중 하나가 제품의 보관기능이다. 단거리 운송의 경우, 화물을 적재한 상태로 야드에 대기시킴으로써 보관기능을 담당할 수 있고, 장거리 수출입화물의 경우, 선박이나 항공기에 적재되어 운송중인 화물은 수송 중 재고(in-transit inventory)로 인식하는 것이 타당하다.

[시간조절기능]

다품종 소량생산과 재고를 최소화하려는 생산 및 유통전략이 보편화되면서 구매자 또는 소비자가 원하는 시기에 운송이 이루어지는 것이 중요하다. 이는 적합한 운송방식을 선택하거나 복수의 운송수단을 적절히 조합함으로써 조절이 가능하다.

[거점의 연결]

운송시스템은 고객, 원자재 공급업자, 생산공장, 보관창고 및 유통업자들을 연결하는 물리적 연결고리(physical link)로 물류 파이프라인 상 물자의 흐름이 일시 정지하는 물류 거점을 물리적으로 연결하여 적시적소에 필요한 물자를 공급해준다.

(2) 상거래 활동과 물류

물류는 상적유통(commercial distribution)과 물적유통(physical distribution)으로 구분되는 유통의 범주에 포함되는 한 부분이다. 원래 유통은 상거래 기능을 중심으로 발생한 것으로, 구입자(소비자)가 판매자(생산자)에게 대금을 지불하고, 상품의 소유권을 생산자로부터 이전 받게 된다. 그러나 이것만으로 상품의 흐름이 끝났다고는 할 수 없다. 상품 그 자체가 실제적으로 판매자에게서 소비자에게로 이전해 가는 활동이 필요한데, 이것이 바로 물류이다.

즉, 유통이라 함은 생산자로부터 소비자로 재화 및 서비스가 사회적·물리적으로 이전되는 경제활동인데, 통상 경제재의 사용가치를 실현하기 위해 먼저 화폐라는 형태 전환으로서의 상거래 상류(商流) 활동이 발생하고 물류(物流)는 상류 활동으로 상거래 계약 성립 후 재화 및 서비스의 물리적 이전(물품의 인도)이라는 역할을 수행함으로써 시간적·공간적 효용을 창출하는 경제활동이다.

상류(商流)와 물류(物流)는 하나의 전체적인 시스템으로 서로 유기적으로 연계되어 있다. 물류 활동은 상류 활동에서 시작하는 주문이라는 정보에서 시작되기 때문이다. 국제운송은 수출업자(매도인)와 수입업자(매수인) 간에 이루어지는 국제상거래에 있어서 멀리 떨어져 위치한 매도인과 매수인의 공간적 한계를 극복하여 물품을 물리적으로 이전시킴으로써 매도인의 물품인도 의무를 이행하도록 하는 국제물류의 핵심적인 역할을 담당한다.

Chap. 2 국제물품 운송형태

1. 해상운송

(1) 해상운송의 의의

해상운송(marine transportation : carriage of sea)은 해상에서 선박이라는 운송수단을 사용하여 사람이나 화물을 운송하여 그 대가인 운임을 획득하는 상행위를 말한다. 즉, 운송은 국제간에 교환경제가 형성됨에 따라 인간과 재화의 공간적 거리 극복과 장소적 이전을 가능하게 하는 서비스를 말하며, 국제운송은 그 운송방식의 차이에 따라 해상운송, 항공운송, 철도운송, 도로운송 그리고 복합운송 등으로 구분하는데, 그 중에서 국제물류를 주도하는 국제운송의 형태가 해상운송이다.

(2) 해상운송 형태

해상운송은 선박을 이용하여 해상에서 여객이나 화물을 실어 나르는 것을 말하며, 운항 형태에 따라 정기선(liner) 운송과 부정기선(tramper) 운송으로 나뉜다.

① 정기선 운송

선박회사가 동일항로에 정기선(liner)으로, 정기적으로 선박을 운항할 경우를 정기선 운송이라 한다. 특징으로는 ① 사전에 작성 공표된 운항일정(sailing schedule)에 의해서 특정한 항로(항만)만을 왕복 운항하며, ② 불특정 다수 화주의 소량화물, 여객, 우편물 등의 수송을 주요 대상으로 하고, ③ 고정된 항로(route), 운임(tariff) 등에 의하여 평등한 서비스를 제공하는 것이다.

② 부정기선 운송

정기선의 경우는 화물이 선박을 찾아가야 하지만, 부정기선(tramper)은 선박이 화물을 찾아간다고 할 수 있다. 특징은 ① 고정된 운항일정과 항로가 없으므로 항로의 자유선택이 가능하며, ② 대량의 산적화물(bulk cargo) 등의 수송을 주요 대상으로 하고, ③ 운임은 그 당시의 수요와 공급에 의한 완전 경쟁으로 운임을 결정하게 되는 것이다.

<표 Ⅷ-2> 정기선과 부정기선의 특징

구 분	정기선(liner)	부정기선(tramp, tramper)
수송 대상 화물	• 단위당 가격은 고가 • 운임의 비중이 낮음 • 다양한 화물을 수송	• 중량, 용적에 비해 낮은 가격 • 운임의 비중이 높음 • 주로 살물(bulk cargo) 수송
서비스 요구수준	운임보다는 신속성이나 규칙성이 중요함	신속성이나 규칙성 보다는 운임이 상대적으로 저렴함
수요 측면	지리적/시간적으로 규칙적/안정적이며, 전체 수요도 연속적임	지리적/시간적으로 불규칙적이며 불안정하고 수요 전체는 끊어졌다 이어졌다 하는 단속적임
공급 측면	특정항로에서 반복적/규칙적으로 운항됨	수요발생의 순서에 따라 수시로 항로가 변경됨
자본투자 측면	막대한 투자비용 요구	비교적 투입 자본이 적음

> **편의치적/便宜置籍(Flag of Convenience : FOC)**
> 선주가 자국에 선박을 등록할 경우, 받게 되는 세금 등에 대해 같은 경제적 규제를 탈피하고 엄격한 선원고용 조건 등을 회피함으로써 이윤을 극대화함과 동시에 비용을 최소화하고자 선주의 선박을 자기가 거주하고 있지 않은 제3국에 등록하는 것을 말함.

(3) 해상운송 계약

무역업자가 수출입 상품을 운송하기 위하여 신용장에 기재된 선적기일 내에 적당한 선박을 찾아서 선사와 운송계약을 체결하는 것은 대단히 중요하다. 송화인은 화물의 성질, 수량 및 선적기일에 따라 정기선 또는 부정기선 중에서 선택을 하고 정기선에 의한 개품운송을 할 것인가 또는 부정기선에 의한 용선운송을 할 것인가를 판단하여 적당한 선복(ship's space)을 찾아서 운송계약을 체결하여야 한다.

① 개품운송계약에 의한 운송

[개요]

개품운송계약(contract of affreightment in a general ship)에 의한 운송은 개개의 물품을 대상으로 계약하는 운송으로, 일정한 항로에 따라서 운항하는 정기선(liner)에 의한 운송은 거의 이러한 운송방식에 의한다.

[운송계약]

하주가 선적요청서(S/R)를 선박회사에 제시함으로써 화물의 운송을 신청하고 운송인이 이것을 수락하면 운송계약이 성립된다.

별도의 계약서는 작성하지 않고 그 대신 선박회사가 운송계약의 존재를 확인하기 위하여 선적 후에 하주에게 선하증권(B/L)을 발급해 준다.

② 용선운송 계약에 의한 운송

용선(charter)이란 선주나 운송업자가 선박을 이용하는 자(용선자)를 위하여 선박의 일부 또는 전부를 빌려주어 이용할 수 있게 하는 것을 말한다. 용선계약은 다음과 같이 '항해용선', '정기용선', '나용선'으로 구분하여 계약이 된다.

[항해용선 계약(Voyage Charter=Trip Charter)]
- 특정항 구간까지의 화물수송을 위하여 화주(용선자)와 선박회사(선주) 간에 운송계약 체결한다.
- 운송에 대한 보수는 통상 톤당 금액으로 결정한다.
- 선주가 선장을 임명하고 지도·감독한다.
- 용선자는 재용선자에 대해 감항담보의 책임이 없다.
- 용선료를 제외한 일체의 비용은 선주가 부담한다.

[정기용선 계약(Time Charter)]
- 선복에 화물을 적재할 수 있는 설비 및 용구를 갖추고 선원을 승선시켜 장기간 운항할 수 있는 선박을 용선자가 일정기간 용선하는 계약으로, 항해를 특정하지 않고 일정한 항구 구역 내에서 일정기간 물건을 운송한다.
- 중요한 선박의 특질(속력, 연료소비량 등)에 대해서는 선주가 담보한다.
- 선주가 선장을 임명하고 지도·감독한다.
- 용선자는 재용선료 외에 연료비, 입항세, 운항비 등을 부담한다.
- 선박의 수도 및 반선 시기나 장소는 계약의 규정에 따른다.
- 정기 용선료는 기관고장 등으로 용선료가 지급 중단되지 않는 한 지급된다.

[선박임대차 계약 = 나용선 계약(Bareboat Charter=Demise Charter)]
- 선주 : 선박만을 일정기간 임차인에게 대여한다.
- 임차료는 기간을 기초로 하여 결정된다.
- 임차인이 선장을 임명하고 지휘·감독한다.
- 임차인은 선장, 승무원, 선용품, 연료 등에 대하여 책임을 부담(임차인은 선장을 통하여 선박을 점유 지배하고, 일시적으로 선주의 지위를 누린다)한다.
- 용선기간 : 장기간(1~3년 정도)
- 내항능력 : 본선 인도시-선주, 인도 이후-선박임차인 부담, 용선 종료시-원상으로서의 반선
- 수도시의 선적검사(나용선의 경우 일반적으로 이루어짐)
- 본선 인도시-선주, 반선시-용선자(검사결과 손상이 있으면 검사 당사자 부담)
- 사 및 수선 : 계약기간 중 임차인이 부담(자연소모 및 그 결과로 발생한 비용은 선주 부담)한다.

- 선박보험 : 임차인이 자신의 비용으로 체결한다.
- 재용선 : 선주의 승낙이 필요하다.

```
┌─────────────────────────────────┐
│  운송수단과 운송인의 (복수)선택  │
└─────────────────────────────────┘
                ▼
┌─────────────────────────────────┐        • 언제, 어디서, 어떤 물품을 얼마나,
│      구체적인 선적내용 협의     │          어디까지, 누구에게, 언제까지 등
└─────────────────────────────────┘
                ▼
┌─────────────────────────────────┐        • 수화인(수입자), 선적항, 도착항,
│ 선적요청서(S/R : Shipping Request) 제출 │  수출물품 명세 등의 운송정보 기재
└─────────────────────────────────┘
                ▼
┌─────────────────────────────────┐        • 운송수단에 적합한 포장방법 선택
│       화물포장과 출고준비        │        • 여유 있는 출고준비
└─────────────────────────────────┘
                ▼
┌─────────────────────────────────┐        • 수출업자 자신 또는 운송회사
│       컨테이너 적입(stuffing)   │        • 세관검사 및 봉인(seal)
└─────────────────────────────────┘
                ▼
┌─────────────────────────────────┐        • 보세화물 운송업자
│         출고 및 육상운송         │
└─────────────────────────────────┘
                ▼
┌─────────────────────────────────┐        • 컨테이너 화물 : CY 인도
│         화물 입고 및 인도        │          재래선화물 : 지정창고 입고
└─────────────────────────────────┘        • 부두수취증(DR : Dock Receipt)
                                              본선수취증(MR : Mate's Receipt)
                ▼
┌─────────────────────────────────┐        • 화물인수 사실과 운송 약속을 기재한
│  선하증권 발행(B/L : Bill of Lading) │      선하증권을 선박회사가 발행
└─────────────────────────────────┘
                ▼
┌─────────────────────────────────┐        • 확인 및 정정 요구(필요시)
│   선하증권 기재내용 체크와 수취  │        • 수출대금 회수준비
└─────────────────────────────────┘
```

[그림 VIII-5] 해상운송 절차

(4) 해운동맹

① 해운동맹의 의의

특정의 정기항로에 배선하고 있는 선박회사가 부당한 경쟁을 배제하여 경영의 안정을 꾀할 목적으로 결성하는 일종의 국제 카르텔(cartel)로서, 동일 항로에서 경쟁을 제한하는 선주 간의 공식 또는 비공식의 모든 협정을 말한다. 해운동맹에서 선사 상호간의 관계는 계약관계에 불과하며, 의무의 이행과 행동 통일은 특정 항로에 대해 제한적으로 이루어진다.

② 해운동맹의 종류

[개방동맹]

개방동맹(open conference)은 주로 미국식 개방적 해운동맹을 지칭한다. 미국의 독점금지법 또는 해운법에 의해 폐쇄동맹은 인정되지 않는다(배선할 의사를 가진 선사의 가입을 거부할 수 없도록 규정).

- 맹외선 배제조치 및 화주 구속조치가 아주 제한적임
- 가맹선사 간의 단결력이 약함
- 항로가 항상 불안정적임(저 코스트선이라는 동맹 외의 선박이 존재)
- 주로 운임협정만을 체결

[폐쇄동맹]

폐쇄동맹(closed conference)은 일정 자격과 실적이 있는 선사만 가입이 가능하다. 가맹선사의 전원 동의가 필요하고, 대내 경쟁에 대한 규제력이 강하며, 외부 경쟁에 대한 회원 상호간 단결력이 강하다. (예) 구주항로, 호주항로 등

③ 해운동맹의 규제

해운동맹은 동맹 내부의 경쟁을 방지하고, 동맹에 가입하지 않고 당해 항로에 배선하고 있는 동맹 외의 선주에 대항하고 계약 화주를 동맹에 구속시키기 위하여 다음과 같은 대내외적 규제 방법을 활용하고 있다.

[대내적 규제]

- 신규 가맹의 제한

- 운임협정(rate agreement)
- 배선수의 결정(sailing agreement)
- 공동계산(pooling agreement)
- 공동경영(joint service)
- 해운동맹 간의 협정 등

[대외적 규제]

▸ **계약운임제(Contract Rate System)**

자기의 적화 전부를 동맹선에 선적하기로 계약한 화주(계약화주)에게는 비계약 화주에게 부과하는 일반 운임률(비계약운임률)보다도 저렴한 운임률(계약운임률)을 적용하는 것을 말한다. 이를 이중운임제(dual rate system)라고도 하며, 운임 격차는 보통 9.5~15% 정도의 수준이며, 이는 화물의 종류에 따라 다르다.

▸ **충실보상제(Fidelity Rebate System)**

해운동맹의 화주에 대한 구속 수단의 하나로 일정기간(예를 들면, 6개월) 화물을 동맹선에만 선적한 화주에 대하여 그 기간 내에 지급한 운임의 일부(계약 운임률에 의한 총운임액의 2.5% 정도)를 유보기간을 두지 않고 일정기간 경과 후에 반환하는 제도를 말하며, 운임연환급제와의 차이는 유보기간이 없다는 점이다.

▸ **운임연환급제/운임기말환급제(Deferred Rebate System)**

일정기간(보통 6개월) 화물을 동맹선에만 선적한 화주에 대해서 그 기간에 계속되는 일정기간(유보기간 : deferred period)도 동맹선에만 선적할 것을 조건으로 그 기간이 경과한 후에 전자의 기간에 지급한 운임의 일부(보통 10% 정도)를 환급하는 제도이다. 이는 화주에 대한 구속력이 가장 강한 것이 특징이다.

▸ **대항선(Fighting Ship)**

동맹에 소속한 선박 중에서 특정 선박을 선정하여 동맹선 외의 선박 기항지를 동일한 일시에 따라 다니며, 채산성을 무시한 저운임으로 경쟁하여 동맹선 외의 선박으로 하여금 동맹 항로에의 배선을 단념하게 하는 맹외 배제수단이다.

▶ **협의협정(Discussion Agreement)**

동맹 간의 협의에 의해 운임률을 결정하는 형태로, 동맹선사와 비 동맹선사 간에 체결된다.

국적선출취항증명서

수출입 화물운송에 자국선을 이용하도록 하는 자국선 보호주의의 한 형태로서 자국 선박이 취항하지 않는 지역, 혹은 취항 중이라도 선적 당시 취항 선박이 없을 경우에 이를 증명하기 위하여 발급되는 증명서이며 이 증명서 없이는 외국선박의 화물을 실을 수 없다.

---

2. 육상운송

육상운송은 철도운송에 의한 경우와 도로운송에 의한 경우로 나뉜다. 철도 및 도로에 의한 육상운송은 주 운송의 완성을 위한 보조적인 운송으로 이용되기도 하고, 대륙 간의 국제물품운송에 이용되기도 하는데, 우리나라의 경우에는 주로 해상운송이나 항공운송 시에 수출자의 공장이나 창고에서 선적지까지 그리고 해외로부터 수입된 물품에 대하여는 양륙지에서 수입자의 공장이나 창고까지의 내륙운송에 이용된다.

철도운송과 도로운송 상 물품운송을 인수한 운송인은 각각 철도화물탁송장(RCN : Rail Consignment Note)과 도로화물탁송장(RCN : Road Consignment Note)을 발급하게 되며, 이는 운송인이 송하인으로부터 화물을 수령하였다는 증거는 되지만 선하증권과 같이 권리증권적 성질을 지니는 것은 아니다.

(1) 트럭운송

트럭에 의한 도로운송은 화물운송 부문에서 시작과 끝을 이루는 것으로서 거의 모든 화물운송은 결국 트럭이 개입되어야만 그 활동이 완결된 수 있다고 하겠다. 트럭운송은 이러한 자체 완결성에 의한 문전 처리능력 이외에 다른 운송 기관과 비교하여 화물의 인수 및 분배과정에서도 신뢰성, 기동성, 편리성 등에서 우위를 점하고 있다. 또한, 매상 컨테이너 운송에 있어서 일관운송체제가 급속히 진전되고 있는 것과 궤를 같이 하여, 육상컨테이너 운송의 역할도 한층 증대되어 가고 있다.

한편, 일관운송체제가 진행되어 감에 따라 운송업계는 대형화와 조직화에 의해 향상된 운송 서비스 수준과 강력한 화물 집배능력을 갖추어 왔다. 그러나 최근에는 생활수준의 향상에 따른 운전직 근로자의 의식구조 변화 및 그에 따른 노동생산성 저하, 그리고 안전사고 및 도로교통의 혼잡, 대기오염 규제 등으로 인해 육상컨테이너운송의 경쟁력이 약화되고 있는 실정이다.

국제도로운송에는 유럽제국 간에 체결한 국제도로물품운송계약에 관한 협약(CMR : Convention relative au Contrat de Transport International de Merchandises par Route – Convention on the Contract for the International Carriage of Goods by Road)이 적용된다.

(2) 철도운송

철도운송은 대량화물 및 장거리 운송에 있어서 편리하고 비용이 저렴하다는 장점을 가지고 있다. 아울러 안전한 운송수단이며, 속도 면에서도 선박은 물론, 트럭에도 크게 떨어지지 않으며, 다른 운송수단과는 달리 악천후에도 별 영향 없이 정시성을 유지할 수 있어 서비스의 신뢰성을 기할 수 있다.

또한, 자동차, 비행기에 비해 톤/km당 에너지 소모량이 적어 에너지 효율성이 높을 뿐만 아니라 그에 따른 저 공해성으로 인해 최근 대두되고 있는 환경문제와 관련하여 환경 친화적인 운송수단으로 각광을 받고 있다. 그러나 자체 완결력이 부족하여 운송시간, 운송의 빈도 등에서 탄력성이 도로운송에 비하여 떨어진다.

철도운송은 유럽대륙 간의 국제물품운송에 주로 이용되는데, 이에 관해서는 유럽 및 지중해 지역의 국가들을 중심으로 성립된 국제철도운송을 위한 정부 간 기구에 관한 국제철도운송협약(COTIF : Convention relative aux Transports Internation aux Ferroviaires – Convention Concerning International Carriage by Rail)이 적용된다.

3. 컨테이너 이용 운송

(1) 컨테이너 운송도구

컨테이너(container)란 화물의 단위화(unitization)를 목적으로 하는 운송도구로서 화물의 운송·보관·포장·하역 등의 모든 과정을 가장 합리적으로 일관수송을 할 수 있는 혁신적인 운송도구이다.

컨테이너를 이용한 운송은 항만에서의 불필요한 비용을 줄일 수 있고, 선박의 회항시간을 단축할 수 있으며, 운송화물의 단위당 비용을 줄일 수 있어 선복(freight space) 이윤을 증대시킬 수 있다.

(2) 컨테이너 이용 운송의 장단점

① 장점

[선주의 입장]
- 항만에 체항하는 시간을 단축시킴.
- 선박의 가동률이 높아 선복 생산성을 개선시킴.

[화주의 입장]
- 포장비를 줄일 수 있음.
- 철도, 트럭 등 내륙 운송비를 줄일 수 있음.
- 운송기간 단축으로 재고비용을 줄일 수 있음.
- 선박 운항일정에 맞추어 재고관리가 용이함.
- 수출환어음 매입을 신속하게 할 수 있어 자금회전이 빠름.
- 화물의 손상을 방지함.

② 단점
- 컨테이너화에 대한 막대한 자본과 기술적 지원이 필요함.
- 컨테이너에 적입하거나 운송하는데 곤란한 화물들이 있음.
  (예) 철강제품, 자갈이나 모래 등
- 컨테이너 화물의 적재가 갑판 상에 적재되는데 따른 할증보험요율이 적용되고 컨테이너 취급상의 대인·대물배상 책임보험도 보험료 증가요인이 됨.
- 개도국의 항만 노동자 실업문제 및 국제간의 컨테이너 운송 관련법 체계나 제도의 수용상 어려움이 있는 나라들도 많음.

(3) 컨테이너 화물의 운송형태

① CY / CY(FCL / FCL)
- 컨테이너 운송의 장점을 최대한 이용
- 단일의 송하인과 단일의 수하인 관계
- 컨테이너 만재화물(FCL)을 그대로 일관운송
- Door to Door 서비스

② CY / CFS (FCL / LCL)
- 단일의 송하인과 다수의 수하인 관계
- 만재화물 상태로 운송되어 다수의 수하인을 위해 CFS에서 해체하여 인도하는 운송형태
- Door to Pier 서비스

③ CFS / CY (LCL / FCL)
- 다수의 송하인과 단일의 수하인 관계
- 선적항에 있는 선박회사의 지정 CFS에서 다수의 송하인 화물을 혼재하여 목적지 수하인에게 인도하는 운송형태
- Pier to Door 서비스

④ CFS / CFS (LCL / LCL)
- 컨테이너 운송의 장점을 제대로 살리지 못함.
- 다수의 송하인과 다수의 수하인 관계
- 선적항 CFS에서 소량화물들을 혼재(consolidation)하여 목적항의 CFS에서 화물을 해체(devanning)하여 인도하는 운송형태
- Pier to Pier 서비스

- FCL 화물(Full Container Loaded cargo) : 컨테이너 용기 1개에 단일 화주물로 채울 수 있는 화물
- LCL 화물(Less than Container Loaded cargo) : 컨테이너 용기 1개에 단일 화주화물로 채워지지 않는 소량화물
- 컨테이너 야적장(Container Yard : CY) : 컨테이너의 집적, 보관, 장치, 수도를 하는 장소로서, 컨테이너의 관리, 이동, 본선으로의 적재 및 양화가 CY에 있는 CY Operator에 의하여 이루어짐
- 컨테이너 화물조작장(Container Freight Station : CFS) : LCL 화물을 컨테이너에 혼재(consolidation)하여 적입(vanning)하거나 컨테이너로부터 해체(davanning) 작업을 행하는 장소
- 내륙 컨테이너 기지(Inland Container Depot : ICD) : 컨테이너 화물을 효율적으로 운송하기 위해 내륙지점에서 컨테이너의 보관, 수리, 집결지로서의 역할을 하는 장소
- 부두수취증(Dock Receipt : D/R) : 컨테이너 화물에 대한 선박회사의 화물수령증으로

재래선의 경우 본선수취증(M/R)에 상당하는 서류로서, 화주는 이를 선박회사에 제출함으로써 선하증권을 발급받을 수 있다.

- 본선수취증(Mate's Receipt : M/R) : 재래선에 의한 물품 운송의 경우 본선에 물품 선적 완료 후, 본선의 1등 항해사(chief mate)가 화주에게 발행하는 서류로서, 화주는 이를 선박회사에 제출함으로써 선하증권을 발급받을 수 있음.
- 컨테이너 터미널(Container Terminal : CT) : 컨테이너 시설과 장비일체를 갖추고 컨테이너 하역작업을 행하는 장소
- 기기수도증(Equipment Receipt : E/R) : 공 컨테이너 대출시 CY Operator가 트럭 기사를 통하여 화주에게 전달하는 서류
- 컨테이너 내적치표(Container Load Plan : CLP) : 컨테이너 내에 적치된 화물명세와 적치를 나타내는 서류로서, FCL 화물의 경우 화주 또는 그 대리인에 의하여, LCL 화물의 경우 CFS Operator에 의하여 작성됨

(4) 컨테이너와 컨테이너 선의 분류

① 컨테이너의 분류

[용도에 따른 분류]

- 건화물 컨테이너(dry container) : 전자제품, 의류 등의 일반잡화를 적재할 수 있는 컨테이너
- 냉동 컨테이너(reefer container) : 육류, 어류, 과일 등 냉동이 필요한 화물을 적재할 수 있는 컨테이너
- 팬 컨테이너(pen container) : 가축 또는 동물들을 운송하기 위하여 통풍과 먹이를 주기에 편리하고, 과일이나 야채 등이 호흡할 수 있게 통풍구가 설치되어 있는 컨테이너
- 오픈 탑 컨테이너(open top container) : Wire 등 장척물이나 기계류 등을 적재 운송하기 적합한 천장 개방식 구조로 되어 있는 컨테이너
- 플랫 랙 컨테이너(flat rack container) : 기계류, 목재, 플랜트 등 중량 장척물을 운송하기 위하여 바닥과 네 개의 기둥만이 존재하는 형태의 컨테이너
- 탱크 컨테이너(tank container) : 액체 상태의 유류, 주류, 화학제품 등을 적재할 수 있는 컨테이너
- 행거 컨테이너(hanger container) : 정장, 실크, 밍크 등의 고급의류가 구겨지지 않게 옷걸이(hanger)를 걸어 놓는 형태의 컨테이너

- 솔리드 벌크 컨테이너(solid bulk container) : 천정에 3개의 맨홀을 설치하여 맥아, 소맥분 가축사료 등의 운송에 적합하게 제조된 컨테이너

[재질에 따른 분류]
- 스틸 컨테이너(steel container) : 무겁고 견고하며 싸지만 부식되기 쉽다.
- 알루미늄 컨테이너(aluminium container) : 가볍고 유연하며 비싸고 손상되기 쉽다.
- FRP 컨테이너(FRP container) : 스틸프레임과 합판의 양면에 FRP(Fiber Glass Reinforced Plastic)를 부착하여, 결로현상이 없으나 무겁고 비싸다.

② 컨테이너선의 분류
[선형에 따른 분류]
- 세미 컨테이너선(semi-container ship) : 재래선에 특정 선창을 개조하여 컨테이너를 적재할 수 있도록 한 선박
- 컨테이너 전용선 : 대량의 컨테이너만을 적재할 수 있도록 전용화된 선박
- 래시선(Lighter Aboard Ship : LASH) : 컨테이너의 변형으로 규격화된 전용부선(lighter)을 갠트리 크레인(gantry crane)으로 하여금 선미로부터 끌어올려 화물을 적재한 채로 부선을 선박에 적입하여 수송하도록 설계된 선박

[하역 방식에 따른 분류]
- RO/RO(Roll On/Roll Off) 방식 : 본선의 선수, 선측 또는 선미에 설치된 개구부를 통하여 선내 경사로를 이용해 컨테이너 트레일러나 자동차가 굴러들어 갈 수 있도록 수평으로 적·양화할 수 있는 하역 방식
- LO/LO(Lift On/Lift Off) 방식 : 선상이나 육상의 크레인을 이용하여 수직으로 적재 또는 양화할 수 있는 하역 방식
- FO/FO(Float On/Float Off) 방식 : 부선(barge)에 화물을 적재하고 컨테이너 대신 크레인으로 바지선을 적재 또는 양화하는 LASH선과 같은 하역 방식

> **TEU** : Twenty-foot Equivalents Unit의 약자로서, 20피트(6.096m) 길이의 컨테이너 크기 단위로 컨테이너선이나 컨테이너 부두에서 주로 쓰인다
> ▸ 컨테이너가 20피트인 경우의 용적은 약 25CBM 정도이다.
> ▸ 컨테이너가 40피트인 경우, 용적은 약 55CBM 정도이다.
> 따라서 화물의 용적이 25CBM 정도인 경우에는 FCL 화물이 될 수 있고, Door to Door 서비스가 가능하게 된다.

(5) 컨테이너 터미널의 Layout

① 컨테이너 터미널

컨테이너 시설과 장비 일체를 갖추고 컨테이너 하역 기능을 담당하는 곳으로 충분한 수심과 안벽 시설이 갖추어져 있고, 하역에 필요한 기기 및 시설이 비치되어 있어야 한다.

양화한 컨테이너와 컨테이너 야드를 출입하는 화차 등이 용이하게 유통할 수 있는 편리한 위치에 도로운송, 철도운송의 연결이 쉬운 곳에 컨테이너 터미널이 있어야 한다.

② 안벽(Berth)

컨테이너를 접안시키는 곳으로 간만의 차에 관계없이 수심유지가 절대 필요하며 선박의 동요를 막기 위한 용선주가 있어야 한다.

③ 에이프런(Apron)

안벽에는 갠트리 크레인용 철로가 가설되고 그 철로 위에는 하역을 위해서 갠트리 크레인이 2~3대 이동한다. 이러한 지역을 에이프런이라 한다.

④ 마셜링 야드(Marshalling Tard)

선적을 위한 컨테이너를 목적지별 또는 선내의 적치 계획에 따라 미리 정렬해 두는 넓은 면적을 말한다.

배열의 편리를 위하여 구획선을 표시하며 이 구획선을 슬롯(slot)이라 한다.

⑤ 컨테이너 야드(Container Yard : CY)

컨테이너를 인도하고 보관할 수 있는 곳을 말한다.

⑥ 컨테이너 화물조작장(Container Freight Station : CFS)

소량화물(LCL)을 여러 송하인으로부터 인수하여 같은 목적지로 운송되는 화물들을 한 컨테이너에 적입하여 포장하거나 또는 반입된 혼재화물을 해체하여 소량화주에게 분산 인도하는 창고형 작업장이다.

❖ 컨테이너 화물조작장의 방식 ❖

- 피기백(piggy-back) : 컨테이너를 적재한 트레일러를 철도의 무개화차에 싣고 운송하는 방식
- 피시백(fishy-back) : 컨테이너를 선박에 싣고 운송하는 방식
- 버디백(birdy-back) : 컨테이너를 항공기에 싣고 운송하는 방식

4. 항공운송과 포워더(Forwarder)

(1) 항공운송

① 항공운송의 의의

항공운송이란 항공기에 의해 운송되는 승객의 수화물(baggage)과 우편물(mail)을 제외한 화물을 항공화물운송장(air waybill)에 의해 항공으로 운송되는 것을 말한다.

항공운송은 국제무역에 있어서 중요한 수송수단의 역할을 담당하고 있으며, 상업적인 수송수단으로서의 위치를 차지하고 있다. 항공운송은 안전도가 해운운송에 비해 높으며 포장비도 싸다는 장점을 가지고 있다. 따라서 항공운송은 소량 고가화물의 장거리 수송에 적합하다. 또한, 항공에 의해 화물의 적기인도(just-in time delivery)를 통해 재고비용과 자본비용의 절감은 물론, 도난과 손상 방지에도 효과를 가져 올 수 있다.

② 항공화물의 유통과정

화주가 항공화물 포워더(forwarder)에게 운송을 의뢰하면 포워더는 하주를 대신해서 화물을 픽업하여 공항창고에 장치시킨 후, 통관에 필요한 제반 서류를 구비하여 관세사에 통관을 의뢰하고 운송업자인 항공사를 대신해서 운송장(Air WayBill : AWB)을 작성한다.

항공사는 화물의 특성과 항공기의 제한된 화물탑재 공간 및 운항루트의 조건에 따라 최대 탑재를 위한 사전계획을 세워 화물청사(cargo terminal) 내의 작업원에게 작업지시를 한다.

항공화물의 운임은 IATA(국제항공운송협회)의 결정에 따라 모든 항공사가 일률적으로 적용하고 있는데, 항공기 운임과 공항 및 발착 하주 간에 지상운송요금의 합계로 구성된다.

③ 항공화물운송장(AWB)

항공화물운송장은 항공회사가 화물을 항공으로 운송하는 경우에 발행하는 화물수취증으로 해상운송에서 선하증권(B/L)에 해당되며 항공운송장 또는 항공화물수취증이라고 부른다. 기

본적인 성격은 선하증권과 같으나 선하증권이 화물의 수취를 증명하는 동시에 유가증권적인 성격을 가지고 유통이 가능하다. 반면, 항공운송장은 화물의 수취를 증명하는 영수증에 불과하며 유통이 불가능하다는 차이점이 있다.

운송계약은 항공화물운송장을 발행한 시점, 즉 화주 또는 그 대리인이 AWB에 서명하거나 항공사 또는 해당 항공사가 인정한 항공화물 취급대리점이 AWB에 서명한 순간부터 유효하며, AWB 상에 명시된 수화인(consignee)에게 화물이 인도되는 순간 소멸된다.

<표 Ⅷ-3> 항공화물운송장과 선하증권의 차이점

항공화물운송장(AWB)	선하증권(B/L)
• 유가증권이 아닌 단순한 화물운송장	• 유가증권
• 비유통성(non-negotiable)	• 유통성(negotiable)
• 기명식	• 지시식(무기명식)
• 수취식(창고에서 수취하고 발행)	• 선적식(본선선적 후 발행)
• 송화인이 작성	• 선사가 작성

(2) 포워더(Forwarder)

① 포워더의 의의

포워더(forwarder)란 일반적으로 운송수단을 직접 소유하지 않은 채 고객을 위하여 화물운송의 주선이나 운송행위를 수행하는 계약운송인(contracting carrier)을 한다. 즉, 선박, 기차, 항공기 등의 운송수단을 보유하지 않고, 다만 계약운송인으로서의 복합운송을 책임지는 사람으로서 해상운송 주선업자(ocean freight forwarder), 항공운송 주선업자(air F.F), 통관업자 등을 들 수 있다.

이들의 공통적이고 기본적인 기능을 화주와 운송인 사이에서 화주에게는 운송인의 대리인이 되고 운송인에게는 화주의 입장이 되는 것이다.

미국에서는 NVOCC(Non Vessel Operating Common Carrier)라 하여 미국 신해운법에 "자기가 직접 선박을 운항하지 아니하는 운송인(means a common carrier)"이며 "화주에 대하여는 해상운송인(ocean common carrier)"이라고 명시, 포워더형 복합운송인을 법제화하고 있다.

② 포워더의 기능

프레이트 포워더(freight forwarder)의 전통적 기능은 하주의 대리인으로서 적절한 운송수단을 선택하여 이들을 유기적으로 결합하고, 운송에 따르는 일체의 부수업무를 처리해 주는 기능을 말하며, 이와 관련된 업무로는 다음과 같은 것들이 있다.

[전문적인 Advice]

수출업자 또는 송하인의 요청에 따라 화물의 전 운송구간에 걸쳐 적절한 운송 Route에 관하여 조언해 준다. 또한 그 운송수단, 운송로에 적합한 화물의 포장형태 및 목적국의 각종 운송법규와 무역관행 등을 조언한다.

[운송의 수배]

수출업자 또는 송하인을 대신하여 전 운송구간에 걸쳐 운송수단(예를 들면, 선박, 항공기, 트럭, 기차 등)에 대해 필요한 스페이스(space)를 확보하고, 이들 운송수단에 화물을 인도하거나 목적지의 사무소 또는 대리점에 연락하여 화물이동 상태를 체크한다.

[운송관련 서류작성]

운송관련 서류로 가장 중요한 선하증권(Bill of Lading : BL) 또는 RIATA Combined Transport B/L, 선복예약서(Shipping Request : S/R), 부두수령서, 보험증권 등의 서류를 포워더가 직접 작성해 주거나 하주가 작성하는 것을 효율적으로 도와주고 있다.

[통관 대행]

수출입 화물의 운송 및 부수되는 서비스를 종합적으로 수행하기 위하여 주요한 항만이나 지점에 사무소를 두고 통관 업무를 대행하거나 관세사를 위촉하여 하주를 위한 통관절차를 대행해 준다.

[포장 및 창고보관]

포워더는 운송수단 또는 적합한 포장 시설을 소유하고, 직접 포장 서비스를 하거나 화물의 포장방법에 관해서 하주에게 적절한 조언을 한다.

또한, 창고 또는 자체의 CFS를 운영하거나 임대하여 수출지에서 화물의 혼재, 통관, 선적, 수입지에서 화물의 양하, 통관, 분배하는 과정에서 화물의 손상·분실 등을 최대한 방지한다.

5. 복합운송

(1) 복합운송이란

복합운송(multimodal transport)이란 특정 화물을 육상·해상·내수·항공·철도·도로 운송 중에서 적어도 두 가지 이상의 다른 운송형태를 복합적으로 결합하여 출발지에서 목적지까지 운송구간을 일관운송하는 것을 말한다.

복합운송의 등장 전에는 통운송(through transport)이란 개념을 사용하였는데, 통운송에서는 운송방식의 결합형태가 동종 또는 이종 운송수단에 관계없이 각 운송 구간마다 운송인이 분할하여 책임을 부담하면서 통선하증권(through B/L)이 발행된다는 특징이 있다.

(2) 복합운송의 목적과 효용

복합운송의 궁극적인 목적은 규격화 및 표준화된 컨테이너의 연계 또는 일관운송을 통해서 문전에서 문전(door to door service)까지 복적화물을 운송하는 것으로 물류관리상 많은 경비절감의 효과를 가져 오게 된다. 다음의 복합운송 효용에 대해 살펴보자.

① 화물유통의 신속성 제고

국제복합운송 방식을 채택함으로써 인도지연의 회피 및 통관절차의 간소화, 화물혼재의 간소화 등으로 수송기관의 접점에서 발생하는 작업비용의 절감, 작업 흐름의 원활화 및 하역 생산성의 향상 등이 가능하다.

② 화물유통의 안전성 제고

수송 중, 화물 손상의 감소, 밀수품의 감소 및 인도 불능으로 인한 클레임의 회피 등을 들 수 있다.

③ 화물유통의 저렴성 확보

상품매입 가격의 인하, 포장비의 절감, 해상보험료의 저렴화, 서류작성 및 화인 등에 필요한 비용절감 등의 이점이 있다.

④ 운송서류의 간소화

컨테이너화에 의한 수송 수속 등의 절차 간소화로 화물과 서류의 체크, 서류의 단순화가 가능하며, 일관운송으로 인한 운송서류 등의 작성 및 확인하는 데의 소요시간 감소 등으로 시간과 비용을 절감할 수 있다.

⑤ 운송책임의 일원화

복합운송자에 의한 일관운송 업무의 수행으로 운송책임의 일원화가 가능하게 됨으로써 그에 따라 클레임의 처리도 일원화로 처리가 가능해졌다.

⑥ 운송비 절감 및 화물추적 용이

복합운송으로 인하여 운송비의 감소 및 하역의 신속화 등을 이룰 수 있다. 또한, 단일의 복합운송인에 의해 취급되므로 화물추적 시스템화(cargo tracing system)가 용이하다.

(3) 국제복합운송 루트

국제복합운송은 1960년대부터 주로 해상 컨테이너의 발전에 따라 Sea/Land 서비스인 선박과 철도 및 자동차의 조합에 의해 시작된 Door to Door Service가 그 시초이다.

복합운송의 주요 경로 종류는 대표적으로, ① 선박·항공기(sea & air)에 의한 경로와 ② 해륙일관운송(land bridge)에 의한 경로가 있다.

① 선박·항공기에 의한 경로

선박·항공기(sea & air)에 의한 복합운송의 이점은 첫째, 해상운송에 비해 소요 일수의 대폭적인 축소가 가능하다. 둘째, 항공수송에 비해 소요운임의 절감이 가능하다. 셋째, 전 구간 해상운송에 비해 재고 투자와 창고료의 절감이라는 종합물류 비용의 절감을 기할 수 있다는 점이다.

② 해륙일관운송에 의한 경로

해륙일관운송(land bridge)은 해상·육상·항공에 의한 복합운송으로 일관운송이 실현됨에 따라 해상-육상-해상으로 이어지는 운송구간 중, 중간 구역이 육로로 연결된 운송 구간을 말한다. 육로운송 구간은 대륙횡단 철도 및 자동차에 의한 운송방식을 이용하여 매개 운송을 구간화함으로써 해상과 육상을 잇는 해륙복합운송을 위한 교량(bridge)의 역할을 하고 있으며, 형태에 따라 2구간, 3구간 Land Bridge로 구분된다.

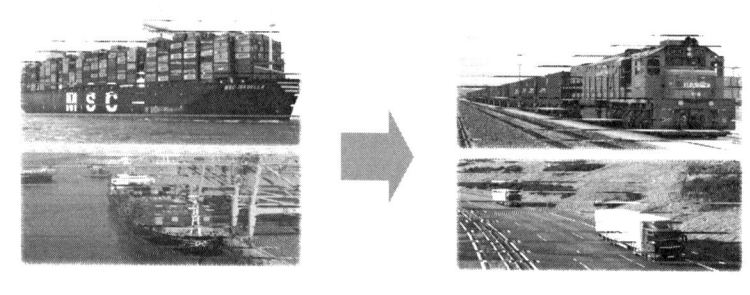

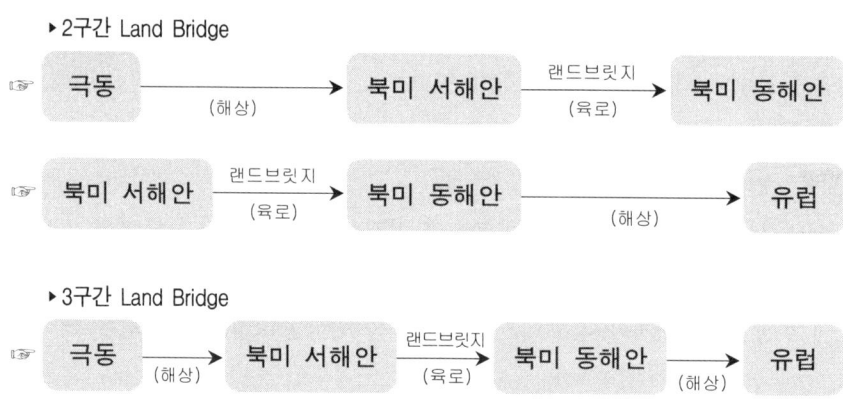

[그림 Ⅷ-6] 랜드브릿지의 일반적 형태

(4) 복합운송인의 유형과 책임

① 복합운송인의 유형

[캐리어 형 복합운송인]

자신이 직접 보유하고 있는 선박, 항공기, 트럭 등을 이용하여 복합운송을 수행하는 실제 운송인을 말함.

[포워더 형 복합운송인]
일반적으로 운송수단을 직접 소유하지 않은 채 고객을 위하여 화물운송의 주선이나 운송행위를 수행하는 자를 말함.

[NVOCC 형 복합운송인]
해상운송에서 자기 스스로 선박을 직접 운항하지 않으면서 해상운송인에 대하여 화주의 입장이 되는 비 선박운송업자를 말함.

② 복합운송인의 책임체계
여러 가지 운송방식의 결합으로 이루어지는 복합운송의 전 구간에 대해 책임을 지는 복합운송인의 책임을 어떠한 방식으로 정할 것인가 하는 문제는 중요하다. 책임방식은 이종책임체계(network liability system), 단일책임체계(uniform liability system), 절충식책임체계(flexible liability system)의 3가지가 있다.

[이종책임체계(Network Liability System)]
- 운송물의 멸실 또는 손상이 생긴 운송구간을 아는 경우, 운송인의 책임은 운송물의 멸실 또는 손상이 생긴 운송구간에 적용될 국제조약 또는 강행적인 국내법에 따라서 결정된다.
- 운송물의 멸실 또는 손상이 생긴 운송구간을 알 수 없는 경우나 아는 경우라도 그 구간에 적용할 조약이나 강행법규가 없는 경우, 기본 과실 책임의 일반원칙을 두고 복합운송인이 책임을 질 경우의 배상금액 산정기준 또는 멸실, 손상된 운송물의 중량당 일정액의 책임한도금액을 두는 방식을 적용한다.
- 기존의 운송조약과 조화가 잘 되어서 복합운송 상의 기준과 기존의 다른 운송방식에 의한 운송 기준과의 충돌도 방지할 수 있다.

※복합운송증권에 관한 UNCTAD/ICC 규칙과 그리고 RIATA(국제복합운송주선인협회), BIMCO(발틱국제해운동맹) 등에서 공표한 복합운송증권은 이종책임체계에 따른 것이다.

[단일책임체계(Uniform Liability System)]
- 복합운송인은 물품의 멸실이나 손상 등의 손해가 발생한 운송구간이나 운송방식의 여하를 불문하고 동일한 책임원칙이 적용된다.

- 책임체계가 간단명료하기 때문에 당사자들 사이에서 분쟁을 줄일 수 있는 것으로 평가된다.
- 단일책임체계는 복합운송인이 여전히 실제 운송인에게 구상을 해야 하는 문제가 남아있고, 오히려 절차가 복잡하여 비용이 증가한다는 반론이 있다.
- 실무적인 견지에서는 이종책임체계가 현실적인 것으로 평가되고 있으며, 오늘날 사용되고 있는 컨테이너 선하증권 내지 복합운송증권 상의 책임제도가 거의 모두 이종책임체계에 따르고 있다.

[절충식책임체계(Flexible Liability System)]
- 복합운송인의 책임체계에 대해서는 일률적인 책임원칙을 따르고 책임의 정도와 한계는 손상이 발생한 구간의 규칙에 따르는 방식이다.
- 일반적으로 선진국은 'Network System'을, 개도국과 일부 선신국은 'Uniform System'을 선호하고 있다.

Part. IX
4.0 International Trade Practice
전자무역

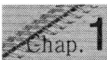 전자무역 전략

1. 전자무역의 개요

(1) 전자무역 개념

전자무역(e-Trade)은 무역을 수행하는 과정에서 정보의 송수신은 물론, 업무의 처리가 전자적으로 이루어지는 무역을 말한다. 즉 마케팅, 상담, 계약, 원자재 조달, 운송, 대금결제 등의 제반 무역 업무를 가상공간(cyber space)을 통해 시간과 공간의 제약 없이 처리하는 무역거래 형태를 말한다.

우리나라에서 전자무역이라는 용어가 한때 사이버무역, 인터넷무역 등과 혼용되기도 하였다. 그러나 2000년 말 대외무역법의 개정과 함께 법률적 용어로 전자무역이라고 사용되고 있다.

대외무역법에서는 전자무역을 "무역의 전부 또는 일부가 컴퓨터 등 정보처리 능력을 가진 장치와 정보통신망을 통해 이루어지는 거래"라고 정의하고 있다.

아직까지 전자무역의 활성화에는 여러 가지 기술적, 제도적, 물리적 장애요인이 상존하고 있다. 그럼에도 불구하고 무역 비용의 획기적인 절감을 가져올 것으로 기대되는 전자무역은 거래규모 측면에서도 향후 전 세계 무역의 30%를 점유하게 될 것으로 예측될 만큼 잠재력을 가진 새로운 흐름으로 평가되고 있다.

우리나라의 경우 해외시장정보와 영업망이 취약한 중소기업들이 이러한 전자무역의 활용에 적극적인 관심을 보이고 있다.

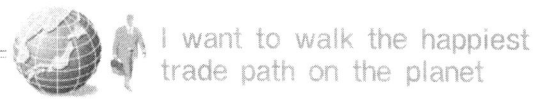

(2) 전자무역의 특징

기존의 무역과 비교할 때 전자무역은 무역거래의 진행순서에는 큰 차이가 없다. 그러나 무역거래의 구체적 수단과 방법에는 상당한 차이가 있다.

일반적으로 전자무역은 다음과 같이 다섯 단계로 구분할 수 있다.

① 제품, 시장, 거래업체에 대한 정보수집과 홍보를 위한 마케팅
② 거래 당사자 간에 거래조건에 대한 의견을 교환하고 매매계약의 법률적 근거를 마련하게 되는 거래협상 및 계약체결
③ 거래와 관련한 대금결제
④ 상품의 운송 및 유통과 관련한 물류과정
⑤ 지속적인 거래관계 구축을 위한 고객서비스와 분쟁해결

◆ 전자무역과 기존무역의 거래 차이를 분석해 보면 다음과 같다.

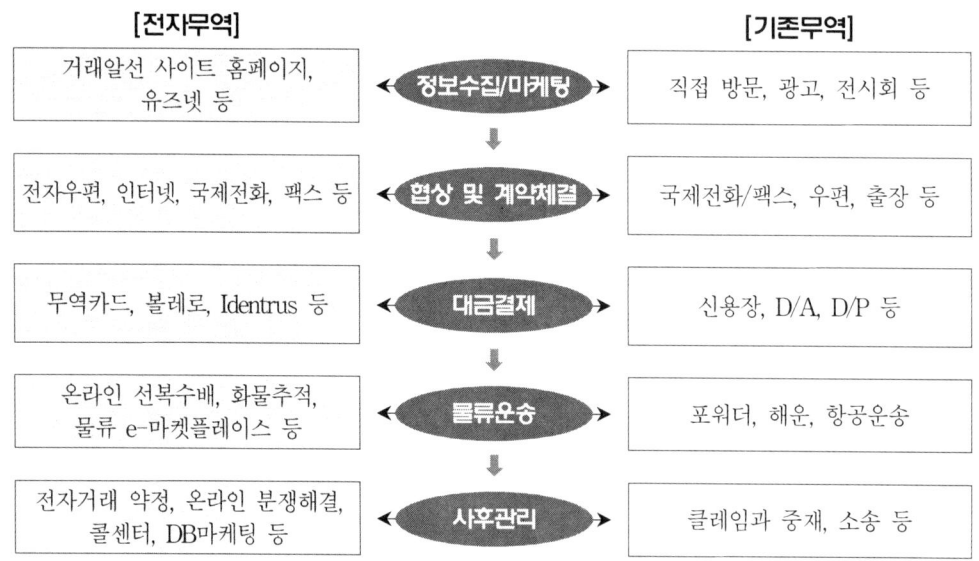

① 글로벌 마케팅과 정보수집 용이

기존의 무역에 있어 거래선에 대한 정보수집과 마케팅을 위해서는 직접 해외출장을 가거나 카탈로그, 홍보매체 등을 이용하였다. 그러나 전자무역에서는 중소기업도 인터넷 홈페이지 개설, 외국 웹사이트 검색, 배너광고 등을 통해 손쉽게 글로벌 마케팅을 할 수

있다. 이는 해외정보의 수집이나 마케팅 능력이 없어 무역을 할 수 없었던 중소업체에서는 획기적인 기회이며, 사실상 내수기업과 수출기업 간의 장벽이 무너져 가고 있다.

② 효율적 협상 및 계약체결

효율적인 커뮤니케이션 수단으로 인터넷을 이용한 사이버 협상(cyber negotiation)이 전자무역에서 점차 큰 비중을 차지할 것이며, 지금도 전화, 팩스 등을 통해 무역협상을 하기도 하지만, 가장 일반적인 방법은 역시 해외출장이었다.

그러나 인터넷의 발달로 인터넷을 이용한 무료 국제전화와 인터넷, 팩스 서비스는 물론 거래관련 자료나 화상을 전자우편으로 전송하거나 채팅방식으로 사이버 공간에서 직접 얼굴을 맞대고 무역 상담을 하는 것도 가능해 졌다.

③ 새로운 대금결제

대금결제 분야에도 커다란 변화가 일어나고 있다. 즉, 전자화폐와 무역카드(Trade Card), BOLERO, 아이덴트러스(Identrus) 등을 이용한 새로운 대금결제 방식과 물류관련 서류처리 방식의 출현으로 앞으로 은행을 통한 신용장(L/C)이나 D/P, D/A 방식의 거래 비중은 점차 감소할 것이다.

④ 물류운송비용 절감

물류운송 분야에 있어서도 물류 e-마켓플레이스의 개설로 온라인 선복 수배와 함께 경매 또는 역경매 방식의 운임협상이 가능해졌다. 또한, 전 세계적인 종합물류정보 네트워크의 구성을 통해 화물의 이동을 항상 확인할 수 있게 되면서 기업은 효율적이고 재고관리는 물론, 물류비용을 대폭 절감할 수 있게 되었다.

⑤ 분쟁해결 등 사후관리 철저

고객서비스와 분쟁해결 측면에서도 전통적인 클레임 서한 대신에 온라인 콜센터 또는 온라인 고객지원 서비스가 보편화되고 있다.

또한, 기본 무역계약 외에 전자무역에 따른 새로운 분쟁에 대비하여 전자거래 약정을 추가적으로 체결하는 것이 보편화되고 있으며, 신속한 분쟁해결을 위하여 인터넷을 이용한 상사중재신청 및 화상회의 시스템을 이용한 사이버 알선과 원격중재제도도 활용되고 있다.

(3) 전자무역의 기본요건

전자무역을 성공적으로 추진하기 위해서는 기업의 수용태세 및 활용능력이 매우 중요하다. 다시 말해 회사 차원의 정보화 전략과 인터넷 마케팅 전략이 필요할 뿐만 아니라 하드웨어, 소프트웨어, 통신망, 홈페이지, 전자우편 등의 인터넷 하부구조와 무역실무 능력, 인터넷 활용 능력을 갖춘 전문인력 등이 필요하다. 또한 언어, 시간, 무역관련 법률, 조세, 환율, 문화적 차이 등에 대한 기본적인 지식이 필요하다.

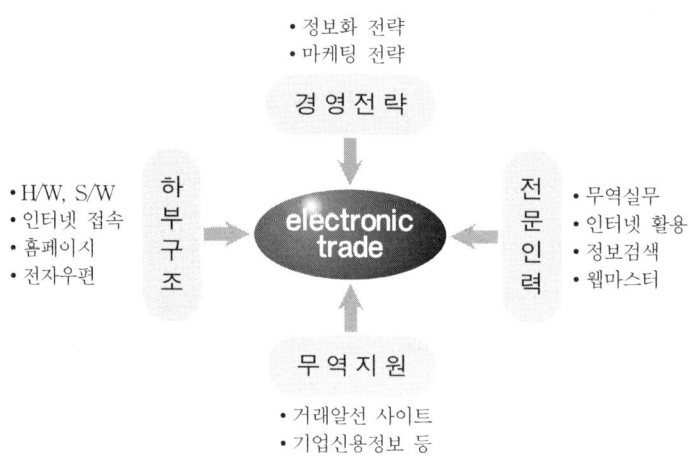

[그림 IX-1] 전자무역의 기본요건

① 인터넷 마케팅 전략 수립

회사 및 상품 홍보, 거래선 발굴, 국제통신비용 절감 등 구체적인 인터넷무역의 목표설정과 함께 회사 전체의 통합마케팅 전략 차원에서 기회선점의 적극적인 자세가 필요하다. 그것은 인터넷이 단순한 컴퓨터 통신망이 아니라 전 세계 기업 및 소비자에게 신속하게 직접 다가갈 수 있는 인터넷 마켓의 근간이기 때문이다.

② 홈페이지 제작 및 전자우편 이용 활성화

전자상거래 시대에는 홈페이지가 회사의 브로슈어(brochure)나 상품 카탈로그의 역할은 물론, 고객지원과 의견수렴의 통로로서 중요한 역할을 한다.

홈페이지는 많은 비용을 들여 전문업체에 의뢰하여 제작할 수도 있지만, 중소기업의 경우, 한국무역정보통신, 중소기업진흥공단 등에서 제공하는 무료서비스를 이용할 수도 있다. 이때 이용자의 접속환경(통신 속도)을 고려하여 디자인과 내용을 구성해야 하며, 최신 정보를 지속적으로 업데이트해야 한다. 또한 우편, 팩스, 전화로 처리해 왔던 각종 의사교환과 거래협상 업무를 전자우편을 통해 신속하고 저렴하게 처리할 수 있다.

③ 전자무역에 적합한 내부 시스템 확립

전자무역에 적합한 신제품의 개발과 함께 효과적인 주문처리, 고객관리 및 대금결제 등을 위한 내부체제를 갖추어야 한다. 이것은 기업 내부는 물론, 외부와의 정보교환과 업무를 인터넷 상에서 통합적으로 처리할 수 있는 인트라넷(intranet)의 구축과 함께 업무방식의 혁신을 강화해야 한다는 것을 의미한다.

④ 전문인력 양성

거래선 발굴과 각종 무역관련 정보의 신속한 입수 및 활용 등을 위해서는 정보검색 능력을 갖춘 인터넷을 잘 아는 실무자의 양성이 매우 중요하다. 이를 위해서는 외부교육이나 세미나 등에 적극 참가하고, 필요하다면 외부전문가의 자문을 받도록 한다. 현재 전자상거래지원센터(ECRC), 민간연수원 등에서 이러한 전문인력 양성교육과정을 무료 또는 유료로 개설하고 있다.

⑤ 인터넷 마케팅과 웹 프로모션

무역거래 알선사이트, 검색엔진, 유즈넷 등에 등록 및 조회하고 명함, 서류, 홍보물 등에도 홈페이지와 전자우편 주소 등을 기재하는 등, 온라인 및 오프라인 상에서의 마케팅 활동을 강화해야 한다. 특히, 국내 및 해외의 거래알선 사이트를 적극 활용해야 한다.

이러한 거래알선 사이트를 이용할 경우, 업체와 상품에 대한 검색은 물론, 오퍼 등록 및 조회 등을 통해 매우 효과적으로 해외홍보와 거래선 발굴 등을 할 수 있다.

대부분 무료로 이용할 수 있는 국내 거래알선 사이트뿐만 아니라 유료인 해외 거래알선 사이트도 적극 활용할 필요가 있다.

> **웹 프로모션 전략의 필요**
>
> 홈페이지만 갖고 있는 업체가 바이어의 눈에 들어오기란 '하늘의 별따기'이다. 인터넷을 이용하여 바이어의 눈에 띄어서 거래를 성사시킬 수 있는 첫 번째 작업이 일단 고객을 끌어 모으는 작업이다. 이러한 것을 '웹 프로모션'(Web Promotion)이라고 한다.
>
> 웹 프로모션은 검색엔진등록, 해외 마켓 플레이스 등록 등 소극적인 방법에서부터 시작하여 해외 벼룩시장 게재, 메일링 리스트 등록 및 게재, 제품별 해외 수출입상 전자메일 발송, 해외 전시회에서의 사이트 홍보, 해외 출판물 발간, 해외 매스컴 보도 및 사이버 무역전시장 이용 등 적극적인 방법에 이르기까지 매우 다양하다.

2. 전자무역 수단과 비즈니스 모델

(1) 전자무역의 수단

전자무역의 주요 수단으로는 전자우편, 메일링 리스트, 유즈넷, 검색엔진, 홈페이지와 FTP, 일반 DB, 전문 DB, e-Marketplace 등이 있다.

① 전자우편

전자우편(e-mail)은 기존의 우편, 팩스, 전화 등의 역할을 대체하며 언제 어디서나 신속 정확하고, 저렴하게 각종 정보 및 서류 교환이 가능하고, 거래상담 내역의 정리, 정보의 재전송 등 다양하고 편리한 기능이 있다.

② 홈페이지

홈페이지(homepage)는 판매상품에 대한 홍보와 직접적인 마케팅, 기업홍보, 고객과의 접촉을 통한 정보의 수집, 새로운 시장의 개척을 위한 수단으로서 큰 의미를 갖는다. 홈페이지는 직접 구축할 수도 있고, 전문업체에 의뢰하여 만들 수도 있다.

홈페이지는 무료 및 유료 홈페이지를 이용하며, 수정 관리를 위해서는 FTP를 사용한다. FTP는 WS-FTP가 가장 많이 쓰이는 소프트웨어 중의 하나이다.

③ 검색엔진

검색엔진을 이용한다. 검색엔진은 국내외 여러 개가 있다. 바이어를 검색하기 위해서는 국외 검색엔진을 사용한다. 이에 따라 바이어를 검색하기 위하여 yahoo.com과 같은 검색엔진을 이용하여 특정 지역의 정보를 검색할 수 있다. 그리고 자사의 홈페이지를 해외 검색엔진에 등록할 수 있다.

④ 메일링 리스트

메일링 리스트는 유료 및 무료 사이트를 이용한다. 무료보다는 유료로 이용하는 것이 신뢰성이 높다. 이것은 Listz.com과 같은 메일링 리스트 전문검색엔진을 활용하여 거래선을 확보한다.

⑤ DB 활용

전문 DB 활용은 바이어 리스트를 확보할 수 있으며 추가적인 바이어를 지속적으로 업데이트할 수 있다. 대표적으로 Kompass가 유명하다. 이러한 DB는 일대일 마케팅 실현, 각종 정보검색 및 자사제품 홍보가 가능한 것이다.

일반 DB를 활용하여 바이어 리스트를 확보할 수도 있는데, 대표적으로 Yellow Page가 있다. 또한, 일반 DB로서는 전시회 정보를 제공하는 사이트가 많다. 그 중에서도 EXPOGUIDE를 이용하면 유익한 전시정보를 확보할 수 있다.

⑥ 무역거래 알선사이트 및 유즈넷 활용

무역거래 알선사이트(e-marketplace)를 이용하여 바이어 선정과 수출입 물품 홍보 등, 다양한 하이퍼텍스트, 멀티미디어 정보를 제공받는다. 우리나라의 4대 거래알선 사이트는 EC21, BUYKOREA, ECPLAZA, GOBIZKOREA 등이 있다.

또한, 뉴스그룹(usenet)을 이용하여 공통의 관심을 가진 사람들의 토론 게시판을 활용한다. Usenet은 인터넷 서비스 중에서 이용도가 높은 서비스의 하나이며, 규모면에서 범세계적인 수준으로 좋은 정보교환 장소가 되고 있다.

따라서 Usenet에 올려진 자료를 검색하여 활용할 수도 있고, 자신이 제공하고자 하는 정보를 이에 올릴 수도(posting) 있다.

(2) 전자무역 비즈니스 모델

전자무역의 비즈니스 모델이란 "국제무역에 있어 인터넷, 전자문서교환(EDI) 등의 각종 정보기술을 활용하여 어떻게 수익을 창출할 수 있을 것인가와 관련된 사업 모델"이라고 할 수 있다. 전자무역을 포함한 전자상거래 비즈니스 모델들은 너무 다양할 뿐만 아니라 기존의 모델들이 조금씩 변형되고 여러 모델이 서로 결합되면서 새로운 모델들

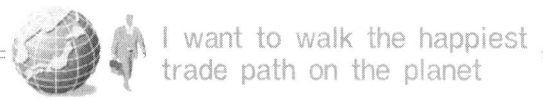

이 나타나고 있어 구분이 쉽지는 않다. 그럼에도 불구하고 다음과 같이 몇 가지로 분류해 볼 수 있다.

① 비즈니스 참여자

일반적으로 전자상거래의 비즈니스 모델은 참여자가 누구이냐에 따라 기업과 기업(B2B), 기업과 정부(B2G), 기업과 소비자(B2C), 그리고 소비자와 소비자(C2C) 간의 전자상거래로 구분할 수 있다. 상대적으로 거래규모가 크고 위험이 많이 따르는 전자무역의 경우에는 주로 기업과 기업 간의 전자상거래인 B2B와 기업과 정부 간의 전자상거래인 B2G가 해당이 된다.

② 수익의 원칙

전자상거래 비즈니스 모델은 수익의 원천이 무엇이냐에 따라 매출형, 광고형, 수수료형, 이용료형, 회비형 등으로 구분되기도 한다.

전자무역의 경우, 특정 기업이 자사의 홈페이지를 이용하여 직접 전 세계를 대상으로 판매가 이루어진다고 하면 매출형에 해당된다. 그러나 양 당사자의 중간에서 거래를 중계해 주는 무역거래 알선사이트와 e-마켓플레이스 등의 경우에는 회비형 내지 광고형에 가깝다고 할 수 있다. 반면에 전문무역정보, 신용조회, 무역자동화 서비스 등을 제공하는 경우에는 수수료형 내지 이용료형이 많다고 할 수 있다

③ 거래당사자의 상호작용

전자상거래 비즈니스 모델은 거래에 참여하는 당사자들의 상호작용 형태에 따라 '일 대 일', '일 대 다수', '다수 대 다수'로 구분할 수도 있다. 전자무역과 관련하여 무역거래 알선사이트와 e-마켓플레이스 등은 '다수 대 다수' 모델이라고 할 수 있다. 반면, 전문무역정보, 신용조회, 무역자동화 서비스 제공 및 전자조달(e-procurement)의 경우에는 '일 대 다수'의 모델에 해당된다.

④ 상품과 판매방식의 결합

일반적으로 전자상거래의 비즈니스 모델은 상품과 판매방식의 결합에 따라 물리적 상품 중심형, 디지털 상품 중심형, 서비스 중심형 등으로 구분할 수 있다.

전자무역의 경우 물리적 상품 중심형은 자사의 홈페이지나 무역거래 알선사이트, e-

마켓플레이스 등을 이용한 기존의 물리적 상품을 사고파는 경우를 말한다. 이에 반해, 디지털 상품 중심형은 데이터베이스화된 자료를 바탕으로 한 전문무역정보, 신용조회 서비스 등을 제공하는 경우를 말한다.

그리고 서비스 중심형은 무역관련 서류를 전자문서의 형태로 주고받을 수 있도록 하는 EDI 방식의 무역자동화 서비스와 무역대행 서비스 등이 대표적인 예다.

⑤ 기존 사업의 연장 또는 신규사업

일반적으로 전자무역의 비즈니스 모델은 순수한 인터넷에서만 가능한 새로운 비즈니스 모델과 기존의 사업이 인터넷에 이식된 모델로 구분할 수 있다. 전자무역의 경우 e-Marketplace와 무역자동화 서비스는 순수 온라인 비즈니스 모델이 가깝다고 할 수 있다. 반면, 홈페이지를 이용한 제품판매와 전문 무역정보, 신용조회, 전자무역관련 온라인 원격 서비스 제공 등은 기존의 사업이 인터넷에 이식된 모델이라고 할 수 있다.

3. 전자무역 수출절차

(1) 전자무역의 수출절차(flowchart)

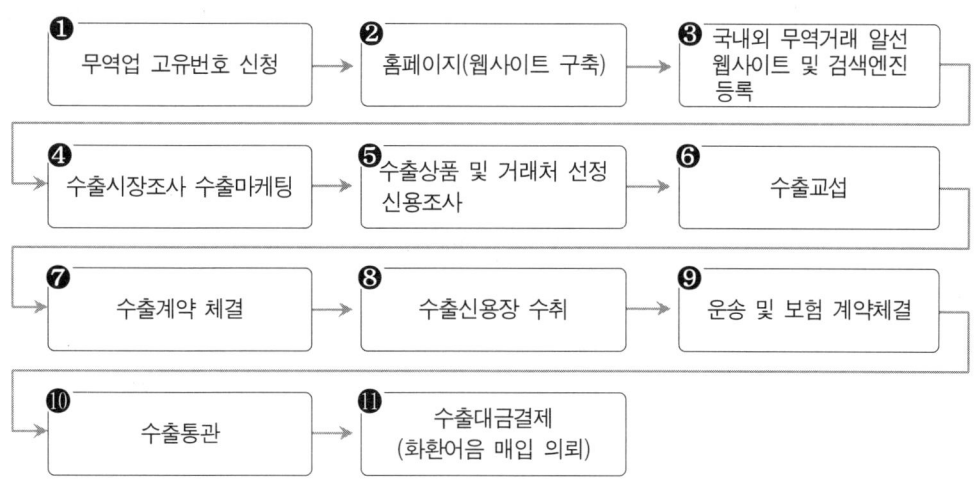

(2) 전자무역 수출절차의 주요내용

① 무역업고유번호 신청

2000년 1월 1일부터 무역업신고제도가 폐지됨에 따라 무역업을 하고자 하는 자는 무역업고유번호를 한국무역협회장으로부터 부여받아야 한다. 무역업고유번호의 신청은 우편, FAX, EDI 등의 방법으로 할 수 있다.

② 홈페이지(Homepage, Web site) 구축

대한무역투자진흥공사(KOTRA), 한국무역협회(KITA), 한국무역정보통신(KTNET), 중소기업진흥공단에서 중소업자의 홈페이지 구축을 지원하고 있다. 자사 홈페이지를 직접 구축할 수 없는 경우 전문업자에게 의뢰하면 된다.

③ 국내외 무역거래알선 웹사이트 및 검색엔진 등록

국내외 무역거래알선 웹사이트에 등록하면 해외 바이어들이 홈페이지를 방문하여 수출조건을 조회(inquiry)하는 E-mail을 보내온다.

국외무역 거래알선 사이트에는 세계무역센터협회(WTCA), 국제연합(UN), Trade Leads, Access-Trade, GEIS 등이 있고 국내무역거래 알선사이트에는 EC KOREA의 www.eckorea.net, EC21의 www.ec21.net, KOTRA의 www.buykorea.or.kr, 그리고 SBC의 www.gobizkorea.com 등이 있다. 국외검색엔진에는 Yahoo, Altavista, Infoseek, Lycos 등이 있다.

[국내외 주요 웹사이트]

단체명	웹사이트 주소	단체명	웹사이트 주소
EC Korea	www.eckorea.net	EC21	www.ec21.net
KOTRA	www.buykorea.net	KITA	www.tradekorea.com
ICES	www.icesine.com	중소기업진흥공단	www.gobizkorea.com
ATN World	www.atnworld.com	ETO	www.unicc.org/untpdc/eto/info/aout.html
Asian Source On-Line	www.asiansources.com	Trade Post	www.tradepost-chat.com

The Trade Zone	www.tradezone.com/tz/trdzone.htm	NAFTA NET Buy/Sell	www.nafta.net/buysell.htm
WTC Network	www.wtca.org	Swiss Info Import-Export Bulletin Board	trade.swissinfo.net
Trade Compass	www.tradecompass.com	Trade Match	www.tradematch.com
Bepop	www.bepop.it/trade	Trade Point USA	www.tpusa.com
Asia Trade	www.asiatrade.com	Trade Leaders	www.tradeleaders.com
Trade Compass	www.tradecompass.com/mktplace	Access Trade	www.access-trade.com

④ 수출시장 조사와 수출마케팅

[수출시장 조사]

국제무역거래에 있어서 상품을 수출하고자 할 때는 우선 목표시장을 선정하고 진출전략을 수립하는 것부터 시작해야 한다. 이러한 전략을 수립하기 위해서 수출상품에 대한 해외시장조사가 선행되어야 한다. 인터넷을 이용하면 해외시장을 쉽게 조사할 수 있다. 수출 대상국의 수출입통계, 무역관리제도, 통관절차 등의 정보는 수출 대상국의 정부기관, 무역거래알선기관 및 개인의 사이트를 방문하면 쉽게 얻을 수 있다.

[수출마케팅]

무역거래를 성공적으로 수행하려면 거래상대방에 대한 철저한 분석이 이루어져야 한다. 이러한 일련의 활동을 해외마케팅 또는 수출마케팅이라고 한다. 과거 이러한 마케팅 활동을 오프라인에서 수행하였으나 인터넷이 확산된 현재는 다양한 웹사이트를 활용하여 정보를 수집하고 가공하여 전략을 세우는 것이 가능하게 되었다.

사이버무역에서는 전 세계를 대상으로 한 광고 및 마케팅을 최소비용으로 수행할 수 있는데, 특히 그림, 음성, 동화상 등으로 다양하게 자사 소개나 제품을 소개할 수 있다. 또한, 사이버무역은 소비자와 제품 생산자를 직접 연결하는 Direct Marketing, 즉 Interactive Marketing을 활용할 수 있다. 이러한 Interactive Marketing은 자사의 웹사이트를 방문한 바이어에게 직접 상품과 서비스에 대한 정보를 제공할 수 있고 제품에 대한 질문이나 상품주문 등을 실시간으로 처리할 수 있게 된다.

> ### 인터넷 활용 해외시장조사
>
> 인터넷을 활용하여 해외마케팅 활동을 한다고 할지라도 사전 철저한 시장조사를 수행해야 하는 것은 변화가 없다는 점을 인식하는 것이 매우 중요하다.
> 　시장의 고객요구 만족과 자원의 효율적인 배분을 사전에 인지하여야 하고 그 시장의 인구통계, 문화적 특성 및 지리적 기준 등도 고려해야 한다. 이러한 시장세분화는 인터넷에서 제공하는 각종 국가정보, 통상정보 등을 통하여 가능하다.

⑤ 수출상품 및 거래처 선정

사이버무역에서는 저렴하고 신속하게 수출상품 및 거래처를 선정할 수 있다. 각국 정부, 무역관계기관, 개별기업의 웹사이트, WTO, UN, OECD 등의 국제기구의 웹사이트를 방문하면 수출상품과 거래처를 쉽게 선정할 수 있다.

국제시장에서 공개된 네트워크를 통해 무역정보 및 국가정보를 수집하여 거래처를 확보하는 경우가 많아지고 있다. 우선 각 사이트별로 지역의 경기 동향에 대한 분석을 여러 경제지표들과 함께 기술하고 있다.

또한, 경제지표들만 소개하는 것이 아니라 국가별 사회경제에 영향을 미칠 수 있는 정책, 노사관계, 금융시장의 변화 등에 대한 내용을 함께 분석, 중·단기 경기를 예측할 수 있는 유용한 정보를 제공하고 있다.

[국내외 무역거래 알선 웹사이트 및 검색엔진 등록]

국내외 무역거래 알선 웹사이트를 등록하면 해외바이어들이 Homepage를 방문하여 수출 조건을 조회(inquiry)하는 E-mail을 보내온다. 국외 및 국내 거래알선사이트는 다음과 같다.

<국외거래 알선사이트>	<국내거래 알선사이트>
• 세계무역센터협회(WTCA) • 국제연합(UN) • Trade Leads • Access-Trade • GEIS 등	• EC21 • TradeKorea • Buykorea • go-bizkorea 등

※ 국외 검색엔진에는 Yahoo, Google, Altavista, Infoseek 등이 있다.

⑥ 권유장 및 조회

[구매를 권유하는 권유장 발송]

신규 거래처를 발굴한 후 거래처에게 구매를 권유하는 권유장(circular letter)을 발송한다. 전자(인터넷, 사이버)무역의 경우에는 이메일이나 인터넷 팩스 등을 이용한다.

선진국 시장으로 진입하겠다는 목표로 권유장을 보내는 경우, 대부분의 기업들이 이메일 주소를 가지고 있으므로 권유장에 대한 답장을 빨리 받을 수 있다.

이메일로 수출입 상담을 한 다음, 확정 오퍼를 교환한 후 무역계약을 체결하면 된다. 그 뒤 무역계약서에 따라 거래방식에 따른 후속조치(전통적인 무역절차와 같음)를 취한다. 인터넷에 자사의 홈페이지를 제작하는 것은 수입자에게 신뢰감을 주므로 매우 중요하다.

[조 회]

조회(inquiry)를 받는 경우에 대비하여 권유장을 보낼 때는 자사의 웹 주소와 이메일 주소를 기재하여야 한다. 조회를 받게 되면 무역계약을 하기 전에 인터넷을 이용하여 해당 기업의 웹사이트를 방문하여 기업에 대해 분석하고 수입업체의 신용을 신용조사기관(한국무역보험공사, 신용보증기관, 수출입은행, 대한무역투자진흥공사, 상공회의소 등) 등을 통하여 면밀히 조사하여 거래할 때에 문제점이 없는지 살펴보아야 한다.

거래처를 발굴하기 위해서는 시장조사와 그 지역에 잘 팔리는 상품을 파악하는 일 등, 아주 기본적인 자료를 갖고 하여야 하는데, 인터넷을 이용하면 시간과 노력이 많이 절약된다.

⑦ 전자무역의 청약 및 승낙

인터넷을 통하여 수입자에 대한 신용을 조사한 후, 조회에 대한 오퍼(offer)를 이메일로 보낸다. 오퍼에 대하여 이메일로 상담을 하다가 확정 오퍼(frim offer)가 정해지면 무역계약을 체결하면 된다.

그러나 전자(인터넷, 사이버)무역의 최대 과제인 이메일에 의한 청약과 승낙이 법적 효력이 없다는 문제가 있다. 이것이 해결되지 않으면 인터넷무역은 성장한계가 있다.

그러므로 인터넷에 의하여 무역계약을 체결하기 위해서는 수입자와 수출자가 서로 신뢰할 수 있어야 하는데, 현실적으로는 많은 거래가 이루어진 후에야 그것이 가능해진다는 것을 유의해야 한다.

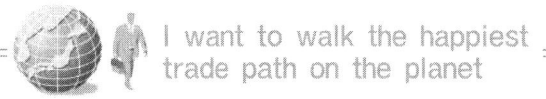

다음의 기존방식과 전자무역의 무역계약 체결과정을 살펴보자.

◆ 전자무역과 기존무역의 계약체결 과정 비교

전자무역 계약체결 과정		기존무역 계약체결 과정
• 통관정보시스템(KCIS) • KOTIS 등 • 언론 사이트(무역일보 등)	1 아이템 선정	• 통계 등 각종 정보 • 국내 공급업체 확보
• 국가별 통계 사이트 • 무역유관기관 사이트 • 시장조사기관 사이트	2 해외시장 조사	• 거시적 상황(시장성 파악) • 미시적 상황(경쟁력 파악)
• 홈페이지 • 거래알선 사이트 • 유즈넷	3 해외홍보/마케팅	• 홍보매체 광고 • 전시회 등 참가
• 거래알선 사이트 • 유즈넷 • 언론 사이트(무역일보 등)	4 거래선 발굴	• 무역유관기관 활용 • 해외지사 방문 등
• 전자우편 • 인터넷 팩스	5 거래제의	• 거래제의 서신 발송 (우편, 팩스 등 이용)
• 신용조사기관 사이트 • 기업/신용DB 사이트	6 신용조사	• 신뢰성 파악 (무역보험공사 등 이용)
• 전자우편 • 인터넷 홈팩스 • 인터넷 화상회의	7 거래조건 협상	• 가격, 품질, 결제 등 • 청약 및 승낙
• 전자우편	8 무역계약 체결	• 계약서 작성 (우편 또는 해외출장)

⑧ 무역계약 체결

무역계약(전자계약)은 일정한 법률효과의 발생을 목적으로 하는 둘 이상 당사자의 전자적 의사표시의 합치에 의하여 성립하는 법률행위이다.

무역계약 체결은 매수인으로부터 금전을 대가로 매도인이 매수인에게 소유권을 이전하거나 이전하기로 약정하는 구속력 있는 합의이다. 그러나 인터넷을 이용한 전자무역 계약에서는 전자적 의사표시가 해당 전자장비만이 이해할 수 있는 일정한 전자적 신호로 이루어진 특수 언어로 구성되므로 인간의 인식 가능성이란 측면에서 장애가 발생할 가능성이 높은 것이 문제가 되는 등의 상당한 문제점이 있다.

이 외에도 ① 계약의 성립시기, ② 무능력자 또는 권한이 없는 자에 의한 의사표시와 하자가 있는 의사표시의 효력, ③ 시스템 장애로 인한 전송의 위험부담, ④ 네트워크 운영자의 책임 등이 문제점으로 지적되고 있다. 따라서 규모가 큰 기업과 기업(B2B) 간의 무역거래 계약은 아직까지는 인터넷을 통한 거래계약을 체결하기 보다는 전통적 방식의 계약서 작성에 의한 계약 체결을 하는 경우가 대부분이다.

⑨ 수출신용장 수취

신용장 결제방식에 의한 수출거래의 경우, 수출자는 수입자가 개설한 수출신용장을 수취하고 수출계약서와 일치하는가를 점검한다.

신용카드로 결제하는 경우, 수입자의 신용을 KOTRA 해외무역관, 한국무역보험공사 및 국내외 신용조사기관을 통하여 조사해야 한다.

⑩ 운송 및 보험 계약체결

CFR 및 CIF 조건의 경우 수출자가 운송 계약을 체결하고 FOB 조건의 경우, 수입자가 운송계약을 체결한다.

보험계약은 FOB 및 CFR의 경우는 수입자가, CIF 조건의 경우는 수출자가 체결한다. 사이버무역에서 소량화물은 DHL 등 국제특송업자에게 운송을 의뢰한다.

⑪ 수출통관

DHL 등으로 운송하는 경우, 국제우체국에서 간이 통관절차를 밟는다. 일반화물의 경우, 관세사나 자신이 직접 EDI로 수출통관을 의뢰한다. 수출통관의 경우 100% 무역자동화가 이루어지고 있다.

⑫ 수출대금결제(화환어음의 매입의뢰)

수출결제방법은 송금결제방법, 추심결제(D/P, D/A)방법, 신용장결제방법이 있다. 신용장결제방법의 경우, 선적서류를 첨부한 화환어음을 매입은행에 매입을 의뢰한다.

4. 전자무역 수입절차

(1) 전자무역의 수입절차(flowchart)

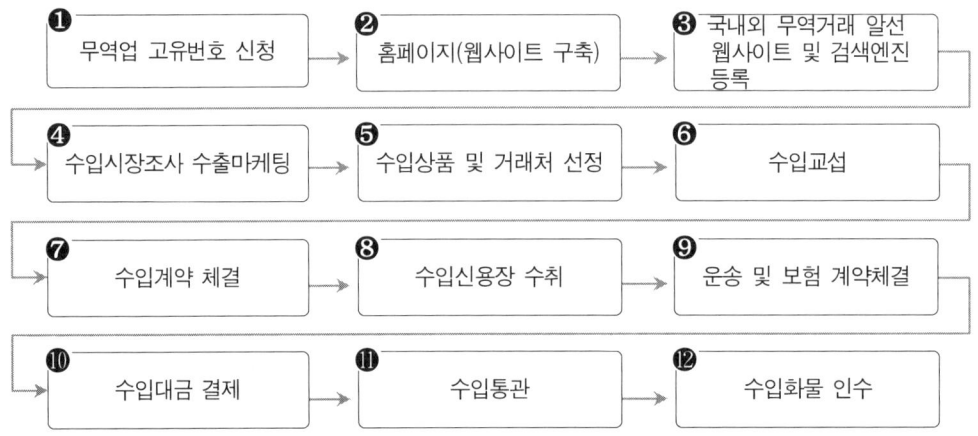

(2) 전자무역 수입절차의 주요내용

① 무역업고유번호 신청

무역업을 하고자 하는 자는 무역업고유번호를 한국무역협회장에게 신청하여야 하고 한국무역협회장은 접수 즉시 신청자에게 고유번호를 부여한다.

② 홈페이지(Home Page, Web Site) 구축

대한무역진흥공사(KOTRA), 한국무역협회(KITA), 한국무역정보통신(KTNET), 중소기업진흥공단(SBC) 등에서 중소업자 등의 홈페이지 구축을 지원하고 있다. 자사가 직접 홈페이지를 구축할 수 없는 경우 전문업자에게 의뢰할 수 있다.

③ 국내외 무역거래 알선 웹사이트 및 검색엔진 등록

국내외 무역거래 알선사이트에 등록하여 offer to buy, inquiry를 올리면 해외수출업자(제조업자)들이 홈페이지 방문하여 수입조건을 조회하는 Mail을 보내온다.

④ 전자무역 시장조사와 마케팅

인터넷을 이용하면 해외시장을 쉽게 조사할 수 있다. 수입대상국의 수입통계, 무역관리제도, 통관절차 등의 정보는 수입대상국의 정부기관, 무역거래 알선기관 및 개인의 사이트를 방문하면 쉽게 얻을 수 있다.

전자무역은 사이버 무역으로 그림, 음성, 동영상 등으로 보다 다양하게 자기 회사 소개나 제품을 소개할 수 있으며, 이로 인하여 전 세계를 대상으로 한 광고 및 마케팅을 최소의 비용으로 수행할 수 있다.

⑤ 수입상품 및 거래처의 선정

사이버 무역에서 저렴하고, 신속하게 수입상품 및 거래처를 선정할 수 있다. 각국 정부, 무역 관련기관, 개별기업의 웹사이트, WTO, UN, OECD 등, 국제기구의 웹사이트를 방문하면 수입상품과 거래처를 쉽게 선정할 수 있다.

⑥ 수입교섭

수입업자의 홈페이지를 방문한 해외수출업자가 판매오퍼를 보내오고 이 오퍼를 승낙하면 무역계약은 성립된다. 검색엔진에 의하여 검색한 해외의 Shipping Mail에 접속하여 수입하고자 하는 상품을 E-mail이나 On-Line으로 주문한다.

또한, 해외수출자의 홈페이지를 방문하여 Offer to Sell을 보고, 조회를 보내면 수출자로부터 Offer가 E-mail로 보내온다. 이 Offer를 승낙하면 무역계약은 성립된다.

⑦ 수입계약 체결

수입계약이 성립되면 수입계약서를 작성하여 수입계약을 체결한다. 보안상 수입계약서는 E-mail로 보내지 않고 FAX로 보내야 한다.

⑧ 수입신용장의 개설

신용장 결제방식을 통한 수입의 경우, 수입자는 신용장개설은행에 수입신용장 개설을 의뢰한다. 추심결제방식을 통한 수입의 경우, D/P 및 D/A 방식으로 결제한다. 소량화물의 경우, 인터넷무역에서 신용카드로 결제하는데 1인당 신용카드 사용액의 한도가 있으므로 유의해야 한다.

⑨ 운송 및 보험계약 체결

운송계약은 CFR 및 CIF 조건의 경우 수출자가 운송계약을 체결하고, FOB 조건의 경우 수입자가 운송계약을 체결한다. 보험계약은 FOB 및 CFR의 경우 수입자가 보험계약

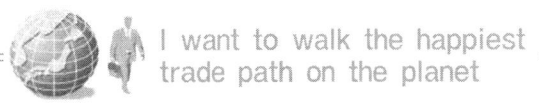

을 체결하고, CIF 조건의 경우 수출자가 보험계약을 체결한다. 인터넷무역에서 소량화물은 DHL 등 국제특송업자에게 운송을 의뢰한다.

⑩ 수입대금 결제

수입대금 결제방법에는 송금결제방법, 추심결제방법(D/P, D/A)과 신용장에 의한 대금결제방법이 있다. 소액결제나 Shipping Mail로 주문하는 경우 신용카드로 결제한다.

⑪ 수입통관

관세사나 자신이 직접 수입통관 자동화시스템을 통해 수입통관을 의뢰하고 관세 및 내국세를 납부한다. 현재 수입통관도 100% 자동화가 이루어지고 있다.

⑫ 수입화물의 인수

수입신고필증을 세관에게 제시하고 보세구역에서 수입화물을 인수한다.

무역자동화 시스템

1. 무역자동화 개요

(1) 무역자동화 개념

무역자동화란 무역업무 처리에 있어서 서류문서를 전통적인 방법(인편, 우편, Fax 등)에 의해 전달하지 않고, 전자파일의 한 형태로 하여 데이터 통신망을 통해 전달함으로써 서류 없는 무역(paperless trade)이 이루어지는 시스템을 말한다. 즉, 무역자동화는 무역과 관련되는 수많은 기관이나 단체, 또는 기업 간의 업무처리가 종이로 된 문서가 아닌 표준화된 전자문서로 자료를 주고받는 EDI(Electronic Data Interchange)로 이루어진다는 것을 의미한다.

다시 말해, 수출입에 관련된 각종 행정 및 상거래 서류를 컴퓨터가 읽을 수 있는 표준화된 전자문서의 형태로 바꾸어 컴퓨터로 주고받음으로써 궁극적으로는 서류가 없이 거래 내역을 전달하는 무역(paperless trade)을 실현하는 것을 의미한다.

무역관련 업무처리방식의 변천과정을 살펴보면 초기에는 무역서식, 무역거래 조건 및 용어 등의 표준화가 추진된데 이어 무역절차 간소화가 UN 등 국제기구의 주관 하에 적극 추진되었으며, 1980년대 이후 EDI를 이용한 무역업무의 자동화에 세계 각국의 관심과 노력이 집중되고 있다.

> 무역부문에서도 자동화는 국제 교역량의 증가 및 관련 분야의 전산화와 더불어 국제교역의 필수사항이 되었으며, EDI 방식을 이용하지 않고서는 수출상대국에 의해 불이익을 받게 될 정도로 국제무역 환경은 급격하게 변화하고 있다. 무역자동화는 미국, 일본, EU 등 선진국에서는 이미 보편화되고 있고 우리나라와 유사한 무역환경을 가진 호주, 뉴질랜드, 싱가포르, 대만 등에서도 활발히 이용하고 있다.

(2) 무역자동화의 필요성

① 국내적인 요인

[기존의 수작업에 의한 무역업무 처리의 한계]

무역규모 및 무역거래 건수는 연평균 13% 이상 증가하고 무역거래 한 건당 적게는 50개, 많게는 150여개 서류가 통용되므로, 이 같은 복잡한 무역절차로 4주일 정도의 기간이 소요되어 비용과 시간에 많은 문제점을 내포하고 있다.

[국제경쟁력 유지, 강화의 시급성]

심각한 항만화물 적체 및 교통체증으로 직·간접 손실이 급증하고 신속한 업무처리 및 소량 다품종 수출요구가 증대되고 있어 이러한 무역환경에 신속한 대응처리를 필요로 하고 있다.

② 대외적인 요인

[무역자동화의 국제적인 추세]

미국, EU 등의 구미 각국은 물론 일본, 싱가포르, 대만 등의 경쟁국도 무역자동화는 실제 거래시에 EDI로 거래를 희망하여 그 필요성이 증대되었다. 또한, 유엔(UN), 관세협력이사회(CCC : Customs Cooperation Council) 등 국제기구들도 EDI의 이용을 적극 지원하고 있어 그 이용이 활발하여 지속적인 증가추세이다.

[EDI에 의한 무역업무 처리요구 대응]

세계 여러 나라 중 무역자동화 실시국가에 대한 우리나라 총수출은 그 액수에 있어 약 80%를 차지하고 있으며, 미국의 경우 서류제출은 4~5일이 소요되는데 반해, EDI 방식으로 처리시 당일 통관이 가능하다.

[새로운 변화에 따른 Incoterms의 개정]

국제상공회의소는 현행 무역조건을 보다 명확히 하고 현행 무역실무절차를 간소화하며, EDI방식의 유통운송서류를 수용하고 새로운 수송기법의 변화에 대응하기 위하여 1990년에 Incoterms를 개정하였다.

개정의 주요목적은 EDI(Electronic Data Interchange)의 사용증가에 따라 무역 조건에 EDI를 적용시키는데 있다. 1990년 개정으로 상업, 통관, 인도증명서류, 즉 운송서류를 EDI로 활용할 수 있게 되었다. 또한, Incoterms 2000, 2010, 2020을 개정하면서 기존에 불필요한 조건들을 삭제하였다.

(3) 무역자동화 관련 국내외 법제

① 전자거래기본법

전자거래기본법은 1999년 7월 1일부터 발효된 것으로 거래의 안전성 확보와 매수인 보호를 위한 기본규정을 제외하고는 경쟁의 원리에 따라 민간 주도에 맡기고 있으며, 매수인 보호를 위한 기반을 더욱 공고히 하고, 분쟁조정위원회의 설립근거를 두어 큰 비용 부담 없이 신속한 분쟁해결 절차를 마련하고 있다.

또한, 정부의 역할과 민간 주도 원칙 간의 조화를 위해 정부로부터 인정받은 공인인증기관과 민간이 자유롭게 운영하는 인증기관으로 이원화하였다. 전자거래기본법은 다른 법령에 특별한 규정이 있는 경우를 제외하고는 전자문서에 대하여 서면에 의한 문서와 동일한 효력을 부여하고, 전자서명 역시 서면상의 서명 또는 기명날인으로 보도록 하고 있다.

전자거래기본법 특징은 EDI만이 아니라 전자거래 전반에 걸쳐 포괄적인 규정을 하고 있는 법으로서 민법이나 상법에 대하여는 특별법적 지위에 있지만, 전자서명법과 같은 법에 대하여는 일반법적 역할을 하게 되며, 조항별로 당사자의 합의에 의해 변경 적용이 가능하다고 하지만, 일부조항의 위반에 관해서는 처벌을 받는 강행법적 성격도 지닌다.

② 전자무역 촉진에 관한 법률

1991년 12월 31일 법률 제4479호로 제정 공포된 이 법률은 이듬해인 1992년 7월 1일 발효되었고 1993년 3월 6일 법률 제4541호로 개정된 바 있다. 이법은 제정 당시 세계 최초로 EDI를 법제화한 성문법으로 주목을 받았다.

그리고 국내외에 이 분야 입법에 많은 기준을 제공하였다는 점에서 그 의미가 있으나 무역업무 분야에 대한 특별법이기 때문에 다른 모든 분야에 대한 전자거래의 일반적 기준으로는 한계가 있어 다른 특별법들이 양산되는 발단을 제공하였다는 지적이 있다.

③ Bolero Project와 Trade Card System

무역업무의 자동화는 미국, 일본, EU 등에서는 이미 보편화되어 있고, 호주, 싱가포르, 대만 등에서도 활발히 이루어지고 있다.

국제적으로는 1990년 국제해사위원회(CMI)에 의해 전자식 선화증권에 관한 CMI 규칙(CMI Rules for electronic bills of Lading)이 제정되었고, 1996년에 국제상거래법위원회(UNCITRAL : United Nations Commission on International Trade Law)에서 전자상거래 모델법(UNCITRAL Modal Law on Electronic Commerce)을 제정하는 등, 범세계적으로 전자거래에 대한 법적 환경이 정비되었고, 이를 상업적으로 이용하려는 노력도 계속되었다.

전자상거래의 상업적 이용에 Bolero Project와 Trade Card System이 대표적으로 Bolero(Bill of Lading Electronic Registry Organization)는 1994년 조직이 출범하여 SWIFT(Society for Worldwide Interbank Financial Telecommunications : 세계은행간 금융전신망)에 TT Club(Through Transport Club)이 참여하여 세운 Bolero Operation Ltd,에 의해 선화증권을 포함한 무역서류 전반에 걸친 전자화 Project를 추진해 왔다.

Bolero Project는 1995년 7월부터 3개월간 법적, 기술적 타당성 검토를 위한 테스트를 거쳤으며, 이후 우리나라를 포함한 전 세계 18개 무역권에 대한 법률 분석을 완료하고 1999년 9월부터 업무를 개시하였다. Trade Card System은 수출·수입업체들이 비즈니스를 전자식으로 처리하고 대금도 신용으로 처리할 수 있는 시스템으로 개인 간의 신용카드 거래를 무역으로까지 확대한 개념이다.

Bolero Project와 Trade Card System은 국제적인 무역자동화 노력의 대표적인 사례로서 양자 모두 현재까지 출현한 최선의 기술과 표준을 채택하고 있으며, 궁극적으로 모든 무역서류의 전자화와 그 중계 역할을 수행한다는 목표도 동일하다. 다만, 제공하고자 하는 서비스의 방향에서는 차이가 있다.

(4) 무역업무의 전통적 방식과 EDI 방식의 비교

① 전통적인 무역업무 처리체계

지금까지의 전통적인 무역업무 처리체계는 무역업계와 세관, 항만, 선사, 은행 등 무역유관기관이 마치 거미줄과 같이 복잡하게 얽혀 있어서 인력과 시간의 낭비가 많았다. 따라서 거래 당사자들은 독자적인 전산망을 구축하거나 사람이 서류를 가지고 일일이 다니면서 무역절차를 밟아야만 했었다.

> 무역자동화 이전에는 무역거래 1건 처리를 위해 평균 27개 무역유관기관과 업체가 서류 40여개를 공공 및 민간 서식을 교환하였다. 그리고 평균 200여개의 데이터 항목을 기재해야 하며, 30여개 데이터 항목은 20회 이상 반복 사용하였다. 또한, 제품원가의 7~15%가 사무비용이며, 외부 자료의 70%를 재입력해서 사용해야 했다.

따라서 무역업체가 종전의 형태로 문서를 주고받는다면 외국환은행, 세관, 보험사, 선사, 육송업체, 항공사, 항만, 창고업자 등에 직접 다니며 거래하지 않으면 안 되었다.

따라서 물류비의 과다한 상승, 수작업에 의한 무역업무 처리의 한계 등, 문제점을 해결하고 무역자동화의 국제적 요구, 기업의 수도권 집중현상 완화 등에 대비하기 위해 무역자동화 사업의 필요성이 제기되었다.

② EDI에 의한 무역업무 처리체계

무역자동화 시스템은 무역자동화 사업자(KTNET)가 수출입 절차 전반에 걸쳐 중앙에서 무역업체와 무역유관기관을 유기적으로 연결하여 무역관련 각종 전자문서와 무역정보를 24시간 Non-stop으로 중계, 전송하게 된다.

무역자동화 시스템은 전자문서와 통신방법에 관한 국제표준을 따르고 있기 때문에 컴퓨터 기종에 상관없이 거래상대방과 정보교환이 가능할 뿐만 아니라 국가기간전산망, 기존의 민간 VAN은 물론, 국제무역 망과도 연결이 용이하다.

따라서 무역업체와 무역유관기관은 지역이나 시간에 제약받지 않고 국내는 물론, 외국과의 무역업무를 무역자동화로 신속 정확하게 처리하는 것이 가능하게 되는 것이다.

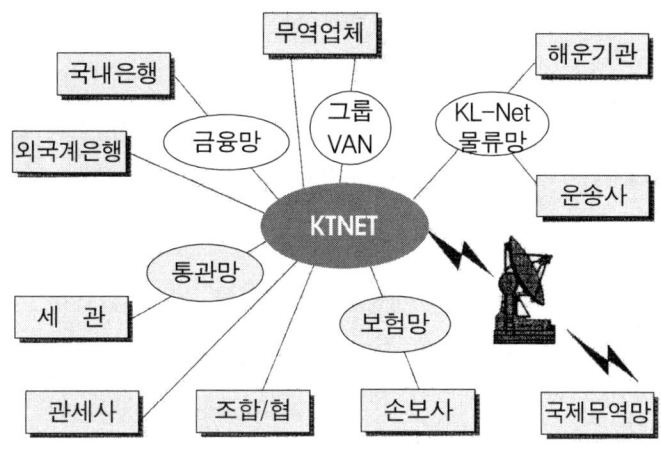

[그림 IX-2] 무역자동화 망 구성도

2. 무역자동화 서비스 유형

무역자동화 서비스 유형은 크게 무역 EDI 서비스, 통관 EDI 서비스, 물류 EDI 서비스로 구분하고 있다.

(1) 무역 EDI 서비스

EDI(Electronic Data Interchange)란 수출입에 관련된 각종 행정 및 상거래 서식을 컴퓨터가 인식할 수 있는 전자문서로 바꾸어 컴퓨터로 주고받음으로써 서류 없는 무역절차를 실현하는 것을 의미한다. 다시 말해 종전처럼 사람이 서류를 직접 들고 은행, 조합, 세관 등을 일일이 다니거나 우편, FAX 등을 통해 무역업무를 처리하는 대신 컴퓨터를 이용한 전자문서교환방식(EDI)을 통해 사무실에서 빠르고 간편하게 무역 업무를 처리하는 것을 말한다.

① 은행 업무

[수출신용장 통지 업무]

신용장은 우편, 텔렉스, 세계은행 간 금융전신망(SWIFT : Society for Worldwide Interbank Financial Telecommunication)을 통해 통지되고 있으며, SWIFT를 통해 가장 많이 이루어지고 있다. KTNET(한국무역정보통신)은 SWIFT를 통해 신용장 통지업무를 EDI(Electronic Data Interchange) 방식으로 서비스하고 있다.

<은행 업무 개념도>

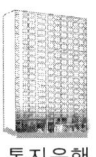
통지은행

신용장(조건변경) 통지(ADV 700/701/705)
해외양도신용장 통지(ADV 720)
타행통지신용장 통지(ADV 710)

수익자

업무절차는 국내 통지은행은 해외 개설은행으로부터 수신한 SWIFT 전문을 전자문서로 변환하여 국내 수익자(수출자)에게 송신하고, L/C 개설수수료처럼 통지수수료도 자동이체 또는 익월 일괄 후취의 방법으로 은행에 납부한다.

② 수입신용장 개설 업무

수입신용장의 개설은 개설의뢰인, 즉 수입자의 요청과 지시에 따라서 개설은행이 신용장을 개설하는 것을 말하는데 지급보증 행위의 일종이므로 개설은행은 개설 의뢰인의 신용상태 및 담보능력을 고려하여 개설해 준다. KTNET은 수입신용장 개설업무를 EDI방식으로 서비스하고 있다.

<수입신용장 개설 업무 개념도>

개설의뢰인

신용장개설(조건변경) 신청
(APP 700 / APP 707)

신용장개설(조건변경) 응답
(INF 700 / INF 707)

개설은행

업무절차는 개설 의뢰인은 APP700(또는 APP707) 전자문서를 개설은행에 보내면 개설은행은 국내 개설 의뢰인에게 INF700(또는 INF707) 전자문서로, 해외 통지은행에게는 SWIFT 전문으로 전송한다.

> 효과는 개설은행을 방문하지 않고도 L/C 개설이 가능하고 첨부서류를 따로 제출할 필요가 없어 시간 및 비용이 절감된다. 개설은행의 이중입력이 거의 배제됨에 따라 해외 수익자까지의 통지기일이 통상 2일 내지 3일 단축된다.

③ 은행의 각종 통지 업무

[선적서류 내도 통지 및 내국신용장어음 도착 통보]

환어음 및 선적서류를 매입(추심의뢰)은행으로부터 접수한 개설(추심)은행은 신용장 조건과 일치하는 선적서류인가를 검토한 후, 수입자(구매자)에게 선적서류 도착사실 및 결제를 요청하는 업무를 말한다.

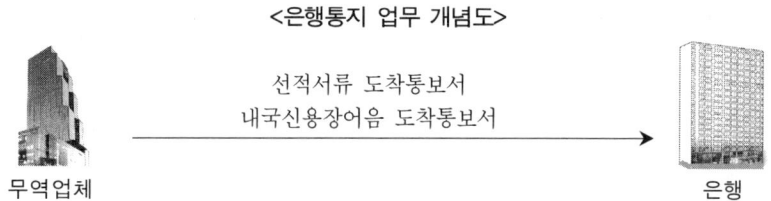

<은행통지 업무 개념도>

선적서류 도착통보서
내국신용장어음 도착통보서

무역업체 → 은행

업무절차는 수출자가 거래은행에 추심 또는 매입의뢰를 하면 매입(추심)은행은 선적서류를 개설은행(또는 추심은행)에 종전의 방식으로 서류를 송부하고, 개설은행(또는 추심은행)은 수입자(구매자) 앞으로 선적서류 내지 통지를 전송한다.

통지대상 업무는 L/C방식의 수입서류, D/P, D/A 수입서류, 내국신용장에 의한 서류 등이다.

[수출환어음 처리결과 통보]

수출업체는 매입은행에서 NEGO를 마쳤다 하더라도 지급은행으로부터 입금이 되어야만 해당 수출 건이 완료되었다고 볼 수 있다. 일람조건의 경우 입금통지로서 입금 사실을 통보하며, 기한부 조건의 경우는 수입자의 어음인수 또는 거부 여부를 본 통보서를 통해 수출업체에 통보한다.

④ 승인 및 요건 확인 업무

[수출입 승인 업무]

1997년 1월 1일 개정 시행된 대외무역법은 제한승인품목에 대해 수출입승인을 받도록 규정하고 동 제한품목은 해당조합 등 수출입 승인기관에서 승인하도록 위임하고 있다. KTNET은 1994년 1월부터 조합 등 승인기관과의 수출입 승인업무를 EDI방식으로 서비스하고 있다.

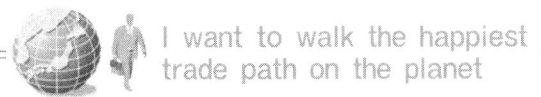

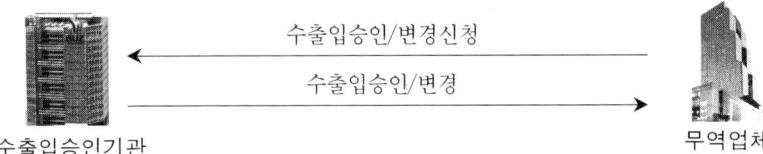

<수출입 승인 업무 개념도>

　업무절차는 무역업체는 수출입 승인(변경)신청 전자문서를 승인기관(조합, 협회 등)에 전송하고, 섬유관련 3개 조합에서 승인받는 경우 쿼터 등의 문제로 L/C, 조건표 등을 첨부해야 한다.

　승인기관은 승인업무를 처리하여 무역업체로 전송하며, 승인서는 업체가 출력하여 적색 고무인을 날인하여 첨부 서류를 필요로 하는 유관기관에 제출한다.

⑤ VISA 발급 업무

　미국, 캐나다, 유럽 등의 국가들은 우리나라의 특정 수출품(섬유류 등)에 대해 쿼터를 적용하여 수입을 제한하고 있다. 해당국 세관에서는 이들 물품의 수입시 수출국이 발행한 VISA를 징구한다. VISA 발급은 지식경제부가 해당 수출조합에 그 권한을 위임하고 있다.

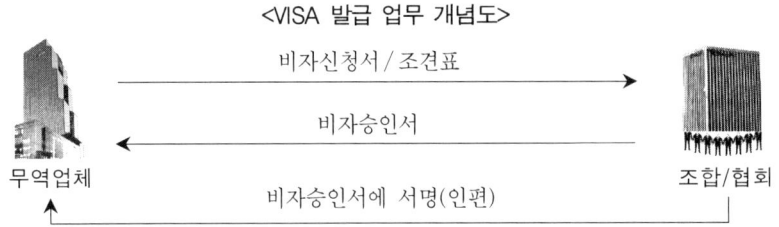

<VISA 발급 업무 개념도>

　업무절차는 무역업체는 VISA 발급신청 전자문서를 해당 조합·협회에 전송한다. 발급된 VISA 전자문서를 조합·협회로부터 미리 수령한 발급권자의 날인이 되어 있는 VISA 양식에 출력하여 사용한다. 조합의 서명이 되어 있는 VISA 양식을 미리 수령할 수 없는 경우에는 승인 내용을 VISA 양식에 출력한 후, 조합을 방문하여 발급권자의 서명을 받는다. 현재 EDI 방식으로 VISA 발급업무가 가능한 조합·협회는 한국섬유직물수출조합, 한국의류산업협회, 한국생활용품수출조합 등이다. EDI 방식으로 발급되는 VISA는 미국비자, 캐나다비자, EU/노르웨이비자 등이다.

⑥ 보험 업무

물품인도 조건에 따라 CIF, CIP 등으로 수출하는 경우에는 국내의 수출자가 보험을 부보하고 EXW, FAS, FOB, CFR 등으로 수입하는 경우에는 국내의 수입자가 보험을 부보한다.

적화보험의 부보 시점은 수출의 경우 통상적으로 선적전에, 수입의 경우 L/C개설시점에 부보하며, 적화보험 서류는 수출시 Nego용 및 수입시 세관통관용으로 사용한다. KTNET은 보험개발원과 MHS시스템을 이용하여 무역업체와 보험사 간의 적화보험 업무를 EDI 방식으로 서비스 중이다.

<보험 업무 개념도>

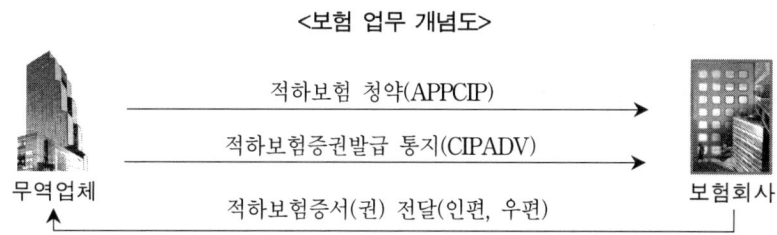

업무절차는 무역업체는 적화보험청약서를 작성하여 보험회사에 EDI 방식으로 전송한다. 보험회사는 내부업무 처리 후, 보험증권 전자문서를 무역업체에 전송한다. 무역업체는 사전에 수령한 보험증권 양식에 부보사항을 출력하여 사용한다.

보험증권을 무역업체에서 출력할 수 없을 경우에는 종전처럼 보험증권을 인편 등의 방법으로 전달한다.

(2) 통관 EDI 서비스

① 수출통관 업무

무역업체가 내국물품을 외국으로 반출시 관세법에 의한 제반 통관서류를 처리하는 업무를 말한다.

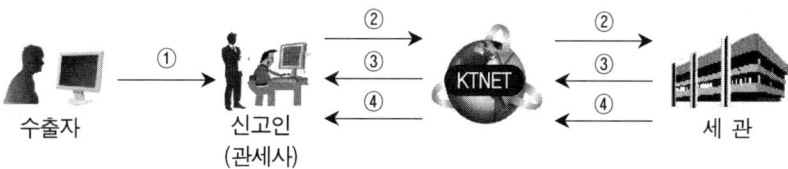

① 수출자는 EDI 방식, FAX, 인편 등을 통하여 수출신고서류를 관세사 등에 전달한다.
② 신고인(관세사 등)은 수출신고서류를 참조하여 수출신고서(CUSDEC)를 작성한 후 EDI방식으로 세관에 전송한다.
③ 세관시스템은 수신된 수출신고를 검증하여 오류가 발생한 신고 건에 대해서 오류통보(CUSRES) 전자문서를 신고인에게 전송하고, 신고인은 오류사항을 정정한 후 동일 제출번호로 최초 전송과 동일하게 전송한다.
④ 세관원이 단말기에 신고 건을 조회 확인 후 수리 KEY를 입력하면, 세관시스템에서 자동으로 수리통보(CUSRES)를 신고인에게 전송하고, 신고인은 수출신고필증을 출력하여 신고인의 확인도장을 날인하여 수출신고필증으로 사용한다.

② **수출신고 의뢰 업무**

무역수출업체가 수출신고대행자(관세사 등)에 EDI 방식으로 수출통관을 의뢰하고, 신고수리정보를 제공받는 업무를 말한다. 처리절차는 다음과 같다.

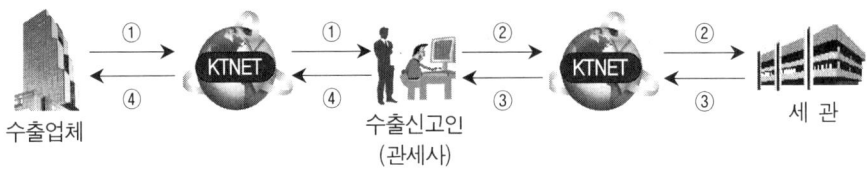

① 무역업체는 수출신고 의뢰사항을 전자문서(EXPREQ)로 작성하여 신고인(관세사 등)에 전송한다.
② 신고인(관세사 등)은 수출신고의뢰 전자문서자료를 이용하여 수출신고서(CUSDEC)를 작성, 세관에 수출신고를 한다.
③ 세관시스템은 수신된 수출신고서를 접수후, 심사 등 세관 내부업무 처리 후 관세사에 신고수리필(CUSRES)을 통지한다.
④ 신고인(관세사 등)은 수출신고 및 수리정보 전자문서(EXPRES)를 무역업체에 전송한다.

③ **수입통관 업무**

무역자가 외국으로부터 물품을 국내로 반입시 관세법에 의한 제반 통관서류를 처리하는 업무를 말한다. 처리절차는 다음과 같다.

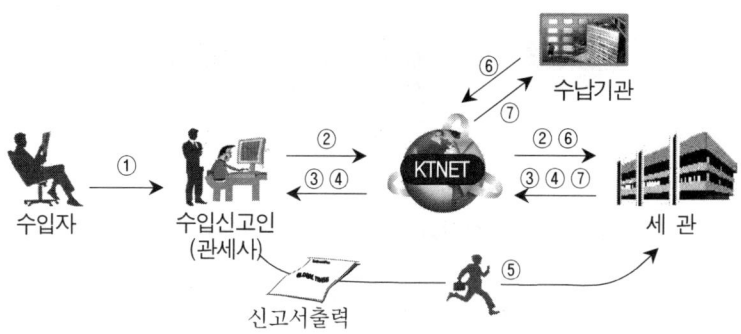

① 수입자는 EDI 방법, FAX, 인편 등을 통하여 수입신고서류를 관세사 등에 전달한다.
② 신고인(관세사 등)은 수입신고서류를 참조하여 수입신고서(CUSDEC)를 작성한 후 세관에 EDI 방식으로 제출한다.
③ 세관시스템은 수신된 수입신고를 검증하여 오류가 발생한 신고 건에 대해서 오류통보(CUSRES) 전자문서를 신고인에게 전송하고, 신고인은 오류사항을 정정한 후 동일신고번호로 최초 전송과 동일하게 전송한다.
④ 세관은 해당 신고 건에 대한 시스템 오류검증 후 기재사항에 이상이 없을 경우 접수통보(CUSRES) 전자문서를 신고인에게 전송한다.
⑤ 접수통보를 받은 신고인은 수입신고서를 출력하여 첨부서류와 함께 세관에 제출한다.
⑥ 신고인이 해당 신고 건의 납부고지서를 출력하여 국고수납기관에 관세 등을 납부하고, 관세 등을 수납한 수납기관은 세관에 수납사실을 통보하는 영수필 통지(CREADV)를 전송한다.
⑦ 세관은 수납기관이 전송한 영수필 통지를 검증하여 정상/오류 여부(GENRES)를 통지한다.
⑧ 세관은 심사/검사 등 내부 처리절차를 수행하여 신고수리 요건이 되면 수납사항이 확인되는 즉시 신고필증을 발급한다.

④ 수입신고 의뢰 업무

무역수입업체가 수입신고대행자(관세사 등)에 EDI 방식으로 수입통관을 의뢰하고, 신고수리정보를 제공받는 업무를 말한다. 처리절차는 다음과 같다.

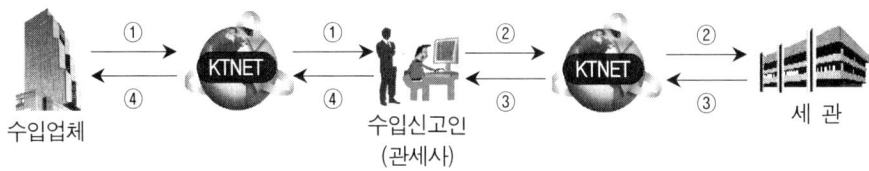

① 무역업체는 수입신고 의뢰사항을 전자문서(IMPREQ)로 작성하여 신고인(관세사 등)에 전송한다.
② 신고인(관세사 등)은 수입신고의뢰 전자문서자료를 이용하여 수입신고서(CUSDEC)를 작성, 세관에 수입신고를 한다.
③ 세관시스템은 수신된 수입신고서를 심사 등 세관 내부업무 처리 후 신고인(관세사)에게 신고수리필(CUSRES)을 통지한다.
④ 관세사 등은 수입신고 수리정보 전자문서(IMPRES)를 무역업체에 전송한다.

⑤ 수출입신고별 정보제공

무역업체가 세관에 요청하여 본인 명의로 신고 수리된 수출입신고필 정보를 관세청으로부터 직접 수신하여 내부의 무역관리 시스템에 활용하는 업무를 말한다. 처리절차는 다음과 같다.

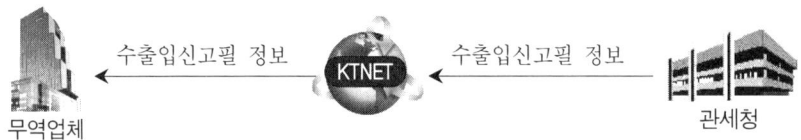

① 무역업체가 직접 신고 또는 관세사 등을 통하여 세관에 신고하여 수리된 건의 수출입신고 수리 정보(CUSDEC)를 관세청에서 일괄 취합하여 신고 수리 익일 오전에 무역업체에 전송한다.
② 신고방법(종이서류 또는 EDI 방식)에 상관없이 해당 무역업체가 신고한 모든 건에 대한 신고필 정보를 제공한다.
③ 무역업체가 여러 개의 사업장(제조자)을 가지고 있는 경우에도 본사에서 일괄적으로 수출입 실적집계가 가능하다.

⑥ 관세환급 업무

관세환급은 외국에서 원재료를 수입할 때 내수용 및 수출용을 불문하고 일단 관세 등을 징수하고 수입한 원재료로 생산한 제품을 수출한 경우, 그 원재료를 수입할 때 납부한 관세 등을 되돌려 주는 제도이다.

이 제도는 수출품목에 대한 관세부담을 수출이행 후에 제거하여 수출가격 경쟁력을 제고하는 수출지원제도이다. 처리절차는 다음과 같다.

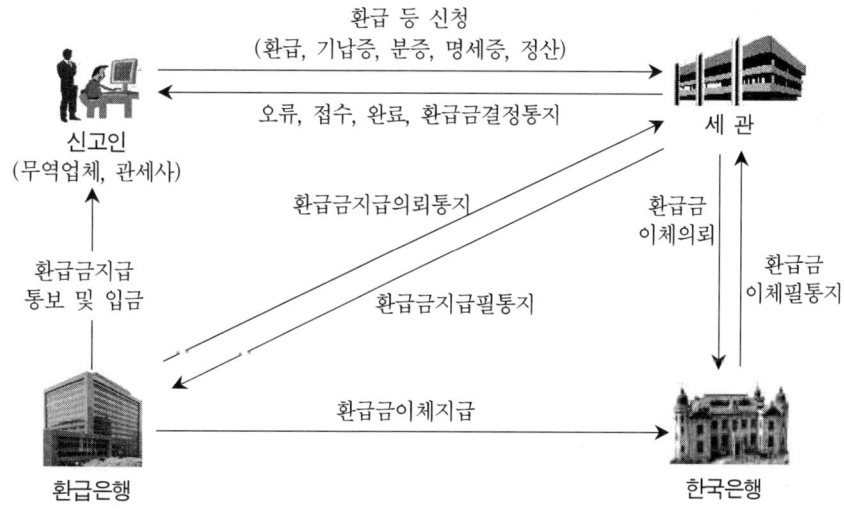

① 무역업체(관세사)는 환급신청서 등의 전자문서(CUSDRW)를 KTNET를 경유하여 관세청에 전송한다.
② 관세청은 수신한 신청서의 기본적인 입력사항을 체크하여 오류가 발생되면 오류통보(CUSAPE)를, 정상이면 내용심사 후 접수통보(CUSRES)를 접수번호 및 심사담당자 등 내용과 함께 환급업체에 전송한다(현재 간이정액 환급 및 기납, 분증인 경우 PAPERLESS 시행중이며 대상은 관세사 및 자율발급 업체임).
③ 환급업체는 접수통보 수신 후 3일내 신청서류를 해당 세관 심사담당자에게 제출한다.
④ 세관 심사담당자는 전산자료와 서류를 확인한 후 담당자 결재 처리한다.
⑤ 신청 건에 대한 결재 후 환급금 지급결정 통지(CUSRES) 또는 제증명신청의 경우 완료 통보(CUSRES) 전자문서를 신청업체에 전송한다.

⑥ 환급금 지급이 결정되면 관세청은 즉시 지급은행에 KTNET을 통하여 지급의뢰 (CREADV) 통지를 전송하고 일마감 후 한국은행에는 F/T 방식으로 환급금 이체의뢰 내역을 전송한다.

⑦ 지급은행은 환급업체 통장에 환급금을 지급한 후 관세청에 환급금지급필(DEBADV) 통지를 전송하고, 한국은행은 자금이체 후 이체필 내역을 관세청에 전송한다.

(3) 물류 EDI 서비스

CARGO PASS(수출입화물 유통정보)는 무역업체와 물류업체를 위한 통합정보 네트워크로서 일종의 한국형 CCS(Cargo Community System)이다.

① CARGO PASS 서비스

[MFCS(Manifest Consolidation System) 서비스]
- 포워더와 항공사/선사가 EDI로 전송한 적화목록의 취합기능.
- 수출입화물정보 서비스 : 화물입출항 정보, 화물추적 정보(Cargo Tracing).

[수출입 화물 물동량 및 수출입 통계정보 서비스]
- KCIS(통관정보시스템)서비스 : 수출입신고수리정보 제공.
- EDI/FAX/ARS/ACS/DB/INTERNET/E-Mail 등의 정보전달 서비스.
- 외국환취급은행과 연계 EDI 인도승낙서(D/O) 서비스.

[화주 연계 서비스]
- KTNET 가입 4,000여개 무역업체와의 선(기)적요청 및 B/L(AWB)정보 교환.
- 대화주 Arrival Notice/On Board Notice 제공.

[해외망 연계 서비스]
- 해외 파트너와의 B/L(AWB) 적화목록, 정보(Manifest) Shipping Information 교환.
- SAVfax, SAVphone, SAVedi를 이용한 통신비 절감.

② 운송 서비스

[해상수출 업무]

수출업자는 수출물품에 대한 정보를 선사·포워더에 제공하고, 선사 및 포워더는 선적화물에 대한 정보를 B/L발급통지 형태로 제공한다.

또한, 수출업자는 수출면허 내역을 선사·포워더에 제공하고, 선사·포워더로부터 화물 반출입 및 선적여부 등을 수신 받는다.

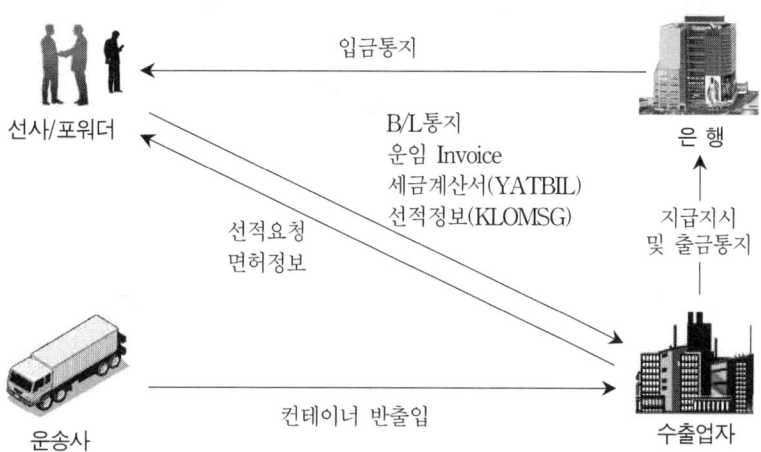

업무절차는 수출업자는 선사·포워더에 Shipping Request를 전송하면, 선사·포워더는 선적요령 Data를 근거로 B/L Data를 생성하여 수출업자에게 통보하고 아울러 운임 Invoice와 세금계산서 Data도 전송한다. 수출업자는 수출면허를 받은 후 선사·포워더에 면허 내역을 송신하면 선사·포워더는 GATE 반출입에 활용하고 선적 정보를 수출업자에게 전송한다.

또한, 육상운송사는 GATE In-out 등과 관련된 컨테이너 정보를 수출업자에게 제공하며, 수출업자와 선사·포워더는 선적운임을 거래은행을 통해 자동이체시킨다.

[해상수입 업무]

수입업자는 수입 물품에 대한 도착통보와 화물인도지시를 선사·포워더로부터 선박 입항 전에 제공받고, 필요절차를 거쳐 장치화물을 반출한다. 또한, 수입업자는 수입화물에 대한 운임 및 수수료 등을 선사·포워더와 거래은행을 통해 자동입출금시킨다.

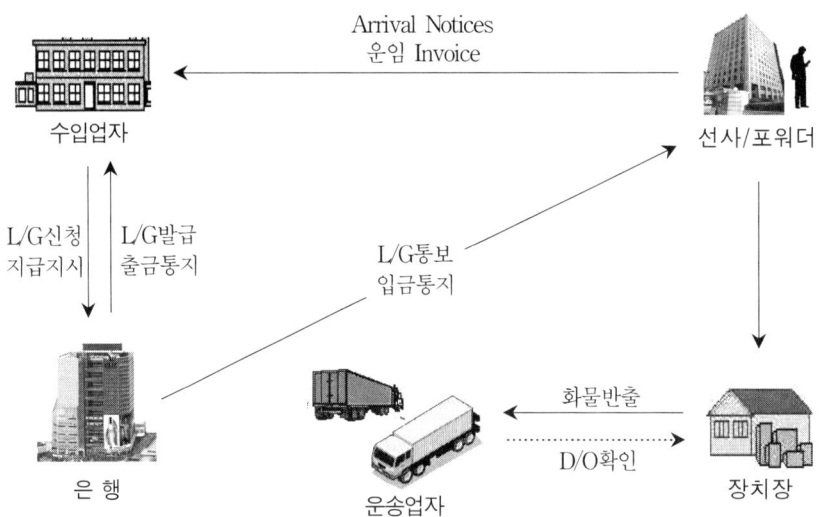

업무절차는 수입업자는 선사·포워더로부터 화물도착 전에 화물과 운임내역을 통보받고 개설은행에 L/G를 신청하면, 개설은행은 L/G를 발급하여 수입업자에게 송신하는 동시에 선사·포워더에 L/G 내역을 통보한다. 선사·포워더는 은행으로부터 접수된 L/G를 근거로 장치장에 D/O를 송부하면, 수입업자가 직접 또는 운송업자에게 위탁하여 화물을 반출한다.

또한, 수입업자는 선사·포워더에 지급할 운임을 지급토록 거래은행에 요청하면, 거래은행은 수입업자의 계좌에서 해당 운임을 인출하고 출금내역을 통지하고 아울러 선사·포워더의 계좌에 자동이체한 후 입금내역을 통지한다.

[항공수출 업무]

수출업자는 수출물품을 제조, 생산하여 수입업자의 요구나 화물인도가 급박한 경우에는 포워더에게 항공편으로 화물을 기적요청하게 되고, 포워더는 AWB과 운임청구 Invoice 및 세금계산서를 발급하여 수출업자에게 인도하는 동시에 운임 입출금 내역을 거래은행을 통해 수행한다.

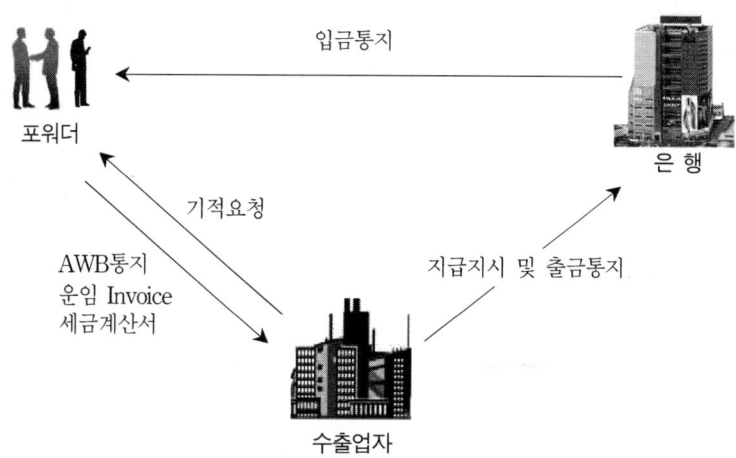

업무처리는 수출업자는 포워더에 Shipping Request, Commercial Invoice, Packing List 등을 송신하여 기적요청하면 포워더는 기적요청 Data를 통해 AWB Data를 생성하며 수출업자의 요구에 따라 C/I, P/L 등을 출력한 후 수출업자의 사인방을 날인하여 원본으로 활용할 수 있다.

수출업자는 포워더로부터 AWB Data를 수신 받아 포워더로부터 사전에 받은 화주용 AWB 원본에 Data를 출력하고 포워더의 사인방을 날인, ON-BOARD 도장을 날인함으로써 전한 서류원본이 되어 Nego은행에 가서 Nego업무를 수행한다.

수출자는 포워더에 지급할 운임을 거래은행을 통해 자동이체하도록 은행에 지급 지시하면, 거래은행은 수출업자의 계좌에서 운임을 인출함과 동시에 포워더의 계좌에 자동이체하면서 수출자에게 출금통지, 포워더에게 입금통지를 한다.

[항공수입 업무]

수입업자는 신용장 개설 후 L/C 내용을 포워더에 송부하면 포워더는 수출지에서의 기적정보를 수입업자에게 신속히 제공함과 아울러 보세운송업자에게 기적정보를 송신함으로써 보세운송 면허정보를 입수한다. 또한, 수입화물에 대한 운임 내역도 EDI로 제공받음으로써 거래 포워더와의 운임결제 업무도 가능하다.

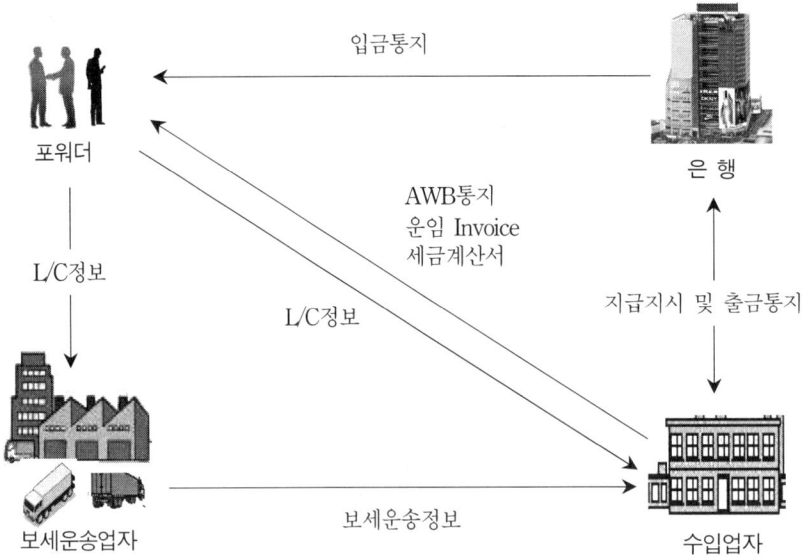

업무절차는 수입업자는 신용장 개설 후 L/C 내용을 국내 포워더에 송부하면, 국내 포워더는 해외 파트너에게 동 내용을 통보하는데, 해외 포워더는 화물기적 후 AWB 발급 내용을 다시 국내 포워더에게 송신한다.

아울러 보세운송업자는 국내 포워더로부터 AWB 정보를 수신하여 동 기적 내용을 근거로 보세운송 면허를 필한 후 수입업자에게 보세운송 내역에 대한 정보를 화물도착 전에 사전에 제공한다.

수입업자는 포워더로부터 운임내역을 수신 받음과 동시에 해당 운임을 포워더의 계좌에 자동이체토록 거래은행에 지급을 지시함으로써 운임 입출금업무를 처리한다.

Chap.3 개인 수출입 전략

1. 개인 수출입 개요

개인 수출입은 해외통신판매를 통하여 이루어지는 비즈니스를 말한다. 해외통신판매는 크게 나누어 '개인 수출'과 '개인 수입'으로 구분되며, 개인 수출은 카탈로그를 이용하거나 인터넷을 통해 이루어진다.

개인 수입은 인터넷을 통하여 주로 젊은 층을 주축으로 이루어지고 있으며, 카탈로그를 이용한 방법은 훨씬 앞선 기법이면서 또 그 분야가 광범위한 카탈로그를 이용한 개인 수입이 여전히 많은 편이다.

개인 수출은 통신판매로 이루어지며, 통신판매라 함은 무점포 판매의 한 방법으로 크게 나누어 인쇄 매체를 통한 판매방식과 전파 매체를 통한 판매방식으로 구분된다. 이는 해외통신판매의 경우에도 크게 다를 바 없다.

통신판매는 여러 방법 중에서 소비자로부터 가장 각광받고 있으며 통신판매의 핵심이랄 수 있는 카탈로그를 이용한 통신판매는 특히 많은 소비자들에게 오래 전부터 상당한 인기를 누려왔다.

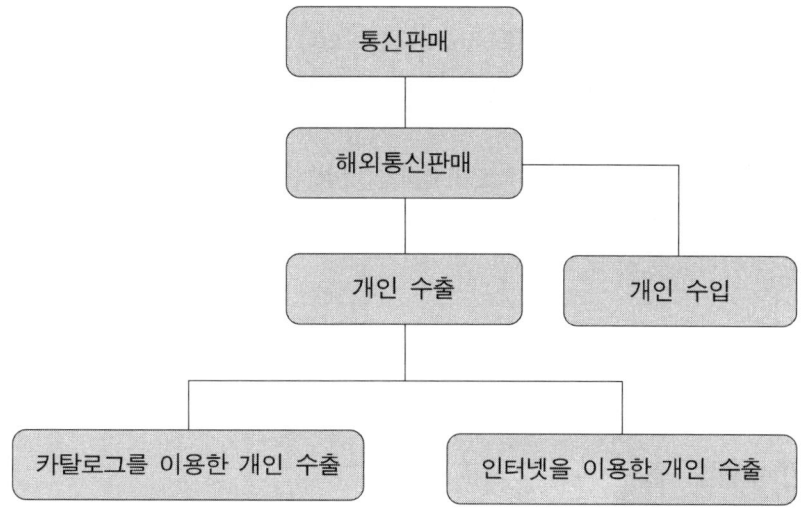

[그림 IX-3] 개인 수출입

소규모 개인 수출입 소호(SOHO)무역

　소호(SOHO : Small Office Home Office)는 소규모 자영업을 일컫는 용어로서 작은 사무실(Small Office)이나 자택 사무실(Home Office)을 거점으로 하는 근무형태로서 특별한 사무실 없이 자신의 집을 사무실로 활용하는 데서 시작한 개념이다.

　이는 재택근무를 하면서 컴퓨터 네트워크를 활용하여 근무하기 때문에 사무실 근무와는 다른 새로운 근무의 형태이다. 자택에서 근무하는 비즈니스 스타일은 이전부터 존재하였으나, 소호(SOHO)는 인터넷을 이용하여 자기 자신의 비즈니스를 주체적으로 전개하는 지적 사업의 소규모 사업장이라고 할 수 있다.

　바야흐로 재택근무를 통한 소규모 무역업이 바로 소호무역이다. 소호무역에 대한 거부감이 없는 것도 아니다. 사업을 하려면 제대로 해야지 집과 사무실을 구분하지 못할 정도로 자본력이 영세하다면 거래 상대방에게 신뢰감을 주지 못할 것이라는 게 가장 큰 걸림돌이다. 그러나 최근에는 소호무역은 무역업 초심자가 반드시 거쳐야 할 당연한 창업코스로 인정받는 단계에 와있다. 여러 가지 이점이 있으면서 비즈니스 위험이 거의 없기 때문이다.

　소호무역의 가장 큰 장점은 뭐니뭐니 해도 저렴한 비용으로 창업할 수 있다는 것이다. 사업초기에 가장 큰 비중을 차지하는 사무실 임대 및 유지비용이 필요 없고 각종 비품도 기존 제품을 활용하거나 중고품을 구입해 최소화할 수 있다. 필요시 가족 등 친인척을 아르바이트 형태로 활용할 수 있다.

　소호무역의 장점이 단순히 비용만 절감할 수 있다는 데만 있는 것은 아니다. 먼저 출퇴근에 따른 시간 및 비용의 낭비가 없어 많은 시간을 업무에 몰입할 수 있다. 오전과 한밤중에는 시차가 다른 해외 세일즈에 집중할 수 있다. 또한, 집(사무실)을 비우는 일이 드물기 때문에 24시간 근무체제가 갖춰지는 장점도 있다. 특히, 근무시간이 우리와 정반대인 중남미와 거래할 때 심야에 집에서 모든 업무를 처리할 수 있다는 것은 커다란 장점이 될 수 있다.

2. 개인 수출

(1) 개인 수출의 개요

　개인 수출은 사업자가 수출을 하는 것이 아니라, 수출상을 거치지 않고 개인이 인터넷을 이용하여 해외통신판매로 수출하는 것을 말한다. 인터넷을 통해 비즈니스를 하는 경우, 시간과 공간의 제약이 없으며, 고객이 원하는 상품/서비스를 고객의 요구에 맞춰 수출할 수 있는 다품종 소량의 맞춤형 수출이 가능하다.

인터넷으로 할 수 있는 비즈니스는 매우 다양하지만, 그 중에서도 통신판매이다. 인터넷을 이용한 통신판매란 비교적 사업화하기에 쉬울 뿐 아니라 다른 사업과 비교해 볼 때, 적은 비용으로 가상공간 점포인 '전자점포'를 개설할 수 있기 때문이다.

결국, 통신판매가 가능한 시스템만 갖추어 진다면 이런 전자점포를 창구로 하여 세계적인 비즈니스로 활용할 수 있는 것이 인터넷 통신판매이다. 인터넷 통신판매는 카탈로그를 이용한 판매와는 달리 카탈로그를 인쇄해야 하는 부담이 없다는 것에서도 큰 차이가 있다.

(2) 개인 수출 절차

개인 수출은 통신판매를 통하여 해외에 상품을 판매하는 일반적인 무역관행을 통한 수출형태와는 다르며, 대개 다음과 같은 절차를 거치게 된다.

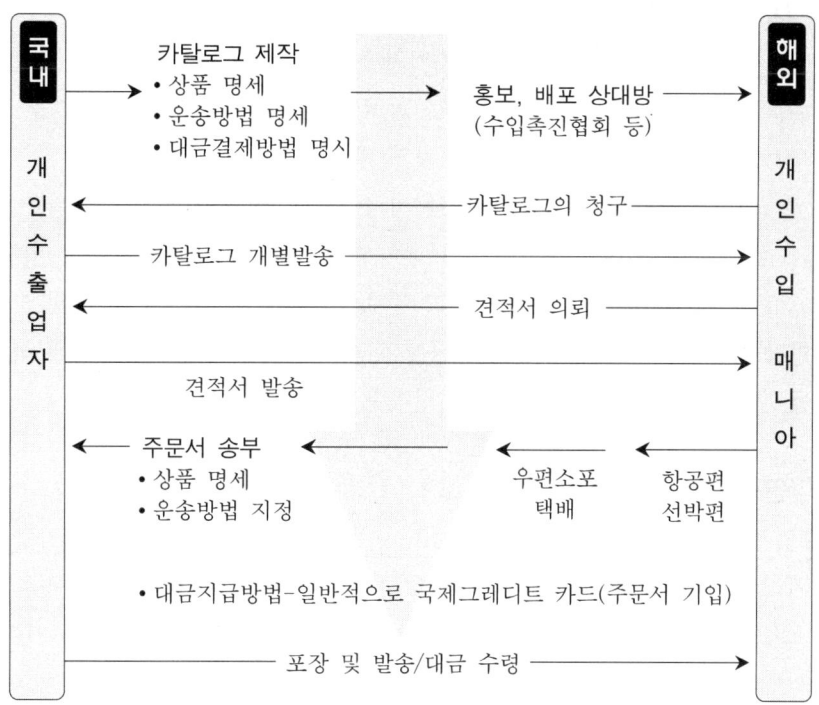

[그림 IX-4] 개인 수출 프로세스

(3) 통신판매에 의한 개인 수출 유통방식

무점포 판매의 한 장르로서 새롭게 시장이 확대되어 가고 있는 통신판매는 이제 단순한 틈새시장 공략의 차원을 넘어 당당한 하나의 유통기법으로 자리매김하고 있다.

우리나라보다 십여 년은 앞서 있다고 하는 일본의 통신판매사업도 전체적인 유통구조가 우리와 비슷한 양상을 띠고 있기에 초창기에는 우리와 마찬가지로 많은 시행착오와 어려움이 있었던 것이 사실이다. 일본의 경우는 1980년대 이후 급속히 시장규모가 확대되었다.

그 동안은 전통적인 유통구조와 흔히 소매업으로 분류되는 백화점, 슈퍼마켓, 재래시장 등 길거리 어디서나 쉽게 눈에 띠는 수많은 점포를 통한 직접판매가 그 주류를 이루어 왔다. 그러나 모든 사업이 그러하듯이 통신판매사업도 하나의 유통방식으로 인식되어 발전되고 있다. 이렇게 통신판매 시장이 성장하게 된 배경에는 인터넷 등 정보통신 매체를 결합시킨 새로운 무역형태의 출현과 경제, 유통과 소비자의 라이프 스타일의 변화 등 여러 요인을 들 수 있다.

① 소비자 측면의 요인

통신판매를 이용하여 상품을 구매하는 소비자층은 어느 나라를 막론하고 여성층이 압도적으로 우세하다. 여성들이 사회로의 진출을 통하여 경제적으로 많은 자신감을 얻게 되고 문화·사회 활동에 적극적으로 참여하는 기회가 많이 늘어나게 되었다.

또 다른 중요한 변화로서 핵가족화에 의해 자기 스스로가 생활에 필요한 정보를 얻을 수밖에 없다는 점을 들 수 있다. 결국 시간적 편의성, 구매의 편리함에 대한 소비자 욕구, 여성을 위한 홈쇼핑 등의 시장 확대, 카탈로그 정보에의 친밀감, 또 "보다 좋은 상품을 보다 싸게 구매한다"는 선택 소비 욕구의 상승 등으로 이어진 변화야말로 통신판매 시장이 급속도로 확대될 수밖에 없었던 시대적 배경이 되었던 것이다.

② 통신판매업자 측의 요인

통신판매업계가 발전하게 된 배경에는 소비자 욕구의 변화와 통신판매업자들의 지대한 노력의 결과라 할 수 있다. 통신판매업자들이 철저하게 통신판매에 걸맞은 상품을 선정하고 저가격 전략과 합리적이고도 상세한 카탈로그를 포함한 판촉 전략, 광고 전략 및 고객의 불만을 해소시킬 수 있는 서비스 전략, 철저한 사후관리 등을 통해 소비자들의 욕구에 부응하였기 때문이다. 성공한 기업들은 이러한 전략을 바탕으로 적극적인 시장 확보에 주력할 수 있었고, 그 전략들이야말로 통신판매에서의 핵심과제라 할 수 있는 고객의 믿음, 고객 수, 매출액 등을 급속도로 끌어올리는 기폭제가 되었다.

(4) 일반유통 시스템과 통신판매유통 시스템의 차이점

기존의 일반유통 시스템과 통신판매 시스템의 가장 큰 차이점은 상품의 가격결정이 중요한 요인이기도 하다. 즉, 싼 가격에 상품을 소비자에게 공급할 수 있는 것이 통신판매의 핵심과제라고 할 수 있다. 전통적 일반유통 시스템과 통신판매 시스템은 [그림 IX-5]와 같다.

① 일반유통 시스템
판매회사, 대리점, 도매상 등의 중간유통 매체가 존재하여 상품의 가격에 이들의 판매 관리비 및 마진이 포함되어 높은 가격에 소비자 가격이 책정될 수밖에 없다.

② 통신판매 시스템
중간유통 과정이 생략됨으로써 같은 상품이라도 싼 가격에 공급될 수 있는 것이다. 따라서 통신판매는 다이렉트 마케팅의 일종으로서 직접 고객에게 싼 가격으로 상품을 수출할 수 있는 장점을 가진 유통기법으로 현재에 이르게 되었다.

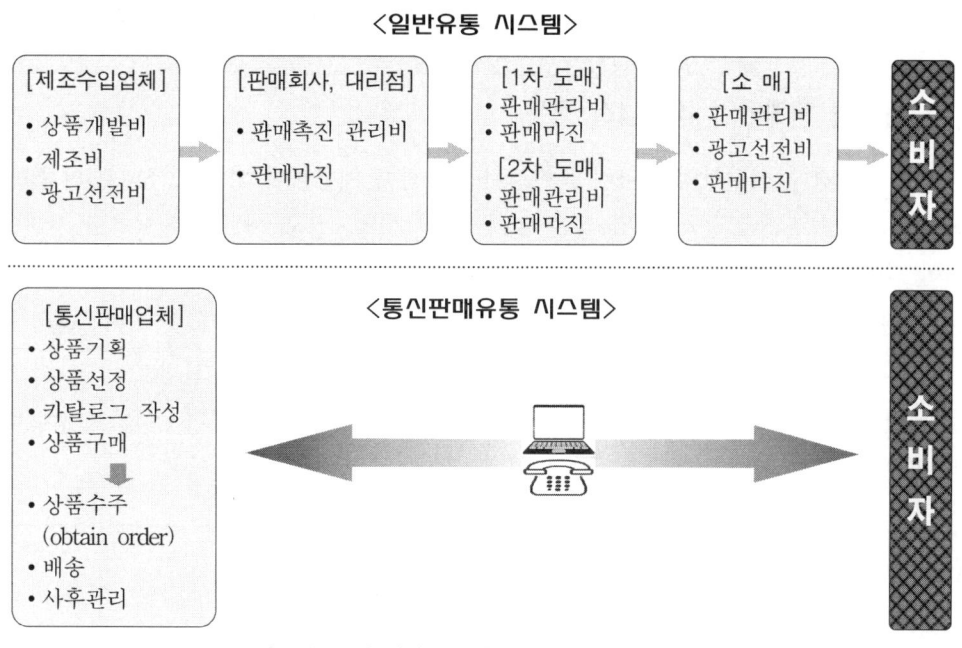

[그림 IX-5] 일반유통 시스템과 통신판매 시스템

최근의 업체동향을 살펴보면, 유수한 통신판매회사는 고객의 주문, 시장정보 등을 기초로 적극적인 소비자 욕구분석, 판촉분석에 의한 상품개발 등에 나서고 있다.

③ 통신판매 유통 상품

통신판매를 영위하는 기업이라면, 소비자가 필요로 하는 상품을 개발하고 이를 체계화시킨 업무라인을 구축하여 소비자에게 접근해야 한다. 통신판매 시장의 규모가 상당히 커지고 있음에도 문제는 고객으로부터의 신뢰성이다. 즉, 유명 브랜드 상품 외에는 직접 보지 않고는 온전히 신뢰할 수 없다는 것이 소비자 인식이다.

이러한 인식이 많이 개선되고 향상되었지만, 지속적으로 통신판매업계는 소비자 욕구를 충족시킬 수 있도록 끊임없는 연구와 노력을 해야 할 것이다.

특히, 우리나라에서 신선식품을 새벽 배송을 하는 등의 통신판매를 여러 업체에서 시도하고 있지만, 선진국의 경우에는 신선도를 최대한으로 요하는 각종 식품을 이미 오래 전부터 매우 활발하게 통신판매 기법을 활용하고 있음을 알 수 있다.

3. 인터넷 비즈니스의 특징

인터넷 비즈니스의 특징은 지역을 불문하고 개업이 가능하며, 적은 비용과 고도의 정보체계에 의해 시간의 제약 없이 통신판매로 거래할 수 있는 국제적인 비즈니스이다.

(1) 입지에 관계없이 비즈니스 가능

인터넷 통신판매는 다이렉트 마케팅 비즈니스(직접 판매방식에 의한 비즈니스)의 특성상, 기본적으로 입지조건이 문제가 될 것은 없다. 다시 말해, 전국 어느 곳에서라도 상관없이 사업이 가능하다는 것이다. 대도시에 근거를 둔 회사이든 지방에 근거를 둔 회사이든 한국이든, 조건만 갖추면 해외의 어느 곳에서나 평등한 기회를 가질 수 있음을 의미한다.

이런 점에서 볼 때, 향후 모든 기업체가 인터넷 통신판매에 대한 관심으로 적극적으로 활용할 것이다. 따라서 기업이나 개인의 능력에 맞는 영업 전략을 세워 이를 적절히 활용하는 기회로 삼아야겠다.

(2) 소자본의 비즈니스

인터넷 비즈니스 가장 중요한 특징은 사업을 전개하는데 많은 비용이 들지 않는다는 것이다. 이는 기존의 통신판매를 포함한 무점포 비즈니스에서 나타나는 공통된 특징이기도 하며, 저비용 구조로서 사업이 전개됨에 따라 보다 싼 가격에 상품을 제공할 수 있는 시스템 구축이 가능하다는 것이다.

따라서 인터넷 통신판매는 무점포이므로 점포운영 관리비의 획기적인 절감에 따른 시스템의 특성으로, 비즈니스를 시작하는 단계에서부터 영업을 해나가는 과정까지 적은 비용으로도 가능한 사업임에 분명하다.

(3) 고도의 정보형 비즈니스

인터넷은 상호 연계된 네트워크이므로 컴퓨터의 데이터 처리기능을 이용하면 여러 가지를 분석하여 서비스가 가능하게 된다. 일반적으로 DBM(Data Base Marketing) 시스템이라 일컬어지는 데이터 분석처리 시스템은 통신판매 비즈니스의 핵심이라고도 불리는 것으로서, 종래의 통신판매에도 이 시스템이 활용되어 왔다.

인터넷 통신판매에서도 이 시스템이 중요한 역할을 하고 있음은 말할 필요도 없다. 그런데 이러한 시스템은 대기업에서나 도입이 가능하다는 생각이 지배적이며 이 또한 현실이다.

그러나 실상은 기본적인 시스템 정도라면 소기업에서도 통신판매를 위한 디자인이 가능하며, 전문가의 도움을 받는다면 소규모의 회사라도 초보적인 시스템을 구축하는데 그다지 어려움이 없을 것이다.

(4) 국제 간 비즈니스에 유효

인터넷 통신판매는 국제적으로 오픈되어 있다는 것에 그 매력이 있다. 이는 기존에 국내에서 판매되던 상품이 해외시장에도 판매가 가능함을 의미한다. 결국은 수출의 개념이 되는데, 일반적으로 수출이라면 대단한 노하우가 필요한 것으로 인식되고 있는 것 또한 사실이다. 수출에 경험이 없을 경우 당연히 이를 기피할 수밖에 없는데, 인터넷을 이용한 통신판매라면 그런 걱정은 할 필요가 없다.

왜냐하면, 카탈로그를 이용한 개인 수출의 경우와 국내에서의 통신판매와 거의 대동소이한 과정을 거쳐 상품을 해외로 판매할 수 있기 때문이다. 다시 말해, 만약 어떤 회사가 인터넷에 자사 상품 및 정보에 대한 홈페이지를 개설해 두었다면, 주문에 따른 배송, 대금결제 등의 절차는 이미 설명된 카탈로그를 이용한 개인 수출 절차와 다름이 없기 때문이다.

4. 인터넷 통신판매의 비즈니스 접근방법

(1) 기본방침 및 사업계획

어떤 사업이든 초기에 사업을 실시하기 전에 많은 사전준비를 하게 되는데, 인터넷 통신판매 비즈니스도 예외는 아니어서 기본방침이 정해지고 그에 따른 사업계획을 수립하여 사업을 실행하게 된다.

① **기본방침 검토**
- 인터넷 통신판매를 실행하기 위한 준비단계로서, 시장분석 및 판매예측에 대해 분석한다.
- 자사 상품과 체제에 대한 사업의 가능성을 검토한다.
- 가능한 범위 내에서 사업의 각 요소를 검토하고 예측을 해 본다.
- 자신의 능력에 맞는 투자금액, 사업 규모, 전략 등을 검토한다.

② **기본방침 설정**
- 각 요소(물류체계, 대금결제방법 등) 검토 후, 사업에 대한 기본방침을 결정한다.
- 자신의 능력을 고려해 본격적인 사업으로 시행할 것인가, 아니면 부수입을 올리는 정도의 사업으로 할 것인가에 대해 결정한다.
- 단기적·중기적·장기적인 수익성 분석 및 예측을 해 본다.
- 지속적으로 기본방침에 대해 반복 체크해 보고, 사업개시 후에도 사업 연도 단위로 기본방침에 대한 반복 체크를 한다.

③ **사업계획 체크 포인트**
- 사업규모에 따른 사업조직, 인원, 시스템 등의 Outline을 설정한다.
- 투자금액의 회수계획, 단기·중기의 채산성에 대해보다 구체적으로 검토한다.
- 인터넷 통신판매의 특성에 맞는 상품구성에 대해 면밀히 검토한다.
- 특히 가격경쟁에 대한 검토가 매우 중요하다.
- 기본방침에 의해 단독 전자점포를 택할 것인가, 전자상점가에 입점할 것인가를 결정한다. 더불어 어떻게 판촉을 할 것이며, 대금결제방식은 어떤 형태로 할 것인가 등을 중점적으로 체크한다.
- 수주에서 출하에 이르는 물류체계를 결정한다.
- 어떻게 향후 사후관리를 해나갈 것인가에 대해 검토한다.

(2) 인터넷 통신판매 전략

① 인터넷 통신판매 시스템

인터넷 통신판매 비즈니스를 실행하고자 하는 경우 제각기 상황에 알맞은 시스템이 필요하게 되는데, 이러한 시스템에 대해 기술적인 측면까지도 다루게 된다면 너무도 광범위하며, 또 보다 세부적인 시스템 구축에 대한 부분은 전문가의 도움을 받는 것이 좋겠다. 여기서는 인터넷 통신판매 비즈니스를 실행하는 과정에서 없어서는 안 될 필요불가결한 시스템에 대해 간단히 소개한다.

[인터넷 통신판매의 가상점포인 전자점포]

전자상거래의 일종으로 일컬어지는 인터넷 상의 통신판매 비즈니스를 실행하기 위해서는 대화창구가 필요하게 되며, 흔히 이를 전자점포라 부른다. 이러한 전자점포는 크게 독립형과 전자상점가에 입점형 두 가지로 나눌 수 있다.

첫째, 독립형의 경우에는 Provider(인터넷 접속회사)의 홈페이지(기업, 개인의 정보 페이지) 서비스를 이용한 작은 규모의 형태와 독자적으로 인터넷의 서버(컴퓨터시스템 정보제공원)를 구축하여 비즈니스를 실행하는 큰 규모의 형태로 구분된다.

둘째, 전자상점가에 입점 형태에도 홈페이지 렌털 서비스(임대 서비스) 중심으로 보편적인 상점가에서부터 고기능의 서비스를 제공하는 높은 입점비가 수반되는 대규모의 전자상점가까지 여러 가지 형태로 구분 지을 수 있다. 어느 형태를 취할 것인가에 대해서는 자금력, 사업규모, 사업의 성격을 판단하여 모든 선택은 스스로 신중하게 해야 할 것이다.

[결제와 물류 시스템]

카탈로그 통신판매에서와 마찬가지로 인터넷 통신판매에서도 빼놓을 수 없는 것이 물류 및 결제 시스템이다. 먼저, 물류시스템은 상품조달의 측면과 고객에게 배송측면이 고려되어야 하며, 무엇보다도 중요한 것이 고객을 위한 배송시스템이다. 배송수단에 대해서는 카탈로그를 이용한 개인 수입편에서 자세히 다루었으므로 생략하기로 한다. 이는 양자 간에 특별한 차이가 없기 때문이다.

한편, 결제 수단도 현재까지는 크게 보아, 우편환이나 은행계좌를 통한 송금 및 크레디트(credit card)를 주로 이용한다는 측면에서 기본적으로는 카탈로그 통신판매에서 다루어진 내용과 크게 다름이 없음을 밝혀둔다.

② 수주 및 발주 시스템

인터넷 통신판매를 실행하기 위한 중요한 시스템의 하나가 소비자로부터의 주문을 받고, 주문 상품의 발주에 이르기까지에 필요한 수주·발주 시스템이다. 이는 독립형에서부터 간단한 개인 점포형에까지 다양한 시스템이 존재한다. 그러나 반드시 이러한 시스템을 갖추어야 통신판매가 가능한 것은 아니다. 국내에서는 적은 자본으로도 인터넷 통신판매가 가능하게끔 시스템을 구축해 주는 곳이 많이 존재하므로 그들에게 문의하면 많은 도움을 받을 수 있다. 그들은 시행하고자 하는 회사들의 자금력 등 제반 문제들을 감안하여 그에 알맞은 전자점포 시스템을 구축해 주는 것을 자신들의 비즈니스로 삼고 있으므로, 인터넷 통신판매 시장에 처음 진출하고자 하는 이들의 노력 여하에 따라서 얼마든지 저렴한 가격 협상이 가능하다.

[크레디트 카드에 의한 주문]

인터넷 통신판매에 있어서 주문시 가장 많이 사용되고 있는 결제방법이 크레디트 카드(credit card)에 의한 결제방법이다. 온라인으로 주문서에 카드번호를 기입하여 주문하는 경우인데 이러한 방법을 택하는 데에는 보안문제가 따르게 된다. 인터넷 정보란에 연결한 서버를 릴레이 하여 전송되는 것이기 때문에 어디인가로 정보가 누설될 가능성이 있다.

이러한 문제점을 해결하는 방법으로는 자신이 크레디트 카드회사와 어떤 형태로든 가맹하여 카탈로그 통신판매의 경우에서와 마찬가지로 주로 인터넷을 통해 주문을 받는 방법이 바람직한데 현재는 크레디트 결제방법이 가장 널리 쓰이고 있다. 또한, 소비자들도 이러한 결제방식을 가장 선호하고 있다. 주문방법은 전화나 FAX를 이용하기도 한다.

[배송방법]

배송수단을 항공편으로 할 것이냐, 만일 항공편을 택한다면 일반 우편소화물로 정할 것이냐 택배(DHL, F/EXPRESS) 편을 택할 것이냐 하는 문제는 여러 가지 상황에 맞게 선택한다는 면에서 카탈로그 통신판매와 차이가 없다.

다만, 통신판매의 특성상 신용이 무엇보다도 중요하며 특히 해외 주문의 경우라면 더욱더 세세한 부분까지 신경을 써야 함은 두말할 나위도 없다.

즉, 인터넷 통신판매는 알맞은 배송업자의 선정에서부터 상품의 품질, 배송시간, 상품 파손방지 등에 대한 철저한 사전준비가 필요하다.

역시 카탈로그 통신판매의 경우와 마찬가지로 인터넷 통신판매를 처음 실행하고자 하는 경우에도 자사의 상품 포장이나 발송체계에 대한 정비가 잘되어 있지 않으면 안 된다.

이미 배송부분에 상당한 노하우가 있는 회사라면 몰라도 초기단계에는 주문에 대한 통계조차 나와 있지 않으므로, 어느 정도는 예측을 하여 재고를 확보한다든지 인원 배치 등에 소홀함이 없어야 한다.

5. 개인 수입

(1) 개인 수입 개요

개인 수입은 사업자가 수입을 하는 것이 아니라, 개인이 직접 원하는 상품을 해외로부터 수입하는 것을 말한다. 개인 수입은 주로 해외에 있는 백화점, 통신판매회사, 제조회사 등에서 발행하는 카탈로그를 이용하여 이루어진다.

유럽의 경우, 손쉽게 구입하기 어려운 최고급 상품들이 카탈로그에 의해 판매되므로 이를 세계 각국에서 수입을 하고 있다. 일본의 경우, 한때 엔고 현상과 수입품 선호 현상이 높아지면서 개인 수입 붐이 일기도 하였다. 우리나라도 카탈로그를 이용한 개인 수입이 활성화되고 있다.

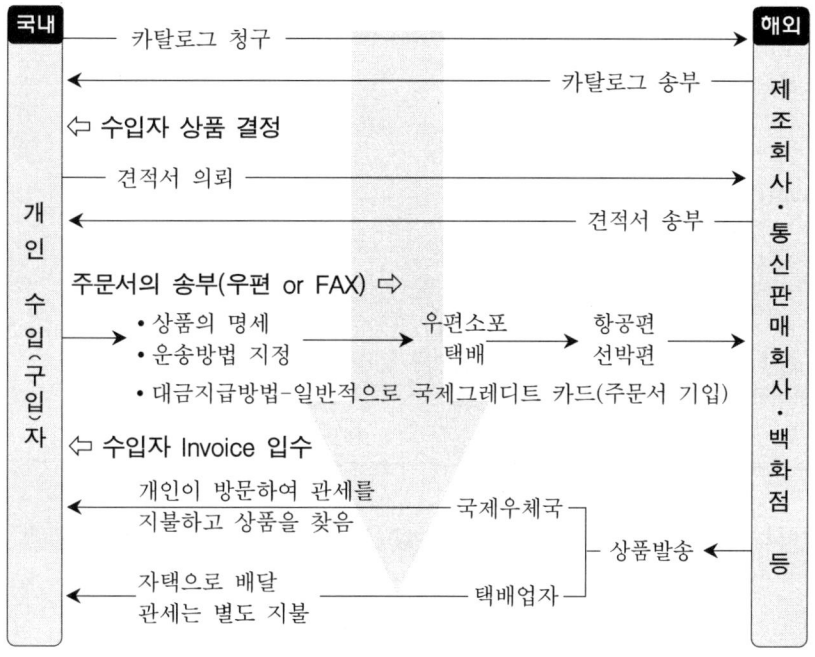

[그림 IX-6] 개인 수입 프로세스

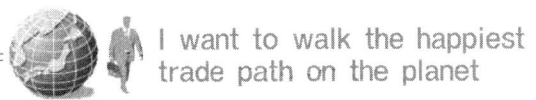

(2) 개인 수입 절차

개인 수입은 대개 카탈로그에 의해서 다음과 같은 절차를 지니게 된다.

① 카탈로그 청구

먼저 카탈로그를 청구하는 방법에 대해 알아보면, 우선 카탈로그를 입수하기 위해서는 다음과 같은 방법이 있다.

- 해외 통신판매회사에 편지를 쓴다.
- 한국무역협회나 대한무역진흥공사 등에 들어가서 해외 메일 오더 리스트를 조사해 편지를 쓴다.
- 외국의 경우 카탈로그 숍에서 카탈로그를 구입할 수 있지만, 우리나라의 경우는 한국무역협회나 대한무역진흥공사, 상공회의소, 중소기업진흥공단 등 각 기관에 비치된 상품안내서를 보고 구매 제의서를 보내거나 카탈로그 청구 서신을 보내면 된다.

■ 카탈로그 청구서 예문

A. ANDREWS & Co., LTD
50 Libery St.
P.O. Box3890
U. S. A.

ABC Co., LTD
Jamsil-Dong
C. P. O. Box7917
SEOUL, KOREA
JANUARY. 10. 2017

Dear sirs.

I am very much interested in purchasing your goods and therefore I would appreciate it if you would kindly send me a copy of your lastest catalogue by return mail.
Should there be any cost involved. please let me know the total amount and I will make prompt payment by my visa or master cards.

Thank you for your kind and prompt attention to the above.
your faithfully.

(서 명)
J. S. Lee

② 상품결정

카탈로그를 입수한 다음, 상품을 결정해야 한다. 즉, 무엇을 살 것인지를 결정하는 것이다. 자신이 원하는 것이 무엇인지 국내에서 좀처럼 손에 넣기 힘든 것 등, 개인 수입의 메리트가 충분히 있는 것으로 신중히 선택하여 결정한다.

해외 통신판매회사들은 제각기 다양한 카탈로그들을 제작하여 배포하므로 카탈로그를 수집하는 것 자체만으로도 또 다른 즐거움을 맛볼 수 있을 것이다.

■ 상품 결정을 할 때의 주의점

① 국내에 같은 상품은 없는가?
- 시간과 노력을 들여 해외에서 수입하는 것이므로 국내에 같은 상품은 없는지 잘 알아보고 확인한 다음 결정한다.

② 관세 등의 세금은 어느 정도인가?
- 상품가격에 비해 관세가 차지하는 비율이 지나치게 크지는 않은지 세금에 대해서도 알아본다.

③ 수입 수속에 문제가 있는 상품은 아닌가?
- 카탈로그에 나와 있는 상품은 대개 수입하는데 별 문제가 없지만, 만일의 경우에 대비하여 수입하고자 하는 상품에 대해서 세관에 미리 문의해보는 것이 좋다.

④ 수리나 애프터서비스가 필요한 상품은 아닌가?
- 수입상품은 국내에서 애프터서비스를 받기에 어려움이 있으므로 그러한 상품은 피하는 것이 좋다.

③ 견적서 의뢰

카탈로그를 받아보게 되면 우선 자신이 수입하고자 하는 물품의 명세서를 정리해 보고 상대편에 견적을 의뢰한다. 카탈로그에는 상품의 가격밖에 나와 있지 않으므로 그 외의 경비(수송비, 포장비, 보험료 등)를 확인하는 것이 중요하다. 또 견적을 받는 것은 상품의 재고를 확인한다는 의미도 포함된다.

■ 견적의뢰서(예)

A. ANDREWS & Co., LTD
50 Libery St.
P.O. Box3890
U. S. A.

ABC o., LTD
Jamsil-Dong
C. P. O. Box7917
SEOUL, KOREA
JANUARY. 10. 2017

Dear sirs.

I would like to have your quotation, for the following goods;

PAGE	ITEM NO.	GOODS	QUANTITY	PRICE	ITEM TOTEL
26	A 060	BACKPACK	2	$72.00	$144.00
27	A 063	SUNGLASS WITH CASE	1	$50.00	$50.00

Sub total : $194.00
Postage : By air parcel post $_____
Insurance : To be added $_____
                    Grand total : $
Payment method : Postal money order

I am greatful to you if you could simply fill in the above banks and turn to me by my fax number.
Thank you for your attention with best regards.

(서 명)

④ 주문

카탈로그를 수집하여 마음에 드는 상품을 골라서 견적의뢰까지 해 보았다면 이제는 정식으로 주문을 해보자. 그러나 주문을 할 경우에 다음의 몇 가지에 유의해서 주문하는 것이 좋다.

주문방법은 카탈로그에 첨부되어있는 주문서(Order Sheet)에 필요사항을 기입하는 것이다. 이때는 다음의 내용에 주의하도록 하자.

❖ **주문서 기입시 주의사항** ❖

- 상품명을 정확히 기입한다.
- 상품기호를 정확히 기입한다.
- 숫자를 정확하고 확실히 기입한다.
- 발송처의 주소를 정확하게 기입한다.
- 수송방법(항공 또는 선박)을 확실하게 기입한다.
- 송금방법을 확실하게 기입한다.

카탈로그에 표시되어 있는 대로 주문서의 필요한 곳에 기입한다. 기입한 후에는 빠뜨린 곳이나 잘못 기입한 곳은 없는지 여러 번 확인한다. 그리고 상품의 발송처는 반드시 영문으로 정확히 기입한다. 개인 수입을 한 상품을 선물용으로 사용할 경우에는 상대를 충분히 배려해야 하므로 다음과 같은 점에 주의하도록 하자.

- 상대방의 주소와 이름을 정확히 기입했는지 확인한다.
- 국가마다 사이즈 표시가 다른 경우가 있으므로, 사이즈가 적당한지 잘 알아본다.
- 관세 등은 수취인이 지불하게 되므로 주의한다.

⑤ 송금수속

주문서를 작성하고 나면 송금수속을 한다. 대금의 결제방법으로는 다음의 3가지 방법이 있다.

- 은행 송금수표 이용
- 외국 우편환어음 이용
- 크레디트 카드 이용

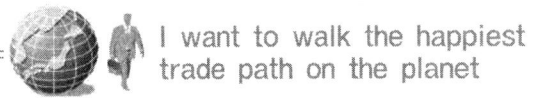
I want to walk the happiest
trade path on the planet

■ 상품주문서(예)

VOCTORLA'S SECRET	ABC o., LTD
NORTH AMERICAN OFFICE	Jamsil-Dong
P.O. BOX 16589	C. P. O. Box3897
COLUMBUS, OHIO 43216	SEOUL, KOREA
TEL : 1-624-337-5122	TEL : 82-2-000-0000
FAX : 1-624-337-5555	FAX : 82-2-000-0000
	YOUR REF. : 0000
	JANUARY. 19. 2017

Dear sirs.

Tank you for yoyr quotation dated X/Y. I would like to order following items.

DESCRIPTION	SIZE/COLOR	UNIT PRICE	QTY	TOTEL PRICE
		$	$	
		$	$	
		$	$	
		$	$	

Shipping Handling charge :
Air parcel post(Courier, Surface parcel post) : $
                    Insurance : $
                    Total order : $_____

Please charge to :
Visa(Master card, Amsrican express)
Card # :
Expiration data : Month/Year
Name on card :
Signature(As shown on credet card) :

I look forward to receiving at your earliest convience.
                                        Sincerely.

⑥ 수송방법

해외 통신판매회사에서 상품을 보내오는 상품의 수송방법에는 다음과 같은 것들이 있다.

[우편소포(항공편 또는 배편)]

우편소포를 이용하면 요금도 싸고 통관수속이 비교적 간단하다. 우편소포를 항공편으로 할지, 배편으로 할지는 시간과 발송요금을 고려하여 결정한다.

[선박회사를 이용하는 해상수송]

해상수송은 시간이 많이 걸리지만 요금이 싸다.

[항공회사를 이용하는 항공수송]

항공수송은 시간은 적게 걸리지만 요금이 비싸다.

⑦ 상품의 수취

상품은 송금수속 후 1~2개월 만에 도착한다. Invoice(송장)는 상품 발송에 앞서 보내 주는 경우도 있고, 상품과 동시에 발송하는 경우도 있다. 사전에 Invoice를 받은 경우 상품이 도착할 때까지 잘 보관해 둔다.

⑧ 통관수속

상품을 수취하기 전에 최종적으로 거쳐야 하는 절차로 통관수속이 있다. 우편 주문을 주로 하는 개인 수입의 경우는 국제우편을 이용한 통관수속을 거쳐 상품을 입수한다.

- 세금이 없는 상품의 경우는 우체국으로부터 수취인에게 직접 배달된다.
- 과세품의 경우에는 국제우체국에서 '통관안내서'를 보내오므로 이와 함께 신분증과 도장을 지참하고 우체국 국제창구에 가서 10만원 미만의 상품의 경우는 면세가 되므로 그냥 수취하면 되고, 그 이상의 경우에는 해당 세액을 납부한 뒤 수취하면 된다.

개인 수입이 어렵다고 생각할 필요는 없다. 수입 방법이 한 가지 더 추가된다고 생각하면 된다. 외국 상품을 백화점이나 수입품 점포에서 구입하는 것이 아니라 직접 해외에서 구입한다고 생각하면 된다. 자신이 원하는 상품을 스스로 찾아 인터넷으로 해외에 주문을 하고, 상품을 손에 넣기까지의 과정을 직접 해결하는 것이다.

① **직접 수입인 경우** : •수입에 대한 전반적인 지식을 갖춘다. •어느 정도 자금을 준비한다. •수입한 상품의 판매처를 결정해 둔다. •상품지식을 숙지하여 알아둔다. •시장지식을 익히고 동향을 알아둔다. •유행에 민감하도록 노력한다.

② **수입대행인 경우** : 개인 수입을 직접 시도할 경우에는 여러 가지 리스크가 있고 예상하지 못한 문제가 발생할 경우에는 이러한 사람들을 위해서 존재하는 것이 수입대행업자이다.

※ 수입대행업자란 수수료를 받고 고객을 대신해서 고객이 원하는 상품을 찾아 수속하여 수입하여 고객에게 상품이 전달되도록 하는 업자이다.

(3) EDI 통관 및 인터넷 통관

① EDI 통관

수출입신고는 EDI 수출입통관시스템을 이용하여 할 수 있다. 이 시스템을 이용하기 위해서는 전자문서중계사업자인 KTNET(한국무역정보통신) 등과 약정을 체결하고 레디코리아, 엔컴 등이 공급하는 소프트웨어를 탑재한 통관용 전산시스템을 갖추어야 한다.

오늘날 수출입신고는 전자서류를 제출하는 방식인 P/L(paperless)신고 방식을 취하고 있다.

② 인터넷 통관

수출입신고는 인터넷을 통하여도 할 수 있다. 세관이 인정하는 공인인증서를 통관업무용 PC에 설치하고 관할 세관의 확인을 받은 후, 관세청 인터넷 통관포탈에 접속하여 수출입 신고를 할 수 있다.(http://portal.customs.go.kr)

③ 관세의 인터넷 납부

관세의 인터넷 납부는 인터넷 뱅킹을 통하여 관세를 납부하는 것으로서 정식명칭은 '관세 계좌이체 납부제'이다. 관세 계좌이체 납부제는 관세청과 수납은행 간 전산망 연계로 납세자가 자신의 사무실에서 인터넷 PC뱅킹으로 전자납부서를 조회하고 이체하는 방식으로 세금을 납부하는 제도이다.

각 은행의 메뉴에서 '인터넷뱅킹 → 공과금 → 관세'를 찾아 납세의무자가 직접 관세를 납부할 수 있으며, 관세사가 같은 방법으로 여러 사업자의 관세를 일괄납부 납부하여 납부할 수도 있다.

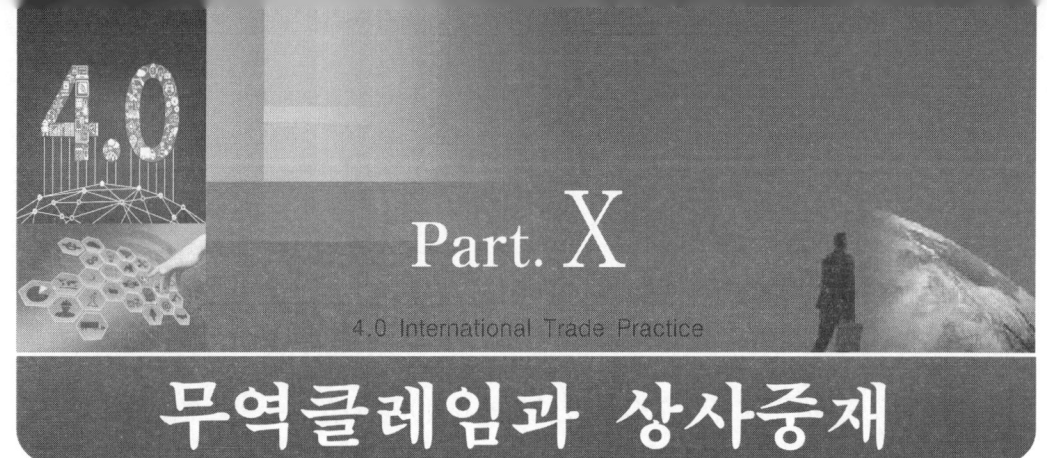

Part. X
무역클레임과 상사중재

무역클레임과 해결방법

1. 무역클레임

(1) 무역클레임의 개념

무역클레임(trade claim)이란 계약 당사자 어느 일방이 일종의 법률상 권리를 주장하는 이의신청 또는 이의제기로서, 계약이행과 관련하여 발생하는 제반 분쟁에 대하여 금전적인 배상을 청구하거나 약정 물품의 대체 또는 그 밖에 다른 구제 조치를 구하는 문서상의 청구나 주장을 의미한다.

한편, 무역클레임은 거래 당사자 간의 계약에 따라 그 계약을 이행하면서 계약의 일부 또는 전부의 불이행으로 말미암아 발생되는 손해를 상대방에게 청구할 수 있는 권리를 말한다.

무역클레임 범위는 대금감액, 계약해제, 손해배상청구 등은 물론, 그 이전 단계인 불평, 불만, 의견차이, 논쟁, 분쟁 등으로 확대하여 처리한다. 따라서 향후 무역 분쟁에 대비하기 위해 무역계약의 기본조건 이외 계약이행 후에 발생될 수 있는 클레임과 권리 구제 등에 대해서도 약정해 두는 것이 바람직하다. 예를 들면, 중재조항, 사법관할조항, 준거법조항, 권리침해 등도 약정해야 한다는 것이다.

클레임 조항은 클레임을 제기하기 전에 하자 통지기간과 정식 클레임 제기기간, 클레임 제기근거 및 클레임의 제기방법 등에 관하여 규정한다.

> **마켓클레임(market claim)** : 무역클레임의 일종으로 수입업자가 물품 수입과 관련하여 시장가격이 하락함에 따라 사소한(경미한) 하자에도 불구하고 이를 이유로 가격인하 또는 손해배상을 청구하는 고의적인 클레임이다. 주로 품질불량을 이유로 내세우지만, 주요인은 시장가격의 하락이나 자금난 등으로 트집을 잡아 이용하는 부당한 클레임이다.

(2) 물품검사와 통지의무

매수인은 수입 물품을 인도·수령하기 전에 우선 그 물품이 계약 목적에 합치되는가, 또는 외견상 하자가 없는가를 검사하여 만약, 하자를 발견되었거나 또는 수량이 부족하면 지체 없이 매도인에게 통지하여야 한다.

이러한 검사와 통지는 매수인의 권리이자 의무이다. 이를 게을리 하면 법률적 청구권을 상실한다.

① 우리나라 상법

우리나라 상법 제69조는 매수인이 목적물을 수령한 때에는 지체 없이 이를 검사하여야 하며, 하자 또는 수량부족을 발견한 경우에 즉시 매도인에게 그 통지하여야 한다.

다만, 매매 목적물에 즉시 발견할 수 없는 잠재 하자가 있는 경우에는 6월 이내에 이를 발견하여 통지하도록 규정하고 있다.

② 국제물품 매매계약에 관한 UN협약(CISG)

매수인이 그 상황에 비추어 이행 가능한 한 단기간 내에 물품을 검사하도록 규정하고 있다(비엔나협약 제38조).

매수인은 물품의 하자를 발견하면 상당한 기간 내 그 하자 내용을 통지하지 아니하는 경우에는, 그 매수인은 그 물품의 하자를 원용할 권리를 상실한다(비엔나협약 제39조).

③ 미국통일상법전(UCC)

미국통일상법전(UCC 제2-606조)에서도 "상당한 기간 내(within a reasonable time)"에 제기할 것을 규정하고 있다.

(3) 무역클레임의 제기

① 제기기간을 약정한 경우

클레임은 약정기한 내에 제기하여야 한다는 것으로, 그 내용은 일반적으로 ① 하자통지(클레임 통지) 및 입증자료 제출기간의 설정, ② 동 기간 내에 클레임을 제기하지 않으면 클레임 제기 권리를 포기한 것으로 본다든지 아니면 동 기간이 경과한 후에 제기되는 클레임은 수락할 수 없다는 등의 면책사항을 명시한다.

■ 면책사항 명시사례

> **사례 1** Any claim by Buyer shall be notified by Buyer to Seller within thirty(30) days after the arrival of the goods at the destination stipulated on the face hereof. Unless such notice, accompanied by proof certified by an authorized surveyor, is sent by Buyer during such above mentioned period, Buyer shall be deemed to have waived any such claim.
>
> **사례 2** Claim shall be notified from Buyer to Seller fully by telex or cable in writing within thirty(30) days from actual delivery to Buyer being substantiated by certificate of sworn surveyor or adequate samples, as the case may be. Notwithstanding the foregoing, no claim shall be entertained after processing or change in the state of the goods.
>
> **사례 3** Any claims of whatever nature arising under this contract shall be notified to Seller by cable within thirty(30) days after arrival of the goods at the destination specified in the bills of lading. Full particulars of such claim, together with sworn surveyor's report shall be made in writing and forwarded by registered airmail within fifteen(15) days after cabling. Such claim shall be settled amicably as far as possible, and subject to an official approval of Korean Government authorities.
>
> **사례 4** Buyer shall give Seller written notice by registered air mail of any claim within thirty(30) days from the arrival of the goods at the port of destination stipulated on the face of this contract. Unless such notice, accompanied by proof certified by an authorized surveyor, is sent by Buyer within such thirty(30) days period, Buyer shall be deemed to have waived all claims. In no case shall Buyer make any claim for indirect or consequential damages.

② 무역클레임 제기절차와 서류

[무역클레임 제기절차]
- 물품점검 또는 물품검사를 통하여 하자의 개연성을 발견한다.
- 클레임 통지(notice of claim)를 발송한다. 클레임 통지는 정식으로 클레임을 제기함에 앞서 하자가 있는듯하니 정밀한 물품점검을 거쳐 곧 클레임을 제기하겠다는 클레임 예고장이다.

> [사례]
> Notice of Claim
> We have just received the 150 cases of Chinaware you shipped by m.s...on our order No. 689 of October 15, but we regret to inform you that cases No. 3 & 6 are broken and their contents badly damaged through a faulty packing. The details and the amount of claim will be submitted as soon as we will obtain the survey report.

- 공인된 검정인(surveyor)의 물품검정을 받고, 그 결과 하자가 확인되면 검정보고서(survey report)를 교부받는다. 이 경우 Surveyor는 공인된 제3자인 검정인(public third party surveyor)이어야 한다.

> 판례 : 클레임 제기자(claimant)와 동일한 기업그룹에 속하는 Surveyor의 Survey Report에 의한 클레임 제기는 비록 그 Surveyor가 Claimant와는 무관한 독립법인이라 할지라도 정당한 클레임으로 인정될 수 없다.

- 클레임 제기장(claim note)을 발송한다.

[무역클레임 제기서류]

무역클레임은 물품검사 후 클레임을 곧 제기할 것임을 미리 알리는 클레임 통지서(notice of claim)를 발송해 놓고, 그 후 공인된 제3의 검정인에 의한 물품검정 결과에 따라 클레임 제기장을 발송함으로써 정식으로 클레임을 제기하게 되는 것이다.

(4) 무역클레임 제기 서류

① 클레임 제기장(Claim Note)

여기에는 클레임 내용의 개괄과 청구 내용(청구금액의 총계) 및 조속한 처리를 요구하는 문언 등이 기재된다.

② 첨부서류(enclosures)

클레임명세서(statement of claim, particulars loss sustained), 검정보고서 (suvey report), 차기통지서(Debit Note : D/N) 사본, 기타 각종 증명서나 선적서류 사본 등을 Claim Note에 첨부하여 발송한다.

※ 무역클레임을 제기한다는 표현으로는 보통 다음과 같이 표현한다.
 〈file(make, present) a claim on~〉
  • 'render a claim against~'
  • 'lodge a claim with~'
  • 'lay a claim to~'
  • 'put in a claim for~'

---

2. 무역클레임 해결방법

무역클레임은 당사자에 의하여 우의적으로 해결되기도 하고, 또는 제3자의 개입을 통하여 해결되기도 한다.

(1) 당사자에 의한 해결

① 클레임 포기(Waiver or Claim)

피해 당사자가 상대방에게 청구권을 행사하지 않거나 또는 제기한 클레임을 스스로 포기하는 것이다. 분쟁해결을 위한 가장 바람직한 방법이다.

② 화해(Amicable Settlement, Composition, Compromise)

당사자 간에 자주적인 교섭과 합의로 타협점을 찾아 해결한다. 방법으로는 당사자가 서로 양보할 것, 분쟁을 종결할 것, 그 뜻을 약정할 것 등 3가지 요건을 필요로 한다.

(2) 제3자에 의한 해결

① 알선(Intercession, Recommendation)

당사자 일방 또는 쌍방의 의뢰에 따라 공정한 제3자(예 : 상사중재원)가 분쟁에 개입하여 타협을 이루도록 해결방안 제시 또는 조언함으로써 클레임을 해결하는 방법이다.

② 조정(Conciliation, Mediation)

당사자 쌍방의 조정합의(submission to conciliation)에 따라 공정한 제3자를 조정인(conciliator)으로 선임하고, 그가 제시하는 조정 방안에 쌍방이 동의함으로써 클레임을 해결하는 방법이다. 조정이 성립되면 화해에 의한 판정방식으로 처리하는데, 중재판정과 동일한 효력이 있으나 이에 실패하면 30일 내에 조정절차는 자동 폐기되며 중재규칙에 의한 중재인을 선정하여 중재절차가 진행된다. 그러나 30일의 기간은 당사자의 약정에 의하여 기간을 연장할 수 있다.

③ 중재(Arbitration)

당사자 쌍방의 중재합의로 법률관계를 법원의 소송절차에 의하지 아니하고 공정한 제3자를 중재인(arbitrator)으로 선정하여 중재판정부(arbitral tribunal)를 구성하고, 그 곳에서 내려진 중재판정(arbitral award)에 양 당사자가 무조건 승복함으로써 클레임을 해결하는 방법이다.

중재판정부의 결정은 법원의 확정판결과 동일한 효력을 지니며, 외국중재판정의 승인 및 집행에 관한 국제연합협약(the United Nations Convention on the Recognition and Enforcement of Foreign Arbitral Awards/뉴욕협약)에 따라 각 협약국 내에서는 외국중재판정의 승인 및 집행을 보장받게 된다.

④ 소송(Litigation)

법관에 의한 법원의 판결, 즉 소송절차에 의하여 클레임을 해결하는 것이다(민사소송법 절차).

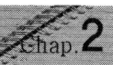 상사중재제도

1. 상사중재(Commercial Arbitration)

상사중재는 분쟁 당사자들 간에 사전 또는 사후의 합의에 따라 제3자인 중재인에게 분쟁해결에 대한 판정을 요구하여 판정이 내려지면 분쟁 당사자는 그에 구속되어 따르는 것이 중재이다.

(1) 중재의 장단점

① 장 점

- 「자발적인 분쟁해결 방법(voluntary reference)」: 중재는 중재계약(arbitration agreement)이 있을 경우에 한하여 가능하다.
- 「평화로운 분위기와 비공식적인 절차(peaceful atmosphere and informal procedure)」: 민간인 중재인에 의하여 진행되므로 호의적이다.
- 「중재인의 전문성(expertness of arbitrator)」: 중재인의 중재에 의하면 무역실무, 국제무역법, 무역관습 등에 정통한 전문가의 판단으로 공정한 해결을 도모할 수 있다.
- 「신속한 해결(speediness of settlement)」: 중재는 재판과는 달리 단심제이므로 신속한 분쟁해결을 도모할 수 있다. 우리나라의 경우에는 심리(hearing)의 종결일로부터 30일 이내에 판정함을 원칙으로 하고 있다.
- 「저렴한 비용(low costs)」: 중재는 절차가 신속하고 변호사 선임을 요하지 않기 때문에 그 비용이 적게 든다.

> **대　　상**: 신청금액이 2천만 원 이하인 국내 중재(국내에 주된 영업소나 주소를 두고 있는 당사자 간의 중재) 또는 당사자 간에 신속 절차에 따르기로 하는 합의가 있는 국내외 중재
> **진　　행**: 신속 절차는, 1인의 중재인이 판정하며 심문 전에 쟁점을 정리하여 판단한다. 또한, 1회의 심문을 원칙으로 하며, 심문 후 10일 이내에 판정을 한다.
> **중재비용**: 신청금액이 2천만 원 이하인 신속 절차의 경우, US$ 100을 초과하는 관리 요금은 1/2감액한다.

- 「중재절차의 비공개(closed proceedings)」☞ 중재진행 절차는 재판과는 달리 공개되지 않는다. 따라서 당사자의 상업상 비밀이 유지되고 보장된다.
- 「외국에서의 강제집행(enforcement of foreign arbitral award)」: 중재판정의 결과는 재판에서의 판결과는 달리 항상 외국인을 구속하므로 중재판정의 내용은 외국법원에 의해서도 그대로 강제집행 된다. 이것이 중재가 지니는 가장 중요한 장점이다. 즉, 1958년 뉴욕에서 채택되어 중재판정에 효력을 부여한 뉴욕협약이라는 것이다. "New York Convention"(United Nations Convention on the Recognition and Enforcement of Foreign Arbitral Awards, 1958)

② **단점(한계성)**

- 「법률문제(matter of law or question of law)」: 중재는 법률 전문가가 아닌 사람으로서 판정부가 구성될 때가 있으므로 사실 문제(matter of facts, question of facts)가 아닌 법률문제에는 판정에 불완전성이 있을 수 있다고 주장한다.
- 「판정결과에 대한 예견 가능성의 문제(problems of predictability)」: 중재인의 자의 주관에 의하여 좌우될 위험성이 있으므로 예견 가능성이 결여되어 있다는 설과, 중재인은 업계의 윤리와 상식을 갖추고, 사리에 맞는 실제성을 갖고 있으므로, 예견 가능성이 있다는 설과, 사실 및 법률문제 모두가 중요하므로 중재판정부의 구성을 조화 있게(법률전문가, 업계 및 학계의 각 1인) 하면 위험성이 없다는 설이 있다.

  그러나 이러한 문제는 중재인을 선정할 때에 즉, 중재판정부(arbitral tribunal)를 구성할 때에는 당해 사안에 비추어 적절한 중재인을 선정함으로써 충분히 극복할 수 있을 것이다.

2. 중재합의

(1) 중재합의의 의의와 형태

중재합의(arbitration agreement)란 일정한 법률관계에 관하여 당사자 간에 이미 발생하였거나 장래에 발생할 수 있는 분쟁의 전부 또는 일부를 중재에 의하여 해결하도록 하는 당사자 간의 합의를 말한다.

중재는 법관이 아닌 민간인의 중재인으로 구성되는 중재판정부의 판정에 당사자가 구속되는 제도이므로 그 구속력의 근거로서 중재합의가 필수적으로 요구되는 것이며, 이것은 곧 사법자치의 원칙 내지 당사자 자치 원칙의 반영이라 하겠다. 다시 말하면, 분쟁을 중재에 붙이기 위해서는 반드시 중재합의가 있어야 한다. 따라서 이를 근거로 당사자 일방이 중재 신청을 하게 되는 것이며, 중재합의가 없으면 절대로 중재가 성립될 수 없다. 중재합의는 현존하는 분쟁을 대상으로 할 수도 있고, 장래에 일어날 수 있는 분쟁을 대상으로 할 수도 있다.

 분쟁이 발생한 후에 그 분쟁을 중재에 의하여 해결하기로 하는 합의를, 즉 현존 분쟁에 대한 중재합의(사후합의)를 Submission Agreement라 하고, 앞으로 분쟁이 발생되면 그것을 중재에 의하여 해결하도록 하는 합의를, 즉 장래 분쟁을 대상으로 하는 중재합의(사전합의)를 Agreement to Refer라 하는데, 사전 중재합의는 일반적으로 거래관계개설약정서인 Agreement on General Terms and Condition of Business나 Sales Contract에 중재조항(arbitration clause)을 설정함으로써 이루어진다.

(2) 중재합의의 대상과 요건

① 중재합의의 대상

- 사법상의 분쟁(행정 또는 형사사건은 제외)으로 인한 불법행위에 의한 것도 가능하다고 본다.
- 일정한 분쟁이고, 당사자가 처분할 수 있는 것이어야 한다. 분쟁의 특정(즉, "이 계약으로부터" 등)이 있어야 하며, 비 송사건 또는 가사 심판사건 등은 당사자가 처분할 수 없는 분쟁이므로 제외된다.
- 분쟁이 현존하거나 장래의 것도 가능하며, 또한 분쟁의 일부이든 전부이든 무방하다.

② 중재합의의 요건

 중재합의의 요건은 중재합의의 법적 성질을 보는 측면에 따라 달라질 수 있겠으나 "사법상의 계약설"의 입장에서 보면 다음과 같이 설명될 수 있다.

[중재계약의 성립요건]

 중재계약의 성립요건은 사법상의 계약 성립요건을 말하며, 당사자가 권리 능력 내지 행위능력이 있고, 중재의사에 하자가 없으며 계약내용이 적법하고 사회적 타당성이 있으며, 실현 가능성이 있어야 한다.("New York Convention, 1958" 제5조 참조).

[중재계약의 유효요건]

중재합의가 제대로 효력을 발생하기 위해서는 중재합의의 3요소가 모두 명시되어야 하는데, 일반적으로 중재합의의 3요소는, ① 중재지(심문장소 또는 중재장소와는 구별됨), ② 중재기관(중재를 관할할 기관의 명칭), ③ 준거법(governing law, proper law) 등을 열거한다.

[기타 절차진행 요건]

이상과 같이 성립요건 및 유효요건을 갖추면 중재계약은 유효하다. 그러나 중재는 본질상 당사자가 모든 절차를 중재계약 또는 기타 특약으로 미리 약정할 수 있으며, 이 약정은 준거법상의 규정보다 우선하여 적용된다.

절차진행 요건으로 명시될 수 있는 내용을 살펴본다면, 중재인수, 중재인 선정방법, 중재비용 부담방법, 중재절차 진행기간, 심문방법 등이 있을 수 있다. 그러나 이들에 관하여는 중재 규칙(준거법)에서 규정을 두고 있으므로 그에 따르면 된다.

(3) 중재합의의 형식

① 표준중재 합의문

중재합의의 형식적 성립요건은 서면주의이다. 즉, 중재계약은 구두로는 불가능하고 반드시 문서에 의하여야 한다.

중재법에도 "중재합의는 서면으로 하여야 한다."고 규정하고 있으며, 독립된 합의, 즉 계약과 별도의 중재합의서를 작성하거나 계약서에 중재조항을 설정함으로써 중재합의를 하여도 좋도록 하고 있으며, 상사중재규칙에서 ① 계약 중의 중재조항으로 또는 ② 현존하는 분쟁을 중재에 의하여 해결하기로 하는 합의로 할 수 있도록 중재법의 규정과 일치시키고 있다. 또한, 상사중재 규칙은 중재 신청시에 반드시 중재의 합의를 인증하는 서면을 제출하도록 의무화하고 있다.

영국의 중재법과 New York Convention(1958)에서도 서면주의의 원칙이 규정되어 있으며, 우리나라 중재법에 의하면 ① 당사자들이 서명한 문서에 중재합의가 포함된 경우, ② 서신, 전보, 전신, 및 모사전송 기타 통신수단에 의하여 교환된 문서에 중재합의가 포함되어 있는 경우, ③ 일방 당사자가 당사자 간에 교환된 문서의 내용에 중재합의가 있는 것을 주장하고 상대방 당사자가 이를 다투지 아니하는 경우, 등은 모두 서명에 의한 중재합의로 본다고 규정되어 있다.

계약이 서면으로 작성된 중재 조항을 그 계약의 일부로 하고 있는 경우에는 계약은 중재 조항을 포함한 문서를 인용하고 있는 경우에는 중재합의가 있는 것으로 본다.

STANDARD ARBITRATION CLAUSE

All disputes, controversies or differences which may arise between the parties, out of or in relation to or in connection with this contract, or for the breach thereof, shall be finally settled by arbitration in Seoul, Korea in accordance with The Arbitration Rules of The Korean Commercial Arbitration Board and under the Laws of Korea. The award rendered by the arbitrator(s) shall be final and binding upon both parties concerned.

<표준중재내용>

SUBMISSION TO ARBITRATIONE

We, the undersigned parties, hereby agree to submit the below dispute to the Korean Commercial Arbitration Board for arbitration under the Arbitration Rules of the Korean Commercial Arbitration Board with impeccable understanding that the arbitral award to be renderded on the dispute shall be final and binding upon all the parties concerned.

Party(A) :　　　　　　　　　　Party(B) :
　Title of Corporation　　　　　　Title of Corporation
　Name of President(or Agent)　　Name of president(or Agent)
　Signed by__　　　　　　　　　Signed by__
　Date of Signature　　　　　　　Date of Signature

Enclosure : Power of Attorney, in case where the submission is made by an agent one copy

<중재인에 제출 문서>

② 잘못된 중재 합의문

[중재기관의 명칭 기재오류]

> - Arbitration .... by the Korean Chamber of Committee.
> - Any disputes .... by the Commercial Arbitration Institute of Korea
> - Any disputes .... by decisions of an internationally recognized trade arbitration board located in Korea.
> - Arbitration shall take place in Seoul in accordance with Arbitration Law of Korea and Commercial Arbitration Rules of the Korean Commercial Arbitration Committee.

[중재기관과 준거법의 결여]

> Any disputes arising under the Charter to be referred to arbitration in Seoul(or such other place as may be agreed) one arbitrator to be nominated by owners and the other by Charters, and in case Arbitrations shall not agree then to the decision of an Umpire to be appointed by them. The award of the Arbitrators or Umpire to be final and binding upon both parties. For the purpose of enforcing any award this agreement may be made as a rule of the court.

[불평등한 중재계약]

> All decisions of "A" with respect to matters relating to a contract shall be final and conclusive except that if "B" submits to "A" within twenty(20) days of the receipt of such decision a formal request for appeal to arbitration with respect to any controversy or claim arising out of or relating to the contract or the breach thereof settlement shall be made by arbitration to be held in Seoul, Korea. The arbitration board is to consist of three persons, one appointed by "A", one by "B" and the third selected and appointed by the other two persons.

(4) 중재합의의 효력

① 직소금지의 효력

우리나라 중재법에서는 중재합의의 대상인 분쟁에 관하여 소송이 제기된 경우, 그 소송의 피고가 중재합의가 있었음을 들어 "중재합의 존재의 항변"(방소의 항변)을 하면 법원은 그 소를 각하해야 한다고 함으로써, 중재합의가 있는 경우에는 당해 분쟁사건은 반드시 중재에 의하여 해결하여야 하며 법원에 소송을 제기할 수 없다는 "직소금지(prohibition of direct suit)의 효력"을 인정하고 있다.

이러한 중재합의의 "직소금지효력"을 규정한 입법 사례로는 영국의 중재법, 미국의 중재법, New York Convention(1958) 등이 있으나 국제상업회의소 조정 및 중재규칙(Conciliation and Arbitration Rules of ICC)에는 이러한 직소금지의 효력에 관한 규정이 설정되어 있지 않다.

중재합의의 직소금지 효력을 주장하기 위하여 "중재합의 존재의 항변"(방소의 항변)을 하려는 자는 당해 소송의 본안에 대한 최초의 변론을 할 때까지 즉, 그 변론 이전에 해야 하며, 이 시기를 도과하면 항변권을 상실한다는 점에 유의하여야 한다. 즉, 이 항변권은 포기할 수도 있는 것이다.

- **중재인의 절차 진행권** : 중재계약에 따라 선정된 중재인은 판정권이 있다. 중재인은 자기의 판정관할권(jurisdiction)에 관하여도 판정권이 있느냐에 대하여 학설(긍정설과 부정설)이 나누어지고 있으나 긍정설이 중재 본질에 맞는다고 본다(중재법 제10조 참조).

- **재산보존 조치권** : 대한상사중재원 상사중재규칙 제40조에서는 "중재인은 당사자 일방의 요청"에 따라 재산보존조치를 타방 당사자에게 지시할 수 있다고 규정하고 있다.

- **중재절차 협력의무** : 중재계약에 따른 중재절차가 개시되면 중재 당사자는 중재인의 지시에 따라야 할 의무가 있다.

- **중재계약의 국제적 효력** : 서면으로 된 중재합의는 계약에 의한 것이거나 아니거나를 불문하고 뉴욕협약(외국중재판정의 승인과 집행에 관한 UN협약)에 따라 승인 및 집행이 인정된다(뉴욕협약 제2조).

3. 중재신청 및 답변과 반대신청

(1) 중재신청

① 중재신청서 제출서

중재법에서는 중재신청자들이 합의한 기간 내 또는 중재판정부가 정한 기간 내에 신청취지와 신청원인 사실을 기재한 중재신청서를 중재판정부에 제출함으로써 중재신청을 하도록 규정하고 있다.

한편, 상사중재규칙은 중재를 신청하고자 하는 자는 대한상사중재원의 사무국에 중재신청서를 제출하고 소정의 중재비용을 납부해야 한다고 규정하고 있다.

② 중재신청 제출서류 및 방법

중재신청 시에 ①중재신청서, ②중재의 합의를 인증하는 서면, 즉 중재합의서, ③ 대리인이 있는 경우에는 위임장 등을 제출하고, 이와 함께 중재비용을 납부하여야 한다.

중재신청서에는 ① 당사자가 개인인 경우에는 그 성명 및 주소, 당사자가 법인인 경우에는 그 성명(법인의 명칭)과 주소 및 대표자의 주소, ② 대리인이 있는 경우에는 그 성명 및 주소, ③ 중재신청의 취지, ④ 중재신청의 이유 및 입증방법 등을 기재하여야 한다. 이러한 신청을 변경 또는 보완하려면 중재판정부에 의한 중재절차의 개시 전에는 중재원 사무국에 제출하되 중재절차의 진행 중에는 중재판정부의 허가를 받아 제출해야 한다.

③ 중재신청서의 접수 및 통지

중재원 사무국은 중재 신청서를 제출 받으면, 즉시 당해 신청서류를 제대로 구비했는지의 여부를 확인하고 적합한 경우에는 이를 접수하게 된다.

중재원 사무국이 중재의 신청을 접수하였을 때에는 쌍방 당사자에게 이를 접수하였다는 접수 통지를 하는데, 이 경우에 피신청인에게는 중재신청서 1부를 첨부하여야 한다. 이러한 중재원 사무국의 중재신청서 접수 통지를 피신청인이 수령한 날을 "기준일"이라 하므로, 이 기준일은 중재신청에 대한 피신청인의 답변, 조정의 요청, 당사자의 중재인 선정 서류제출 등에서 그 기한 일의 기산일이 되므로 중재절차상 중요한 의미를 갖는다.

(2) 답변

중재신청인의 신청 내용에 대하여 피신청인이 이를 변명 또는 거부하거나 그의 입장을 방어하고 밝히는 것을 답변이라 한다.

피신청인은 통지의 수령일, 즉 "기준일"로부터 국내 중재의 경우에는 15일, 국제 중재의 경우에는 30일 이내에 그 통지를 한 중재원 사무국에 ① 답변서, ② 답변의 이유를 증명하는 서증이 있는 경우에는 그 서증의 원본 또는 사본, ③ 대리인이 답변하는 경우에는 그 위임장 등을 제출하여 답변할 수 있다.

(3) 반대신청

중재신청이 있는 경우, 그 피신청인이 중재신청의 내용을 부인하면서 그것에 그치지 않고 오히려 피신청인이 손해를 보았으니 이를 배상하라는 등의 적극적인 대응 내지 청구를 하는 것을 반대신청(Counter-Claim)이라 한다.

이러한 반대신청은 피신청인이 중재절차 중에 스스로 할 수 있음은 물론이지만, 또한 중재판정부가 앞에서 설명한 피신청인의 답변의 취지나 이유가 반대신청의 내용을 포함하고 있다고 판단할 경우에 피신청인에게 그 부분에 대하여 반대신청을 할 것인지의 여부를 명확히 하도록 요구하는 경우, 그 요구에 따라 신청하기도 한다.

4. 중재판정부 구성

(1) 중재판정부(Arbitral Tribunal)

중재판정부는 중재 절차를 진행하고 중재판정을 내리는 단독중재인 또는 다수의 중재인으로 구성되는 중재인단을 말한다. 이는 법원의 소송에서의 재판부에 해당하는 임시적 기관이다.

법원의 재판부도 단독재판부과 합의재판부로 구성되는 것과 같이 중재판정부도 1인의 단독중재인에 의한 중재판정부와 다수의 중재인으로 구성되는 중재인단에 의한 합의제 중재판정부 등, 두 가지 형태로 구성된다.

중재판정부는 분쟁사건의 중요도나 신청금액의 규모에 따라 정한 기준에 의하여 중재원 사무국에서 단독제 또는 합의제를 결정하여 구성되고 있으며, 중재인단에 의한 합의제 중재판정부는 3인으로 구성되는 것이 일반적이다.

합의제인 3인의 중재인단에 의한 중재판정부는 의장중재인과 2인의 기타 중재인으로 편성된다.

(2) 중재인(Arbitrator)

중재인은 중재절차에서 당사자 간의 분쟁을 판정할 사람으로 선정된 제3자로 구성된 중재판정부의 구성은 곧 중재인의 선정으로 귀결된다. 현행 중재법과 상사중재규칙에 따라 중재인 선정에 관하여 설명하면 다음과 같다.

① 중재인의 자격과 선정제안

상사중재규칙에서는 중재의 결과에 관하여 법률적 또는 경제적 이해관계가 있는 자는 중재인이 될 수 없다고만 자격을 두고 있을 따름이며, 이 밖에 특별한 자격제한은 없다. 그리고 이 경우에도 당사자가 중재인에게 이러한 사정이 있음을 알면서도 서면으로 그 중재인을 선정하기로 합의한 경우에는 중재인으로 선정될 수 있도록 예외적 단서 규정을 함께 설정하고 있다.

중재법에서는 당사자 간에 다른 합의가 없는 한, 중재인은 국적에 관계없이 선정될 수 있다고 하고 있다. 한편, 상사중재규칙에 의하면 당사자의 국적이나 거주하는 국가가 다른 경우로서 중재원 사무국이 중재인을 선정하는 때에는 당사자의 어느 편에도 속하지 아니하는 제3국인 가운데 선정하도록 제한하고 있다.

② 중재인의 선정방법

[당사자의 합의에 의한 선정]

- 당사자의 합의에 의하여 중재인을 선정하거나 또는 중재인의 선정방법을 정하였을 경우에는 그것에 의하여 중재인이 선정된다. 당사자가 그러한 합의에 따라 중재인을 직접 선정하였을 경우에는 기준일로부터 국내 중재의 경우에는 15일, 국제 중재의 경우에는 30일 이내에 그 중재인의 성명, 주소 및 직업을 기재한 서면과 중재인 취임수락서를 중재원 사무국에 제출하여야 한다.

※당사자가 중재인을 선정하거나 중재절차를 정하기로 하고 이를 이행하지 않거나 합의된 선정기간을 경과하는 등의 경우에는 중재원 사무국이 중재인을 선정하도록 되어 있다.

[사무국에 의한 선정]

- 당사자의 합의에 의하여 중재인의 선정기간을 정하고서도 그 기간 내에 당사자가 중재인을 선정하지 않는 경우

- 당사자의 합의로 중재인의 선정기간을 정하지 않은 때에는 중재원 사무국이 즉시 선정토록 통지하게 되는데, 당사자가 그 통지를 수령한 후, 국내 중재일 때에는 15일, 국제 중재일 때에는 30일 이내에 선정하지 아니하는 경우
- 당사자의 합의에 의하여 당사자가 선정한 중재인이 다른 중재인을 선정하도록 된 경우에는 당사자 간에 그 다른 중재인의 선정기간을 정하지 않았거나 선정기간을 정하고도 그 기간 내에 다른 중재인이 선정되지 않았을 때, 중재원 사무국은 당사자가 선정한 중재인에게 다른 중재인을 선정하도록 통지하게 되는데, 당사자가 그 통지를 수령한 후 국내 중재일 때에는 15일, 국제 중재일 때에는 30일 이내에 당사자가 선정한 중재인이 다른 중재인을 선정하지 아니한 경우
- 당사자의 합의에 의하여 중재인을 선정 또는 중재인의 선정방법을 정하고도 그러한 합의에 따라 당사자가 중재인을 선정하지 아니한 경우

■ **중재원 사무국에 의한 선정의 방법**

① 중재인 명부 가운데서 다수의 중재인 후보자를 선택하여 그 명단을 당사자에게 송부한다.

② 각 당사자는 그 명단의 수령일로부터 국내 중재의 경우에는 15일, 국제 중재의 경우에는 30일 이내에 후보자의 성명 위에 의장중재인과 기타 중재인을 구분하여 선정의 희망 순위를 표시하기 위한 번호를 붙여서 이를 중재원 사무국에 반송한다.

　기간 내에 명단 반송이 없으면 명단에 기재된 후보자 전원에 대하여 동일 순위로 지명한 것으로 간주하며, 동일 순위로 지명된 2인 이상의 후보자나 희망 순위를 참작하여 중재원 사무국에서 희망 순위를 조정한다.

③ 대한상사중재원 사무국은 위와 같이 후보자 지명 순위에 따라 중재인의 취임 수락을 받되, 희망 순위가 동일한 후보자가 복수일 때에는 중재원 사무국이 그 가운데에서 중재인을 선정한다.

　이상과 같은 절차에 의하여 중재원 사무국이 중재인을 선정하지만 만약, 당사자 쌍방이 지명한 중재인이 취임 수락을 거절하거나 또 다른 이유로 직무수행이 불가능할 때에는 이미 제출된 명단에서 순위에 따라 지명된 중재인으로부터 선정하여 취임 수락을 받게 된다.

　그러나 이미 제출된 명단에서 중재인을 선정할 수 없으면 이상의 방법과 절차에 따라 중재원 사무국에 의한 중재인 선정이 다시 진행된다.

[법원에 의한 선정]

■ **단독 중재인에 의한 중재의 경우**

당사자의 일방이 상대방으로부터 중재인의 선정을 요구 받은 후 30일 이내에 양 당사자가 중재인 선정에 관하여 합의하지 못한 경우

■ **3인의 중재인에 의한 중재의 경우**

각 당사자는 각 1인의 중재인을 선정하고, 이에 따라 선정된 2인의 중재인들이 합의하여 나머지 1인의 중재인을 선정하기로 된 때에 일방 당사자가 상대방으로부터 중재인 선정의 요구를 받은 후 30일 이내에 중재인을 선정하지 아니하거나 선정된 2인의 중재인들이 선정된 후 30일 이내에 나머지 1인의 중재인을 선정하지 못한 경우

■ **당사자 간에 중재인의 선정절차를 합의한 때로서 다음의 어느 하나에 해당하는 경우**
- 일방 당사자가 합의된 절차에 의하여 중재인을 선정하지 아니하는 때
- 양 당사자 또는 중재인들이 합의된 절차에 의하여 중재인을 선정하지 못한 때
- 중재인의 선정을 위임받은 기관 또는 기타 제3자가 중재인을 선정할 수 없는 때

이상과 같은 경우에는 당사자 중 법원에 일방의 중재인 선정 신청에 의하여 이루어진다.

5. 심리와 중재판정

(1) 중재 장소의 결정

중재 장소(locale)는 중재가 행하여지는 장소로서 중재인의 선정, 중재절차 및 준거법 등의 결정에 있어서 그 기준이 되므로 대단히 중요한 의의를 갖는다. 중재법에서 중재 장소는 당사자의 편의와 당해 사건에 관한 제반 사정을 고려하여 중재 장소를 정하도록 하고 있다.

이에 반해 상사중재규칙에서는 당사자의 별도의 약정이 없는 한 당해 사건에 관한 당사자의 편의와 증거조사 방법 등을 고려하여 중재원 사무국이 정하도록 하고 있어 법과 규칙이 일치하지 않는다.

법체계에서의 효력 우선순위는 규칙보다 법이 우선 하지만, 상사중재규칙은 중재법의 규정을 충분히 고려하면서 상거래 분쟁의 해결을 위한 특별한 분야에 적용하기 위하여 대

법원에서 승인한 것이므로, 이 규칙에 따라 당사자의 합의가 없으면 중재원 사무국이 중재장소를 결정하는 것으로 보아도 무리가 없을 것이다.

(2) 심 리

① 심리방법

중재 절차상 가장 중요한 것이 심리(hearing)이다. 심리과정에서 중재신청서와 준비서면(statement) 및 제출되는 여러 가지 증빙자료를 충분히 검토하여 중재판정부가 중재판정을 해야 하기 때문에 중재 절차에서 핵심이 되는 것이 심리이다. 심리는 구술심리(oral hearing)와 서면심리로 나뉘는데, 양자를 병행하는 것이 가장 바람직하다.

당사자 간에 다른 합의가 없는 경우, 중재판정부는 구술심리를 할 것인지 또는 서면심리를 할 것인지의 여부를 결정할 수 있다. 그러나 구술심리가 중요한 절차이므로 당사자에 의한 구술심리를 하지 않기로 합의되지 않는 한 중재판정부는 일방 당사자의 신청에 따라 반드시 구술심리를 하여야 한다.

그리고 중재절차의 신속화와 정확화를 기하기 위하여 중재판정부는 당사자에게 사전에 그의 주장과 증거방법 및 상대방의 주장에 대한 의견을 기재한 준비서면과 답변서를 제출하게 할 수 있으며, 실제로 중재를 하는 과정에서 이렇게 하는 것이 상례이다. 서면심리를 위해 모든 서류는 진술서와 증거를 제출하도록 통지된 날로부터 국내 중재의 경우는 15일, 국제 중재의 경우는 30일 이내에 중재원 사무국이 요구하는 부수의 사본을 구비하여 제출해야 한다.

제출된 증거는 당사자 전원이 출석하고 단독중재인 또는 중재인의 과반수가 출석한 자리에서 제출되고 조사되어야 함을 원칙으로 하고, 중재인은 제출된 증거의 신빙성과 유용성을 자유 심증(own discretion)으로 판단한다.

② 심리의 일시와 장소

심리의 일시와 장소 및 방식은 중재판정부가 정하도록 되어 있으며, 중재원 사무국은 중재판정부가 결정한 심리의 일시와 장소 및 방법 등을 국내 중재의 경우에는 심리개시 10일 전, 국제 중재의 경우에는 심리개시 20일전까지 당사자에게 통지한다.(당사자가 이 통지기간을 변경할 수 있다.)

중재판정부는 상당한 이유가 있으면 직권으로 또는 당사자의 요구에 따라 심리를 연기 또는 속행할 수 있다. 그러나 심리기일을 연기하는 경우에는 그 다음 심리기일에 대해 국

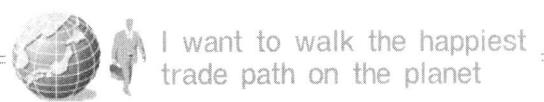

내 중재의 경우에는 15일, 국제 중재의 경우에는 30일 이내로 정해야 한다. 연속 2회 이상 연기하지 않도록 규정하고 있는데 이는 중재절차의 신속성을 도모하기 위하여 타당한 입법이라 하겠다.

③ 당사자의 출석과 엽조

심리절차에 당사자는 출석할 수 있는데, 이는 권리인 동시에 의무이기도 하다. 중재의 신청자가 신청 취지를 특정하지 아니하거나 신청 이유 및 입증 방법을 명시 또는 제출하지 아니하여 중재판정부가 중재절차의 신속한 진행을 기대할 수 없다고 판단하거나 당사자 쌍방이 주장 및 입증을 태만히 하여 중재절차의 계속적 진행이 부적절하다고 판단하는 경우에는 중재판정부가 심리절차를 종결할 수 있다. 이는 당사자의 해태(解怠/게으리)함에 의한 심리종결제도이다.

한편, 당사자의 일방이 출석하지 아니하거나 출석해서 심리에 응하지 아니하는 경우에도 심리절차는 그대로 진행시킬 수 있는데, 이 때 당사자가 제출한 서면이나 기타의 증거가 있을 때에는 이를 진술 또는 제출한 것으로 본다.

그러나 당사자 쌍방이 심리의 일시, 장소가 정당하게 통지 또는 고지되었음에도 불구하고 2회 이상 출석하지 않거나 출석해서도 심리에 응하지 않는 경우에는 중재판정부는 중재절차의 종료를 선언할 수 있다.

④ 심리의 종결과 재개

중재판정부는 당사자의 일방 또는 쌍방의 태만에 의하여 심리의 종결 또는 심리와 함께 중재 절차까지의 종결도 단행할 수 있을 뿐만 아니라, 당사자가 주장 및 입증을 다하였다고 인정할 때에는 정상적으로 심리의 종결을 선언한다.

요약 준비서면 등의 제출이 요구되는 경우에는 중재판정부가 그 서류의 제출을 위하여 정한 최종 기일에 심리 종결된 것으로 간주한다. 한편, 중재판정부는 직권에 의하여 또는 당사자의 일방이 상당한 이유를 제시하여 신청하였을 경우에는 중재판정이 내려지기 전이면 언제든지 심리를 재개할 수 있다. 이렇게 심리가 재개되었을 경우에는 심리 종결은 그 심리가 종결된 날로 한다.

(3) 중재판정

중재판정(arbitral award)은 심리 종결 후, 30일 이내에 내려야 함을 원칙으로 하지만, 중재판정부에 의해 이 기간은 연장될 수 있다. 중재판정문은 판정주문(判定主文)과 판정이유(判定理由)로 구성된다.

중재판정이 내려지면 구속력과 확정력 및 집행력 등이 법원의 확정판결과 동일한 효력을 갖는다. 중재는 국제적 단심제이므로 판정결과에 불복하여 당해 국가 또는 외국에서 다시 중재신청을 할 수 없다.

(4) 중재판정 취소의 소

중재판정의 내용에 불복하여 소를 제기할 수는 없지만, 중재 절차상에 오류 또는 하자가 있거나 중재 법규를 위반한 경우와 같이 판정 자체의 잘못이 있는 경우, 당사자는 법원에 중재판정 취소의 소를 제기하여 구제를 요청할 수 있다.

현행 우리나라 중재법상으로는 다음과 같은 사실이 있는 경우에 한하여 중재판정이 취소될 수 있으므로, 그러한 경우에만 중재판정 취소의 소를 제기할 수 있다.(중재법 제36조 제2항)

중재법 제36조 제2항

① 중재판정의 대상이 된 분쟁이 대한민국의 법에 따라 중재로 해결될 수 없는 경우
② 중재판정의 승인 또는 집행이 대한민국의 선량한 풍속, 기타 사회질서에 위배되는 경우
③ 중재합의 당사자가 그 준거법에 의하여 중재합의 당시에 무능력자이었던 경우
④ 중재합의가 당사자들이 지정한 법 또는 대한민국 법에 의하여 무효인 경우
⑤ 중재판정의 취소를 구하는 당사자가 중재인의 선정 또는 중재절차에 관하여 적절한 통지를 받지 못하였거나 기타의 사유로 당해 사건에 관한 변론을 할 수 없었던 경우
⑥ 중재판정이 중재합의의 대상이 아닌 분쟁을 다루었거나 중재합의의 범위를 벗어난 사항을 다룬 경우
⑦ 중재판정부의 구성 또는 중재절차가 당사자의 합의 또는 중재법에 따르지 아니한 경우

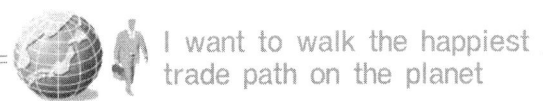

　중재판정 취소의 소는 중재판정의 정본을 받은 날로부터 3월 이내에 제기하여야 하며, 법원에 의하여 당해 중재판정의 승인 또는 집행판결이 확정된 후에는 중재판정 취소의 소를 제기할 수 없음에 유의하여야 한다.

　중재판정 취소의 소는 중재판정이 국법질서에 적합한가의 여부를 심사할 근거를 국가가 유보하고 있는 것이므로 "형성의 소"에 속한다.

　중재판정 취소의 소가 판결로 확정되면 그 중재판정은 효력을 잃게 되는 것은 물론이지만 중재판정을 변경할 수는 없다. 다시 말하면, 법원은 그 판정의 취소냐 아니냐의 판단만 할 수 있을 따름이다.

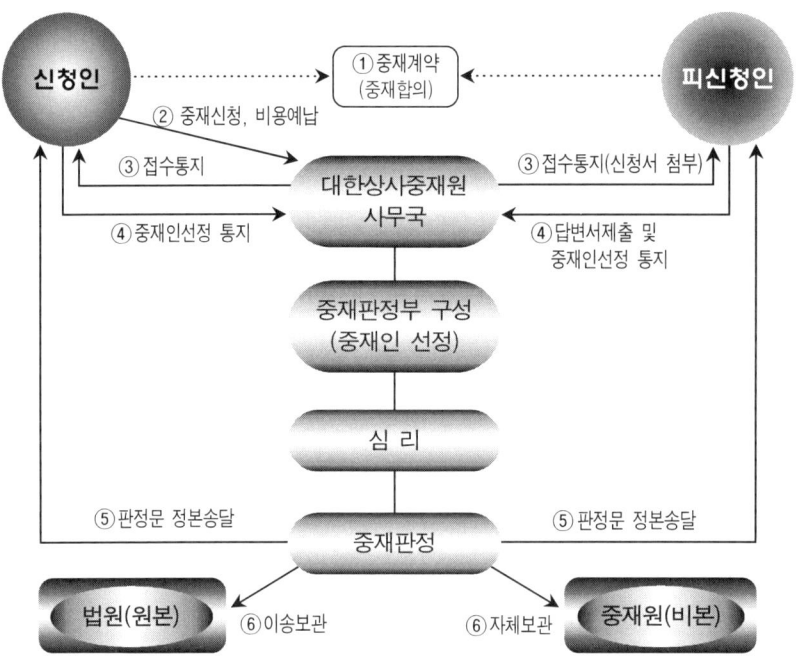

[그림 X-1] 상사중재 절차

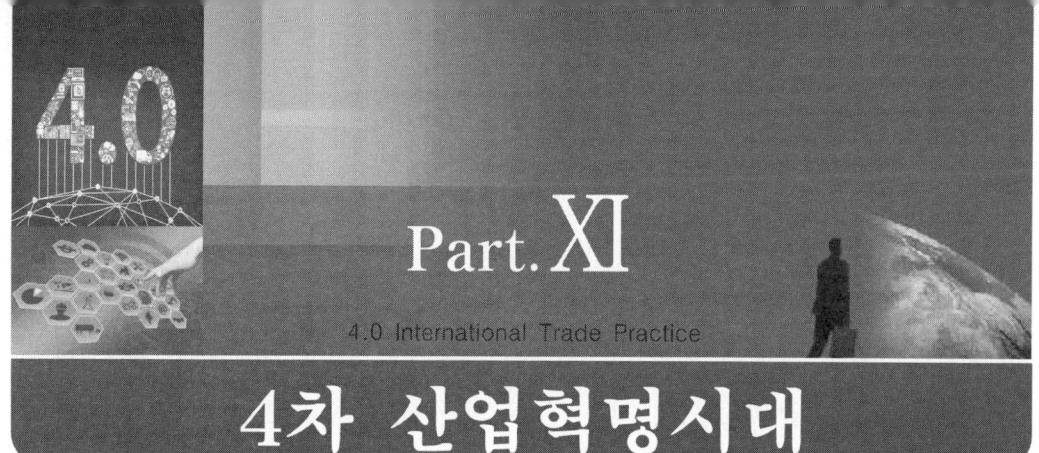

Part. XI
4.0 International Trade Practice
4차 산업혁명시대

 **4차 산업혁명의 개요**

1. 4차 산업혁명의 의의

4차 산업혁명이란 무엇인가에 대해 심도 있게 이해하기 위해서는 4차 산업혁명의 원동력인 핵심기술과 개념을 이해하여야 한다. 4차 산업혁명이란 정보통신기술(ICT)의 융합으로 이뤄지는 차세대 산업혁명으로 초연결, 초지능, 초융합으로 대표된다.

즉, 인공지능(AI), 사물인터넷(IoT), 로봇기술(Robot Technology), 드론(Drone), 자율주행차(Self-driving Car), 가상현실(VR) 등이 주도하는 차세대 산업혁명을 말한다.

4차 산업혁명이라는 용어는 2016년 6월 스위스 다보스포럼(Davos Forum)에서 포럼 의장이었던 클라우스 슈밥(Klaus Schwab)이 처음으로 사용하면서 이슈화되었다. 당시 슈밥 의장은 1, 2, 3차 산업혁명이 전 세계적 환경을 혁명적으로 바꿔놓은 것처럼 4차 산업혁명이 전 세계질서를 새롭게 만드는 도입이 될 것이라고 밝힌 바 있다. 4차 산업혁명이라는 용어가 발표되고 얼마 되지 않아 새로운 화두에 모든 사람들이 공감을 하고 있다.

우리나라와 일본, 중국을 비롯한 동아시아 국가와 유럽에서는 4차 산업혁명이라는 용어를 많이 사용하고 있지만, 미국을 비롯한 또 한편에서는 4차 산업혁명이라는 용어를 그다지 사용하지 않고 정보화 혁명 또는 디지털 혁신의 연장으로 이해하기도 하고, 또한 독일 같은 경우는 4차 산업혁명보다는 Industry 4.0이라는 용어를 더 많이 사용하기도 한다.

산업혁명이라는 용어는 영국의 아놀드 토인비가 18세기 영국 산업혁명 강의에서 처음으로 사용하기 시작했다. 토인비는 산업혁명의 정의를 "인류 역사에서 기술혁신과 그에 수반해 일어난 사회경제 구조의 변혁, 어떤 기술이 나타났다가 반짝하고 사라지는 것이 아니라 관련 기술들이 연대적으로 발전해 경제 및 사회구조를 바꾸는 변혁이 일어나야 산업혁명이라는 용어를 쓸 수 있다고 하였다.

4차 산업혁명을 충분히 이해하기 위해서는 4차 산업혁명의 원동력인 핵심기술과 개념을 이해하여야 하는데, 이에 대한 핵심기술을 완벽하게 이해하기란 쉽지 않다. 왜냐하면, 이 기술들은 새로운 것들이며 인공지능과 같은 무형의 기술도 있고, 로봇과 자율주행차 같은 융복합 기술도 포함하고 있기 때문이다.

2. 4차 산업혁명의 정의

4차 산업혁명이라는 용어가 이미 우리 귀에는 친숙해지고 있지만, 우리에게 알려지기 시작한지는 얼마 되지 않았다. 그러면 클라우스 슈밥(Klaus Schwab)은 4차 산업혁명을 어떻게 정의하였을까? 4차 산업혁명에 대한 설명은 클라우스 슈밥의 "제4차 산업혁명"이라는 그의 저서에서 주장한 내용을 중심으로 정리해 보도록 하겠다.

클라우스 슈밥(Klaus Schwab)은 4차 산업혁명 이전에 세 번의 산업혁명이 있다고 보았다. 1차 산업혁명은 1760~1840년경에 철도건설과 증기기관의 발명을 바탕으로 기계에 의한 생산을 이끌었고, 2차 산업혁명은 19세기 말에서 20세기 초까지 이어진 산업혁명으로 전기와 컨베이어 벨트의 출현으로 대량생산을 가능하게 한 것을 꼽았다.

그리고 1960년대에 시작된 제3차 산업혁명은 반도체와 메인프레임 컴퓨팅(1000년대, PC 1970년대와 1980년대), 인터넷(1990년대)이 발달을 주도했고, 그래서 이를 "컴퓨터 혁명" 혹은 "디지털 혁명"이라고도 부른다고 설명했다. 여기까지가 클라우스 슈밥이 1차 산업혁명에서 3차 산업혁명을 설명한 전부다.

슈밥(Klaus Schwab)은 이상과 같이 1차에서 3차 산업혁명을 설명하고, 오늘날 우리는 4차 산업혁명의 시작점에 있고 디지털 혁명을 기반으로 한, 4차 산업혁명은 21세기의 시작과 동시에 출현했다고 보았다. 4차 산업혁명을 이끄는 기술을 유비쿼터스 모바일 인터넷, 더 저렴하면서 작고 강력해진 센서, 인공지능과 기계학습(machine learning)을 그 특징으로 꼽았다. 따라서 3차 산업혁명의 특징 기술이었던 컴퓨터 하드웨어, 소프트웨어, 네트워크가 핵심인 디지털 기술에서 더욱 정교해지고 통합적으로 진화한 디지털 기술이 사회와 세계경제의 변화를 이끌고 있으며, 이러한 변화를 4차 산업혁명으로 보았다.

다시 요약해 보면 "디지털 기술"과 "진화한 디지털 기술"이 3차와 4차 산업혁명의 기술 특징으로 설명되고 있는 셈이다. 결국 3차와 4차 산업혁명의 뿌리는 디지털 기술에 있다고 보았고, 다만 4차 산업혁명은 기존 3차 산업혁명의 디지털 기술에서 진화된 개념의 디지털 기술이 주 동인이라고 본 것이다.

그리고 진화의 개념을 보완하기 위해 MIT의 에릭 브린욜프슨 교수와 앤드류 맥아피 교수의 「제2의 기계시대, The Second Machine Age」라는 책에 나오는 "오늘날 세계는 디지털 기술의 영향력이 자동화로 인하여 완벽한 힘을 갖추고, 전례 없는 새로운 것을 만들어 내기 시작하는 변곡점의 시기에 있다"라는 주장을 인용하며 디지털 기술의 변곡점이 4차 산업혁명의 시발점이 되고 있다고 보았다.

또한, 슈밥은 4차 산업혁명이 스마트공장의 도입을 통해 제조업의 가상 시스템과 물리적 시스템이 유연하게 협력할 수 있는 세상을 만듦으로써 상품의 완전한 맞춤 생산이 가능해지고, 새로운 운영모델이 발생할 수 있다는 독일의 인공지능연구소가 발표한 CPS(Cyber Physical System)와 인더스트리 4.0도 4차 산업혁명에 포함된다고 보았다.

또한, 4차 산업혁명은 단순히 기기와 시스템을 연결하고 스마트화 하는 디지털 기술만이 아니라 유전자 염기서열 분석, 나노기술, 재생가능 에너지, 퀀텀 컴퓨팅까지 다양한 분야에서 동시다발적으로 일어나고 있는 기술 진보들을 포함하며, 이 모든 기술들이 융합하여 물리학, 디지털, 생물학 분야가 상호 교류하는 새로운 혁신을 만들어 가기 때문에 이전의 산업혁명과는 궤를 달리한다고 보았다(클라우스 슈밥, 제4차 산업혁명, pp. 25-26). 여기에서 그의 주장을 한번 정리해 보면, 슈밥은 21세기에 들어 4차 산업혁명이 시작되고 있다고 보았고, 4차 산업혁명을 특징짓는 기술로 "진화된 디지털 기술", CPS와 Smart Factory의 4.0 Industry 더 나아가 물리학, 디지털, 생물학의 경계를 허물고 상호교류하며 만들어 가는 거대한 기술 진보로까지 범위를 확대하였다.

이로서 단지 제조업이 디지털 기술과 결합되어 새로운 혁신을 일으키는 4.0 Industry와 차별화하였고, 디지털 기술만이 아닌 물리학, 생물학과 융합된 융합기술로 범위를 확대하였다. 또한, 여기에서 주의해야 할 점은 물리학, 생물학 단독의 새로운 혁신이 아니라 디지털 기술과 융합된 거대한 약진으로 본 점이다. "진화된 디지털 기술"을 중심에 두고 디지털 기술이 다른 학문과 융합하여 만들어 가는 새로운 기술들도 4차 산업혁명의 범위에 포함시킨 셈이다.

클라우스 슈밥은 그의 저서에서 이 외에도 다양한 새로운 기술을 언급하며 이 기술들이 4차 산업혁명을 이끌 것 이라고 전망하였는데, 이 기술들을 세 방향의 메가트렌드로 다음과 같이 정리하였다.

첫째, 메가트렌드는 물리학 기술인데, 여기에는 자율주행차를 포함하여 드론, 트럭, 항공기, 선박 등의 무인운송 수단과 적층가공으로 불리는 3D 프린팅, 첨단 로봇공학, 자가 치유와 세척이 가능한 소재, 형상기억합금, 그래핀(graphene), 열경화성 플라스틱, 압전세라믹(piezoelectric ceramics)과 수정 등 스마트 소재를 포함한 신소재가 포함된다고 보았다.

둘째, 메가트렌드(mega trends)는 디지털 기술이며, 사물인터넷, 블록체인, 공유경제라 불리는 On-Demand Economy가 만들어 내는 우버, 페이스북, 알리바바, 에어비앤비 등의 플랫폼 비즈니스가 포함된다고 보았다. 이는 앞에서 설명한 인공지능이 포함된 "진화된 디지털 기술"과는 조금 다른 접근이 아닌가 생각된다.

셋째, 메가트렌드는 생물학 기술로 유전공학, 합성생물학, 바이오프린팅(생체조직 프린팅), 뇌과학 등을 포함시켰다(클라우스 슈밥, 제4차 산업혁명). 지금까지 설명한 내용이 슈밥이 그의 저서에서 설명하고 있는 4차 산업혁명에 대한 정의와 4차 산업혁명을 드라이브하고 있는 주요기술에 해당하는 부분이다.

슈밥(Schwab)은 이에 더해 서문에서 일부 학자와 전문가들이 지금 벌어지고 있는 상황들을 여전히 3차 산업혁명의 연장선으로 이해하고 있음을 경계하며, 이번 4차 산업혁명이 기존의 산업혁명과 다른 차이점을 다음의 세 가지 측면으로 설명하고 "이번에는 다르다"라고 다음과 같이 강조하기까지 하였다.

- **첫 번째는 속도(velocity)이다.** 제1~3차 산업혁명과는 달리, 제4차 산업혁명은 선형적 속도가 아닌 기하급수적인 속도로 전개 중이다. 이는 우리가 살고 있는 세계가 다면적이고 서로 깊게 연계되어 있으며, 신기술이 그보다 더 새롭고 뛰어난 역량을 갖춘 기술을 만들어 냄으로써 생긴 결과이다.
- **두 번째는 범위와 깊이(breadth and depth)이다.** 제4차 산업혁명은 디지털 혁명을 기반으로 다양한 과학기술을 융합해 개개인뿐 아니라 경제, 기업, 사회를 유례없는 패러다임 전환으로 유도한다. "무엇을", "어떻게"하는 것의 문제뿐 아니라 우리가 "누구인가"에 대해서도 변화를 일으키고 있다.
- **세 번째는 시스템 충격(system impact)이다.** 제4차 산업혁명은 국가 간, 기업 간, 산업 간 그리고 사회 전체 시스템의 변화를 수반한다.

슈밥은 4차 산업혁명 이전의 3단계 산업혁명을 Industry 4.0에서 인용하고 있는, 제조업을 변화시켜온 증기기관, 전기, 디지털 기술을 그 동인으로 그대로 설명하고 있다. 그리고 3차 산업혁명의 동인이 된 Digital Technology에 이어 21세기 들어서 부각되고 있는 "진화된 디지털 기술", 즉 모바일 인터넷, 인공지능, 스마트공장을 포함한 인더스트리 4.0을 4차 산업혁명의 특징적인 주요 디지털 기술로 정의하였다.

이와 더불어 이러한 "진화된 디지털 기술"과 물리학, 생물학이 융합되어 새로운 혁신을 이루어 나갈 것으로 보아 디지털 기술만이 아닌 다른 영역의 신기술까지 포함하는 개념으로 보았다. 그리고 4차 산업혁명이 가져올 변화의 내용을 경제, 기업, 국가, 세계, 사회, 개인 등의 주체별로 상세히 설명하여, 4차 산업혁명이 단순한 기술의 변화뿐만이 아니라 기

술혁신과 그에 수반해 일어난 사회경제 구조의 변혁까지 만들어 갈 것이라고 그 영향을 폭넓게 보았다.[50]

Chap.2 4차 산업혁명의 영향과 변화

클라우스 슈밥(Klaus Schwab)은 4차 산업혁명이 가져올 변화의 내용을 경제, 기업, 국가, 세계, 사회, 개인 등의 주체별로 상세히 설명하였다.

1. 경제에 미치는 영향

4차 산업혁명이 세계경제에 미칠 영향력은 엄청날 것이라고 전제하고 그 키워드로 "성장"과 "고용"의 두 가지에 집중하여 설명하였다. 당분간은 고령화 사회, 과중한 부채 등의 요인으로 저성장 기조가 유지될 것이나 지금은 4차 산업혁명의 초입에 있어 4차 산업혁명의 핵심인 혁신적 기술로 창출된 생산성의 폭등을 경험하고 있지 못할 뿐, 곧 재생가능 에너지와 같은 새로운 신장 분야와 4차 산업혁명이 촉발하는 새로운 수요의 전 세계적인 확산, 각국 정부, 기업, 시민단체들의 적극적인 4차 산업 대응 등으로 세계경제는 성장국면으로 넘어갈 것으로 전망하였다.

- 4차 산업혁명이 가져올 부정적 영향인 불평등, 고용, 노동시장에 관련된 문제들을 제대로 인식하고 다루어야 한다고 강조하였다.
- 향후 수십 년 내에 다양한 산업 분야와 직군에서 기술혁신이 노동을 대신하게 되어 일자리 감소와 더불어 직업의 형태가 바뀌게 되는데, 이 과정에서 잘 대응하지 못한 사람들이나 국가에는 큰 위험이 닥치게 된다고 보았다.
- 고소득 전문직과 창의성을 요하는 직군의 고용은 증대하지만, 단순반복 업무는 자동화로 인해 일자리가 없어지게 되고 기술혁신에 의한 직업 변화에 제대로 대응하지 못하는 그룹에게는 사회적 불평등과 긴장감이 확대되고, 이 과정에서 국가 간에도 개발도상국으로 이전되었던 단순반복적인 일자리가 선진국으로 다시 돌아가는 리쇼어링(reshoring) 현상으로 개발도상국들이 위험해진다고 보았다.
- 우버(Uber)와 같은 온디맨드(on-demand) 경제의 진전에 따라 원하는 사람을, 원하는

---
[50] 김대훈/장항배/박요익/양경란,스마트 기술로 만들어가는 4차 산업혁명,박영사,2019. pp 54-59

때에, 원하는 방식으로 필요할 때 잠시 고용하는 휴먼 클라우드(human cloud) 형태의 고용이 늘어나게 되면, 노동자들의 보호 장치가 사라져 불안정한 고용이 늘어나는 가상의 노동착취 현상이 발생할 수 있으므로 변화하는 노동력과 진화하는 노동의 본질에 걸맞은 새로운 형식의 사회계약과 근로계약을 만들어야 한다고 보았다.

이러한 경제에 대해서 4차 산업혁명의 영향을 정리해 보면 당분간 이어질 저성장 기조는 혁신에 의한 생산성 향상과 신사업의 출현으로 곧 극복될 것이며, 오히려 기술혁신에 따른 일자리 변화 및 감소와 노동형태의 변화에 따라 발생할 사회적 불평등과 긴장을 잘 해결해 나가야 할 것을 큰 과제로 보았다.

2. 기업에 미치는 영향

4차 산업혁명의 영향이 기업에도 큰 변화를 일으킬 것이며, 주로 디지털 기술이 기업의 공급과 수요측면과 결합하여 파괴적 혁신이 일어나게 되고, 그 결과 기업의 전통적인 가치사슬이 파괴되고, 데이터 공유 및 소통력이 뛰어난 밀레니엄 세대(1980~2000 출생세대)가 주도하는 새로운 소비 트렌드인 소비의사 결정과정의 투명성 및 소비자 참여 증대와 소유에서 공유로의 소비 패턴의 변화 등으로 소비권에 대한 힘이 기업에서 소비자에게로 이동하는 변화가 광범위하게 일어날 것으로 전망하였다.

- 기업 차원만이 아니고 디지털 기술이 상품과 서비스의 융합이라는 파괴적 혁신을 초래하여 산업분야 간 경계를 파괴함으로써 새로운 사업모델들이 출현하는 산업의 융합이 폭넓게 일어날 것으로 보았다.
- 기업 및 산업에 디지털 기술이 결합되어 일어나는 파괴적 혁신에 대한 대응으로 기업들은 기존의 사업운영 모델에 대한 전면적인 개편과 새로운 비즈니스 모델의 창출에 대한 고민을 해야 할 것이다. 이를 위해 빅데이터를 비롯한 데이터 활용능력이 무엇보다 중요해져 이 부분에 대한 적극적인 투자가 필요하다고 보았다.

이러한 변화는 일부 산업이 아닌 모든 산업에 걸쳐 나타날 것이며, 모든 산업이 4차 산업혁명의 힘으로 변화해 가는 변화곡선 상에 있을 것으로 보고, 앞으로는 인재가 기업의 전략적 우위를 확보하기 위한 중요한 자산이므로 사업에 적합한 인재를 영입해 그들이 창의력과 혁신 능력을 펼칠 수 있는 인재주의(merit system)를 강조하였고, 데이터의 활용도가 높아짐에 따라 같이 증가되어야 하는 데이터의 보안 역량에도 지속적인 투자가 이루어져야 한다고 충고하였다.

이상과 같이 4차 산업혁명이 기업에 영향을 미칠 큰 변화로는 기업의 가치사슬, 소비자의 소비패턴, 상품과 서비스의 결합으로 인한 산업의 융합 등, 기업 활동 전반에 걸쳐 데이터 중심의 디지털 기술이 주도하는 파괴적 혁신이 일어나게 되므로 이에 적극적으로 대응하기 위한 새로운 비즈니스 모델의 구축이 시급할 것으로 보았다.[51]

3. 국가와 세계에 미치는 영향

국가와 세계에 4차 산업혁명이 미치게 될 영향에 대해서 국민들이 다양한 디지털 기술의 활용으로 많은 정보를 가지게 되어 이전보다 시민사회의 힘이 커지게 될 것으로 보았다. 또한, 정부도 웹 등의 디지털 기술을 적극적으로 활용하게 되어 전자정부 기능이 확대되며, 규제가 기술의 변화속도를 따라가지 못하는 현상이 심화되어 이를 해결하기 위해 규제기관이 규제대상을 정확히 이해하고 스스로를 개편해 지속적으로 급변하는 새로운 환경에 적응해 나가며, 규제와 법 제정의 새로운 생태계를 만드는 "민첩한 통치시스템"을 만들어야 한다고 전망했다.

- 온디맨드(on-demand) 경제의 발달로 고용 안정성과 장기근속 혜택이 없는 유연하고 임시적인 새로운 형태의 일자리가 늘어나게 되며, 정부가 독점권을 가지고 승인하는 정부승인 직군이 파괴될 것으로 보았다. 이러한 변화과정에서 일어나게 될 정보의 불균형에서 오는 디지털 격차를 정부가 시급히 해결해야 할 과제이다.
- 새로운 디지털 경제에서 개방적인 국제규범을 구축하고, 정보통신기술에 대한 접근성과 활용 면에서 민첩한 정책 체제를 갖추어 인재들을 유인하는 국가와 도시가 경쟁력을 가질 것으로 보았다.
- 4차 산업혁명이 초 연결 사회로의 변화를 가속시켜 불평등이 심화되고 이에 따른 사회 불안과 폭력적 극단주의가 안보위험에 대한 성격을 바꾸어 국가 간의 관계와 국가 안보의 본질에 근본적인 영향을 미칠 것으로 보았다.
- 군사 로봇과 인공지능 기반 자동화무기의 출현으로 인한 Robo-War의 자율전쟁과 해커와 싸워야 하는 사이버 전쟁 등에 대비해야 할 것을 과제로 꼽았다.[52]

---

51) 클라우스 슈밥, 제4차 산업혁명, pp. 86-111
52) 클라우스 슈밥, 제4차 산업혁명, pp. 112-146

4. 사회에 미치는 영향

4차 산업혁명이 사회에 미칠 영향으로는 로봇과 알고리즘에 의해 노동을 자본으로 대체하고, 노동시장은 전문적 기술이라는 제한된 범위로 더욱 편중될 것이고, 전 세계적으로 연결된 디지털 플랫폼 시장은 소수의 스타들에게 지나치게 큰 보상을 주는 시스템을 만들어 새로운 아이디어 및 비즈니스 모델 상품과 서비스를 제공하는 등, 혁신이 주도하는 생태계에 완벽히 적응한 능력을 갖춘 사람들이 승자가 되고, 저 숙련 노동력이나 평범한 자본을 가진 기존의 중산층이 기회를 잃어버리는 사회적인 불평등이 심화될 것으로 전망했다.

- 디지털 채널의 증가로 많은 정보를 가지게 된 시민들이 권력을 얻었지만, 미디어가 범람하면서 개인이 활용하는 뉴스 제공의 원천이 편협해지고 양극화 현상이 나타나고 새로운 디지털 기술을 활용하여 정부와 이익집단들이 새로운 형태의 감시와 통제를 하게 되어 오히려 시민들이 권력을 잃을 수도 있음을 경계해야 한다고 하였다.

5. 개인에 미치는 영향

4차 산업혁명의 영향은 개인의 행동양식, 프라이버시(privacy)와 오너십에 대한 개념, 소비패턴, 일과 여가에 할애하는 시간, 경력을 개발하고 능력을 키우는 방식 등, 개인의 정체성도 변화시킨다고 전망했다.

- 사람을 만나고 관계를 쌓는 방법과 사회적 계급과 건강에까지 영향을 미쳐서 생각하는 것보다도 빠르게 휴먼 증강(human augmentation)을 실현해 인간 존재의 본질에 대한 의문을 불러일으킬 것으로 보았다. 즉, 정체성 변화와 더불어 4차 산업혁명이 일으키는 변화를 받아들이는 사람과 저항하는 사람, 물질적 승자와 패자로 갈라놓아 개인 간의 격차를 벌리는 양극화가 심화되며, 새로운 기술이 공공의 이익이 아닌 특정 집단의 이익을 위해 악용될 수 있음을 인식해야 한다고 하였다.
- 4차 산업혁명으로 개인과 집단이 기술과 더욱 깊은 관계를 맺게 되면서 서로 얼굴을 맞대고 하는 인간적인 대화는 온라인 소통에 밀려나고, 디지털 홍수에 빠져 있는 시간이 길어질수록 스스로 주의력을 통제하지 못해 인지능력이 퇴화하고, 인간이 타인과 공감하는 사회적 능력이 떨어질 수 있다고 우려하였다.
- 마지막으로 인터넷과 상호 연결성이 높아지면서 일상적으로 사용하는 기기를 통해 편리함을 취하는 대가로 기꺼이 사생활을 제공하려는 경향이 보편화되어 이로 인해 발생

하는 사생활 침해를 어떻게 해결할 것인지와 기술의 노예가 아닌 기술의 활용자가 되기 위한 개인들의 노력이 있어야만 4차 산업혁명이 우리의 행복을 파괴하기보다는 향상시키는 힘이 될 것으로 보았다.[53]

Chap.3 4차 산업혁명 시대의 핵심기술

4차 산업혁명을 이해하려면, 초연결(hyperconnectivity)과 초지능(superintelligence)을 특징으로 하기 때문에 그 원동력인 핵심기술과 개념을 심도 있게 이해해야 할 것이다. 핵심기술을 완벽하게 이해하기란 쉽지 않다. 왜냐하면, 이들 기술들이 새로운 것들로 지능이라는 무형에 대한 인공지능 기술도 있고, 로봇과 자율주행차 같은 융복합 기술도 포함하고 있기 때문이다. 그러므로 기업의 종사자들은 4차 산업혁명을 이해하고 있어야 신제품 및 신규 사업에 대한 경영전략을 개발하는 능력을 갖출 수 있게 되므로 이들 핵심기술에 대한 이해가 필요하다. 4차 산업혁명으로 구분할 수 있는 기술들은 대다수 IT기술로, AI, LoT, Big Data 등, 자동화와 연관이 많은 기술들이다. 따라서 직장인들은 여기에서 소개하는 핵심기술들에 대한 기본적인 이해가 있어야 한다. 그리고 무역관련 분야나 인문사회 분야 전공자도 향후 직장생활에 적응하거나 창업을 하기 위해서도 4차 산업혁명에 대한 기본적인 이해를 하고 있어야 유용하게 응용할 수 있을 것이다.

1. 인공지능(AI)

(1) 인공지능 기본개념

인공지능(AI : Artificial Intelligence)은 공상과학 소설이나 영화나 대학 강의시간에만 나오는 주제가 아니고 인간의 일상생활과 산업에서 실제로 활용되고 있는 실제적 기술이다. 우리나라에서는 2016년 4월에 인공지능 알파고(AlphaGo)가 이세돌(바둑9단)과의 바둑대결에서 승리함으로써 인공지능에 대한 인식이 크게 확산하였다.

인공지능(AI)이란 '인간의 뇌가 가진 지능의 기능을 컴퓨터 소프트웨어를 이용하여 수행할 수 있게 하는 기술을 다루는 과학'이라고 할 수 있다. 인공지능(AI)은 이제 단순한 기억뿐만 아니라 인간의 뇌처럼 습득한 지식을 바탕으로 하여 추론하고, 자연언어를 이해하고,

---

[53] 클라우스 슈밥, 제4차 산업혁명, pp. 162-168

스스로 학습하고, 시각적 판단을 할 수 있는 단계에까지 이르렀다. 2021년 1월 SBS 방송 신년특집에서 AI를 통하여 가수(옥주현)의 모창을 하는가 하면, 2002년 발표된 노래(김범수)「보고싶다」를 AI를 통하여 들을 수 있었고, 1996년 세상을 떠난 故김광석 가수의 목소리를 되살려 듣기도 하는 등의 4차 산업혁명은 혁신을 거듭하고 있다. [그림 VI-1]은 인간의 뇌와 인공지능과의 유사성을 상징적으로 표현한 것을 보여주고 있다.

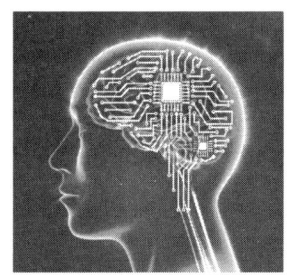

[그림 VI-1] 인간 뇌와 유사한 상징적 표현

(2) 인공지능 활용분야

인공지능이 활용되는 예를 몇 가지 살펴보면 다음과 같다.

- 미국에서는 아마존이 판매한 음성인식 인공지능 알렉사가 부모의 허락을 받지 않은 어린아이의 명령에 따라 쿠키와 인형을 주문해서 물건이 배송되었다고 한다. 그런데 이 사건을 텔레비전 방송국 아나운서가 방송하자 시청자 가정에 있던 여러 인공지능이 이 방송내용의 일부를 명령으로 인식하고 쿠키와 인형을 주문하는 바람에 해당 기업에 주문이 폭주하여 혼란이 있었다는 보도가 있었다. 인공지능이 이미 인간의 생활을 돕고 있지만 아직은 한계도 있다는 내용이다.
- 일본에서는 인공지능이 탑재된 로봇이 일반 가정과 기업에서 활발하게 활용되고 있다. 인공지능이 창작된 문학작품이 신춘문예 작품 현상공모에 출품되었다고 한다.
- 한국은 투자 의사결정에서 인공지능의 결정이 인간 애널리스트보다 투자수익률이 더 높게 나타나기도 했으며, 또 어느 대학병원에서는 미국의 EM사가 개발한 인공지능 왓슨(Watson)을 도입하여 질병진료에 활용하고 있다고 보도되었다.
- 중국에서는 춘절에 여행객이 기차역에서 개찰을 하는 업무를 수행한다고 보도되었다. 인공지능 앞에 서서 신분증을 제시하면 인공지능이 승객의 얼굴을 인식하여 본인임을 확인한다는 것이다.
- 인공지능은 로봇과 자율주행차의 핵심기술이기도 하다.

이와 같은 외국의 예를 들지 않더라도 인공지능은 우리생활의 매우 가까이에서 활용되고 있다. 예를 들면, 많은 스마트폰에 다운로드 되는 구글의 지도가 그것이다. 구글의 지도는 음성인식이 가능하여 목적지를 음성으로 말하면 목적지가 스마트폰 화면의 지도에 나타난다. 또한, 스마트폰의 내비게이션에서 목적지를 음성으로 입력하면 길 안내와 소요시간 등이 화면에 나타나고 음성으로 안내를 들려주기도 한다. 그래서 인공지능기술이 활용된 구글의 지도는 혼자 외국에서 여행하는데도 큰 도움이 될 수 있다는 것이다. 이처럼 인공지능은 이미 우리생활에서 활용되고 있는 것이다. 인공지능이 활용되는 분야는 다음과 같다.

- 게임 : 인공지능은 전략적 요소가 포함된 게임에서 매우 우수한 능력을 나타내고 있다. 인공지능은 체스, 포커, 바둑 등에서 그 능력의 우수함이 입증되었다.
- 자연어 처리 : 인간이 말하는 자연어를 이해하는 인공지능을 만들 수 있다. 스마트폰에도 인간의 말을 이해하는 인공지능이 내장되어 있다.
- 전문가 시스템 : 기계와 소프트웨어와 특수 정보를 통합하여 추론과 조언을 할 수 있는 전문가 시스템이 있는데 이것도 인공지능을 이용한 것이다.
- 비전 시스템 : 시각적 입력 자료를 이해하고, 해석하고, 사고할 수 있는 인공지능 시스템이 있다. 예를 들면, 정찰기로 사진을 찍어서 특정 지역에 대한 정보를 얻어낼 수 있고, 범인의 얼굴 영상을 자료에 있는 사람과 연결할 수 있는 능력을 가진 인공지능이 있다.
- 수기 자료 인식 : 손으로 쓴 글씨를 인식하고 그것을 읽을 수 있으며, 문자로 변환시키는 인공지능 시스템이 있다. 또한, 수기 한자를 인식하는 사전 앱을 스마트폰에 다운로드 받아 사용하기도 한다.
- 지능형 로봇 : 인간이 명령한 일을 수행할 수 있는 로봇도 인공지능을 이용한 것이다.
- 자율주행차 : 자율주행차의 중앙처리장치는 고도의 인공지능 기능을 수행하는 장치이다.

(3) 인공지능의 미래 활용 전망

인공지능은 앞에서 열거한 사례 외에도 교육, 경영, 의사결정, 엔터테인먼트 등, 여러 분야에서 활용될 것이 확실하다고 하겠다. 향후 기업에서 인공지능을 활용하는 기회가 더욱 많을 것이다. 인공지능(AI)이라는 말은 1956년, 미국의 다트머스대학교의 존 매카시(John McCarthy) 교수가 개최한 다트머스 회의(Dartmouth Conference)에서 처음 사용되기 시작했다. 그 역사는 약 60여년이라고 할 수 있는데, 1980년대의 침체기를 거쳐 인터넷이 보급되는 1990년대 이후 근래에 매우 활발하게 연구·활용되고 있다.

영국의 물리학자 스티븐 호킹(Stephen William Hawking) 박사는 인공지능이 인간을 위협하게 될 것이라고 경고하기도 하였는데, 이에 반대하는 의견을 가진 전문가도 많다. 하지만, 반도체 발명이 정보산업으로 연결되어 상상하지 못했던 문명을 만든 사실을 생각하면 인공지능이 앞으로 인류에게 어떤 편익과 불행을 가져다줄지 속단하기는 어렵다.

인공지능은 4차 산업혁명의 핵심기술이 될 것이다. 왜냐하면, 인공지능은 로봇에서도 머리 부분은 인공지능으로 이루어지게 되는데, 머리 부분의 인공지능이 좋을수록 합리적인 판단을 더 잘할 것이며 인간과의 교류도 원활할 것이기 때문이다.

또 자율주행차에서도 자동차가 사물을 인식하고 판단하는 기능을 인공지능이 수행하기 때문에 인공지능의 역할은 매우 중요하다. 그래서 인공지능 부분이 우수한 자율주행차가 주변 상황에 잘 적응하고 승차감에도 편안함과 안전을 더 많이 보장해 줄 것이다.

인공지능은 당분간 인류의 편익을 증진하는데 많이 활용될 것이다. 대표적으로는 제품의 생산과 서비스 활동에서 원가를 절감하고 생산성을 향상시키는 중요한 도구가 될 것이다. 또 많은 자료를 분석하여 수행하는 각종 의사결정, 교육, 오락 등에서도 효과적으로 활용될 수 있을 것이다. 기술의 발전과 활용에 관한 과거의 경험을 보면 기술의 조기 도입자(early adopter)들은 동종업계의 선두주자가 된 경우가 많다. 인공지능에서도 마찬가지로 조기 도입자는 초기시장을 선점하게 될 것이며, 따라서 기업인들은 인공지능의 발전 동향을 예의 주시하고 자사의 제품과 서비스에 인공지능을 도입하고 활용하는 방안을 모색하고 있다.

하지만, 인공지능이 초래하게 될 부정적인 측면에 대한 우려도 적지 않다. 이미 앞에서 언급한 바와 같이 인공지능은 여러 분야에서 현재 인간이 하고 있는 일을 대신할 것이며, 블루컬러 직업뿐만 아니라 화이트컬러의 일자리도 인공지능이 대체할 것이다.

미래에 인공지능에 의해서 대체될 수 있는 일자리 중에서 특별히 그 가능성이 큰 부분으로는 텔레마케터, 세무보고. 보험평가, 스포츠 심판, 법률비서, 음식점과 커피숍의 접객원, 부동산중개, 비서와 행정보조자, 농업근로자, 운반원 등이다. 이들 직업들이 인공지능으로 대체될 확률은 모두 90% 이상으로 추정되고 있다.

이세돌과의 바둑대결에서 이긴 인공지능 알파고는 딥 마인드(DeepMind)라는 영국의 인공지능 기업이 개발하였다. 딥 마인드는 데미스 하사비스(Demis Hassabis)와 셰인 레그(Shane Legg), 무스타파 슐레이만(Mustafa Suleyman) 의해 설립되었는데, 이 기업을 구글이 2014년 1월에 4억 달러(약 4,800억원)에 인수하였다. 왜 그렇게 많은 돈을 투입하여 인수하였겠는가? 대답은 이 회사가 작지만 그만큼 미래가치가 있다고 판단하였기 때문이다. 세계 10위권 규모의 경제대국인 한국도 이제는 첨단기술의 추격자로서의 전략만으로는 경쟁력을 유지할 수가 없는 상황이 되었다. 한국도 독자적인 기술을 개발하고 보유하지 않으면 안 되는 상태에 이른 것이다. 그러므로 인공지능 분야에 있어서 한국은 비록 뒤져 있지만, 이제 독자적인 연구체계를 갖추고 나가야 할 것이다. 기술개발을 위해서는 전문 인력이 필요하다. 인공지능 분야에서 최고수준의 인력뿐만 아니라 초급기술자로서 연구와 개발 보조기사도 많이 필요할 것이다.

인공지능에 대한 교육과 연구는 주로 컴퓨터공학과 관련하여 수행되고 있다. 영국의 에든버러대학교(University of Edinburgh)에서는 인공지능 전공 학사·석사·박사 과정이 개설되어 있다. 에든버러대학교는 인공지능 전공학과를 이미 1990년대에 개설하였던 것으로 판단된다. 영국에서 인공지능 전문회사인 알파고사가 설립된 것이 우연이 아님을 설명하는 사례라고 하겠다.

미국은 인공지능 교육과 연구가 매우 활발하다. 미국의 신문 유에스 앤드 월드 리포트(U.S. News and World Report, www.usnews.com)에 따르면 대학원과정에서 인공지능 분야의 상위권 대학으로는 스탠퍼드대학교, 카네기멜런대학교, MIT, 캘리포니아대학교(버클리), 워싱턴대학교, 조지아공대 등의 순이다. 한국에서는 주로 컴퓨터공학 분야에서 인공지능을 교육·연구하였으나 이제 독립된 학과로 개설되어 활발히 연구 중이다.

2. 로봇(Robot)

(1) 로봇의 기본개념

로봇은 어떤 작업이나 조작을 스스로 할 수 있는 기기를 말하며, Robot의 어원은 체코어 'Robota'로 노동을 의미한다. 로봇은 인간생활 깊숙이 활용되고 있다. 즉, 청소 등의 일을 거들고, 산업에 활용되고 있다.

일본에서는 이미 사람 모양의 로봇이 대화하면서 정서적인 상대가 되고 있는 등, 로봇의 활용은 이제 상상에서 현실로 나타나고 있으며 우리나라에서도 실현되고 있다. 로봇의 구성과 작동원리는 기본적으로 4부분의 장치에 의해 이루어진다. 즉, 감지장치, 제어장치, 동작장치, 동력장치로 이루어진다는 것이다.

① 감지장치

감지장치는 주변의 빛, 소리, 온도 등의 환경 정보를 감지하여 제어장치로 전달하는 기능을 하는 부분이다. 인간의 눈, 코, 귀, 피부가 주변으로부터 정보를 수집하여 뇌로 보내는 것처럼 감지장치에 의해서 수집된 정보는 제어장치로 전달된다.

② 제어장치

제어장치는 감지장치로부터 수신한 정보를 바탕으로 하여 판단을 하여 동작장치에 행동명령을 내린다. 제어장치는 인간의 두뇌와 같은 역할을 한다.

③ 동작장치

동작장치는 제어장치가 내린 명령에 따라 로봇의 팔, 다리 등을 움직여서 목적하는 동작을 하여 의도한 작업을 수행하는 것인데, 이것은 인간의 머리에서 내린 명령에 따라서 팔과 다리가 움직이는 것에 비유된다.

④ 동력장치

동력장치는 감지장치, 제어장치, 동작장치가 작동하도록 동력을 제공한다. 동력으로는 교류 또는 직류의 전기가 주로 쓰인다. 전원장치로 건전지가 사용될 수도 있다.

(2) 로봇의 활용

로봇은 용도에 따라 다양하게 많은 종류의 로봇이 있다. 국제로봇협회(International Federation of Robot)는 로봇을 그 용도별로 분류하였는데, 먼저 제조업용 로봇과 서비스용 로봇으로 분류할 수 있다.

① 제조용 로봇

자동차 제조(핸들링, 조립, 용접, 도장 등), 전자제품 제조(도장, 조립, 핸들링 등), 조선소(용접, 블라스팅, 도장)

② 서비스용 로봇

서비스용 로봇은 개인서비스·공공서비스·극한작업·기타 산업용 로봇으로 나눌 수 있으며 그 내용은 다음과 같다.

- 개인서비스 로봇 : 가사지원(청소, 정리정돈, 집지킴이, 심부름), 노인지원(보행 보조, 생활지원), 재활지원(병간호, 장애자 보조, 재활훈련), 작업지원(부상방지, 작업효율증가), 여가지원(오락, 테마파크, 게임, 헬스 케어), 교육(가정교사, 교육 기자재 활용), 이동지원(개인 이동시스템, 탑승형 로봇)

- 공공서비스 로봇 : 공공서비스(안내 도우미, 도서관 사서, 민원서류 발급), 빌딩 서비스(경비, 배달, 청소), 사회 안전서비스(경비)

- **극한작업 로봇** : 사회 인프라(활선작업, 관로, 고소작업), 재난극복(화재진압, 인명구조), 군사(지뢰제거, 경계, 전투, 로봇갑옷 등), 해양(탐사, 자원개발 지원)

- **기타 산업로봇** : 소매업(판매활동), 서비스(은행, 음식점 접객서비스), 건설(건설지원, 건설 유지보수, 해체지원), 농림·축산(농약살포, 과실수확 지원), 의료(수술, 간호, 진료, 치료, 교육)

로봇은 이미 많은 인간의 일을 대체하고 있고, 향후 그 범위는 더욱 확대될 것이다. 따라서 이로 인한 일자리 감소가 심각한 문제로 대두될 것으로 예상된다. 일본의 경우, 노인을 돌볼 사람이 부족하여 노인돌봄로봇을 많이 이용하고 있다고 한다.

로봇 사용에 관한 국제적인 통계자료를 보면 한국이 세계에서 로봇을 가장 많이 사용하고 있는 국가로 나타나고 있는데, 국제로봇연맹(2016)에 의하면 제조업 근로자 1만 명당 로봇 사용 대수는 세계 평균이 69대인데 한국은 531대로 세계최고이다.

다음은 싱가포르로 398대이고, 그 다음은 일본 305대 순이다. 이 통계 숫자를 보면 한국의 현장에서 로봇이 얼마나 많이 사용되고 있는지를 상상할 수 있을 것이다. 하지만, 일반 서비스업에서 한국이 로봇을 사용하는 경우는 많지 않다.

로봇은 4차 산업혁명 과정의 주요 기술로 '인간을 노동으로부터 해방하는데 있어서 핵심적인 역할을 할 것이다. 물론 '노동으로부터의 해방이라는 말이 일자리 감소를 의미하기 때문에 반가운 일이라고만은 할 수 없다. 하지만, 이것은 4차 산업혁명 시대에서 나타나는 대세이다. 이 문제의 해답은 일자리 문제를 어떻게 해결하느냐에 대한 해답을 찾아내는 인간의 지혜에 달려 있다고 할 수 있다.[54]

3. 사물인터넷(IoT)

(1) 사물인터넷의 기본개념

사물인터넷(IoT : Internet of Things)은 사물(thing)과 사물(thing)을 연결하는 것으로 그 활용 범위가 엄청나게 확대될 것이다. 사물인터넷이라는 말은 케빈 애쉬튼(Kevin Ashton)이 1999년에 처음으로 사용했다고 한다. 향후 사물인터넷을 선점하는 자가 미래시대 혁신의 아이콘이 될 것이라고 예상하여 사물인터넷을 선점하기 위해 세계의 유수한 기업과 정

---
[54] 박춘엽,박병연,오점술 4차 산업혁명의 핵심전략,책연,2018. pp 39-41

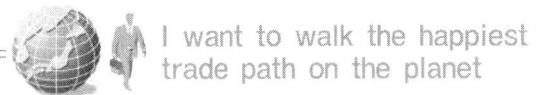

부들이 치열하게 경쟁하고 있으며, 활용범위가 매우 광범위할 것으로 전망되고 있다.

예를 들어, 자동차 회사에서 자동차의 엔진 온도와 진동 등을 측정하여 자동차의 고장 가능성을 사전에 감지할 수 있는 센서를 장착하여 놓고, 이 센서에 들어온 정보를 인터넷을 통하여 본사의 애프터서비스센터와 연결해 놓으면 자동차회사는 특정 자동차의 고장 가능성을 미리 알 수 있게 된다는 것이다.

(2) 사물인터넷의 구성

사물인터넷의 구성요소는 '센서', '통신네트워크', '클라우드', '정보처리'의 4부분으로 나누어서 설명할 수 있다.

① 센서(Sensor)

첫 번째 요소는 센서(sensor)라는 핵심요소에서 주변으로부터 정보를 수집하는 감각기관이라 할 수 있다. 여기에 감지(sense)의 대상이 되는 것은 온도, 습도, 소리, 진동, 빛, 위치, 영상, 열, 가스, 조도 등을 대상으로 할 수 있다. 센서는 물리적 조건이나 사건으로부터 감지한 내용을 전기적, 광학적 또는 디지털 자료로 변환하는 역할도 함으로써 디지털 체온계로 측정하여 감지한 온도가 디지털 신호로 전환되어 숫자로 나타나는 것이다.

디지털 체온계로 체온을 측정해 본 경험이 있을 것이다. 디지털 체온계를 이마나 관자놀이 부근에 갖다 대면 신호음이 들리고 체온이 디지털 신호로 변환되어 표시장치에 숫자로 나타난다. 또한, 비대면 스텐드형 얼굴인식 발열 감지시스템 가까이 접근하면 적정 거리가 유지되었을 때 체온이 디지털표시장치에 나타난다. 이렇게 온도가 디지털 표시장치에 숫자로 나타나는 것은 센서에 의한 것이다.

센서(sensor)는 주변 현상에 대한 감지기능, 감지한 측정치를 디지털 신호로의 전환기능, 전환된 신호를 클라우드로 보내는 통신기능을 포함하고 있다. 센서의 종류는 감지하려는 목적(온도, 진동, 소음 등)과 정확도, 신뢰성, 범위, 정밀도 등에 따라 여러 가지가 있다.

② 통신 네트워크(Communication Network)

두 번째 요소는 통신 네트워크로 센서로부터 수집된 자료를 전송하하는 것이다. 센서와 통신 네트워크를 연결하는 기술은 와이파이(Wi-Fi), 블루투스(bluetooth). 아이맥스(IMAX), 이더네트(ethernet), LTE(long term evolution), 라이파이(LiFi) 등이다.

③ 클라우드(Cloud)

세 번째 요소는 클라우드로 센서로부터 수집된 자료를 처리하고 저장하는 모든 활동을 포함한다. 이 과정에서 데이터는 저장소에 저장되는데, 클라우드(cloud)라고 하는 클라우드 저장소(cloud storage)를 의미한다.

④ 정보처리(Data Processing/Information Processing)

네 번째 요소는 정보처리로 통신 네트워크를 통해서 전송된 정보를 처리하는 기능이다. 여기에서 '정보처리'를 한다는 말은 사물에서부터 전송되어 온 가공되지 않은 데이터를 인간이 사용하기 쉽게 만든다는 뜻이다. 정보처리를 좀 더 구체적으로 말하면 정보의 비주얼화(그래프로 표시하기 등), 해석(위험상태 알림 등), 예측과 최적화 등을 포함한다.

정보처리를 함에 있어 요즈음은 인공지능이 많이 이용된다. 정보처리를 통하여 추출된 자료는 통신망을 통하여 기계나 사람에게 전달되며, 전달된 정보를 접수한 사람이나 기계는 사전에 정해진 원칙에 따라 적절하게 조치하여 처리하게 된다. 사물인터넷 4가지 구성요소와 기능을 그림으로 표시하면 [그림 XI-2]와 같다.

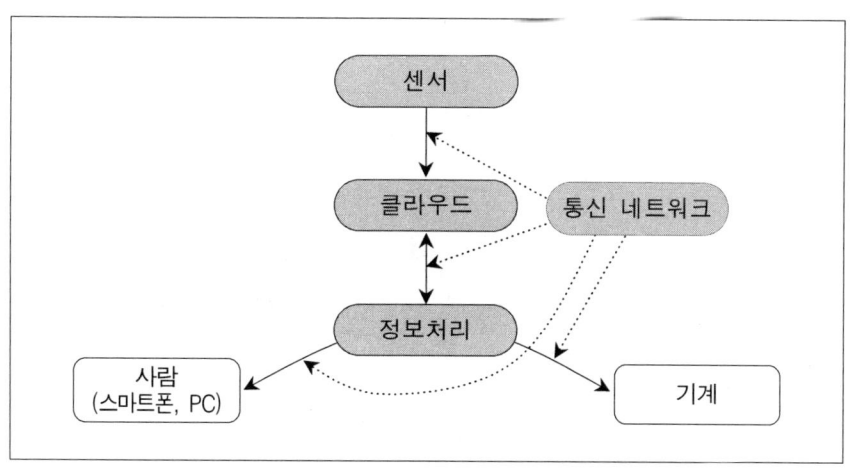

[그림 XI-2] 사물인터넷 구성요소 개념도

(3) 사물인터넷 활용사례

사물인터넷은 웨어러블(wearable) 장치, 스마트 홈 관리, 가전제품관리, 자동차관리, 개인 건강관리(원격 의료관리), 스마트 교통관리와 제조업 및 서비스산업 응용에 적용할 수 있고, 나아가서는 스마트 도시건설에도 적용할 수 있게 되는 것이다.

① 스마트 홈

가정 내의 조명, 난방, 환기, 냉방, 보안, 비디오 감시시설이 휴대폰을 이용해서 중앙통제식으로 관리하는 것을 말한다. 스마트 홈은 사물인터넷을 이용하여 구현된다.

② 스마트 도시

스마트 도시(smart cities)란 인터넷 접속이 언제 어디서나 가능하고 도시 내 시설들이 지능화된 다양한 유비쿼터스 서비스를 제공받는 도시의 개념을 나타내는 말이다.

예를 들면, 아랍에미리트(LAE)의 두바이 시는 도시의 모든 가로등에 비디오카메라가 설치된 스마트 조명으로 되었다고 한다. 이것은 시내 전체를 가로지르는 스마트 조명을 통해 도시의 상황을 한눈에 파악할 수 있는 도시 컨트롤센터 설치를 목적으로 한 것이다. 즉, 도시 어느 곳에서나 접할 수 있는 가로등을 도시 전체를 하나로 연결하는 스마트 기반시설로 활용하는 사례이다.

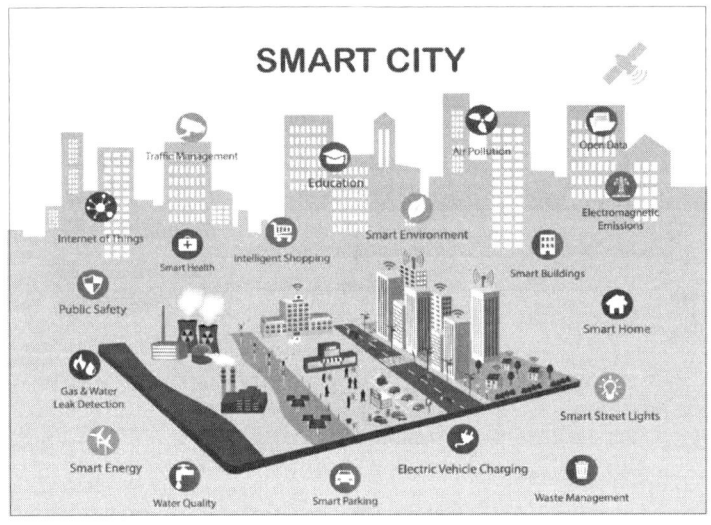

[그림 XI-3] 스마트 도시의 상상도

③ 교통서비스

사물인터넷을 통해 차량에서 실시간으로 정체구간이나 교통사고 발생 정보를 얻을 수 있고, 빠른 우회경로를 안내한다. 또한, 버스정류장에 오고 있는 버스 정보와 예상 소요시간이 디스플레이로 표시되는데 이러한 것이 사물인터넷을 이용한 것이다.

④ 에너지 절약

가정과 빌딩의 전기·전자 제품에 대해 사물인터넷을 통하여 스마트폰으로 실시간 에너지 사용량을 알 수 있으며, 전기료 최소화 방법을 안내한다. 외출 중 스마트폰으로 전자제품을 끄기도 하고, 집에 들어가기 전에 집안의 온도와 조명을 조절할 수도 있다.

⑤ 관광 서비스

사물인터넷을 이용한 근거리 무선통신기술을 이용하여 관광객이 방문지에 도착하면 스마트폰에서 해당 지역의 맛집과 관광정보 등을 제공한다.

⑥ 산업에 활용

산업용 기기에 사물인터넷을 이용하여 온도, 진동 등을 모니터링하여 고장을 예측하고 사전 정비를 함으로써 기기의 수명을 연장하거나 대형 사고를 예방할 수 있다.

⑦ 건강관리

특수 기능을 갖는 전지적·전자적 기기를 통해서 심박수, 보행수, 혈압 체크 등의 건강관리를 할 수 있다.

[그림 XI-4] 웨어러블 디바이스(사례)

이 외에도 사물인터넷은 스마트 헬스케어, 스마트 빌딩, 스마트 에너지, 스마트 소매, 스마트 근무, 스마트 제품관리 등에도 활용할 수 있다.

(4) 사물인터넷(IoT)과 웨어러블 디바이스(Wearable Devices)

인터넷은 인류 최대의 발명이라고 지칭될 정도로 세상을 통째로 바꾸어 놓았다. 이제 인터넷은 하루도 없이는 살 수가 없는 현대사회의 불가결한 하부구조가 되었다.

인터넷이 진화하여 오늘날 일반적으로 사용 가능하게 된 것은 1991년에 World Wide Web이 개발되면서 부터이다. 인터넷 역사는 짧지만, 이메일 등 편리한 통신활동을 가능하게 하였고, 전자상거래라고 하는 새로운 경제활동 영역을 가능하게 하였다.

따라서 아마존과 알리바바와 같은 초대형 전자상거래회사와 수많은 소규모 전자상거래회사가 설립되어 상거래 양상이 근본적으로 변화되었다. 또한, 인터넷은 또 SNS라고 하는 전 인류가 참여하는 새로운 사회적 연결망을 탄생시키기도 했다.

그리고 사물인터넷(IoT)이라는 새로운 영역으로 확장되어 인간과 사물, 사물과 사물이 연결되게 하여 인류는 또 한 번의 변혁을 하고 있다.

사물인터넷은 웨어러블 디바이스(wearable device)라는 이름의 기기로 변신하여 티셔츠처럼 입을 수 있는 옷, 착용할 수 있는 안경, 팔찌, 시계, 신발 등의 형태로 인간에게 많은 편익을 주게 될 것이며 빠르게 진행되어 세상을 변환시키고 있다.

4. 융복합기술 자동차

자동차는 20세기 문명의 상징과도 같다. 그런데 지금까지 개발된 서로 다른 인공지능 기술 등을 융합·결합하여 사람이 직접 운전하지 않아도 목적지까지 갈수 있는 자율주행차로 발전하였고, 개선 진행 중이다. 또한, 석유를 동력원으로 하는 자동차에서 전기 또는 수소 연료전지(hydrogen fuel cell)를 동력원으로 하여 새롭게 재탄생되고 있다.

(1) 자율주행자동차

자율주행자동차(self-driving car)는 운전자가 조작하지 않아도 위성항법시스템 등과 차량의 각종 센서로 스스로 목적지를 파악하여 운행되는 자동차이다.

영문으로 Autonomous Driving Car, Smart Car로도 표현된다. 엄밀한 의미에서 무인자동차(driverless car)와는 다르지만 실제로는 혼용되고 있다. 자율주행자동차는 운전자가 운전을 하지 않아도 내장된 소프트웨어 제어시스템에 의해서 스스로 통제된다.

[자율주행자동차의 부품장치와 기능]

① 자동차의 위치를 파악하는 시스템

GPS(Global Positioning System), 속도계, 고도계, 자이로스코프(gyroscope)의 정보를 종합하여 위치를 결정한다.

③ 광 탐지기(Light Detection and Ranging, Ladar)

광 탐지기는 주변으로부터의 빛을 분석하여 도로표시, 도로의 변두리 등을 파악한다.

④ 비디오카메라

교통신호와 도로표시를 읽고, 다른 자동차와의 거리를 파악하며, 보행자와 장애물을 감지하여 주행하도록 한다.

⑤ 레이다 센서(Radar Sensor)

레이다 센서는 근접한 자동차의 위치를 파악하는 기능을 한다. 레이다 센서를 통해 수집된 정보는 중앙컴퓨터의 자동운행 통제장치에 연결되어 자동차를 제어하는데 사용된다. 자동차의 전면과 후방에 설치되어 있다.

⑥ 중앙컴퓨터

중앙컴퓨터는 모든 센서로부터 수집된 정보를 분석하여 조향장치, 가속기, 브레이크를 조정하는 기능을 한다. 이때 사용되는 소프트웨어는 각종 자동차 법규와 안전에 관한 정보가 입력되어 있어야 하며 그에 따라 제어·조절한다.

⑦ 초음파 센서

초음파 센서는 매우 근접한 물체와의 거리를 측정한다. 주차할 때 유효하게 쓰인다.

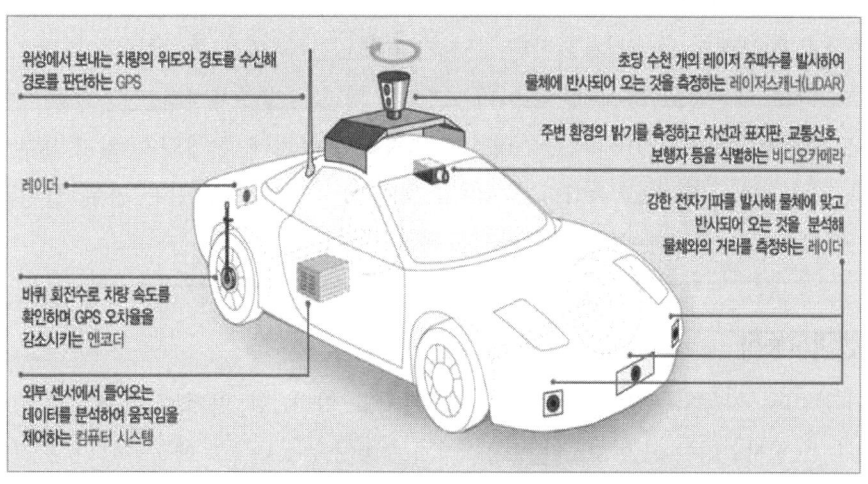

[그림 XI-5] 자율주행차 센서기능

자율주행차 실현을 위해서는 앞에서 설명한 장치 외에도 여러 가지 기술이 필요하다. 즉, 차간 거리를 자동으로 유지해 주는 고속도로 운전 도움 장치(Highway Driving Assist, HDA), 차선이탈 경보 시스템(Lane Departure Warning System, LDWS), 차선유지 지원시스템(Lane Keeping Assist System, LKAS), 사각지역 탐지 시스템(Blind Spot Detection, BSD), 첨단 스마트 자동 주행속도 유지 장치(Advanced Smart Cruise Control, ASCC), 자동 긴급제동(Automatic Emergence Brake, AEB) 장치 등이 있다.

자동차 시장은 방대하기 때문에 세계 주요 자동차 제조사는 물론, 투자 여력이 있는 소프트웨어 회사들도 자율주행차 개발에 적극적으로 나서고 있다. 현재 자율주행차 상용화에 가장 가깝게 다가선 회사는 미국의 구글로 보고 있다. 구글이 개발한 자율주행차의 시험 주행거리는 350만km를 넘는다. 자동차와 무관한 소프트웨어 검색업체인 구글이 자율주행차 개발을 주도하고 박차를 가하고 있는 것은 소프트웨어 기술력이 자율주행차 개발의 성패에 결정적인 역할을 하기 때문이다.

자율주행차의 시장은 자동차 시장이 방대하여 우수 신제품에 대한 매출이 매우 클 것이라고 믿기 때문에 누구도 양보할 수 없는 치열한 경쟁을 벌이고 있다. 미국의 GM, 포드, 독일의 벤츠, 일본의 도요타, 한국의 현대자동차와 기아자동차 등에서도 양보할 수 없는 개발 경쟁을 하고 있다.

한국 최초의 무인차는 1992년 고려대학교의 한민홍 교수가 만들어서 청계천 고가도로에서 시연하여 성공하였다(KBS 보도). 하지만, 당시에 국내자동차 회사들은 큰 관심을 보이지 않았다. 자율주행차 개발에는 중국의 추격도 만만하지 않다. 한국에서는 2016년 2월 12일, 자동차 관리법 개정안이 시행되면서 자율주행차의 실제 도로주행이 가능해졌다.

자율주행차가 본격적으로 실용화되면, 운전기사가 없는 택시가 등장할 것이고, 화물 배송도 운전자 없는 자동차로 하게 될 것이다. 그렇게 되면 자율주행차의 상용화로 인한 일자리 감소도 예상해 볼 수 있다. 자율주행차의 기술은 자동차에 한정되지 않고 일반적인 무인자동차 시스템과 농업용 트랙터의 운행에도 활용될 수 있을 것이다. 일부 선진국에서는 운전자가 없는 스마트 트랙터가 농업에서 이미 활용되고 있다.

(2) 전기자동차

탄소연료 사용 자동차는 두 가지 한계점을 가지고 있다. 한 가지는 탄소연료 배출 가스가 공기를 오염시킨다는 것이고, 다른 한 가지는 탄소연료는 그 매장량이 영원하지 못한 것이다. 20세기 말, 앞으로 50~100년 후에는 원유가 고갈되리라고 예측되고 있다. 따라서 세계 각국은 석유시대 이후에 탄소연료를 대체할 방법을 찾던 중, 대체할 방법으로 전기자동차와 수소연료전지차가 개발되었다.

특히, 한국에서는 미세먼지와 대기오염이 심각하므로 관심을 많이 받는 교통수단으로 되고 있다. 하지만, 전기자동차가 상용화되기 위해서는 해결해야 할 문제가 있다. 즉, 충전시간을 단축시켜야 하는 기술적 문제다. 그리고 충분한 충전소를 설치해야 한다는 점이다. 마지막으로는 한 번의 충전으로 갈 수 있는 주행거리의 한계를 해결하는 문제다.

이러한 문제는 시간이 경과함에 따라 상당 부분 해소되고 있지만, 지난 수년 동안에 원유가격이 하락 안정되는 바람에 전기자동차에 대한 관심은 증가세가 다소 둔화되기도 했다. 하지만, 전기자동차 시장은 꾸준히 성장하고 있다. 이제 대세는 전기자동차 시장으로 가고 있다. 전기자동차에 특별히 관심이 많은 나라는 대기오염으로 고민하는 중국으로 전기자동차 수출에서 괄목할 만한 성과를 보이고 있다. 2016년 중국에서는 약 33만 대의 전기자동차 판매로 세계 1위를 차지했다. 영국의 런던에서도 중국 전기자동차가 운행되고 있는 실정이며, 세계의 전기자동차 시장은 중국을 선두로 가파르게 성장할 것으로 예상되고 있다. 우리나라도 제주특별자치도를 중심으로 전기자동차의 사용이 적극적으로 추진되고 있으며, 서울과 수도권에서 중국의 전기차가 운행되고 있다. 우리나라는 국토가 비교적 협소하고 인구밀도가 높아 전기자동차가 갖는 문제점으로 인해 제약을 크게 받지 않을 여건을 가진 나라라고 할 수 있다. 또한, 대기오염에 대한 관심이 높아짐에 따라 전기자동차에 대한 관심도 높다.

(3) 수소연료전지차

수소연료전지차는 석유를 연료로 사용하는 내연기관 대신 수소연료전지(수소와 공기 중의 산소를 반응시키고, 이 때 발생하는 전기를 이용하는 전지)를 이용하므로 탄산가스를 포함하는 매연을 발생시키지 않는 친환경 자동차이다. 이때 수소의 공급방식은 다음과 같은 두 가지로 구분할 수 있다.

① **압축수소 이용방식** : 압축수소나 액화 수소탱크를 이용해서 수소를 공급하는 방식인데, 자동차 운행시 물만 발생하므로 공기오염이 없다는 장점이 있다. 이 방식이 갖는 한계점은 수소탱크 탑재로 인한 차량의 크기 증가, 수소의 불안정성, 수소 공급 인프라 구축의 어려움 등이다.

② **메탄올(methanol) 방식** : 메탄올을 분해하여 수소를 공급하는 방식이다. 분해 과정

에서 일산화탄소(CO), 탄화수소(HC), 질소산화물(NOx) 등이 다소 발생하지만 그 양이 기존 석유연료 차량의 발생량보다 적다. 메탄올 방식은 메탄올이 액체이므로 기존의 석유연료 공급 인프라를 보완하여 사용할 수 있다는 장점이 있다.

우리나라에서는 현대자동차가 2013년 1월 수소연료전지차의 양산을 시작하였지만, 수소연료전지 충전소가 많이 부족하여 당시에는 11개(2017년 11월 현재)에 불과하여 대중화가 어려웠다. 지금은 그나마 각 아파트 단지 등 설치 가능한 장소에 충전소가 많이 설치되어 대중화되고 있는 중이다.

5. 3D 프린팅

(1) 3D 프린팅 기본개념

3D 프린팅(3 dimensional printing)이란 3차원 공간에서 실행되는 인쇄라는 뜻이다. 3D 프린팅 기술을 왜 제조기술의 혁명이라고 하는가? 3D 프린팅을 이해하기 위해 종래의 인쇄에 대해 알아보면, 인쇄된 책자는 2D(2차원) 인쇄이다. 즉, 아연판의 활자에 잉크를 묻혀 종이에 찍어 인쇄하는 단순 복제로 이므로 2차원적 인쇄라고 한다.

3D 프린팅은 X축과 Y축에 높이 Z축에 따라 이동하면서 입체로 프린팅된다는 개념이다. 예를 들면, 시루떡을 만들 때, 쌀가루와 팥으로 한 켜를 만들 때는 2차원 평면인쇄에 해당한다. 그런데 시루떡을 한층 두층, 한 켜씩 차곡차곡 쌓아 올려 결과적으로 여러 겹 쌓아진 모양의 시루떡이 만들어지는 것처럼 3차원의 입체적 프린팅이 된다는 것이다.

(2) 3D 프린팅 가공방식

3D 프린팅은 만들어질 제품의 모양에 관한 정보가 프린터에 입력하면 그 정보에 따라 가로(X), 세로(Y), 높이(Z)가 결정되고, 3D 프린팅 기술을 이용하여 입체 형태로 가공하는 방식으로, 적층가공 방식과 절삭가공 방식의 두 가지로 나눌 수 있다.

- 적층가공(積層加工) 방식 : 한 축씩 쌓아 올리면서 가공하는 방식으로 첨가형 또는 쾌속조형 방식을 말한다.
- 절삭가공(切削加工) 방식 : 하나의 덩어리를 원하는 형상으로 절삭하여 가공하는 방식으로 컴퓨터 수치제어로 조각하는 방식을 말한다.

3D 프린팅은 과거의 방식보다 시간도 단축되고 비용도 절감될 뿐만 아니라 개인별 맞춤

생산도 용이하게 되었다. 과거에는 입체 형태를 만들기 위해 많은 비용을 들여 금형을 제작하여 재료를 금형에 넣어 사출, 압출, 주조의 과정을 이용했었다. 하지만, 3D 프린팅 기술은 소비재 생산에서도 여러 가지 변화를 가져올 것으로 기대된다. 따라서 3D 프린팅 기술에 의해 개인별 맞춤형 생산이 과거보다 좀 더 용이하고 효율적으로 가공할 수 있게 되었다. 또한, 3D 프린팅 기술은 생체의료 분야에서도 활발하게 응용이 이루어지고 있다.

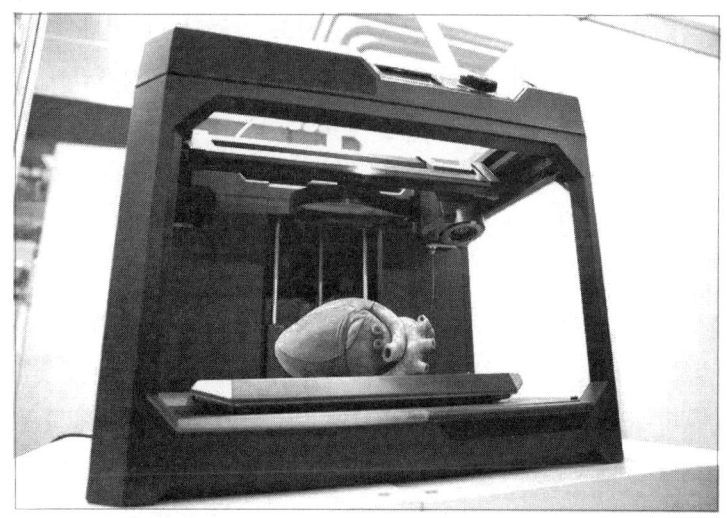

[그림 XI-6] 3D 프린팅 적층가공 방식의 심장모형

3D 프린팅 기술이 인간의 신체 부위나 장기의 생산에 적용될 경우, 관련되는 의료서비스에도 큰 변화가 일어날 것이다. [그림 XI-6]은 적층가공 방식으로 3D 프린팅의 심장모형을 보여 주고 있다.

하지만, 3D 프린팅이 가져올 수 있는 부정적인 영향도 적지 않다. 3D 프린팅은 제조과정에서 방출되는 쓰레기는 전통방식보다 더 많이 나올 것으로 예상되며, 또, 인간의 신체 일부와 장기 등을 생산하게 될 때는 윤리적인 문제가 발생할 수 있다.

우리나라 교육기관에서 3D 프린터를 도입하여 교육에 활용하고 있으며, 1980년대 초반에 PC가 보급될 때 전교에 한 두 대의 PC를 사들여 PC 기능과 활용방법을 공부했는데, 40여 년이 지난 지금은 한 사람이 한 대의 PC를 손에 들고 다니며 활용하게 된 것을 생각하면 3D 프린터가 광범위하게 사용될 날도 그리 멀지 않았다는 상상해 볼 수 있겠다.[55]

---

55) 박춘엽,박병연,오점술 4차 산업혁명의 핵심전략,책연,2018. pp 53-54

6. 빅데이터(Big Data)

(1) 빅데이터의 기본개념

디지털 시대에는 아날로그 환경에서 생성되던 것과는 비교할 수 없을 정도로 많은 데이터가 생성된다. 즉, 인터넷 쇼핑몰에서 구매를 하면 상품의 종류, 금액, 방문자가 관심을 보인 상품 종류, 쇼핑몰에 머물렀던 시간 등의 많은 양의 데이터 생성·기록된다.

쇼핑몰에 들어가 아무것도 구매하지 않은 방문자도 그들의 여러 가지 정보가 축적된다. 또한, 오프라인 매장에서도 소비자들이 사용한 금액, 판매시점, 사용카드 종류 등에 관한 데이터도 생성되며, 카카오 톡에서 생성되는 자료도 하루에 수억 건 이상이 되고 있다. 따라서 CCTV에 영상자료도 엄청나게 생성된다. 이러한 대량의 데이터를 총칭하여 빅데이터라고 한다. 빅데이터를 잘 분석해 보면 경영정책을 위한 의사결정에 유용한 정보를 얻어낼 수도 있다.

Big Data라는 용어는 1990년대부터 사용되었는데, 기존의 소프트웨어 도구로는 적정 시간 내에 모든 정보를 포착, 관리, 처리 등을 분석할 수 없을 정도의 많은 데이터를 말한다. Big Data에서의 빅(big)의 기준도 시간이 지남에 따라 그 범위는 수십 Tera-Byte를 넘어 Peta-Byte 수준이다. 테라는 10^{12}으로 1조 바이트에 해당하는 정보량을 말하며, Pata는 10^{15}으로 1000조(兆) 수준이다.

(2) 빅데이터의 특징

① 양(Volume)

빅데이터에서는 많은 자료의 양을 전통적인 통계학에서 사용하는 표본 추출이라는 방법을 적용하지 않고, 자료를 있는 그대로 관측하고 분석한다.

② 속도(Velocity)

빅데이터는 Digital Data이기 때문에 매우 짧은 시간에 분석하거나 또는 실시간으로 분석하고 활용할 수 있다.

③ 다양성(Variety)

빅데이터 자료는 다양하며 문자, 이미지, 소리, 동영상 등을 포함한다.

④ 기계학습(Machine Learning)

기계(인공지능)가 빅데이터에 내재된 패턴, 규칙성, 또는 특성 등을 찾아낸다.

⑤ 디지털 발자국(digital footprint)

디지털 자료는 디지털 교호작용(예를 들면, 스마트폰 채팅)의 결과로 추가적인 비용이 없이 생성되는 부산물이다. 이와 같은 디지털 활동의 결과로 발생되는 자료를 디지털 발자국(digital footprint)이라 한다.

빅데이터는 기존의 통계학적 방법으로는 분석할 수 없다는 특징을 가지게 된다. 빅데이터는 무질서해 보이지만 잘 분석하면 그 안에 포함된 유용한 정보를 찾아낼 수 있다.

예를 들면, 인터넷 마켓 등에서 고객의 쇼핑행위에 관한 빅데이터를 분석하면 고객이 선호하는 상품의 종류, 가격, 디자인 등에 관한 정보를 찾아낼 수 있다. 이러한 정보는 이제 대기업뿐만 아니라 중소기업들도 사업과 관련된 빅데이터에 접근할 수 있게 되었고, 그것을 분석하여 기업경영에 유용한 정보로 활용할 수 있을 것이다. 또, 빅데이터는 기업경영에서뿐만 아니라 질병예방, 범죄수사와 예방, 농업 등에서도 이용될 수 있다. 따라서 빅데이터 분석전문가는 향후 가장 유망한 직업 중의 하나로 지목되고 있다.[56]

7. 가상현실(VR)과 증강현실(AR)

(1) 가상현실과 증강현실의 기본개념

가상현실(VR : virtual reality)이란 현실이 아니지만, 현실처럼 느껴지는 것을 말한다. 즉, 극장에서 영화를 보는 동안에 나오는 장면들이 마치 실제 현실인 것 같은 착각이 들기도 하는 것을 말한다. 입체영화는 순간적으로 현실인 것처럼 느껴지지만, 가상현실이다.

전자제품 판매장에 가면 VR(가상현실) 장비들을 판매하고 있는데, 그 장비를 통해 가상현실을 체험해 볼 수 있다. 예를 들면, VR기기를 착용하고 패러글라이딩 체험을 하기 위해 영상을 보고 있으면 마치 자신이 하늘을 나는 것과 같은 느낌을 받는다.

즉, VR기기를 이용하여 영상 속에서 하늘을 날아가는 체험을 해 보면 실제 현실처럼 느낌을 받게 되는 것을 가상현실이라고 한다.

가상현실(VR)은 사진기술, 그래픽기술과 컴퓨터기술을 이용하여 만들어지는 것이다. [그

---

56) 박춘엽,박병연,오점술 4차 산업혁명의 핵심전략,책연,2018. pp 54-55

림 XI-7]과 같이 VR기기를 착용하고 있는 동안은 자신이 눈으로 보고 있는 가상현실 영상을 실제로 체험하고 있는 것처럼 느낌을 받고 있는 모습이다.

[그림 XI-7] 가상현실(VR) 기기를 착용하고 실제처럼 느끼는 모습-

(2) 가상현실(VR : Virtual Reality)

가상현실을 좀 더 전문적으로 표현하면 '어떤 상황이나 환경을 컴퓨터를 통해서 그것이 마치 실제인 것처럼 느끼게 하는 인간과 컴퓨터 사이의 인터페이스(interface)'를 말한다. 가상현실은 가상의 시각적 체험뿐 아니라 가상의 맛·냄새·소리·촉각도 만들어 낼 수 있다. 가상현실을 가상환경(virtual environment), 인공현실(artificial reality), 합성환경(synthetic environment), 실감 멀티미디어(immersive multimedia)라고 한다. 가상현실의 응용 분야는 매우 다양하다.

예를 들면, 자동차 운전교육, 항공기 조종사 훈련과 의학적 측면의 해부학 실습을 위한 3차원 해부도 및 시뮬레이션, 가상 내시경, 모의수술 등의 교육적인 목적에도 사용된다. 또, 스포츠 분야에도 많이 활용되는데, VR 패러글라이딩, 각종 VR 스포츠 체험 등이 있다.

(3) 증강현실(AR : Augmented Reality)

증강현실이란 눈에 보이는 것들이 가상의 이미지와 현실이 섞여 있는 것이라고 할 수 있다. 증강현실은 체험자가 자유롭게 움직이면서 체험할 수 있는데, 보통 스마트폰을 이용한다. 예를 들면, 한국에 엄청난 열풍을 몰고 왔던 포켓몬고(Pokémon GO)는 증강현실을 이용한 게임이다. 포켓몬고 게임에서 게임플레이어는 휴대폰에 나타난 영상(가상)뿐만 아니라 자신이 실제로 있는 현실도 보고 있는 상황에서 게임을 하는 것이다.[57]

8. 드론(Drone)

(1) 드론의 기본개념

드론(drone)의 사전적 의미는 '웅웅거리는 소리'를 말한다. 그런데 무인항공기(UAV : unmanned aerial vehicle)라고도 한다. 무인항공기에는 사람이 타지 않고 비행체를 지상에서 원격으로 조종을 하는 것을 말한다. 무인항공기(UAV)는 군사적 목적으로 시작되었으며, 제2차 세계대전 때 독일을 중심으로 많은 기술적 진보가 있었다.

드론이 4차 산업혁명의 주도적 기술은 아니고 응용기술에 해당하는 기술이지만, 그 활용범위가 넓어서 4차 산업혁명 과정에서 큰 역할을 하고 있는 것이다.

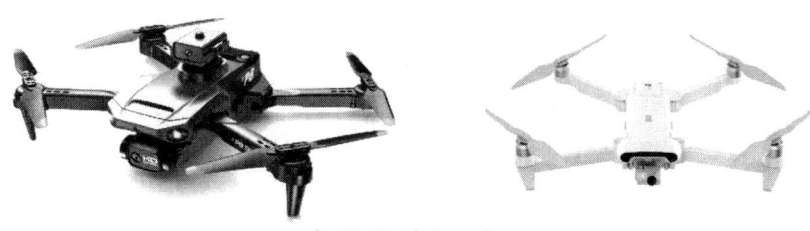

[그림 XI-8] Drone]

드론 관련 산업이 크게 발전하고 있으며, [그림 XI-8]과 같이 프로펠러가 4개 달린 드론 쿼드로터(quad-rotor)로 공익적 항공영상촬영이나 방송용 동영상촬영 및 개인 취미활동용으로 널리 보급되어 우리에게 친숙하다.

또한, 이스라엘이 중동전쟁을 하는 동안 광범위한 지역에 대한 군사정보를 수집할 목적으로 무인항공기 기술을 크게 발전시켰으며, 그래서 현재 군사적 목적의 무인항공기 기술은 이스라엘의 기술이 바탕이 된 것으로 알려져 있다.

[그림 XI-9] 무인기(UAV)

---

57) 박춘엽,박병연,오점술 4차 산업혁명의 핵심전략,책연,2018. pp 56-57

(2) 드론의 활용분야

① 항공촬영 : 드론을 정보통신기술과 결합하여 미디어콘텐츠 개발에 활용
② 수송 : 인터넷서점 아마존은 드론으로 배송할 계획을 하며, 드론은 긴급한 장기수송에도 활용
③ 농업 : 드론은 농약살포와 작황 항공촬영에도 활용
④ 우주항공 해양 : 적조 감시
⑤ 환경기상 : 대기오염 분석, 기상관측에도 활용
⑥ 재난안전 : 조난자 수색, 긴급구조에 활용
⑦ 군사 : 항공정찰, 군사적 촬영에 활용
⑧ 교통 : 교통상황 분석, 교통사고 처리에도 드론을 활용

드론은 광범위하게 활용될 수 있지만, 국내에서는 제한을 받는 경우가 있다. 예를 들면, 서울지역은 대부분이 비행금지 구역으로 설정되어 있어서 드론이 제한을 받을 수 있다.[58]

Chap. 4 4차 산업혁명 시대의 경제/금융

1. 공유경제(Sharing Economy)

공유경제(sharing economy)란 플랫폼 등을 활용하여 자신의 자산이나 소유하고 있는 제품을 여러 사람이 공유하여 사용함으로써 효율성을 높이는 경제활동을 의미한다. 예를 들면, 카 쉐어링(car sharing)을 들 수 있다. 카 쉐어링은 여러 사람이 개별적으로 각자 차량을 소유하지 아니하고, 하나 또는 그 이상의 차량을 여러 사람이 공유하여 각자가 필요한 때에 사용하는 방식이다.

이렇게 되면 각자가 개인별로 차량을 소유할 때보다 좀 더 적은 비용으로 자신의 교통욕구를 만족시킬 수 있게 된다. 이러한 카 쉐어링은 조금 불편할 수도 있지만 차량의 공동관리, 관리비의 공동부담 등으로 경제적인 이익도 있다.

공유경제라는 개념은 2008년에 미국이 금융위기를 겪으면서 취업난, 가계소득 감소 등이 심화하자 합리적인 소비로 어려움을 극복하기 위한 방안으로 활성화되었다고 한다. 특히,

---
58) 박춘엽,박병연,오점술 4차 산업혁명의 핵심전략,책연,2018. pp 57-58

이러한 개념이 실용화되는 단계까지 발전하게 된 배경에는 인터넷과 SNS의 발달로 개인 대 개인의 접속과 거래가 용이해진 점이 있다. 그래서 이런 공유경제는 단순히 나눠 쓰기 정도의 개념을 넘어서 새로운 비즈니스를 개발하는 개념으로도 널리 활용되고 있다.

(1) 공유경제의 거래형태

① 공유(Sharing)

사용자들이 제품 혹은 서비스를 소유하지 아니하고 필요에 따라 사용하는 방식으로, 예를 들어, 미국에서는 출퇴근 방향이 같은 사람들끼리 하나의 자동차를 공동으로 이용하는 함께 타기(ride sharing)가 수십 년 전부터 이루어지고 있었는데, 인터넷과 SNS의 발달로 인하여 쉐어링이 좀 더 보편적으로 이루어지게 된 것이다.

우리나라에서도 Sharing 형태의 공유경제 서비스가 이미 시작되었다. 지방자치단체에서는 '자전거쉐어링', '홈쉐어링(home+sharing)' 합성어로, 집을 2인 이상이 공동으로 소유하고 관리하며 살아가는 것을 말한다.

② 교환

필요하지 않은 제품을 필요한 사람에게 제공하고 거래하는 방식이다. 예를 들면, 중고품 매매가 있다. 한국에는 중고품거래 인터넷사이트에 수십만 명이 가입하여 중고품 거래를 하고 있다.

③ 협력적 커뮤니티

특정 커뮤니티의 구성원 사이에 협력을 통한 방식으로 유형과 무형의 재화를 공유한다. 대표적인 사례가 에어비앤비(Airbnb)인데, 이것은 여행자에게 쓰지 않는 방을 대여해 주는 커뮤니티이다(www.airbnb.co.kr).

(2) 공유경제를 이용한 비즈니스 모델

공유경제란 비영리 목적에만 적용할 수 있는 개념으로 이해할 수 있으나, 실제로는 이 개념을 이용하여 새로운 영리사업을 시작할 수 있다. 공유경제 개념을 이용하여 창업된 기업 중에서 세계적으로 유명한 우버(Uber)와 에어비앤비(Airbnb)가 있다.

① 에어비앤비(Airbnb)

미국인 브라이언 체스키와 조 게비아(Brian Chesky and Joe Gebbia)가 샌프란시스코에 왔는데, 잠잘 곳이 없어서 공기 매트리스를 깔고 자기 시작했다.

이후 친구인 네이선 블레차르지크(Nathan Blecharczyk)가 2008년에 참여하여 샌프란시스코에서 에어비앤비(AirBed and Breakfast)라는 이름으로 단기간 저가의 숙박 서비스를 시작하였다.

에어비앤비는 자신들이 숙박시설을 소유하지 아니하고 여분의 숙박공간을 가진 사람들이 대여 서비스에 참여하도록 하고 참여자에게는 소득을 보장하며, 사용자에게는 저가의 숙박 서비스를 활용하게 한다.

자신들(에어비앤비 본사)은 이 조직화와 연결 서비스에 대하여 소정의 수수료를 취득하는 비즈니스 모형이다. 에어비앤비는 이처럼 자신은 숙박시설을 보유하지 않고 숙박 서비스를 시작하였지만, 지금은 191개국 65,000개 도시에 3,000,000개의 숙박목록을 보유한 세계 최대의 숙박업기업이 된 것이다.

(3) 우버(Uber Technologies Inc.)

우버(Uber)는 자동차를 필요로 하는 사람과 자동차를 보유한 사람을 연결 서비스를 제공하고 이용하는 교환이 이루어지게 하는 스마트폰 앱을 개발하여 운영하는 회사이다.

이 앱을 이용하면 누구든지 차량을 보유하고 있으면 운송차량의 역할을 할 수 있기 때문에 정식으로 사업허가를 받았고, 택시서비스를 제공하는 택시업계와의 마찰이 계속되고 있지만, 그러나 우버(Uber)는 공유경제를 상징하는 기업으로 인식되고 있다.

우버는 원래 캐나다의 사업가 가렛 캠프(Garrett Camp)는 검색엔진 Stumple Upon을 설립하고, 트래비스 칼라닉(Travis Kalanick)과 우버캡(Uber Cab)이라는 이름으로 2009년에 창업하였다. 실제로 우버 택시 앱이 사용된 것은 2011년이었다. 그리고 회사명칭도 우버캡에서 Uber로 바뀌었다.

한국에서는 2014년 10월, 우버 택시 서비스를 시작하였는데 우버 서비스는 자가용차가 허가 없이 영업 행위를 하게 한다는 점에서 법규를 위반한다고 규정하고, 2015년부터 우버 서비스를 금지하고 위반자를 단속하였다. 이 규정을 위반하는 자를 신고하는 경우 포상금을 제공하고 있다.[59]

---

59) 박춘엽,박병연,오점술 4차 산업혁명의 핵심전략,책연,2018. pp 58-60

2. 가상화폐와 블록체인(Virtual money and Blockchain)

가상화폐(virtual money 또는 virtual currency)는 4차 산업혁명 시대에 등장하는 새로운 개념들 중에 하나이다. 가상화폐는 기존의 지폐나 동전 사용에 익숙해져 있는 사람들은 이해가 좀 어렵기도 할 것이다.

가상화폐는 "가치를 디지털로 표시한 것으로 실물이 없이 가상공간에서 네트워크로 연결되어 전자적 형태로 사용되며, 디지털화폐, 암호화폐 또는 전자화폐라고도 한다.

유럽에서의 가상화폐는 중앙은행이나 공공기관이 발행한 것이 아니지만, 지불수단으로 사용되고 있으며, 전자적으로 송금, 저장, 교환되는 것"이라고 정의하고 있다. 또한, 가상화폐는 초기에 국가가 인정하지 않았지만, 일본과 영국에서 가상화폐를 교환의 수단으로 인정하는 단계에 이르러 실제 거래수단으로 사용되게 되었다. 따라서 금융기관들과 개인들이 가상화폐 거래에 참여하고 있다. 이쯤 되면 가상화폐가 국가의 '공인 화폐'로서의 필요조건을 확보한 셈이다.

가상화폐가 공인화폐가 되기 위해서는 '위변조 방지'라는 문제가 있는데 이것은 블록체인(block chain)이라는 개념을 통해서 극복되었다고 할 수 있다.

전통적인 지폐도 국가에서 인증하기 때문에 한 장의 종이 위에 표시된 숫자 만큼의 가치를 모든 사람이 인정하고 교환과 보관의 수단으로 통용되고 있으며, 한 국가의 화폐로 성립되기 위한 두 가지 기본요건은 '국가의 공인'과 '위변조방지'라고 할 수 있다.

위변조방지에 있어서 블록체인(block chain)은 가상화폐 거래시 발생할 수 있는 해킹을 막는 기술로, 가상화폐로 거래된 내용을 기록한 전자장부를 말한다.

전자장부의 가상화폐 거래내용은 전 세계의 관계자 모두에게 전파되어 공개되고 기록되기 때문에 블록체인을 조작하려면 전 세계의 관계된 모든 컴퓨터에 기록되어 있는 공공거래 전자장부를 동시에 조작해야 하므로 사실상 특정인이 임의로 조작할 수 없다. 전자장부는 특정인이 소유할 수도 없고, 장부 스스로가 암호화하는 기능을 가지고 있으므로 임의적 조작은 불가능하다. 따라서 가상화폐로 사용한 거래내역은 위조될 수 없으므로 화폐가 가져야 하는 위변조 방지라는 신뢰성을 확보하게 된 셈이다.

가상화폐는 아직 소비재 구매에 널리 사용되지는 않지만, 교환수단으로의 기능은 어느 정도 인정되었다고 할 수 있다. 지금 가상화폐를 구매하려는 수요자가 증가함에 따라 가상화폐의 가격이 상승하고 있어서 투자 내지는 투기의 대상이 되고 있는 실정이다.

아직까지 가상화폐가 전 세계에 일상적으로 사용되고 있지는 않지만, 송금이 용이하고 저비용이라는 장점 때문에 전통적 화폐가 사용되기 어려운 여러 상황에서 쓰이면서 자리를 잡을 것이라고 예상하고 있다.

많은 전문가들이 가상화폐에 대한 투자는 수익성이 좋을 것이라는 예측을 하지만, 가상화폐에 대한 투자는 손실을 초래할 수 있다는 점을 명심해야 한다. 이미 가상화폐에 대한 투자 결과로 희비가 엇갈리는 결과가 발생하고 있다.

가상화폐에 대한 투자나 매입을 하려면 국내에 설립되어 있는 자문회사의 안내를 받거나 이미 발행된 서적이나 자료를 통해 스스로 공부하는 방법도 있다. 실제 발행된 가상화폐로는 비트코인(Bitcoin), 이더리움(Ethereum), 리플(Ripple), 라이트코인(Litecoin) 등, 수백 가지나 되며 가상화폐의 더 깊은 내용은 현재 수준을 넘는 것이라 판단되므로 생략한다.

보도에 따르면 한국에서도 가상화폐가 공인되는 과정을 밟고 있는 것으로 보인다. 금융거래법의 개정으로 2017년 7월 18일부터 은행이 아닌 업체도 일정 요건을 갖추면 소액 외화 송금사업을 할 수 있게 되었다. 이렇게 되면 소규모업체가 비대면(untact) 온라인 형식으로 해외송금업을 시작할 수 있을 것으로 보인다. 다만, 송금 한도는 건당 3,000달러, 연간 2만 달러로 제한된다. 실명확인은 처음에만 실시하고 두 번째 거래부터는 이 절차가 생략된다. 따라서 소액 외화 송금업체가 확대됨으로 인한 변화가 예상되며, 먼저 외화 송금 수수료가 절반 정도 수준으로 낮아지게 된다.

가상화폐를 이용한 외화 송금에서는 먼저 원화를 송금업체에 맡기고 해당 국가의 계좌를 지정하면 송금업체가 원화를 가상화폐로 바꾸어 해당 국가의 거래업체에 보낸다. 이 돈을 받은 거래업체는 가상화폐를 해당 국가의 화폐로 환전하여 지정된 계좌에 입금하게 된다. 이는 2~3일 걸리던 해외송금이 몇 시간 정도로 단축된다.

3. 핀테크(Fin Tech)

(1) 핀테크의 기본개념

핀테크(fin tech)는 금융(finance)과 기술(technology)을 결합에서 만들어진 말이다. 여기서 기술은 정보기술(information technology)을 의미하며, 핀테크는 '금융서비스를 위한 정보기술'이라는 의미로 쓰이게 된다.

핀테크라는 말은 원래 금융기관들이 고객들과는 상관없이 자신들의 업무처리를 위해서 사용하는 기술을 의미하는 것이다. 핀테크에 처음 사용되었던 기술은 대형컴퓨터와 이와 관련된 주변기기라고 할 수 있다.

따라서 금융기관들의 내부적 업무처리뿐만 아니라 금융서비스 이용 소비자들인 개인들의 금전거래, 계좌입금과 출금, 주식거래, 로봇을 이용한 금융서비스 자문 등에 사용되는 기술을 포함한다.

핀테크 이용 기술에는 PC, 인터넷, 스마트폰, 인공지능, 엑셀, 통신네트워크, 인식기술 등이다. 금융기관에서 과거에 주판에서 을 이용하여 숫자를 처리하다가 전자계산기에 의해 단순 계산만 하던 것을 생각하면 컴퓨터와 인터넷 기술이야말로 천지개벽과 같은 엄청난 변화이다.

금융소비자도 은행에 가지 않고 가정에서 현금인출, 인터넷뱅킹, 폰뱅킹으로 처리를 했지만, 정보통신기술의 발전과 인터넷 전문은행의 설립 그리고 가상화폐의 출현과 인공지능의 발전으로 인하여 핀테크는 금융산업과 금융서비스에 있어서 또 한 번의 큰 변화를 예고하고 있다.

(2) 핀테크의 장점

① 실시간 처리가 가능하다

지불과 입금 등의 금융거래 자료를 실시간으로 포착하고 처리할 수 있다.

② 거래 활성화와 기회창출이 가능하다

금융거래를 원활하게 할 수 있으며, 거래 활성화를 통해서 핀테크는 경쟁, 혁신과 일자리 창출을 촉진할 것이다. 또한, 핀테크를 통해 생성된 자료는 부가가치를 창출할 수 있다.

③ 새로운 서비스 개발의 기초자료가 된다

금융서비스 제공자들은 수십만 건의 자료를 분석하여 소비자의 특성을 파악할 수 있게 되고, 기업과 금융당국은 거의 무한대의 자료에 대해서 구조화된 접근을 할 수 있다.

특히, SS의 대중적 사용으로부터 발생하는 자료를 분석하여 정보를 얻고, 이를 바탕으로 새로운 서비스와 제품을 제공할 수 있다.

④ 효율적인 시장창출이 가능하다

SS 자료로부터 정보를 얻는 방법은 과거에 사용하던 데이터 마이닝과는 달리 딥러닝이라는 기법인데, 이를 통해 상상하지 않았던 통찰과 정보를 얻을 수 있게 된다.

이를 바탕으로 좀 더 개인화된 제품과 서비스를 제공할 수 있고 좀 더 효율적인 시장을 창출할 수 있다.

⑤ 중소기업의 재무관리와 금융서비스 개선이 가능하다

중소기업에 소규모의 금융서비스를 효율적이고 좀 더 다양한 형태로 제공할 수 있으며, 혁신적인 핀테크를 이용하면 중소기업들에게 맞춤형 금융서비스를 제공할 수 있다.

예를 들면, 온라인 공급사슬 금융, 온라인 거래금융 등과 같은 것이다. 혁신적인 금융솔루션은 중소기업들이 현금흐름을 개선하고, 운전자금 관리를 개선하고, 자금 확보를 좀 더 확실하게 할 수 있다.

⑥ 대금청구와 수금의 용이성이 있다

개선된 결제시스템으로 고객관계관리 및 대금청구와 수금 등에서 모든 기업에게 도움이 된다. 핀테크 솔루션은 전자 송장관리 포털과 공급사슬 파이낸스 솔루션도 포함한다.

⑦ 고객만족 증대가 가능하다

모바일 기기와 태블릿을 이용하여 거래할 수 있도록 한다. 이와 같은 기기를 이용하는 거래는 좀 더 효율적이고 고객만족을 증대시킬 수 있다.

⑧ 정보의 비대칭성을 해소할 수 있다

시장에서 정보의 비대칭성을 해소하여 투자자와 대부자와 대출자를 연결하는 능력을 개선할 수 있다.

⑨ 로보 자문이 가능하다

로보 자문(robo-advisors)과 같은 혁신적인 서비스를 이용하면 광범위한 고객들에게 금융자문을 해줄 수 있다. 이렇게 되면 일반인들도 보험투자 등 금융 관련 문제에서 좀 더 나은 의사결정을 할 수 있게 될 것이다.

⑩ 자원의 효율적 배분에 기여한다

인터넷이 모든 사람들에게 정보의 접근성을 가져온 것처럼, 핀테크는 시장에서 정보의 비대칭성을 줄이고, 위험을 감소시키며, 자원을 좀 더 효율적으로 배분하게 하는데 기여하게 될 것이다.

⑪ 빠른 의사결정이 가능하다

대출에 있어서 빠른 의사결정을 할 수 있다. 담보 없이도 대출 신청을 할 수 있으며, 수분 이내로 대출 여부를 결정하는 기관들이 서비스를 하게 된다.

⑫ 위험관리와 보안관리에 도움이 된다

핀테크 산업의 선두주자들은 신기술이 금융시스템의 위험을 좀 더 잘 관리할 수 있게 할 것이다.

보완이 잘 되면, 거래의 디지털화로 인해서 감사기능이 향상되고 지급 시스템이 좀 더 투명해지고, 거래의 보안성 향상에 도움이 될 것이다.

⑬ 새로운 가치 스트림 생성이 가능하다

블록체인과 가상화폐가 성공적으로 결합하면 금융서비스 뿐만 아니라 경제 전반에 걸쳐서 새로운 가치 스트림이 발생될 수 있다고 한다.

⑭ 경쟁촉진을 한다

핀테크 분야에서의 기술혁신은 경제 전반에 걸쳐서 경쟁을 촉진할 것이다.[60]

---

60) 박춘엽,박병연,오점술 4차 산업혁명의 핵심전략,책연,2018. pp 63-64

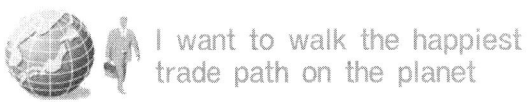

[참고문헌]

- 김희철·이신규, 국제무역의 이해, 두남, 2004
- 박규영·양의동, 무역학개론, 동성출판사, 2003
- 박종수, 무역창업의 이해, 삼영사, 2006
- 박종수·채훈, 무역실무론, 삼영사, 2008
- 이시환·김정회, 국제운송론, 대왕사 2005
- 중소기업청, 중소기업지원시책안내, 2008
- 추창엽·이주섭, 무역전문 인력 양성을 위한 교재, 재능대학, 2007
- 한국무역협회, 무역실무, 2009
- IBSC, 중소기업 콜센터 상담 사례집, 2007
- 전자무역 이론과 실무 김연동 저, 2013.6, 두남
- 무역실무의 모든것, 김연동.이준호 저, 2009.6, 원앤원북스
- 「무역 e-마켓플레이스」 현황과 발전방향 2010.11 이씨플라자㈜
- 검색엔진마케팅 & 소셜네트워크 서비스 활용 2012.11 이씨플라자㈜
- 무역실무의 모든 것 2009.6 김연동/이준호 저
- e-Trade시대의 무역공급망관리 2012.8 김연동/최경주 저
- PAA 동아시아 전자무역 구축 소개 2004.11 ㈜한국무역정보통신
- 중소기업 수출경쟁력 강화를 위한 전자무역마케팅 혁신 마스터플랜 수립 2007.3 전자무역추진위원회
- 유비쿼터스 시대를 대비한 전자무역실무 2007.8 조원길 저
- 쉽게 배우는 EDI, 2007.8 ㈜한국무역정보통신
- 전자무역론 2011.6 이상진
- 전자무역실무 학습교재 2008.8 조원길, 김연동
- 전자적 수출환어음 매입(e-Nego) 서비스 2011.2.14 한국무역협회
- 2012년도 전자정부지원사업 제안요청서 2012.05 지식경제부
- ASEM 전자무역 네트워크 구축사업 소개, 2004.5 ㈜한국무역정보통신
- 해외수출마케팅 e-Biz지원 사업 설명회_e-MP 활용 교육_2010.07.14 이씨플라자㈜
- PAA 동아시아 전자무역 구축사업 소개, 2004. 11 ㈜한국무역정보통신
- 무역업체 대상 eNego 서비스 설명자료, 2011.02.14 ㈜한국무역정보통신
- 칠레 전자무역 분야 FS 컨설팅, 2010.5 정보통신산업진흥원
- 우즈베키스탄 전자무역 분야 FS 컨설팅, 2008.12 정보통신산업진흥원
- 루마니아 전자무역 분야 FS 컨설팅, 2009.10 정보통신산업진흥원
- 무역협회 http://www.kita.net/
- 한국무역정보통신 http://homepage.ktnet.co.kr/ktnet
- 외교통상부 자유무역협정FTA http://www.fta.go.kr/new/index.asp
- FTA종합지원포털 http://www.ftahub.go.kr/
- 대한상공회의소 무역인증서비스센터 http://cert.korcham.net/
- 수출대금카드결제 http://kops.buykorea.org/index.jsp
- 수협은행 글로벌구매카드 서비스소개
- 전자무역 포털 https://www.utradehub.or.kr/
- 이씨플라자(주) http://ecplaza.net/
- 원산지관리시스템 http://www.ftapass.or.kr/index.do
- 대한무역투자진흥공사 http://www.kotra.or.kr
- 관세청 http://www.customs.go.kr
- 관세청 http://portal.customs.go.kr

■ 이 형 석

- 현 국민대학교 경상대학 국제통상학과 조교수
- 고려대학교 BK21 연구교수 역임
- Sustainability (SSCI) 특집호 게스트 에디터 역임
- Technological Forecasting and Social Change (SSCI) 우수심사위원 수상
- 산업통상자원부 ISTANS 논문경진대회 수상

〈주요논문〉

- "Is carbon neutrality feasible for Korean manufacturing firms?: The CO2 emissions performance of the Metafrontier Malmquist - Luenberger index."
  한국 제조산업에 있어 탄소중립목표는 타당한가?: Metafrontier Malmquist-Luenberger 지수를 중심으로
  Journal of Environmental Management 297 (2021): 113235. (SCIE, IF: 8.7)
- "Comparative analysis of the R&D investment performance of Korean local governments."
  한국지자체의 연구개발투자 성과에 대한 비교연구
  Technological Forecasting and Social Change 157 (2020): 120073. (SSCI, IF: 12)
- "An innovative provincial CO2 emission quota allocation scheme for Chinese low-carbon transition."
  중국의 저탄소전환을 위한 혁신적인 지방 CO2 배출할당량 체계에 관한 연구
  Technological Forecasting and Social Change 182 (2022): 121823. (SSCI, IF: 12)
- "The governance of airports in the sustainable local economic development."
  지속가능한 한국지자체 경제발전을 위한 한국공항의 거버넌스에 대한 연구
  Sustainable Cities and Society 74 (2021): 103235. (SCIE, IF: 11.7)
- "Sustainable management of online to offline delivery apps for consumers' reuse intention: Focused on the meituan apps."
  지속가능한 O2O 배달 어플리케이션의 재사용의도에 관한 연구: 중국 메이퇀을 중심으로
  Sustainability 13.7 (2021): 3593. (SSCI, IF: 3.9)
- "Sustainable governance on the intention of medical tourism in Uzbekistan."
  의료관광 이용에 관한 지속가능한 거버넌스 연구: 우즈베키스탄 국민을 중심으로
  Sustainability 13.12 (2021): 6915. (SSCI, IF: 3.9)
- "호텔의 지속가능경영활동이 고객행동의도에 미치는 영향: 중국인 관광객을 중심으로."
  관광레저연구 29.4 (2017): 295-312.

〈공동저자〉

- "Fintech development and firm technological innovation efficiency: empirical findings in China."
  중국 핀테크 산업 발전과 기업의 기술혁신 효율성에 대한 연구
  IEEE Transactions on Engineering Management (2023). (SSCI, IF: 5.8)
- "Exports as a new paradigm to connect business and information technology for sustainable development."
  지속가능한 발전을 위한 비즈니스-정보기술을 연결하는 새로운 패러다임으로서 수출의 역할
  Journal of Innovation & Knowledge 7.4 (2022): 100233. (SSCI, IF: 18.1)
- "Does real estate bubble affect corporate innovation? Evidence from China."
  부동산 거품이 기업혁신에 영향을 미치는가? 중국사례를 중심으로
  Plos one 16.9 (2021): e0257106. (SCIE, IF: 3.75)

〈저서〉

- "국제운송과 국제물류"(2018)
  책연(ISSN: 979-11-89110-09-3)

4.0 국제무역실무

초판1쇄 인쇄 - 2023년 9월 11일
초판1쇄 발행 - 2023년 9월 14일
저　자 : 이 형 석
발행인 : 양 준 석
발행처 : **에이드북**
주　소 : 서울 동작구 사당로 9가길 6
전　화 : 02)596-0981
팩　스 : 02)595-1394
신　고 : 제2016-000001호
e-mail : aidbook@naver.com

정　가 : **32,000**원

ISBN : 978-89-93692-64-8　　13320